唐蘭全集

十一

遺稿集卷三

上海古籍出版社

目録

卷三

玖　文學類

拾　文字改革類

拾壹　其他類

柒 歷史類

先秦文化史

第一章　二昊諸帝時代的文化
一　概説
二　氏族和社會的起源
三　原始農業和工商業
四　宗教的起原
五　原始文字
六　科學的興起
第二章　羣后(虞——夏)時代的文化
第三章　列王時代的文化(上)　——殷
第四章　列王時代的文化(下)　——周
第五章　五伯時代的文化——春秋
第六章　七國時代的文化　齊趙魏韓楚燕秦

凡殷道周道未入

論語
孟子

禮記 儀禮記 大戴
公、穀、左、國
爾雅
吕氏
荀子
曆學 載祀歲年 變時
祭禮 繹胙 社 立尸卒祭 尚用氣收 祭心 明水
衣服 毋追 收 皺
棺椁 型周 綢練
色黑
喪禮 賓在階 明器 三年之喪
養老 饗禮 序 燕禮
車 鉤車
旂綏
馬 駱馬 驪
器 山罍 嶡俎 琖 雞夷 四連楬豆
樂 鼓足 龍簨虡 夏
官 五十

三代因革

夏禮我能言之。

吾說夏禮，杞不足徵焉；吾學殷禮，有宋存焉。

《中庸》

載，歲也。

夏曰歲，商曰祀，周曰年，唐虞曰載。

繹，又祭也。

周曰繹，商曰肜，夏曰復胙。

《爾雅》

夏后氏以松，殷人以柏，周人以栗。

行夏之時，乘殷之路，服周之冕。

《論語》

委貌，周道也；章甫，殷道也；毋追，夏后氏之道也。

周弁，殷冔，夏收。三王共皮弁素積。

公侯之有冠禮也，夏之末造也。

《士冠禮記》

有虞氏瓦棺，夏后氏堲周，殷人棺槨，周人牆置翣。

夏后氏尚黑，大事斂用昏，戎事乘驪，牲用玄。殷人尚白，大事斂用日出，戎事乘翰，牲用白。周人尚赤，大事斂用日出，戎事乘騵，牲用騂。

夏后氏殯於東階之上……殷人殯於兩楹之間……周人殯於西階之上……

夏后氏用明器，殷人用祭器，周人兼用之。

有虞氏未施信於民而民信之，夏后氏未施敬於民而民敬之，殷人作誓而民始畔，周人作會而民始疑。

《檀弓》

夏后氏三年之喪既殯而致事，殷人既葬而致事。

《曾子問》

記曰：虞夏商周有師保，有疑丞。

《文王世子》

孔子曰我欲觀夏道……

《禮運》

三代之禮一也，民共由之，或素或青，夏造殷因。

夏立尸而卒祭，殷坐尸，周旅酬六尸。

《禮器》

有虞氏之祭也尚用氣……殷人尚聲……周人尚臭……

《郊特牲》

凡養老：有虞氏以燕禮，夏后氏以饗禮，殷人以食禮，周人修而兼用之。

有虞氏養國老於上庠，庶老下庠。夏后氏養國老東序，庶西序。殷人右學左學。周人東膠虞庠。

有虞氏皇而祭，深衣而養老。夏后氏收而祭，燕衣而養老。殷人冔而祭，縞衣而養老。周人冕而祭，玄衣而養老。

《内則》

鸞車有虞氏之路也，鉤車夏后氏之路也，大路殷路也，乘路周路也。

有虞氏之旂，夏后氏之綏，殷之大白，周之大赤。

夏后氏駱馬黑鬣，殷人白馬黑首，周人黄馬蕃鬣。

夏后氏牲尚黑，殷白牡，周騂剛。

泰有虞氏之尊也，山罍夏后氏之尊也，著殷尊也，犧象周尊也。

爵夏后氏琖，殷以斝，周以爵。

灌尊夏后氏以雞夷，殷以斝，周以黄目。

其勺夏后氏以龍勺，殷以疏勺，周以蒲勺。

（土鼓蕢桴……伊耆氏）

拊搏、玉磬、揩擊、大琴、大瑟、中琴、小瑟，四代之樂器也。

米廩，有虞氏之庠也。序，夏后氏之序也。瞽宗，殷學也。頖宮，周學也。

夏后氏之鼓足，殷楹鼓，周縣鼓。

夏后氏之龍簨虡，殷之崇牙，周之壁翣。

有虞氏之兩敦，夏后氏之四連，殷之六瑚，周之八簋。

俎有虞氏以梡，夏后氏以嶡，殷以椇，周以房俎。

夏后氏以楬豆，殷玉豆，周獻豆。

有虞氏服韍，夏后氏山，殷火，周龍章。

有虞氏祭首，夏后氏祭心，殷祭肝，周祭肺。

夏后氏尚明水，殷尚醴，周尚酒。

有虞氏官五十，夏后氏官百，殷二百，周三百。

有虞氏之綏，夏后氏之綢練，殷之崇牙，周之壁翣。

《明堂位》

三王之祭川也，皆先河而後海。

《學記》

大章，章之也。咸池，備矣。韶，繼也。夏，大也，殷周之樂盡矣。

《樂記》

有虞氏禘黄帝而郊嚳，祖顓頊而宗堯。夏后氏黄帝、鯀、顓頊、禹。殷人嚳、冥、契、湯。周人嚳、稷、文王、武王。

《祭法》

有虞氏貴德而尚齒，夏人貴爵……殷人貴富……周人貴親……

《祭義》

夏道尊命，事鬼敬神而遠之，近人而忠焉。先禄而後威，先賞而後罰。親而不尊，其民之敝。蠢而愚，喬而野，朴而不文。殷人尊神，率民以事神，先鬼而後禮，先罰而後賞。尊而不親，其民之敝，蕩而不静，勝而無恥。周人尊禮尚施，事鬼敬神而遠之，近人而忠焉，其賞罰用爵列。親而不尊，其民之敝，利而巧，文而不慚，賊而蔽。夏道未瀆辭，不求備，不大望於民，民未厭其親。殷人未瀆禮，而求備於民。周人强民，未瀆神，而賞爵刑罰窮矣。虞夏之質，殷周之文，至矣。

《表記》

夏后氏五十而貢，殷人七十而助，周人百畝而徹，其實皆什一焉。

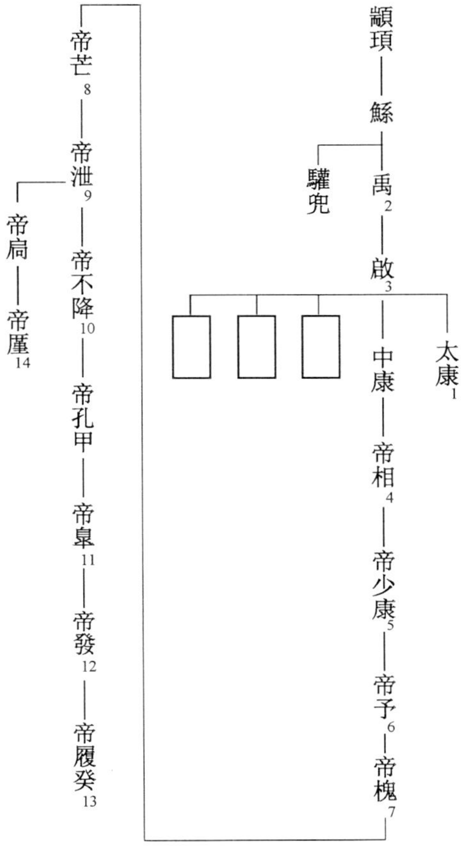

三后　伯夷　后禹　后稷　后土　后益　欒正后夔　有窮后羿　伯明后寒

女樞　顓頊母

女志　禹母

女媧

女禄　顓頊妃

女潰　陸終妃

女皇　堯妃

女罃　舜妃

女趫　禹妃

注：

1. 居斟鄩，羿亦居之。《水經注》。「太康失邦，兄弟五人須於洛汭，作五子之歌」《書序》。

2. 「四十五年」《御》「居陽城」。

3. 「啓曰會」《路》。「益干啓位，啓殺之」《晉書》。「九年舞九韶」。「二十五年征西河」（二《路》，三十九年，真）。「《武觀》曰：啓乃淫溢康樂，野於飲食，將將銘莧磬以力。湛濁於酒，渝食於野，萬舞翼翼，章聞於天，天用弗式」《墨子・非樂》。

《周書・嘗麥解》「其在殷之五子，忘伯禹之命，假國無正，用胥興作亂，遂凶厥國，皇天哀禹，賜以彭壽，思正夏畧」。《楚辭》「啓九辨與九歌兮，夏康娱以自縱，不顧難以圖後兮，五子用失乎家巷」。《楚語》「啓有五觀」。《左昭元年傳》「夏有觀扈」。

4. 后相《竹》。居商邱《御》。斟灌《巨洋水注》。「元年征淮夷畎夷」《御》《後漢注》。「二年征風夷及黄夷」《御》。「七年于夷來賓」《後》。

5. 「少康即位，方夷來賓」《後漢注》。

6. 「帝宁（杼）居原，自原遷於老邱。柏杼子征于東海及三壽得一狐九尾」《海外東經注》。

7. 后芬，即位三年九夷來御《後漢注》。四十四年《御》。

8. 后荒，元年以玄珪賓于河，命九東狩于海，獲大鳥。后芒 五十八年。

9. 后泄，命畎夷、白夷、赤夷、玄夷、風夷、陽夷。廿一年。

10. 六年伐九苑，六十九年其弟立，是爲帝扃。

11. 后昊，三年《御》。

12. 后發，一名后敬。元年諸夷賓于王門，再保庸會于上池，諸夷入舞。

13. 自禹至桀十七世，有王與無王用歲四百七十一年。

14. 一名胤甲，即位居西河《海外東經注》。天有妖孽，十日並出，其年胤甲卒。

整理説明：

該稿毛筆書於帶框心的紙上，是從一包雜亂文稿中揀選出來的，篇題係作者自擬。篇首提綱單獨書於一頁毛紙上，下面摘引的文獻和所作始於顓頊終於桀的《夏代世系表》，可能是爲寫《先秦文化史》做的準備資料。

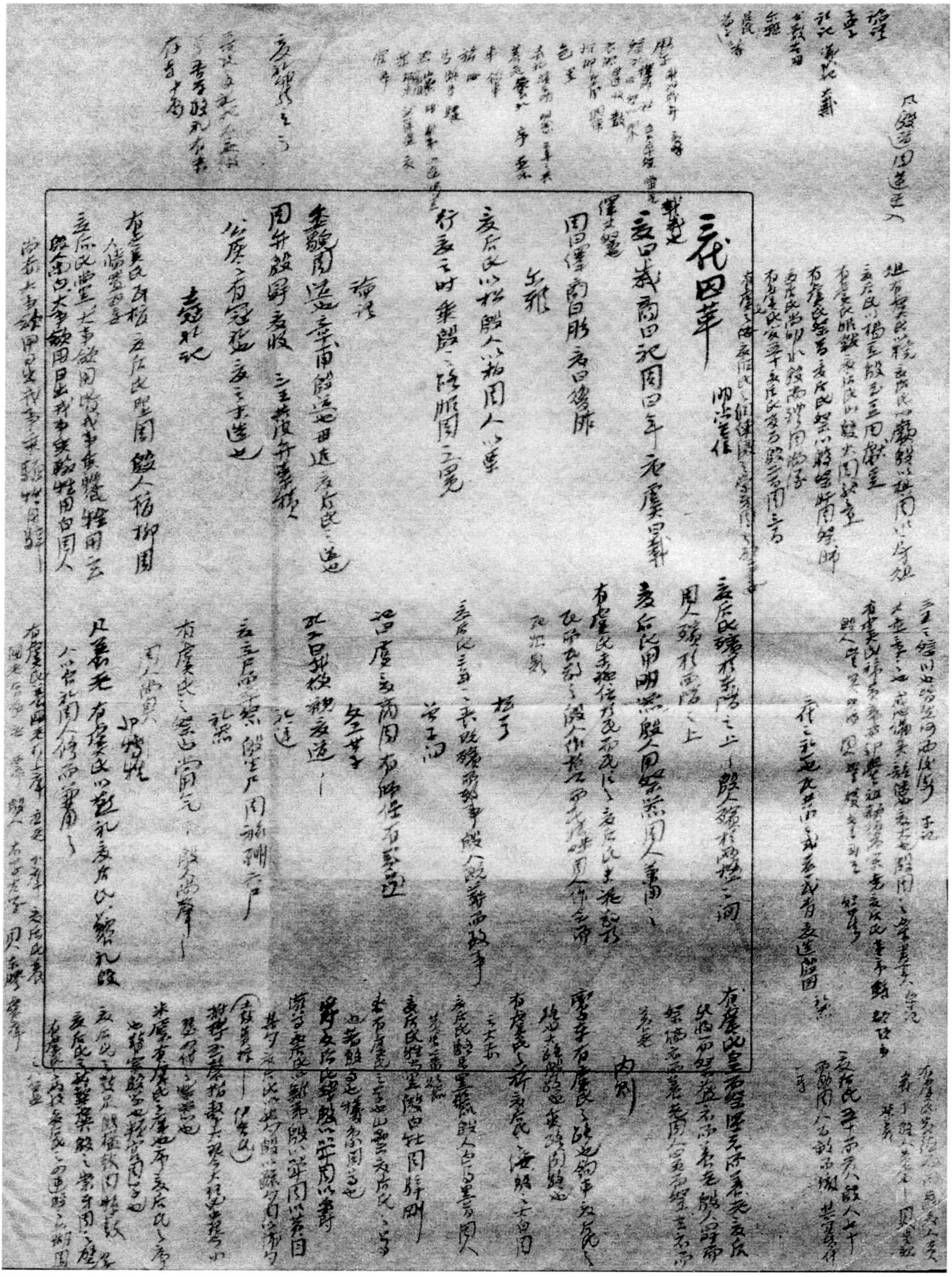

原稿様張一

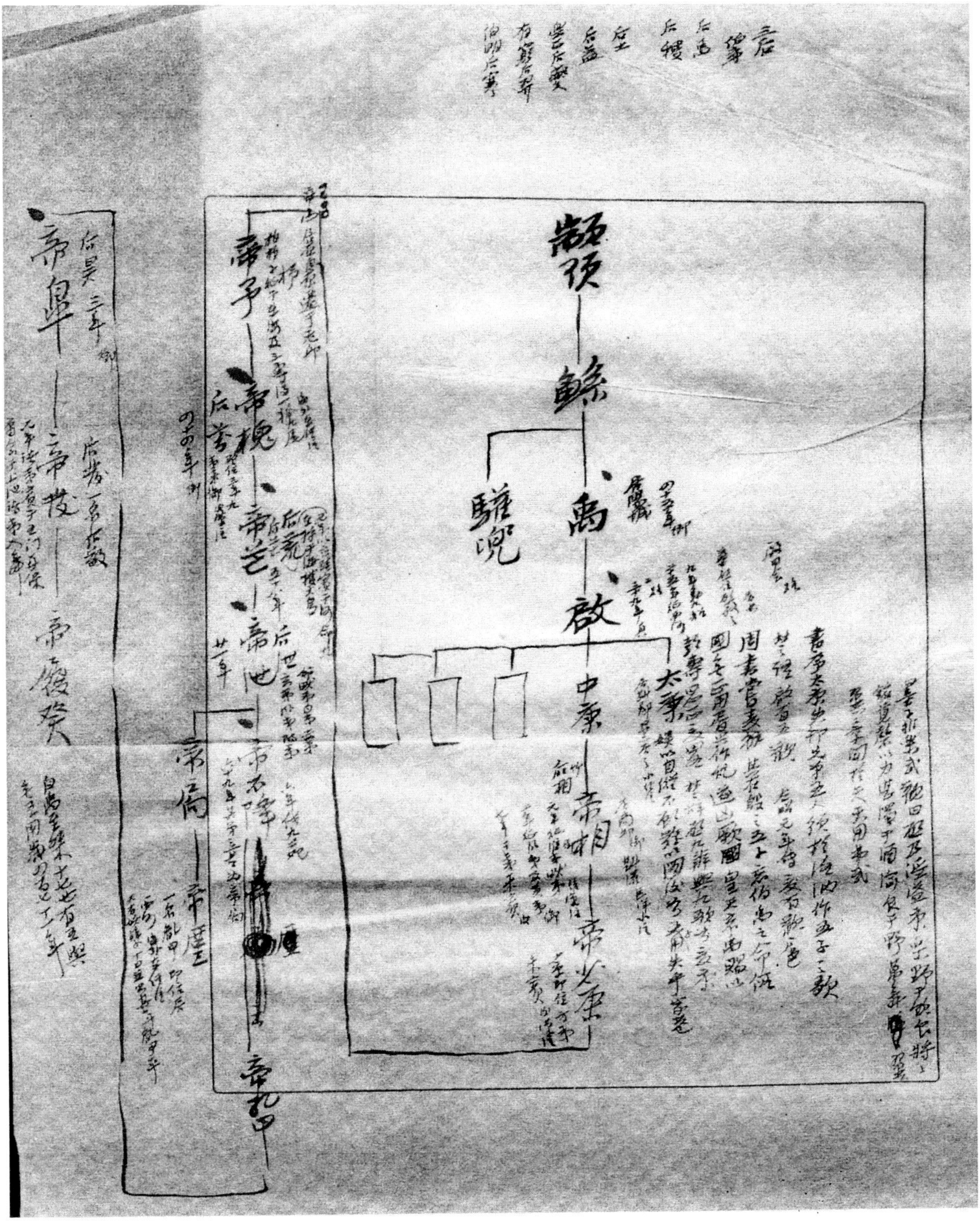
顓頊
鯀
禹
啟
太康
中康
帝相
帝少康
帝予
帝槐
帝芒
帝泄
帝不降
帝扃
帝廑
帝孔甲
帝皋
帝發
帝履癸

中外歷史對照年表

公元前	中國	亞洲		
四五〇〇？	太昊時代（伏羲氏）——奴隸制國家的開始			
四〇〇〇？ 大汶口文化	炎帝時代（神農氏）——農業開始發展　十七世			
三五〇〇？ 大汶口文化	黄帝時代 黄帝與炎帝的阪泉之戰 黄帝與蚩尤的涿鹿之戰 十世			
三二〇〇？ 大汶口文化	少昊（摯）時代 八世			
三〇〇〇？ 龍山文化	帝顓頊時代——黄河下游南北岸統一 二十世 共工與顓頊爭爲帝 顓頊由空桑遷帝丘	上、下埃及統一，美尼斯建第一王朝		
三〇〇〇——二五〇〇 龍山文化		兩河流域南部蘇美爾國家的形成		

續表

公元前	中國	亞洲		
二六五〇—二五〇〇龍山文化		埃及第四王朝　金字塔之興起		
二四〇〇？龍山文化	帝嚳時代 十世			
二三六九—二二八九龍山文化		阿卡德王國的統一		
二二九〇—二〇六五龍山文化		庫提人統治兩河流域		
二一〇〇	帝堯時代 二世 帝舜時代 禹治洪水　逐共工、驩兜、三苗			
二〇五〇	夏后氏時代 夏后禹			
二〇四〇	夏后啓			
二〇二〇—一九八〇？	太康失國　有窮后羿　寒浞殺羿			
二〇〇〇—一七八〇		埃及十二王朝，中王國的全盛		中期米諾斯文化 克里特國家的形成

續表

公元前	中國	亞洲		
二〇〇〇—一五〇〇			印度河流域古代文明的繁榮	
一九八〇—一五七九	少康復國至夏亡			
一七九二—一七五〇		巴比倫國王漢謨拉比		
一七五〇		埃及貧民與奴隸大起義		
一七〇〇—一五九〇		喜克索斯人統治埃及		
一六〇〇		赫梯出征敘利亞巴勒斯坦		
一五八四—一五五九		雅赫摩斯一世驅逐喜克索斯人　統一埃及		
一五八四—一三四三		埃及第十八王朝新王國的全盛		後期米諾斯文化克諾薩斯王宮
一五七九—一三五八	商王朝前期			
一五二五—一四九一		吐特摩斯三世		
一四二四—一三八八		埃赫那吞埃及宗教改革		邁奚尼國家的全盛

續表

公元前	中國	亞洲		
一四〇〇—一二〇〇				
一三五七—一〇七五	商王朝後期(殷)至商亡			
一三四二—一二〇七		埃及第十九王朝		
一三一二		埃及與赫梯在卡迭什會戰		
一二九六		埃及與赫梯締結和約		希臘多利亞人入侵
一一八〇				邁錫尼國家滅亡
一〇七五—七七一	周王朝伐紂——西周亡			
一〇七一	周公東征	埃及建立第二十一王朝新王國終		
一〇〇〇—七〇〇			印度恒河流域早期國家的形成	希臘的荷馬時代
一〇〇〇?	昭王南征			
九七〇?	穆王西征	腓尼基推羅國王希蘭一世		
九五〇		以色列國王所羅門		

續表

公元前	中國	亞洲		
八五〇？	厲王革典			
八四二	共和起義 厲王奔彘			
八四一—八二八	共和攝政			
八二七—七八二	宣王即位			
七七一	幽王爲犬戎所殺 西周王朝覆滅 奴隸制國家終結			
七六〇？	平王東遷			
七六〇—七三〇	封建制國家開始	烏拉爾圖國王薩爾圖里一世		
七五三—五一〇				羅馬王政時期
七四五—七二七		亞述國王提格拉特帕拉沙爾三世		
七二七—七二二		亞述薩爾瑪那薩爾五世		
七二五—七〇五				斯巴達人侵佔麥西尼亞
七二二—四七五	春秋時代（前期諸侯割據的封建國家）			
七二二—七〇五		薩爾貢二世（亞述）		

續表

公元前	中國	亞洲		
七〇五—六八〇		辛那赫里布(亞述)		
六八一—六六八		阿薩爾哈爾(亞述)		
六七一		亞述征服埃及		
六六八—六二五		阿述巴尼帕(亞述)		
六六三—六〇九		埃及第二十六王朝		
六四〇—六二〇				第二次麥西尼亞戰爭
六一二		米底、伽勒底聯軍攻陷尼尼微亞述帝國亡		
六〇四—五九二		新巴比倫國王尼布甲尼撒		
五九六—五九四				雅典梭倫改革
五七八—五三四				羅馬賽爾維圖里拉及其改革
約五六三—四八三			佛教倡立者釋迦牟尼	
五五八—五二九		波斯帝國創立者居魯士		
五四一—五二七				雅典庇西特拉圖僭主政治
五三八		波斯征服巴比倫		

續表

公元前	中國	亞洲		
五二五		波斯征服埃及		伯羅奔尼撒同盟的形成
五二一—四八六		大流士一世		
五一〇				羅馬王政治　共和國成立
五〇〇				小亞細亞希臘城邦反波斯戰爭
四九四				羅馬平民第一次撤離運動
四九二—四四九		波斯與希臘的戰爭		
四九〇				馬拉松戰爭
四八五—四六五		波斯國王薛西斯		
四八〇				薩拉密戰役
四七九		波斯軍撤出希臘半島		布拉底戰役
四七八				提洛同盟建立
四七四—二二二	戰國時代（後期諸侯割據的封建國家）			
四六四—四五三				斯巴達希倫人大起義
四五〇—四三〇				雅典伯里克利時代

續表

公元前	中國	亞洲		
四四九				羅馬公布十二銅表法
四三一—四〇四				伯羅奔尼撒戰爭
四一三				雅典兩萬奴隸大逃亡
四〇五—三四〇		埃及反波斯戰爭		
三九二				科林斯貧民起義
三九〇				高盧人入侵羅馬
三七〇—三六二				底比斯建立希臘霸權
三六七				羅馬李錫尼-綏克斯圖法案
三五九—三三六				馬其頓國王亞歷山大
三三四—三二五		亞歷山大侵入西亞、埃及、伊朗、巴克特利亞及印度		
三二六				羅馬波提利阿法案
三一四				埃陀利亞同盟建立
三一二		塞流古王朝建立（馬其頓）		
三〇五		埃及托勒密王朝建立		

續表

公元前	中國	亞洲		
二九八—二九〇				羅馬征服中部意大利
二七六				馬其頓安提柯王朝建立
二七三—二三二			印度阿育王孔雀王朝的繁盛	
二六四—二四一				第一次波匿戰爭
約二五〇	越南安陽王建甌越國	帕提亞、巴克特利亞建國		
二四五—二四一				阿基斯改革
二三五—二二一				克利奧尼亞改革
二二一	秦王朝統一六國封建帝國開始			
二二一—二〇七	秦王朝			
二一八—二〇一				第二次布匿戰爭
二〇七—一九二				內比斯改革
二〇六—公元八	漢王朝			
二〇〇—一九七				羅馬入侵希臘
一九四	衛滿在朝鮮建立政權			

續表

公元前	中國	亞洲		
一九〇		馬革西尼亞戰役		
一八五—七三			印度巽迦王朝	
一六八				馬其頓百爾修反羅馬戰爭失敗
一六五—一六四		亞歷山大里亞人民起義		
一四九—一四六				羅馬征服希臘 第三次布匿戰爭
一四〇?		大月氏遷入巴克特利亞		
一三七—一三二				歐提德姆王朝米南德王在位 第一次西西里奴隸起義
一三二—一二九		帕加馬起義		
一三三—一二三				格拉古改革
一二八—一二六	張騫使西域,至大宛			
一〇七—一〇五				馬略軍事改革
一〇四—一〇一				第二次西西里奴隸起義
九〇—八八				意大利同盟戰爭
八九—六三		密特里達提反羅馬鬥爭		

續表

公元前	中國	亞洲		
八一—七八				蘇拉獨裁
七三—七一				斯巴達克奴隸大起義
六五—五五				第一次三頭同盟
五四—五三		帕提亞與羅馬戰爭		
四七—四四				凱撒獨裁
二七				屋大維建立元首政治羅馬共和國終
公元九—二三	新莽時代			
一四—六八				朱里亞·克勞狄王朝
二五—二二〇	東漢王朝			
四〇—四三	越南二征起義			
四五？			貴霜帝國建立	
六〇				高盧、南意大利不列顛等地起義
六六—七三		猶太戰爭		
六九—九六				弗拉維王朝

續表

公元	中國	亞洲		
七八—一二三			貴霜王迦膩色迦 大乘佛教興起	
九六—一九二				安敦尼王朝
九七	甘英出使大秦未果			
九八—一一七				圖拉真
一〇一		帕提亞遣使中國		
一一五—一一六		圖拉真侵入兩河流域		
一一七—一三八				哈德良
一三八—一六一				安敦尼
一六一—一八〇				馬可・奧里略
一六六	大秦(羅馬)王安敦使者至中國			
一六六—一七二				日耳曼馬可曼尼人侵入多腦河上游
二〇〇?	日本邪馬台國家興起 朝鮮高句麗興起			
二〇〇—二五〇				羅馬奴隸制經濟政治危機發展

續表

公元	中國	亞洲		
二二〇—二八〇	三國時代			
二二六		帕提亞亡，薩珊波斯建立		
二三八	日本女王卑彌呼遣使至中國			
二四二—二七二		沙普爾一世		
二五九—二六八				三十暴君爭立
二六〇		伊朗大敗羅馬，俘羅馬皇帝瓦勒里安		
二六〇—二九〇				阿非利加行省農民和奴隸起義
二六五—三一六	晉王朝			戴克里興及其改革
二七〇—二八〇				巴高達起義開始
二七二？		摩尼教興		
二八四—三〇五		伊朗與羅馬戰爭，伊朗敗績		
二九六—二九八			貴霜帝國瓦解	
三〇〇？	日本大和國家興起			

續表

公元	中國	亞洲		
三〇九—三七〇		沙普爾二世		
三一二				米蘭敕令
三一七—五八九	東晉王朝與南北朝			
三二〇—三三〇			旃陀羅笈多一世 笈多王朝建立	
三二六—三三七				君士坦丁
三三〇				羅馬遷都拜占庭 建新都君士坦丁堡
三三〇—三八〇			三謨陀羅笈多	
三五〇—三八〇				匈奴侵入歐洲
三五九—三六一		伊朗與羅馬戰爭 羅馬敗績		
三七二	佛教由前秦傳入高句麗			
三七八				阿得里雅堡之役
三八〇—四一四			旃陀羅笈多二世	
三九五				羅馬分裂爲東西帝國

續表

公元	中國	亞洲		
三九六	高句麗廣開土王攻百濟、新羅			
三九九—四一四	法顯游印度			
四〇〇	大和國家統一日本			
四一〇				西哥特人攻陷羅馬
三五〇—四五五			嚈噠人侵入印度	
四五一				匈奴人侵入羅馬帝國
四五五				汪達爾人大掠羅馬
四六四—四八〇		伊朗與嚈噠戰爭失敗		
四七六				西羅馬帝國滅亡

整理説明：

本稿用鋼筆書寫於毛紙上，共九頁。標題與表格係整理者後加，寫作時間不詳。 （劉　雲）

原稿樣張

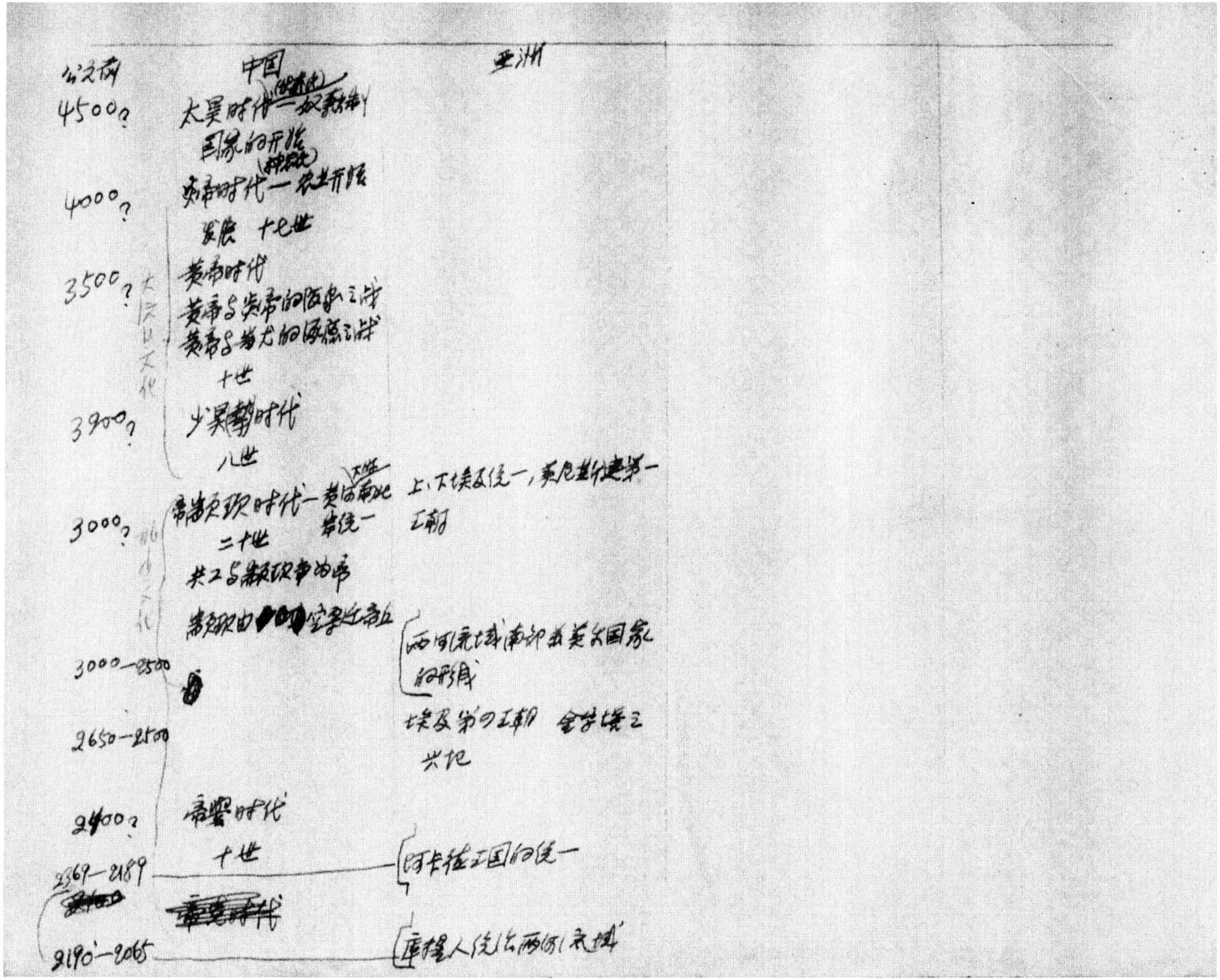

公元前	中国	亚洲
4500?	太昊时代—奴隶制 国家的开始	
4000?	炎帝时代—农业开始(神农氏) 发展 十七世	
3500?	黄帝时代 黄帝与炎帝的阪泉之战 黄帝与蚩尤的涿鹿之战 十世（大汶口文化）	
3900?	少昊挚时代 八世	
3000?	帝颛顼时代—黄河南北(大体)统一 二十世 共工与颛顼争为帝 颛顼由[illegible]空桑迁帝丘（龙山文化）	上、下埃及统一，美尼斯建第一王朝
		两河流域南部出现大国家的形成
3000—2500		
2650—2500		埃及第四王朝 金字塔之兴起
2400?	帝喾时代 十世	
2369—2189	~~帝尧时代~~	阿卡德王国的统一
2190—2065		库提人统治两河流域

中國奴隸社會

（一）引論

⑴確定奴隸社會的性質，用什麼標識來區分：氏族社會、奴隸社會、封建社會三個歷史階段。

⑵研究中國古代歷史的資料和方法。

（二）中國歷史時代的開始和史前時期的鳥瞰

（三）中國青銅時代的開始

（四）由氏族社會末期到中國奴隸社會的形成

（五）中國奴隸社會形成時期和初期奴隸社會的經濟基礎——小方田制度

（六）中國歷史上第一個偉大人物，治水工作者夏后禹，和中國歷史上第一個國家初期奴隸社會夏王國的興亡（前二一〇四二？—一五七二？）

（七）奴隸社會發達時期的商王國的經濟基礎——耦耕制度

（八）商民族的繼承制度，和唯心論者史學家王國維的殷周制度論的批判

（九）商湯革命商王國的建立和崩潰（前一五七一？—一〇七六？）

（十）周武革命，奴隸社會的最後階段，共和以前的周王國（前一〇七五？—八四二）

（十一）共和以前的周王國是奴隸社會嗎？

（十二）周王國極盛時期的經濟基礎——長畝制度

（十三）奴隸社會是怎樣崩潰的，由大規模奴隸生產轉變到個別小農生產的過程

（十四）初期封建社會（前八四一—七二〇）

(1)中國歷史上第一次的人民起義——共和起義和它的失敗(前八四一—八二八)

(2)周王國的復辟,宣王的經營四方,和宗周的滅亡(前八二七—七七一)

(3)平王東遷到平王末年的周鄭交惡(前七七〇—七二〇)

(十五)初期封建社會的經濟狀況

(十六)原始封建社會鳥瞰:由初期封建社會起,經過封建社會發達時期的春秋時代(前七一九——四七六)、封建專制時期的戰國時代(前四七五—二二二),到中央集權封建專制主義的秦帝國(前二二一—二〇七)的成立

(十七)中國奴隸社會的文化

(十八)結論——中國古代歷史的特點

整理說明:

手稿一頁,鋼筆寫於有框心的印書紙上,邊框有「文科研究所印行」字樣,作者一九四一至一九四五年任北京大學文科研究所導師,該稿可能寫於這段時間。

(劉　雲)

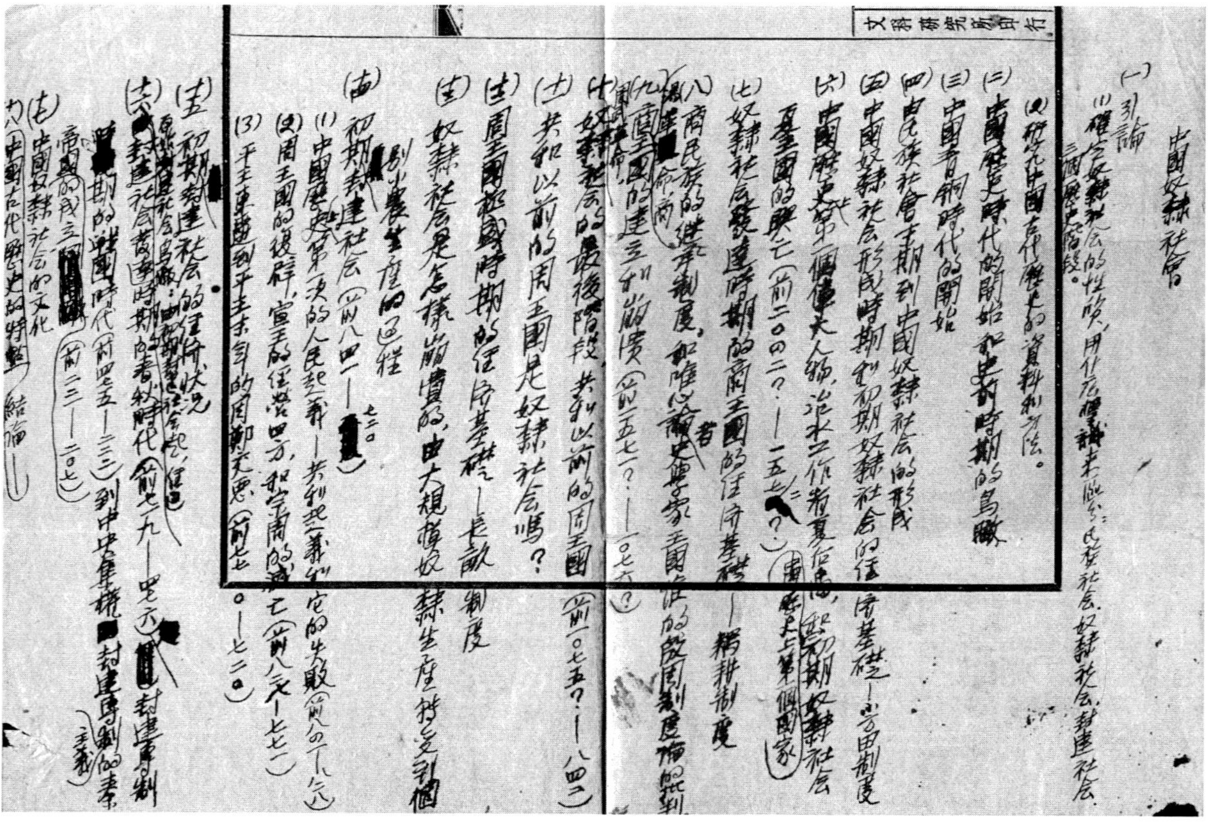
中國奴隸社會
(一)引論
(1)確定奴隸社会的性质，用什么標誌来區分氏族社会、奴隸社会、封建社会三個歷史階段。
(2)研究中國古代歷史的資料和方法。
(二)中國歷史時代的開始和史前時期的鳥瞰
(三)中國青銅時代的開始
(四)由氏族社會末期到中國奴隸社会的形成
(五)中國奴隸社会形成時期到初期奴隸社会的經濟基礎——公田制度
(六)中國歷史上第一個偉大人物，治水工作者夏后禹，初期奴隸社会夏王國的興亡（前二〇〇二？—一五七二？）（中國歷史上第一個國家）
(七)奴隸社会發達時期的商王國的經濟基礎——耦耕制度
(八)商民族的繼承制度，和唯心論史學家王國維的殷周制度論的批判
(九)商王國的建立和崩潰（前一五七二？—一〇七六？）
(十)奴隸社会的最後階段，共和以前的周王國（前一〇七五？—八四一）
(十一)共和以前的周王國是奴隸社会嗎？
(十二)周王國极盛時期的經濟基礎——長畝制度
(十三)奴隸社会是怎樣崩潰的，由大規模奴隸生產轉變到個別小農生產的過程
(十四)初期[redacted]封建社会（前八四一—[redacted]七二〇）
(1)中國歷史第一次的人民起義——共和起義和它的失敗（前八四一—八二八）
(2)周王國的復辟，宣王的征伐四方，和宗周的滅亡（前八二七—七七二）
(3)平王東遷到平王末年的周鄭交惡（前七七〇—七二〇）
(十五)初期[redacted]封建社会的經濟狀況
(十六)[redacted]封建社会發展時期 [illegible] 春秋時代（前七一九—四〇六）
(十七)[redacted]期的戰國時代（前四〇五—二二三）到中央集權封建專制的秦帝國
(十八)中國奴隸社会的文化
(十九)中國古代歷史的特點
結論

原稿樣張

研究考古學必須狠好地學習馬列主義和毛澤東思想

——答陳夢家先生的代答

陳先生的代答，有很多是我所不能同意的，答如下：

一、陳先生説：「等到青銅工藝發達以後，當然可以造青銅的工具，如刀、削、錐之類。」

答：照陳先生的説法是先有奢侈品消費品而後有工具，先有王室貴族們爲奢侈享受而做的工藝品，然後才發達到能發展生產力的工具，這種理論是本末倒置的，不合於社會發展規律的。

二、陳先生説：「但是這種青銅工具和青銅工藝是爲了什麽人服務的？就已經出土的殷代銅器來看，好像只限於祭器、車器和兵器，這些都是王室貴族所用的。」

答：陳先生所舉的事實是不錯的，那就因爲在奴隸社會裏，青銅工具和青銅用具是被奴隸主們佔有的，它們絶不是爲奴隸服務的。陳先生提出爲誰服務的問題，似乎想用此來説明青銅工業不是工業，這是不對的。

三、陳先生説：「青銅工藝只是在那個社會制度下特殊發展而成的王家工業。殷代的青銅工藝，只是一種工藝，還不能稱爲存在於社會專門化的工業部門。」

答：在這裏首先要明確的是所謂「那個社會制度」和「存在於社會」，是一個什麽樣性質的社會。陳先生這樣提法是不恰當的，應該明確，必須明確，不然我們的思想將是十分模糊與混亂的。我們提到社會就必須説明這是什麽樣的社會，客觀的抽象的社會，永恆不變的社會，是没有的。如果是原始社會，那根本就不會有什麽「王家工業」。如果是奴隸社會或封建社會，爲什麽不可以有「王家工業」呢？《共産黨宣言》説「一切至今存在過的社會底歷史是階級斗爭的歷史」，殷代有用文字記載的歷史，這是大家公認的，那末殷代的社會應該是有階級的奴隸社會，「青銅工藝」是在奴隸社會制度下特殊發展而成的「王家工業」，殷代的「青銅工藝」是存在於殷代奴隸社會中的一種專門工業。

其次，陳先生説：「殷代的青銅工藝只是一種工藝，還不能稱爲存在於社會的專門化的工業部門。」我們不曉得陳先生所想的專門化工業部門是怎樣性質的。但我們所説的手工業脱離農業而分立，是指許多工人不再從事農業了，他們已經專業化，良弓之子常爲弓，良冶之子常爲冶，這班父子相傳的工人而説的，難道這些工人不是存在於奴隸社會以至於封建社會的專門工業嗎？青銅彝器可以説是青銅工業的藝術品，從事這種藝術品的工業，爲什麼只能是工藝而不是工業呢？如其説這是爲奴隸主服務的因而不能稱爲工業，那末爲奴隸主種植農作物，也就不能稱爲農業了嗎？

四、陳先生説：「當時的農具和一般的工具，恐怕並不是銅的，而是出土所見的石器、蚌器等等，甚至用木質的。青銅不像後來的鑄鐵術出現以後，直接的以鐵作爲製造農工具的材料，對於農業生産確乎起了狠大的變革。」

答：我們説那一時代用青銅工具，並不是説别種材料的工具絶對不用。但陳先生説「當時的農具和一般的工具，恐怕不是銅的」，「恐怕」太主觀了吧？因爲青銅工具已有很多發現，青銅農具也不是没有發現過的（關於青銅農具問題，我將另爲文發表，這裏不詳論）。

五、陳先生説：「所謂手工業，當然包括了陶工、石工、木工等等，這些或與生産有直接的關係，或與人民日常生活有密切的關係，他們之出現，當然還在青銅工藝以前。我們既已説殷代青銅工藝的出現並不影響分工不分工，我們既已説明鐵器與農業生産的直接關係，則手工業與農業的分工，應該從鐵器成爲普遍的農具以後。」

答：讓我抄一段斯大林同志關於生産力發展的話吧：「由粗笨的石器過渡到弓箭，並與此相適應而由狩獵生活過渡到馴養動物和原始畜牧，由石器過渡到金屬工具（鐵斧、鐵口鋤等等）並與此相適應而過渡到種植植物，過渡到農業，金屬的製造工具繼續改良，過渡到冶鐵風箱，過渡到陶器生産並與此相適應而有手工業的發展，手工業脱離農業而分立，獨立手工業生産以及後來手工業生産的發展。」

由斯大林同志的理論，狠清楚地可以看出由石器過渡到金屬工具，過渡到種植植物，過渡到農業。由陳先生的理論，中國的手工業（包括陶石木骨等工）之出現，還在青銅工藝之前，而青銅工藝還在青銅工具之前，那末在所謂「青銅工藝」的時代，還没有種植植物，還没有農業。斯大林説金屬的製造工具繼續改良，過渡到冶鐵風箱，過渡到陶器生産，而後有手工業的發展，手工業脱離農業而分立。照陳先生的説法，則是手工業的出現遠在金屬工具的出現之前，而手工業和農業的分工要在鐵器普遍成爲農具以後。這兩個理論是絶對不相容的，斯大林同志的理論正確呢？還是陳先生的理論正確呢？

六、陳先生說：「老百姓用銅的機會恐怕更少了……一直到戰國後半期……商人階級的興起，銅器才開始爲貴族以外的人們所享用……人民可以享用小件銅器……要在鐵器盛行以後，那末在鐵器未成爲工具以前，青銅如何可成爲農工具呢？」

答：在奴隸社會裏，銅是爲奴隸主佔有的，老百姓用銅的機會，當然是少的。但是貴族們既佔有了大量的銅，爲什麽不用來做農工具呢？陳先生誤認爲那時代的農工具是勞動人民所有的，因此覺得老百姓不能用銅。他完全忘記了，在奴隸社會裏，一切生產資料是掌握在奴隸主手裏的，連奴隸的本身也是掌握在奴隸主手裏的，而陳先生卻要想奴隸們也來享受享受青銅器，那當然是不可能的了。

總之，我們研究任何科學，不能離開馬列主義，因爲馬列主義是普遍的真理，放之四海而皆準的。但馬列主義不是教條，我們必須根據具體的歷史情況，掌握辯證唯物主義和歷史唯物主義的方法來解決具體問題。中國使用鐵器比較晚，是特殊的情況。但中國古代社會的具體情況，跟一般的社會發展還是符合的。我們還是說青銅工具就是發展生產力的金屬工具呢？還是必須強調鐵器的使用才進入奴隸社會，才算是文明時代，才能作爲農業和手工業的分工呢？我們走哪一條道路呢？無疑地，我們要根據馬列主義來說明所有的或絕大部分的歷史問題，而不能死守一個教條來攪亂一切歷史問題，違反社會發展規律。

（劉　雲）

整理說明：

本手稿寫於信箋紙上，共七頁，寫作時間不詳。內容是與陳夢家先生討論中國青銅工具問題，稿文中提到作者準備發表一篇研究中國青銅農具的文章，應當就是《中國古代社會使用青銅農器問題的初步研究》一文（載《故宮博物院院刊》一九六〇年第二期，該文實際寫成於一九五九年十月），此前作者還寫了《從金屬工具的發明過渡到手工業脫離農業而分立的問題》（載《文物參考資料》一九五三年第七期），觀點與此稿相同，此稿大概寫於兩文之間的某個時間。

研究考古學必須很好地學習馬列主義和毛澤東思想

答陳夢家先生的代答　唐蘭

陳先生的代答，有很多是我所不能同意的。答如下：

① 陳先生說：「只等到青銅工藝發達以後，當然可以造青銅的工具，如刀削錐之類。」

答：照陳先生的說法是先有奢侈品消費品而後有工具，先有王室貴族們為奢侈享受而做的工藝品，然後才發達到能發展生產力的工具，這種理論是本末倒置的，不合於社會發展規律的。

② 陳先生說：「但是這種青銅工具和青銅工藝是為了什麼人民服務的？就已經出土的殷代銅器看，好像只限於祭器、車器和兵器，這些東西都是王室貴族所用的。」

答：陳先生所舉的事實是不錯的，那就因為在奴隸社會裡青銅工具和青銅工藝是被奴隸主們佔有的，它們決不是為奴隸服務的。陳先生提出為誰服務的問題，似乎想用此來說明青銅工業不是工業，這是不對的。

原稿樣張一

②

③陳先生說：「青銅工藝只是在那個社會制度下特殊發展而成的王家工業。殷代的青銅工藝，只是一種工藝，還不能称為存在于社會專门化的工業部门。」

答：在這裡首先要明確的是所謂「那個社會制度」存在在社會，是一個什么樣性質的社會。陳先生這樣提法是不恰當的，應該明確，必須明確，不然，我們的思想便是十分模糊與混亂的。我們提到社會就必須說明是什么樣的社會，客觀的抽象的社會，永恒不变的社會，是沒有的。如果是原始社會，那根本就不會有什么「王家工業」。如果是奴隸社會或封建社會，為什么不可以有王家工業呢？共產党宣言說：「一切至今存在過的社會底歷史是階級斗爭的歷史。」殷代有文字記載的歷史，這是大家公認的，那末殷代的社會是有階級的社會，青銅工藝，是在奴隸社會制度下特殊發展而成的「王家工業」，殷代的青銅工藝，是存在於殷代奴隸社會中的一種專门工業。

荀子是儒家不是法家並且是反對法家的（提綱）

一、法家說：荀子是儒家。

1.《韓非子·顯學》：「有子張之儒，有子思之儒，有顏氏之儒，有孟氏之儒，有漆雕氏之儒，有仲良氏之儒，有孫氏之儒，有樂正氏之儒。」孫氏是孫卿子，即荀子。

2. 韓非和李斯從來没有引過荀子的理論。

二、儒家說：荀子是儒家。

1. 司馬遷《史記》有《孟子荀卿列傳》，孟、荀相提並論。又《儒林傳》：「於威、宣之際，孟子、荀卿之列，咸遵夫子之業而潤色之，以學顯於當世。」

2. 董仲舒、劉向《荀子叙録》說：「漢興，江都相董仲舒亦大儒，作書美孫卿。」

3. 劉向《荀子序録》：「趙亦有公孫龍爲堅白同異之辭，處子之言，魏有李悝盡地力之教，楚有尸子、長盧子、芋子，皆著書，然非先王之法也，皆不循孔氏之術。唯孟軻、孫卿爲能尊仲尼。」

4. 揚雄《法言·君子》：「或曰：子小諸子，孟子非諸子乎？曰：諸子者以其知異於孔子者也。孟子異乎，不異。或曰：孫卿非數家之書，侻也。至於子思、孟軻，詭哉！曰：吾於孫卿與，見同門而異户也。惟聖人爲不異。」是揚雄認爲荀子是儒家的一個派別，與韓非同。

5. 班固《漢書·藝文志》儒家：孫卿子三十三篇。

三、《荀子》書的内容，説明荀子是儒家。

1. 荀子的《儒效篇》，不但把大儒捧上天，就是他所瞧不起的俗儒，也還是「用俗儒則萬乘之國存」。秦昭王說：「儒無益於人之國。」荀子反對他而大捧孔丘。又《彊國篇》，孫卿子答應侯問，說秦國什麽都好，但是不能王，是由於「無儒」。

2. 荀子站在儒家的立場上，排斥諸子百家，尤其注重的是墨家，《禮論篇》特別指出「儒墨之分」。

3. 荀子經常吹捧孔丘和他的門徒，記録他們不少言行。尤其突出的是吹捧「仲尼、子弓」。

4. 荀子經常講仁義，講詩書禮樂，尤其注重的是禮。禮是荀子學説的核心，禮也正是儒家學説的主要內容。

5. 荀子跟孔丘一樣區分君子和小人。「君子不近庶人」（見《勸學篇》）。「君子以德，小人以力，力者，德之役也」（見《富國篇》）。還是「君子勞心，小人勞力」的一套，但更清楚地説明小人要爲君子役。

6. 荀子主張「復古」，「道不過三代，法不貳後王」（見《王制篇》）。他繼承孔丘思想，所謂「後王」，是指周代奴隸主王朝。「後王之成名者，刑名從商，爵名從周，文名從禮」（見《正名篇》）。他認爲「古今一度」，可以「以近知遠」，「欲知上世，則審周道」，「禹、湯有傳政而不若周之察也」（並見《非相篇》）。所以荀子的反對「舍後王而道上古」，只是反對墨家的講夏禹，道家的講神農、黃帝。他復的是近古，後王的古。

四、荀子的傳派是儒家。

1. 《荀子・堯問篇》末，荀子的後學（大概是漢初人）説：「爲説者曰『孫卿不如孔子』，是不然。孫卿迫於亂世，鰌於嚴刑，上無賢主，下遇暴秦。……觀其善行，孔子弗過。世不詳察，云非聖人。奈何，天下不治，孫卿之不遇時也。」顯然是儒家的看法。

2. 劉邦的第四個弟弟楚元王劉交，年輕時和魯穆生、白生、申公俱受詩於浮丘伯，浮丘伯是荀子門人。秦焚書（公元前二一三）後分散。漢高祖六年（前二〇一）交封楚王，封穆生、白生、申公等爲中大夫。呂后當政時（公元前一八七—前一八〇），浮丘伯在長安，劉交派兒子劉郢客和申公又跟他學詩。申公做了《詩傳》，稱爲「魯詩」。流派很廣，見《史記・儒林傳》。

3. 漢初戴聖編《禮記》，收入《荀子》的《禮論》、《樂論》等篇，《禮記》成爲儒家的經典。戴德編《大戴禮》，也收入《荀子》的一部分。

4. 董仲舒《春秋繁露》裏的《深察名號》和《實性》兩篇，主要是發揮荀子思想。

五、荀子站在儒家立場，反對法家。

1. 反對早期法家（刑名家）鄧析。荀子常把惠施、鄧析聯在一起，駡得最兇。駡他們「不法先王，不治禮義，而好治怪説，玩琦辭，甚察而不惠，辯而無用，多事而寡功，……足以欺惑愚衆」（見《非十二子篇》）。而在《儒效篇》裏把惠施、鄧析比之農人、賈人和工人，因爲這都是小人而儒家是君子。「不恤是非然不然之情，以相薦撙，以相恥怍，君子不若惠施、鄧析」。而君子是當然的統治者，「慎墨不得進其談，惠施、鄧析不敢竄其察」。把這些辯者説是「狂惑戇陋之人，乃始率其羣徒，辯其談説，明其辟稱，老身長子，不知惡也。夫是之爲上愚。曾不如相雞狗之可以爲名也」。

2. 反對少正卯。孔丘殺少正卯的故事，是《荀子·宥坐篇》首先記載的，但他是站在儒家的反動立場來歌頌這件事的。少正卯正是鄧析一類的法家，《宥坐篇》所説「不可不誅」的七個人裏就有鄧析。荀子在《非十二子篇》裏所説：「行辟而堅，飾非而好，玩姦而澤，言辯而逆，古之大禁也。」跟《宥坐篇》所説少正卯的五條罪狀「心達而險，行辟而堅，言僞而辯，記醜而博，順非而澤」，基本上一樣。而《非相篇》講到「小人之辯」，説：「夫是之謂姦人之雄，聖王起所以先誅也，然後盜賊次之。盜賊得變，此不得變也。」這跟《宥坐篇》所説「人有惡者五而盜竊不與焉」，和「此小人之桀雄也，不可不誅也」，不是完全一個腔調嗎？可見殺少正卯，也正是《荀子》的主張。

3. 反對慎子。慎子也是早期法家，爲申、韓所稱。《非十二子篇》説慎到、田駢「尚法而無法」。《解蔽篇》説「慎子蔽於法而不知賢」。《天論篇》説「慎子有見於後，無見於前」。

4. 反對申子。申不害和韓非並稱申韓，和商鞅並稱申商。《解蔽篇》説：「申子蔽於勢而不知知。」

5. 反對商鞅。《議兵篇》説：「故齊之田單，楚之莊蹻，秦之衛鞅，燕之繆蟣，是皆世俗之所謂善用兵者也。……掎契司詐，權謀傾覆，未免盜兵也。」而他所説「盜兵」是「君子不由也」。從他對應侯所説秦國無儒，可見他是反對商鞅的。

6. 反對李斯。《議兵篇》有李斯問孫卿子一段。李斯説：「秦四世有勝兵，兵强海内，威行諸侯，非以仁義爲之也，以便從事而已。」孫卿子説：「非汝所知也。」説李所説的是「不便之便」，而仁義是「大便之便」。説李斯「不求之於本而索之於末，此世之所以亂也」。説明韓非、李斯儘管曾經是荀卿的學生，但他們走的不是一條路，一是儒家，一是法家。漢桓寬《鹽鐵論·毁學》説：「方李斯之相秦也，始皇任之，人臣無二，然而荀卿爲之不食。」荀卿在齊宣王時已經在稷下遊學，齊宣王死於公元前三〇二年，假定荀卿當時有二十歲，到秦始皇二十六年（前二二一）統一天下，李斯作卿相的時候，已經一百歲了。他老病居家，聽見李斯作相而不食，是完全可能的。也可以説明他始終是反對李斯的。

六、幾點意見：

1. 禮和法。儒家重禮，法家尊法；儒家復古，法家創新；這是兩家的基本區別，沒有調和的餘地。荀子也講到法，但並不是法家所尊的法，他講的是「禮法」和「師法」。他說什麼上愛下，下親上，君臣上下貴賤左右，都自己修省，安分守己，「是百王之所以同也，而禮法之樞要也」；農耕田，賈販貨，百工勸事，士大夫分職，諸侯分土，最後天子只要「共己」就行了，「是百王之所同而禮法之大分也」（並詳《王霸篇》），既然是「百王之所同」，就是復古、師古，不能從字面來看，說禮就是法。他說：「故非禮是無法也，非師是無師也。不是師法而好自用，譬之是猶以盲辯色，以聾辯聲也，舍辯妄無爲也。故學也者禮法也。」（見《修身篇》）因爲一切都要學古，所以近處要「隆師」，而遠的要「法先王，隆禮義」。這完全繼承孔丘的一套。至於怎樣治國家，在他看來，「循法則、度量、刑辟、圖籍，不知其義，謹守其數，慎不敢損益也。父子相傳，以持王公。是故三代雖亡，治法猶存。是官人百吏之所以取禄秩也」（見《榮辱篇》），一切法令制度等等都有現存的東西的。「無國而不有治法，無國而不有亂法」（見《王霸篇》），只要「循其舊法，擇其善者而明用之，足以順服好利之人矣」（同上）。這些數都是對付老百姓的，所以說：「由士以上則必以禮樂節之，衆庶百姓則必以法數制之」（見《富國篇》）。儒家是君子之道，所以他只要講禮樂，而法數只不過搬一些現成的東西，有些選擇罷了。要是把荀子的禮，說成他的内容是法，那就混淆了儒家和法家的主要區別了。荀子明明說「道不過三代，法不貳後王」，而揭起「復古」的黑旗（見《王制篇》），如果說他的禮就是法家的法，那就是倒退的等於革命的了。

2. 後王。前面已經指出荀子的法後王是要復周王朝的文武成康的古。固然，一個人的思想是要受時代影響的，荀子和孔丘的時代不同，但和他同時的齊宣王、齊襄王、趙孝成王、楚考烈王等，有什麼可倣法呢？秦國的富强，他是不能不承認的，但他認爲秦國的民是「古之民也」，吏是「古之吏也」，士大夫是「古之士大夫也」，朝是「古之朝也」（並見《彊國篇》），他根本閉着眼睛，看不到商鞅變法的作用，而只想這一切都是古，所缺的只是「無儒」，他能師法秦昭王嗎？他還妄想秦昭王以他爲師哩。這個復古主義者，怎麼能有法家思想呢？

3. 反對子思、孟軻。這只是儒家内部的派別之事，不等於反儒家。漢代董仲舒也反對孟軻的性善說，宋代的司馬光也反對孟軻，都是儒家。他罵子張、子夏、子游的賤儒，並没有罵他們本人，罵小儒、俗儒也不過恨鐵不成鋼罷了。

4. 韓非、李斯的老師。學生是法家，不能替老師也加上法家的冕。

5. 天論。荀子是站在儒家立場上來反對百家的。墨子有《天志》，鄒衍談天，因此他要做《天論》。把天作爲自然，就是推衍「日月行焉，四時生焉」一類的說法。反對墨家的大講災祥妖異是對的，而說「唯聖人不求知天」，又說「大巧在所不爲，大智在所不慮」，用以反對鄒衍一派的術知，就是反動的觀點，是反科學的。又説「天有常道矣，地有常數矣，君子有常體矣。君子道其常，小人計其功」。顯然是唯心主義的宇宙觀。他認爲「百王之無變，足以爲道貫」，就是董仲舒「天不變，道亦不變」的論點。所以歸結到「君臣之義，父子之親，夫婦之別」。「在人者莫明於禮義」，「禮者表也，非禮昏世也，昏世大亂也」。總之，整篇《天論》，貫串着反動的儒家思想，不能作爲法家思想。

總之，荀子是戰國後期的儒家的一個派別，漢代儒家受到他的影響很大，不是法家。而且他是站在儒家立場上反對百家，尤其是墨家和法家。因爲儒、墨都是顯學，而新興的法家辯士，是他所深惡痛絕的。

一九七四·六·十三

整理説明：

該手稿用鋼筆書於五百字稿紙上，共十頁，作者自注寫於一九七四年六月十三日。

（劉　雲）

原稿樣張一

荀子是儒家不是法家并且是反对法家的(提纲)

一、法家说：荀子是儒家。

1. 《韩非子·显学》："有子张之儒，有子思之儒，有颜氏之儒，有孟氏之儒，有漆雕氏之儒，有仲良氏之儒，有孙氏之儒，有乐正氏之儒"。孙氏是孙卿子，即荀子。

2. 韩非和李斯从来没有引过荀子的理论。

二、儒家说：荀子是儒家。

1. 司马迁《史记》有《孟子荀卿列传》，孟荀相提并论。又《儒林传》"于威、宣之际，孟子荀卿之列，咸遵夫子之业而润色之，以学显于当世"。

2. 董仲舒　刘向《荀子叙录》说："汉兴，江都相董仲舒亦大儒，作书美孙卿"。

3. 刘向　《荀子序录》："赵亦有公孙龙为坚白同异之辩，处子之言，魏有李悝尽地力之教，楚有尸子、长卢子、芋子，皆著书，然非先王之法也，皆不循孔氏之术。唯孟轲孙卿为能尊仲尼。

4. 扬雄《法言·君子》："或曰：子小诸子，孟子非诸子乎？曰：诸子者以其知异于孔子者也。孟子异乎，不异。或曰：孙卿非数家之書，侻也。至於子思孟轲，诡哉！曰：吾於孙卿与，見同门而异户也。惟圣人为不异"。是杨雄认为荀子是儒家的一个派别，与韩非同。

5. 班固《汉書·艺文志》儒家：孙卿子三十三篇。

3.《荀子》書的内容，说明荀子是儒家。

1. 荀子的《儒效篇》，不但把大儒捧上天，就是他所瞧不起的俗儒，也还是"用俗儒则万乘之国存"。秦昭王说："儒无益於人之国"。荀子反对他而大捧孔丘。又《强国篇》，孙卿子答应侯问，说秦国什么都好，但是不能王，是由於"无儒"。

2. 荀子站在儒家的立场上，排斥诸子百家，尤其注重的是墨家，《礼论》篇特别指出"儒墨之分"。

3. 荀子经常吹捧孔丘和他的门徒，记录他们不少言行。尤其突出的是吹捧"仲尼、子弓"。

4. 荀子经常讲仁义，讲诗書礼乐，尤其注重的是礼。礼是荀子学说的核心，礼也正是儒家学说的主要内容。

5. 荀子跟孔丘一样区分君子和小人。"君子不近庶人"（见《劝学篇》）。"君子以德，小人以力，力者德之役也"。（见《富国篇》）。还是"君子劳心，小 2

秦始皇統一文字的功績和尊法反儒的鬥爭

秦始皇在我國文字發展的歷史上，有三件大功。

我國的圖畫文字，從現在已經發現的考古資料來看，最早可以推到山東省大汶口文化遺存中陶器上所刻的文字，〔一〕至少已有五千年左右了。《共産黨宣言》説「**到目前爲止的一切社會的歷史都是階級鬥爭的歷史**」，這「**指有文字記載的歷史**」。可見遠在貧富兩極分化的原始社會末期，文字已經誕生。在我國，經過五帝三王，長時期的奴隸制社會和初期封建社會的諸侯割據稱雄時期，到秦始皇二十六年（公元前二二一年）的統一天下，大約有三千年之久，舊的圖畫象形已大都消亡，新的形聲文字系統正在大量發展，新舊文字的交錯，本已容易混亂。再加以我國疆域的廣大，各地獨立發展，殷王朝後期在今河南省，周王國原在今陝西省，她們的文字就不一樣，如：「斤」字，殷系作，周系作。春秋戰國時期，由於諸侯割據，各自爲政，交通阻隔，文字的分歧就更爲突出。如「吾」字在齊國的⿰麥命鎛〔二〕作「⿸虍魚」，而秦國的石鼓文作「遊」；「也」字在晉國的欒書缶〔三〕作「」，而石鼓文作「殹」；「戟」字齊城右造車戟〔四〕作「鈛」，而秦國的大良造鞅戟〔五〕作「戟」；楚懷王名叫「酓（音飲）胥」，遺存下來的銅器很多，〔六〕而秦國的詛楚文作「熊相」，等等。寫在竹簡或繒帛上的文字，刻在兵器上，鑄在錢幣上，印在陶器上的文字，變異還要多得多。因此，這個國家的人到了另一個國家就有很多文字是不認識的，這對於社會文化的發展是極大的障礙。在秦始皇併兼六國以後，這種由文字工具方面所造成的隔閡就必須消除。秦始皇鑒於「天下共苦戰鬥不休」，在統一以後，不再建置諸侯，海内爲郡縣，揭開我國歷史上新的一頁，是前無古人的，比起奴隸制社會中任何一次的改朝换代，不知道要好過多少倍。天下統一了，政權統一了，貨幣統一了，還需要「一法度衡石丈尺，車同軌，書同文字」，即統一度量衡制度，統一交通工具，統一文字工具，都是當時的重要措施。秦始皇是尊重法家的，他的改革都從實踐中來，把在秦國已經行之有效的東西擴充到全中國。統一度量衡是這樣，從傳世的商鞅量，〔七〕我們可以看到始皇時期的同度量衡，是沿用秦孝公時商鞅訂立的制度。文字也是這樣。漢代許慎《説文解字》序説：

分爲七國，田疇異畮（畝），車涂異軌，律令異法，衣冠異制，言語異聲，文字異形。秦始皇帝初兼天下，丞相李斯乃奏同之，罷其不與秦文合者。斯作《倉頡篇》，中東府令趙高作《爰歷篇》，太史令胡毋敬作《博學篇》，皆取史籀大篆，或頗省改，所謂小篆者也。

這裏説得很清楚，「罷其不與秦文合者」，就是把秦國文字來作爲標準文字。根據傳世的秦公簋和石鼓文等資料，可以看到大篆就是秦國的古文字，《史籀篇》也屬於這個系統，都是比較繁複的，而李斯等所定的小篆，比起來就簡易多了。這次大統一，在我國文字發展史上是空前的一件大事。

李斯的「書同文字」，是采用教學童的方式進行的。李斯所作的《倉頡篇》有七章，趙高所作《爰歷篇》有六章，胡毋敬所作《博學篇》也有七章。大概每篇都有一千來字。漢朝初年民間教學童的老師把這三篇合成一篇，分五十五章，每章六十字，共三千三百字，統稱《倉頡篇》。這是除業已失傳的《史籀篇》之外，我國最早的識字課本。根據《説文》裏所收的籀文，《史籀篇》應該是春秋末期到戰國前期的字體，舊説史籀是周宣王太史是錯的。〔八〕《漢書・藝文志》説「《史籀》十五篇」，東漢時還剩九篇，但許慎引用的不多，看上去這十五篇所收的字，不會比李斯等三人所作的《倉頡篇》二十章還多，大概有些像史游的《急就篇》那樣，有兩千多字罷了。但是《史籀篇》只是私人著作，推行不會太廣。而李斯等所作三篇則是代表秦政權的統一文字的作品，是遍天下每個學童必讀的，這樣的著作也是過去所無的。有了這樣的課本，統一工作就可以有保證地順利進行。因此，儘管秦朝亡滅了，《倉頡篇》在漢朝還很流行，《急就篇》裏所用的都是《倉頡篇》裏的字，可見秦時的文字雖決不止三千多字，但是教小學生的必需的常用字大概都包括進去了。漢以後很多人去增補新字，爲它作注釋，成爲一種專門的學問，是我國文字學裏最早的著作之一。近代曾在甘肅省敦煌西北漢長城遺址發現《倉頡篇》殘簡，可見流傳之廣。

只是在統一文字的基礎上，我國文字才由篆書解放爲隸書。李斯是用小篆來「書同文字」的。他是我國第一個有名的書法藝術家，相傳秦始皇時所立的許多記功刻石，都是他寫的，現在存留下來的還有泰山刻石和琅邪刻石，都已經殘缺了。從書法藝術來説，確是很好的。但是篆書在書寫時費時間比較多，在應用方面並不方便。班固《漢書・藝文志》說：

是時始造隸書矣。起於官獄多事，苟趨省易，施之於徒隸也。

據《說文》，這是「秦始皇帝使下杜人程邈所作也」。〔九〕《晉書·衛恒傳》說：

秦既用篆，奏事繁多，篆字難成，即令隸人佐書，曰隸字。隸者篆之捷也。

隸書就是篆書的簡體字，所以說「隸者篆之捷也」，把篆書寫快了就成爲隸書。隸人不是奴隸而是官吏中的最下層，〔一〇〕因爲徒隸們不是書法家，他們只管寫時的方便，並不顧到字體的結構，是不能根據篆體應該怎樣來要求他們的。因爲這種字體在徒隸中普遍行用，所以稱爲隸書。班固說是造來爲徒隸們用的，倒因爲果，是錯的。現在看到秦代的秤錘（秦權）、量器和詔版（釘在量器上的），大都是這類隸書，在草書未興之前，這是最簡易的文字了。那末，秦始皇統一文字，射一得雙，有了小篆，隸書就隨之而來。我國字體雖多，嚴格說來，只有篆書、隸書和草書。篆書總結了秦以前三千年的古文字，而隸書開闢了此後兩千年的近代文字。當然，到了我們社會主義社會，我國文字又必須徹底改革了，但是秦始皇在歷史上的功績還是必須肯定的。隸書最初還有些像篆書，後來不斷發展變化，到了唐朝書法家所說的隸書，實際上就是現代的正楷。草書又隨隸書而發展，後來就把隸書稱爲正書。先是篆隸兩種字體並行，到了草書盛行，就只通行正草兩體，篆書既廢止不用，而漢魏時代的隸體也已過時，仍舊只是兩種字體。草書儘管是漢初才發生的，但如果没有隸書的發展，從篆書裏就很難直接産生草體的。

秦始皇是我國第一個文字改革家，文字異體的統一，文字教學的普及，文字的簡化，這三方面都有極大的功績。這些，就是對新政權抱有敵對情緒的儒生們，也是不能否認的。《史記·秦始皇本紀》說：「二十八年，始皇東行郡、縣，上鄒嶧山，立石，與魯諸儒生議刻石頌秦德，議封禪望祭山川之事。」始皇作琅邪臺，立石，刻頌秦德，其中就提出「器械一量，同書文字」，作爲秦德來歌頌的。

秦始皇尊法反儒，他繼承秦孝公、商鞅的制度而更加發展。他十分尊重韓非的學説，並重用李斯，這些人都是法家。在統一天下後，丞相王綰等請立諸子爲王，始皇用李斯議，不分封諸侯而置郡縣，貫徹法家的主張。隔了兩年，因爲東巡在鄒嶧山立石而與魯諸儒生議論頌秦德和封禪等事，儒生們覺到機會來了，想借此來搞復古和尊儒。《禮記·中庸》説：

子曰：愚而好自用，賤而好自專，生乎今之世，反古之道，如此者災及其身者也。非天子，不議禮，不制度，不考文。今天下，車同軌，書同文，行同倫。雖有其位，苟無其德，不敢作禮樂焉。雖有其德，苟無其位，亦不敢作禮樂焉。

據《史記·孔子世家》説「子思作《中庸》」。子思是孔子的孫子，和墨子同時，那個時候能説「今天下，車同軌，書同文」嗎？這樣事情在戰國初期，做夢也不會想到的。漢末的鄭玄注《禮記》，也覺得放在戰國時説不通，所以説：「今，孔子詔其時。」但就是春秋末年孔子的時代，文字也何嘗是統一的呢？顯然，《中庸》這篇書是孔家的後代或者魯諸儒生編造出來，僞託子思，用來和法家作鬥爭的。他們看到秦始皇要議論封禪和望祭山川，錯誤地估計形勢，以爲秦始皇終於要讓儒生們來議禮了，妄想議禮的上臺，明法的就得下臺了。所以他們説：「非天子，不議禮，不制度，不考文。」「制度」就是指「一法度衡石丈尺」，「考文」就指「書同文字」，而「議禮」則是他們所希望能日益發展以達到「作禮樂」的最後目的。他們惡毒地攻擊「愚而好自用，賤而好自專，生乎今之世，反古之道」，生在當今的時代而反對奉行「古之道」，就是不搞復古主義，那就要災難臨頭。〔一二〕整篇《中庸》，講的都是復古主義，集儒家反動學説的大成。他們儘管也恭維「車同軌，書同文」，因爲這是屬於工具方面的，但主要目的是偷運尊儒反法的私貨。當然，他們高興得太早了，秦始皇尊法的思想是不可動摇的。

秦始皇三十四年（公元前二一三年），博士齊人淳于越重新提出封子弟功臣的問題，而説「事不師古而能長久者，非所聞也」。李斯針對這類謬論説「今諸生不師今而學古，以非當世，惑亂黔首」，主張燒「詩書百家語」，「有敢偶語詩書，棄市；以古非今者族」。在這場儒家「師古」與法家「師今」的尖鋭鬥爭中，儒家完全失敗了。但是他們還是不甘心的，他們還是要誹謗，要以古非今。就在下一年，始皇把這一小撮「以文犯禁」的儒生四百六十多人，「皆坑之咸陽，使天下知之，以懲後」，這不是罪有應得嗎！

一切反動派，包括現代修正主義者，都咒駡秦始皇焚書坑儒，他們是兔死狐悲，物傷其類。他們怎麽能懂得秦始皇在我國歷史上的偉大功績呢！他們能想到我們現在寫的漢字還是秦始皇的偉大功績之一嗎？蚍蜉們儘管摇撼大樹，幾時能毁傷大樹的一枝一葉呢？歷史有時是相似的。當林彪一伙反革命修正主義分子在廬山搞突然襲擊的時候，不是也錯誤地估計了形勢，以爲復辟的時機已到嗎！他的天才論，不就是孔老二的「生而知之」的翻板嗎！這個萬歲不離口，語録不離手的兩面派，不是好話説盡而在背地裏壞事做絶嗎！不是大搞陰謀詭計，和其死黨大寫特寫「悠悠萬事，唯此爲大，克己復禮」嗎！這個無恥叛徒，披着馬列主義外衣，胡説什麽「中庸之道，合理」，合他的反革命之理，林彪的確是孔老二的孝子賢孫，他叛黨叛國，已經落得個可恥的下場。但尊儒反法的反動思想和孔孟之道，還必須繼續深入批判。不破不立，不塞不流，不止不行。我們必須把批林批孔這一場生死鬥爭進行到底。

〔一〕見唐蘭《從河南鄭州出土的商代前期青銅器談起》，《文物》一九七三年第七期。

〔二〕見《上海博物館藏中國青銅器》。

〔三〕見《商周青銅器録遺》五一四頁。

〔四〕見《三代吉金文存》二〇·一九。

〔五〕見《三代吉金文存》二〇·二一。

〔六〕如：楚王酓肯鼎，見《三代吉金文存》三·二五，此人所存銅器很多，我舊釋作酓肯，以爲楚考烈王，是錯的。

〔七〕藏上海博物館。

〔八〕見唐蘭《中國文字學》一五五頁。

〔九〕見《説文》序，原誤在小篆下，據段玉裁等説訂正。

〔一〇〕隸原是奴隸，但秦漢時代，徒隸已是獄中小吏。《漢書·司馬遷傳》：「見獄吏則頭搶地，視徒隸則心惕息。」

〔一一〕「古之道」是一個仂語，「反古之道」是反對古之道。漢鄭玄注説「反古之道，謂曉一孔之人，不知今王之新政可從」，完全錯了。唐孔穎達《正義》説「若賢人君子，雖生今時，能持古法。故《儒行》云『今人與居，古人與稽』是也」。已經糾正鄭玄的錯誤。

整理説明：

該稿寫於四百字稿紙上，共十二頁，寫成後曾投稿於文字改革委員會，後由其轉投於人民日報社，並已排版印出校樣，終因故未發。

文後附人民日報理論宣傳部一九七四年八月二六日退稿信一封。

（劉　雲）

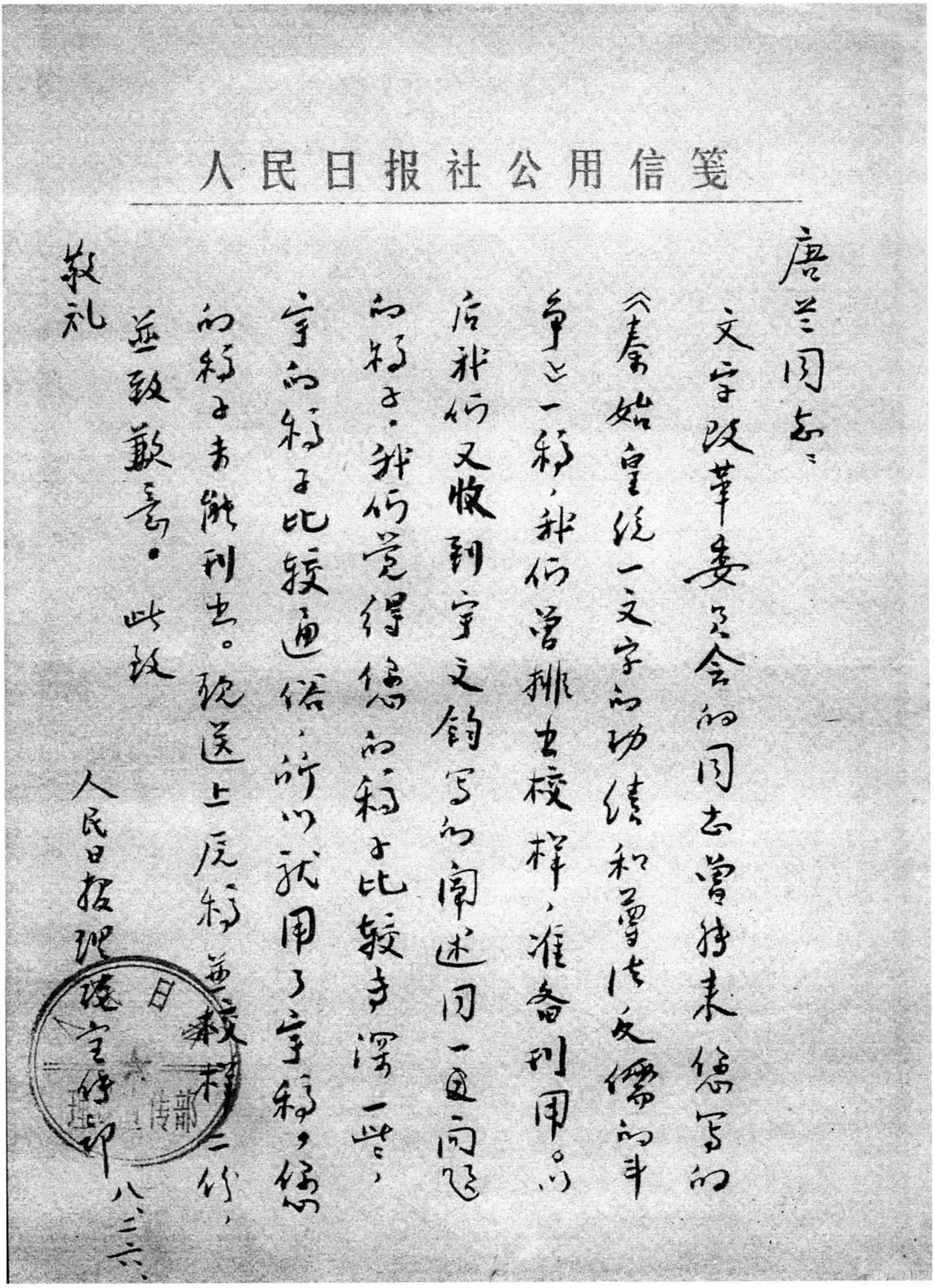

人民日报社公用信笺

唐兰同志：

文字改革委员会的同志曾转来您写的《秦始皇统一文字的功绩和尊法反儒的斗争》一稿，我们曾排出校样，准备刊用。以后我们又收到宇文钧写的简述同一问题的稿子。我们觉得您的稿子比较专深一些，宇的稿子比较通俗，所以就用了宇稿，您的稿子未能刊出。现送上原稿并校样一份，并致歉意。此致

敬礼

人民日报理论宣传部

八、二六、

試論孔子所提倡的君子學説

君子這個稱號是社會上的一種地位，《尚書》中只有《酒誥》、《召誥》、《無逸》等篇説到君子，這些都是西周初期的史料。《大禹謨》説「君子在野」，但這是魏晉時期的僞古文，是不足信的。《論語》引周公告魯公（伯禽）的話，説到君子，《周易》和《詩經》中也常見，也都是周代史料。那麽，君子這個稱號，可能是從周朝開始的。

君子的本義應該是君的兒子，與王子、公子、王孫、公孫同例。君的妻可成爲君婦或君夫人。君子的兒子成爲君子。《儀禮·喪服傳》：「君子子者，貴人之子也。」《詩經·都人士》説「彼君子女」則是君子的女兒。君在周朝是統治者的通稱。從王、公、大君以至微小的邦君、都君、里君之類都是君。君子是君的兒子，當然是貴人了。君的兒子有時還是一個君，象《詩經·采菽》中「君子來朝」指的是諸侯。但有時只是君的兄弟子侄，甚或是遠族，是一般的貴人，地位就比較低一些。《詩經·雲漢》所説的「大夫君子」應屬於這一類。倘若君子的人數越來越多，那就稱爲「百君子」了。

在奴隸社會裏，君子是統治階級，也是奴隸主。民是被統治階級。《詩經·泂酌》説「豈弟君子，民之父母」。那只是詩人對統治者的歌頌罷了。君子和小人有相對的關係，如《周易·革卦》：「君子豹變，小人革面。」《剥卦》：「君子得輿，小人剥廬。」顯然，這指的是兩個階級。這種區别在春秋時也還有遺留。《左傳》昭公六年，楚公子棄疾的誓説：「有犯命者，君子廢，小人降。」其對待的方式是不同的。襄公十五年，宋國有人把寶玉送給子罕，説什麽「小人懷璧，不可以越鄉」，希望把寶玉交出來，以免一死。成公三年，鄭國的賈人説「吾小人，不可以厚誣君子」。昭公二十六年，魯國冉豎説「謂之君子，何敢亢（抗）之」。商賈屬於民的階級，豎屬於奴隸階級，對於統治階級的君子，當然不敢誣也不敢抗。統治階級的人，當時也稱爲小人。如《尚書·無逸》説商王祖甲「舊爲小人」。《左傳》隱公元年，潁考叔答對鄭莊公；宣公十二年，申叔時答對楚莊王。一個是潁谷封人，一個是大夫，也都自稱爲小人。這是由於小人是對大人而言的。在《周易》中大人是虎變，而小人只是豹變，豹不如虎，君子也低於大人。在這種特殊情況下，儘管有君子的地位，也可以稱爲小人。但在一般情況下，那些被統治的庶民，才是真正的小人。這種人不能稱爲君子。

但是，到了春秋時代，君子的地位，隨着奴隸社會的崩潰而動摇了。經過西周三百多年的奴隸王朝，王公貴人的疏親遠屬不知有多少；經過西周後期的共和起義，共和時的大旱，宣王時的南國喪師，幽王的被殺，宗周覆滅，王室東遷，東周初年的平王擕王爭立等許多重大事故；在平王桓王之際一些新的封建國家逐漸建成時，許多過去時代的貴人已經成爲平民之一的士了。所謂君子者，已名存而實亡。《左傳》昭公二十七年，楚國左司馬沈尹戍帥都君子與王馬之屬以濟師，賈逵注：「都君子，在都邑之士有複除者。」《國語·吴語》：「越王乃中分其師以爲左右軍，以其私卒君子六千人爲中軍。」韋昭注：「私卒君子，王所親近，有志行者，猶吴所謂賢良，齊所謂士。」則只是武士罷了。

君子地位的低落，使這個稱號出現了新的意義，過去從貴賤等級來分君子與小人，現在變成以言行道德來衡量了。遠在西周末年時，詩人們對統治階級的抱怨和抨擊，如《詩經·小弁》中的「君子信讒」、「君子不惠」。《詩經·巧言》中的「亂之又生，君子信讒」，「君子屢盟，亂是用長；君子信盜，亂是用暴」，以及《詩經·瞻仰》中所諷刺的「如賈三倍，君子是識」。《詩經·伐檀》中所諷刺的素餐等，都説明君子地位雖崇高而知識昏庸，行爲卑鄙。相反，有些人地位儘管低，但在人品上卻可以夠得上一個君子的稱號。這種風氣在春秋時逐漸在發展。《左傳》襄公三十一年，鄭國的子皮説：「吾聞君子務知大者遠者，小人務知小者近者。」子皮是上卿，子産就是他提拔起來的，但因子産有遠見而稱爲君子，自稱爲小人。《左傳》襄公二十八年，子服惠伯説：「君子有遠慮，小人從邇。」哀公十一年，冉求説：「君子有遠慮，小人何知。」都以有没有遠見來區别君子與小人。《左傳》哀公二十年，吴王夫差問晉國的使者：「史黯何以得爲君子？」對曰：「黯也，進不見惡，退無謗言。」由此可見，這時的君子稱號是社會公認的，之所以被稱爲君子，也已有一些標準了。

王安石《臨川先生文集》（卷八十二）《君子齋記》云：「天下之有德，通謂之君子。有天子諸侯卿大夫之位而無其德，可以謂之君子，蓋稱其位焉。有天子諸侯卿大夫之德而無其位，可以謂之君子，蓋稱其德也。」

君子的稱號，當在奴隸社會是稱其位的，在這個階級地位的人，可以有其德，也可無其德。到了初期封建社會已經發展成稱其德了。有這種道德的人也可以有其位，也可以無其位了。君子的稱號包括兩種意義。如果不從發展來看問題，是永遠講不清楚的。

孔子所提倡的君子學説，是新興的封建社會的産物。周朝東遷以後，諸侯割據的局面逐漸形成，新的封建社會在平王桓王之際（即公元前七二〇年左右）開始建立，這就進入了春秋時代。到春秋末年孔子成名的時代，已有二百多年了。新興的平民階級的士，與當時的統治階級、封建國家的主人與奴隸制度的保守者是有尖銳矛盾的。但在四民之中，他們又比農工商要高貴一些。儘管他們貧賤，卻總算是君子，而農工商則是小人。他們之中有一部分可以成爲卿大夫，屬於統治階級，但大多數人没有地位，也没有産業。因此，他們的思想感情大體上説，是可以代表平民階級的。春秋後期，這個階級的思想意識逐漸成熟。過去，在奴隸社會裏，學在王官，但平民是没有所謂權利學的，現在是掌握在士的手裏。孔子的學説，體現了這種新的階級意識，加以他的博學多能，躬行實踐，把這種學説提到當時的最大高度。因此，他的君子學説就成爲初期封建社會的一個極爲完整的思想體系。

孔子所謂「君子道者三」，即「仁者不憂，知者不惑，勇者不懼」。這是他對君子稱號的最高評價標準，也是他用以勉勵自己的。孔子把仁看得很重，一部《論語》裏經常説到仁，如「若聖與仁，則吾豈敢」，也是自勉之詞。「志士仁人，無求生以害仁，有殺身以成仁」，是仁比生命還重要。所以説「君子去仁，惡乎成名」。君子無終食之間違仁，造次必於是，顛沛必於是。仁智和勇，本來是三種類型，孔子學説以仁爲主，但也要兼智與勇。

孔子重視躬行君子，而特别恨那些「巧言令色」的人。孔子學説以躬行實踐放在第一位，在生活實踐裏主要是一個是非問題。孔子指出「君子義以爲質」，「君子義以爲上」。義者宜也，就是做應該做的事情，做正確的事情。富貴貧賤之間是對君子的一個考驗，要「見得思義」，所以説「君子喻於義，小人喻於利」。

孔子稱子産有君子之道四，即「其行己也恭，其事上也敬，其養民也惠，其使民也義」，而其次蘧伯玉則只是「邦有道則仕，邦無道則可卷而懷之」。可見君子之道是多方面的，一個人可以在這方面合乎君子的標準，另一方面又不合乎君子的標準。

孔子的君子學説是以士爲代表的學説，士在西周初年是統治階級的一部分。《詩經・文王》説：「凡周之士，丕顯亦世。」鄭玄説：「凡周之士謂其臣有光明之德者，亦得世世在位，重其功也。」《文王》又説「思皇多士，生此王國」，「濟濟多士，文王以寧」。這些士都是貴人無疑。《論語・微子篇》載「周有八士：伯達、伯適、仲突、仲忽、叔夜、叔夏、季隨、季騧」（《漢書・古今人表》列在文王子成叔武以前）。《周書・和寤解》：「王乃厲翼于尹氏八士。」《武寤解》：「尹氏、八士、太師、三公。」所謂八士大概就是指這八個人，但過去學者們認爲八士是尹氏，則是錯的。《尚書・酒誥》説，文王建國時告誡「庶邦、庶士、越少正御事」不要酗酒，孔穎達《正義》説：「衆士朝臣也，既總呼爲士，則卿大夫俱在内。」

《詩經・文王》：「殷士膚敏，裸將于京。」毛萇傳説：「殷士，殷侯也。」是殷朝的諸侯在臣服於周之後稱爲士。《尚書・多士》「惟三月，周公初於新邑洛用告商王士」，就指這一班人。周公要他們遷到洛邑去，許他們「爾乃尚有爾土，……宅爾邑，繼爾居」。總之，他們是有封地的。《多方》是用以告誡有方多士暨殷多士的，殷代國稱爲方，有方多士，也就是諸侯。那麽，不管是周朝原來的諸侯或新歸順的殷朝諸侯都可以稱爲士了。

《尚書・顧命》叙述文王武王時期，「則亦有熊羆之士，不二心之臣」，可見士是勇猛的武士。在西周初期，他們在戰爭中可以劫掠財富，俘獲奴隸。這是他們的極盛時期。到了西周末年，《詩經・祈父》説「祈父，予王之爪士，胡轉予于恤，靡所底止」，是周王的爪牙之士，已經陷於憂思愁苦的境地了。《詩經・瞻仰》説「邦靡有定，士民其瘵」，士和民同樣勞病，可見士的地位低落了。

春秋時代，武士與文士逐漸分化，他們都不是統治階級，也没有産業，他們唯一的生路是「干禄」，即設法爲統治階級服務，以得到一份俸禄，要不然只有自己耕地，甚或代别人耕地，他們的經濟情況與一般的工農差不多，所以列爲四民之一了。他們中間的少數人遇到機會，可以上升到卿大夫，但總是幫助統治階級做的，本身不是統治者。絶大多數的士是不能免於貧賤的。因此這個時代的士，對統治階級有若干强烈的要求，少收賦税，少派勞役和留意教育等，基本上和農工商的要求是一致的，是可以代表平民階級的，因此也是有進步性的。

這種士君子，應該不恥惡衣惡食，不怕貧困。顔淵居陋巷，簞食瓢飲，而能不改其樂，得到孔子的反復稱道。這種士君子遇到機會，有了一定的地位，就要有一套治國平天下的本領，從修己以敬、修己以安人，一直到「修己以安百姓」……他們有意政治，但又能夠「不事王侯，高尚其志」。這種人一天天地多起來，成爲社會中堅，處士横議，能夠使統治階級害怕，就是這些議論，終於影響到政治，戰勝奴隸社會的殘餘勢力，建立起兩千多年的封建統治。

整理説明：

這是唐蘭師的一篇手稿。在我接受研究生課程輔導時，先生曾拿給我看，我便抄録下來。此謹據我的手抄本整理公布。

郝本性

二〇一一年元月

孔子批判

目録

一　前言

孔子是春秋末年反對新社會，留戀舊制度，搞奴隸制復辟的反動思想家。

春秋時代是我國由奴隸制社會到封建制社會的過渡時期。

西周是奴隸制時代，是由大批奴隸來進行大規模農業生産的時代。東周初期，小農經濟已經在普遍發展，如果單從經濟基礎來説，已經是封建制了。但是很多地區奴隸主貴族的統治没有變，牧業經濟還是奴隸制，奴隸制的殘餘勢力還很强，上層建築還不能適應新的經濟基礎，奴隸制還没有全部崩潰。春秋時代，奴隸主王朝的王權衰落了，上百個國家，强併弱，大淩小，大國割據的形勢形成了。有些國家的諸侯失勢了，卿大夫擅權，卿大夫也互相兼併。有的卿大夫也微弱了，政在家臣。稱爲夷蠻戎狄等少數民族有很大的流動，有些跟黄河流域的一些國家雜處，犬牙交錯。國與國之間存在着各種反政府的武裝，被稱爲盗，有名的盗跖，據説聚衆數千人。在各國内部，農民反抗，工匠暴動，處士横議。這真是大動盪、大分化、大改組的時代。一直到戰國初期，陳氏代齊，三家分晉，加上比較後進的邊遠大國，楚國和秦國，還有新起的燕國，一共有七個强國，和雜處其間的東周、西周、宋、中山等若干小國，「天下共苦戰鬥不休」，一直到秦始皇時代才併兼六國，統一天下，成爲專制主義的中央集權的封建國家。

孔子的時代，齊桓、晉文的事功已經一去不復返了。齊國、晉國、楚國，都是霸權國家。魯國儘管是周公之後，處在三個大國之間，只是一個中等的「千乘之國」，國君又不行，政權落在三桓手裏，又轉到南蒯、陽貨等家臣手裏。就是那些大國，這時也正在走下坡路，而新的符合於經濟基礎的封建政權尚未建成，還不能看到這種前景。在這樣的十字路口，還是站在人民大衆一面，繼續廓清舊的奴隸制殘餘，積極發展新的封建制呢？還是整天地哀嘆舊制度的崩潰，主張倒回去，反對封建制，恢復奴隸制呢？顯然，出身於宋國奴隸主貴族，也就是商殷奴隸主王朝的後裔，生長在保守落後的魯國的孔子是采取後一條道路的。

過去許多同志對孔子和孔子思想作過分析批判。有的同志對他和他的思想持否定的態度，這是正確的。另外一些人，包括我自己，持肯定的態度，甚至於歌頌，這是錯誤的。這類錯誤，除了少數別有用心的人以外，大多數人是認識上的問題，由於没有學好馬克思主義、毛澤東思想來改造自己的舊思想、舊觀念，不能和舊的意識形態實行徹底決裂而造成的。當然，其中也包括一些對於歷史資料的分析問題。我過去總認爲孔子是代表封建制社會的思想家，春秋時代是初期封建社會，是封建社會的上昇階段，因而錯誤地肯定孔子是進步的人物。這樣的錯誤是没有認識到由奴隸制社會向封建制社會過渡的長期性和複雜性。經濟基礎改變了，上層建築不會立時立刻就跟着變的。從大羣奴隸進行的大規模生產，轉變爲個體的自由的或半自由的農民進行的小農經濟，生產方式變了，生産關係也變了，農民的地位提高了，管理農業的機耕和制度也變了，統治者對農業生產者方面的剥削方式也變了。所以説在經濟基礎方面已經進入封建制了。然而奴隸主貴族統治者没有變，他們的一套統治機構没有變，有些强國依然能從戰爭中獲得大批的戰俘奴隸，儘管除貴族外，只是個體農民，而且作爲戰俘的時間是不會很長的。除了農業生産以外，也還有進行生産（如畜牧）的其它奴隸，儘管不是當時的主要的生産方式。至於管一些職務的奴隸，和伺候奴隸主日常生活的家内奴隸，就更多了。就是説，奴隸制的主要内容儘管已經消失，但是奴隸制的體系並未全面崩潰，奴隸主階級還大量存在，奴隸主階級的思想意識當然也還大量存在，奴隸主階級的道德觀念，所謂禮教等等還有深厚的基礎。對於這些複雜情況，我過去從没有作過深入的研究，没有根據具體的歷史情況作具體的分析，只知其一，不知其二，就機械地簡單地確定春秋時代是初期的封建社會，這是在分析當時的社會性質上所犯的錯誤。再從時間、地點上説，春秋初期，小農經濟剛在普遍發展，在經濟方面來説，生産力得到解放，正是這種新制度的上昇階段。由於小農經濟的發展，農具的需要大量地急劇地增加了，小家庭和個人的生活用具也大幅度的增加了，這就推進了手工業和商業的發展，也就成爲生産力的全面發展。這就出現了齊桓晉文所謂霸權的時代。但是正由於他們的奴隸主政權落後於新的經濟基礎，他們的霸業是很有限的，是不長久的。春秋中葉以後，生産力儘管還在不斷發展，但上層建築更不能適應了，因而每一個國家的政治正在動盪之中，內外交困，阻礙了生產力的發展。但各個國家的具體情況並不一樣。同樣是國君的權力下移到卿大夫，但是齊國和晉國出現了陳氏和韓魏趙三家的新政權，比舊政權强有力了，而魯國儘管在「悼公之時，三桓勝魯如小侯，卑於三桓之家」，它的政權並未斷絶，只是一直微弱下去，煙消火滅，終於爲楚考烈王所伐滅，離開春秋末年也已二百多年了。所以整個春秋時代儘管可以説是封建制社會的初期，但並不是任何時期一直都是上昇階段，至少在春秋末年是在上昇期間的一個間歇階段，是黎明前的黑暗。所以當時的没落的奴隸主貴族的政治家像子産那樣，自稱「吾以救世」，成天地忙於應付，而晏嬰、叔向等人只有相對太息於「無可奈何花落去」的境地，被捧爲聖人的孔子也只有「嘆鳳嗟身否，傷麟怨道窮」了。尤其是魯國，在這時的孔子的眼睛裏所見到的，更只是一團漆黑，「滔滔者天下皆是也」。所以，認爲春秋後期魯國首先建立封建政權的説法固然没有充分的理由，而我認爲整個春秋時代是初期封建社會的上昇階段，因而推論孔子是當時的進步思想家，也只是主觀唯心的臆測，根本不符合於歷史事實。

毛主席教導我們：「凡是錯誤的思想，凡是毒草，凡是牛鬼蛇神，都應該進行批判，決不能讓它們自由泛濫。但是，這種批判，應該是充分説理的，有分析的，有説服力的，而不應該是粗暴的，官僚主義的，或者是形而上學的，教條主義的。」充分説理就是「擺事實，講道理」，把大量的歷史事實擺出來，根據事實，才能把道理講清楚，既不是主觀推測，也不是空洞説教。分析就是科學分析，要「用馬克思主義的基本觀點，即階級分析的觀點」，才不致於混淆事實，顛倒是非。只有做到這兩個方面，才能有巨大的説服力。因此，這種批判是要建立在嚴肅的科學工作上的，正如恩格斯所指出的「只有靠大量的，批判地審查過的、充分地掌握了的歷史資料，才能解決這樣的任務」。

首先應該搞清楚孔子所處的時代的社會性質問題，這是一個根本問題。認爲孔子是由奴隸社會變爲封建社會那個上行階段中的前驅者，因而袒護孔子，是没有什麽根據的。墨家反對儒家，在《墨子·非儒》篇裏有幾段孔子故事，勸下亂上，教臣殺君，前人已辯明其非事實，不足以證明孔子曾袒護亂黨。孔子生在什麽樣的社會裏，應該弄清楚。如果他生在奴隸社會末期而爲封建主義的啓蒙者，那倒是值得袒護的。如果是在奴隸社會末期而反對或者阻遏封建主義的到來，那就是一個頑固的反動派了。相反，如果是生在由奴隸制社會轉向封建制社會的過渡時期中，站在新興階級一邊，鼓吹封建思想，或者親自參與封建政治，那在歷史上也將是值得肯定的一個人物。但如果生在這個過渡時期中，封建制的基礎早已完成，只是奴隸制的上層建築尚未完全崩潰，而頑固地站在奴隸主階級的立場，反對新社會、新制度、新思想，留戀舊時代、舊制度、舊思想，力圖奴隸制王朝的復辟，這種妄想把歷史車輪拉向後退的反動派，其罪惡比之在奴隸制社會末期的頑固派還重得多，怎麽能袒護呢？從奴隸制到封建制，即以奴隸爲主體所進行的大規模農業生產發展爲以自由或半自由的個體農民爲主進行的小農經濟，這是生産力發展的趨勢，任何人阻止不了的。生産方式變了，生産關係就得跟着變，但是上層建築的奴隸主政權没有變，跟它相應的政治、法律、哲學等等没有變，或者變得不多，就是這個過渡時期的特徵。奴隸制崩潰了，奴隸主階級的統治應該跟着消滅，這是客觀規律，不依人的意志爲轉移的。但是奴隸主階級是不甘心的，是要瘋狂地挣扎的，這就出現一個過渡時期。正由於封建制度是由奴隸制社會内部孕育出來的，所以過渡時間特别長，正如斯大林同志所設想的，要有二百多年。而越是過渡時期將近結束的時候，這種鬥爭就越尖鋭，所以出現企圖使奴隸制王朝復辟的政治活動和反動思潮，是不足爲怪的。東周的萇弘就是這種復辟活動的中心人物，他是有一些政治資本的，由於違反歷史規律而失敗了。孔子跟他學過樂，也曾發過「吾其爲東周乎」的宏願，但只做了三個月的魯司寇，只好周游列國，到處販賣他的反動思想，並鳩集一批門徒，成爲一個學派。這種脱離當時社會的現實基礎的復古學説，在當時根本行不通，歷史是隨着自己的行程前進的。但是奴隸制時代的破爛貨色，到了三四百年以後，漢朝中葉的封建統治者覺得對他們是有用的，從此，過去的亡靈，又被抬到封建時代的寶座上去了。

二　西周是奴隸制時代

西周是奴隸制時代是不成問題的。奴隸制社會用大批奴隸來進行大規模的農業生産。《詩經·周頌·噫嘻》説：

> 噫嘻！成王，既昭假爾。率時農夫，播厥百穀。駿發爾私，終三十里。亦服爾耕，十千唯耦。
>
> （啊哈！成王〈的神靈〉既已照臨你了。你帶這班農夫播種這百穀。大大地開發你的私田，開完這塊方三十里〈九百個方里〉的土地。你也要服事你耕種〈公田〉的任務，派出一萬個耦〈兩萬人〉去。）

這首詩是昭王或穆王時的作品，詩裏的「爾」是成王的子孫，所以説成王的神靈「既昭假(格)爾」，帶領農夫去開發私田的是這個爾，派出兩萬人去耕種的也是這個爾。如果把「既昭假爾」這一句抹掉不管，而説成成王自己帶領農夫來耕三十里的私田，就完全錯了。這個成王子孫的貴族，被封采邑，有方三十里的私田。如果舊説「方里而井，井九百畝」，是可靠的話，九百個方里就有八十一萬畝。而他能派出兩萬人去助耕，這種農業生産的規模是夠大的了。《詩經·小雅·大田》説「雨我公田，遂及我私」，可見當時有公田私田之分，而且公田和私田並不在一處。《孟子·滕文公》説「夏後氏五十而貢，殷人七十而助，周人百畝而徹」，而又根據《大田》這兩句詩，説：「由此觀之，雖周亦助也。」説明孟子對周代的田制已經搞不清楚了。既是「周人百畝而徹」，怎麽又是「周亦助也」呢？其實西周初期繼承殷人，所用的是助耕公田的制度，百畝而徹則是西周後期的新制度。春秋戰國時只知道這種新制度，而忘記了西周舊制也曾經用過助法，所以只好借《詩經》來證明西周也用助法了。

服耕用一萬個耦，《周頌·載芟》説「千耦其耘」，耘田也還要用一千個耦，可見當時農業是使用了大批勞動力的。這種勞動力從那裏來呢？是戰俘奴隸。康王時代的盂鼎説：「錫汝邦司四伯，人鬲自駿(馭)至於庶人六百又五十夫。錫汝尸(夷)司王臣十又九伯，人鬲千又五十夫。」同時的宜侯夨簋也説：「錫在宜王人□有七姓，錫奠七伯，厥盧□又五十夫。錫宜庶人六百又□六夫。」昭王時期的作册夨令簋説：「賞令具十朋，臣十家，鬲百人。」這些都是賞賜奴隸的記載。奴隸是有等級區別的，邦司四伯，王臣十又九伯，王人□有七姓，奠七伯，臣十家等都是高級的家内奴隸，大部分是管理生産的，所以稱爲伯，或者是有姓的(有姓的人屬於百姓一級，比一般的庶民庶人的地位要高)，就是稱爲臣而有家的，而産業的，也比那種稱爲夫或人的單身漢的地位要高。至於以夫或人來計數的，如：盂鼎的人鬲，宜侯夨簋的盧和庶人，作册夨令簋的鬲，數目都比較多，就大都是低級的生産奴隸了。鬲在《逸周書·世俘解》裏稱爲「磿」，是同音通假字。武王伐紂時，「馘磿億有七萬七千七百七十有九，俘人三億萬有二百三十」。這裏所説磿和人是一回事(所以盂鼎叫做人鬲)，殺掉了十七萬七千多個磿，俘獲了三十一萬多。從這次戰役，可以推測到武王周公東征的時期，也一定有很多戰俘奴隸，這些戰俘奴隸，有了子女，依然是奴隸，所以一直到康王、昭王時期還有奴隸的賞賜。但是文獻記載往往有省畧。例如《左傳》定公四年所説，成王賞給伯禽是殷民六族，賞給衛侯是殷民七族，賞給唐叔是懷姓九宗，職官五正；康王時代的邢侯簋説「錫臣三品：州人，重人，𩫏(庸)人」，都没有把基層的奴隸列舉出來。就是昭王時代的令鼎所説臣十家，穆王時代的易亥簋所説臣三家，也未必只賞高級奴隸的臣而没有低級奴隸的。就是在人鬲裏面也還有區别，盂鼎説「自馭至於庶人」，可見駕車的馭者在人鬲中是最高的，而庶人是最低級的。但後面所説「人鬲千又五十夫」，就没有具體説明了。庶人就是農民。但應該指出，馭和庶人本來都不是奴隸。駕車人的身分在自由民裏本來比較高，因爲他們爲統治者駕車，就容易接近，有的就出身於貴族。由馭到庶人，不知有多少級，但庶人又叫做庶民，則在自由民裏本就是最低級的。庶是衆多的意思，庶人或庶民是民裏面最多的。在階級社會裏，高貴的只有少數人，多數人是被視爲卑賤的。所以凡稱庶的都低人一等，同是貴族的兒子，庶子就比較卑賤，甚至於稱爲庶孽，排在臣僕後面，可見稱爲庶人或庶民的農民，地位很低。但他們還是自由民，不是奴隸。《詩經・靈臺》説：「經始靈臺，經之營之。庶民攻之，不日成之。經始勿亟，庶民子來。」你能説這樣的庶民是奴隸嗎？這明明是自由民。就是在奴隸社會裏，還是有很多的自由民的。但在戰俘奴隸中間，不管你原來出身的高低，都是奴隸，而庶人就成爲奴隸中的最下層了。所以，同一庶人（庶民）的名稱，有時是指自由民，有時是指戰俘奴隸，像宜侯夨簋所説「宜庶人六百又□六夫」，就是指奴隸性質的庶人。過去學者們没有弄清楚這一點，有的根據像《詩經》這類的史料，就覺得庶民既是自由民，便認爲西周是封建制社會，這固然是錯的。可是把庶人只認爲是奴隸，甚至連商王朝管理農業的「衆」也認爲是奴隸，同樣也是錯誤的。《尚書・盤庚》説「王命衆悉至於庭」，如果衆是奴隸，只是説話的工具，怎麽能到王庭來商議國家大事呢？殷虚卜辭裏的「衆」，只是奴隸主貴族中管理農業的人，真正從事耕種的大批戰俘奴隸，在占卜中是提不着的。殷和西周前期采用助的制度，那末，那時的主要生産方式，是用大批奴隸來助耕公田，進行大規模農業生産，如果單靠自由民是做不到的。盂鼎賞賜的人鬲，一共有一千七百人，其中庶人應該佔大多數。宜侯夨簋的盧和庶人都是農業奴隸，大概也在千人以上，這足以説明殷周的奴隸制社會，主要的生産方式是由戰俘奴隸中大批的農業奴隸來進行農業生産的。

這些成爲戰俘的農業奴隸，既無家室，又無資財，當然不會有自己的生産工具，奴隸主也決不容許他們有自己的工具。所以在奴隸制社會裏，一切生産工具（包括奴隸們的人身）都是奴隸主們所佔有的。武王伐紂後，「發鹿臺之錢，散鉅橋之粟」，錢是鏟子，是最重要的青銅工具，粟是糧食，鹿臺和鉅橋是商王朝收藏農具和糧食的倉庫。《詩經・臣工》説「庤乃錢鎛，奄觀銍艾」，錢、鎛、銍、艾（刈），都是青銅農具，這個「乃」字，意思是「你的」，是指奴隸主。《大田》、《載芟》、《良耜》等詩還都有耜，也是青銅農具。這些農具都在奴隸主的庫房裏收藏着，只有耕種時才取出來，用過就收回。一直到周厲王時的散盤，在重新劃分土地時，還要先交割田器，田器就是農具，可見青銅農具是奴隸主們的一筆重要的財富。也可以作爲西周是奴隸制社會的重要見證。

三　奴隸制是怎樣轉變爲封建制的

那末，奴隸制是怎樣轉變爲封建制的呢？我們知道封建制是從奴隸制社會内部孕育出來的，正由於這樣，它們的界限很難劃清，轉變的情形也很難清晰，但根據歷史事實的各個方面來作全面的分析，也不是没有迹象可尋的。那種把封建制的創立，歸之於奴隸主統治者先驗地創造出來的設想，是全無根據的。而把春秋後期落後的魯國開始進行按畝收税的方法目爲封建制的開始，也不符合於全部歷史事實。

歷史事實是這一制度的改變，基於生產方式和生產關係的轉變。奴隸制主要是用大批奴隸來進行大規模的農業生產，奴隸的來源是戰俘。那個時期，農業技術還比較低，青銅農具的優越性還没有充分發揮。從殷虛文字中保留着的「耤」字象形來看，兩手扶木製的耒，一足踩兩個耒尖入地的耕地方式，勞動量太大了，但收穫量是很低的。所以只有靠對大批奴隸的殘酷剥削，才能累積起鉅大的財富。但到了奴隸制社會的後期，農業技術有了進步，使用鋭利的青銅農具更可以減輕耕種的勞動量，個别的在小塊土地上經營農業的自由民，收穫比大田的產量高，使用大批奴隸來耕種就顯得不合算了。另一方面，新的大規模的戰爭没有了，戰俘奴隸的來源枯竭了。過去遺留下來的生產奴隸，在殘酷壓迫下，或者疾病死亡，或者逃跑，就是還剩下一小部分，也都對生產不感興趣，消極抵抗。加以奴隸少了，在奴隸買賣中，奴隸的價格高了，用在農業生產上就更加不合算。奴隸主本是「受民受彊土」，既佔有奴隸，又佔有土地。奴隸制社會的後期，奴隸主們大都不經營農業了，因此，大片土地荒廢了。而比較有財力的自由民或小奴隸主經營小規模的農業生產，卻很有起色，因而原來没有分到土地的人，也設法佔有土地，而向原來的大奴隸主租典土地，或者用實物來交换土地也出現了。這就使得奴隸佔有制逐漸轉變爲土地佔有制，就是封建制的萌芽。這類現象，我們在西周銅器銘文裏可以看到一些跡象。如：格伯簋所説「格伯爰(换)良馬乘於倗生，厥貯州田」，是穆王時已有用四匹良馬换三十塊田的事情了。恭王元年的曶鼎記載爲五個奴隸的買賣而涉訟的情節，這五個奴隸是王人，是高級奴隸。由此可見，西周中期，穆王共王的時期，奴隸制社會的衰象已經暴露出來。共王以後，周王朝一天一天地衰落下去，懿王爲了避戎，甚至於遷到犬丘。一直到周厲王，他自己做的鐘——周王㝬（胡）鐘，一開始説「王肇省文武，勤疆土」，想把已在没落下去的奴隸制王朝重新振興起來。《國語·周語》下説「厲始革典」，厲王革的是什麽典，没有説。厲王時代的銅器經常記載重新分配土地的事情，並且定契約，那末，所謂典應該和地租制度有關。據《左傳》哀公十一年，魯國季孫欲以田賦，仲尼説「子季孫若欲行而法，則周公之典在」，可見關於賦税之類的大法叫做典。西周有公田和私田，公田是采用助耕制度的。但是講到周代的税法時卻總説「周人百畝而徹」，和助耕公田的制度不合，是很奇怪的。如果説厲王的革典，就革出這個「百畝而徹」來，問題就完全講得通了。西周承襲商代，本來用助法，到厲王時才改用徹法。用戰俘奴隸的耕種來經營農業，助耕公田，行不通了。新興的土地佔有者，大都是用權勢或債務把原來的自由民，或者是高級奴隸如王人之類，强迫爲其耕種，也有的是招募流散的農業奴隸，因而比原來對待戰俘奴隸的方式就要有所不同。周王朝只得把土地佔有者所佔有的土地，按十分之一作爲公田來收税，這就是所謂徹法。周王朝從厲王以後才實行徹法，《國語》説「厲始革典，十四五矣」，可見後來没有再變更，所以戰國時人就只知道「周人百畝而徹」。《詩經·甫田》説「倬彼甫田，歲取十千」，「十千」，鄭玄箋説是「萬畝」，那末，這塊大田有十萬畝，而收税一萬畝。又説「我取其陳，食我農人」，奴隸主吃新糧，讓農人吃陳糧，當然，這還是豐年的景象，如果遇到災荒，怎麽能給他們糧食吃呢？儘管如此，這些奴隸主總還注意到農人們的吃了，這和對戰俘奴隸的待遇有所不同了。《甫田》這首詩，小序説是刺幽王，從内容來看，確是西周末年的詩，説明徹法已經實行了。徹法的實行，對西周奴隸制王朝後期的經濟，曾起一定的刺激作用，因而厲王時又掀起大規模的掠奪戰爭。周王㝬鍾説：王伐𠬝孳，「南夷東夷具見，廿又六邦」。虢仲盨説：「虢仲以（與）王南征，伐南淮夷」。他居然想追蹤文王武王那樣擴充疆土。但是這已是奴隸制社會的末期，階級鬥爭更加激化，這種制度的變革，無救於奴隸制的將趨崩潰。厲王暴虐，被國人暴動所驅逐而流於彘。經過共和行政，宣王號稱中興，實際是極其虚弱的，跟姜氏之戎打了一仗，就喪南國之師。到了幽王，被犬戎和申、繒的聯軍一打，西周王朝就此覆滅了。但徹的制度還是一直繼承下來的。《國語·周語》上所記宣王不籍千畝，就是由於實行徹法的緣故。因爲藉田的典禮，就是助法的象徵。《孟子·滕文公》説「助者藉也」。所以昭王時代的令鼎説「王大耤農於諆田」，穆王時代的𢦏簋説「官司耤田」，都是當時還實行助法的緣故。而厲王實行徹法以後，這種象徵性的典禮，已經像告朔的餼羊一樣，没有現實意義，所以宣王就懶得去舉行。這種從助法到徹法的變化，孟子已經不知道，所以他既根據龍子的説法，「周人百畝而徹」，可又根據《大田》之詩，説「雖周亦助也」。後人被他攪胡塗了，就誤認爲周人同時用助、徹兩法，而厲王的革典，究竟革些什麽，也就没有人知道了。

但是施行徹法是自上而下的税制，儘管是封建制的催生婆，卻還不是封建制。封建制興起於西周奴隸制王朝崩潰之後，這和西羅馬帝國的崩潰有某些相似之處。在西周王朝滅亡之前，早就積累了封建制的成分，只是經過西周末期的奴隸暴動，犬戎入侵，才出現諸侯割據的新的政治局面，由於各國生産力發展的影響，封建制才真正建立。西周王朝的覆滅，使得原來在西周王朝勢力範圍之内以及邊境上的大大小小的諸侯國家都獨立發展起來了。尤其值得注意的是新建的國家，如鄭國和秦國。還有處於邊裔的，過去稱爲夷蠻戎狄，認爲是野蠻民族的國家，現在有很多是雜處中原，此外也交通日繁了。這裏面很多原來就不是奴隸制國家，這種相互影響，就只有使奴隸制更加速崩潰。

西周王朝的傾覆，是由周幽王想廢去太子而引起的。太子宜臼投奔了他的舅家，河南省的申國，申侯夥同鄰近的繒國和犬戎夾攻幽王，幽王只防範南方的申、繒，而爲犬戎所襲，殺於驪山下，「盡取周賂而去」。虢公翰立了王子餘臣，這是携王，携這個地方就在宗周附近。而申侯立太子宜臼，東遷洛邑，依靠晉國和鄭國，建立東周王朝，周兩王並立。這就是《左傳》隱公六年所説「我周之東遷，晉鄭焉依」的情況。西周的這樣容易覆滅，除上述原因外，奴隸暴動，士無鬥志，決不是没有關係。在東遷的時候，顯然不會再有很多的奴隸。《左傳》襄公十年瑕禽説：

昔平王東遷，吾七姓從王，牲用備具。王賴之而賜之騂旄之盟，曰：「世世無失職。」

瑕禽所説「七姓」，是屬於百姓一級的，不是高級貴族。宜侯夨簋記康王賞給宜侯夨奴隸時，就有「錫在宜王人□有七姓」一項，是把在宜地的王人（有缺字，大概是十有七姓）作爲高級奴隸來賞賜的。所以王叔陳生的宰駡他們是「篳門圭竇之人」，他們家的門是竹編的，土牆上只有圭狀的孔，没有窗户，説明他們出身很窮。但由於他們跟了平王，供給牲畜，平王利用了他們，跟他們訂了盟誓。在這樣的時候，還要靠奴隸來進行大規模的農業生産，顯然已没有可能了。洛邑附近的土地本就不多*，而東遷的奴隸主貴族不在少數，各有各的采邑。所以這個新建的東周奴隸主王朝，既没有大批可以進行農業生産的奴隸，更没有大塊可供進行農業生産的土地，奴隸制經濟怎麽能存在呢？而且二王並立，經過了十一年，携王才爲晉文侯所殺，河西的土地被秦、晉所分佔了。因此，東周奴隸主王朝的經濟基礎極其薄弱，單靠奴隸主采邑以及諸侯們的貢獻來供養開銷浩大的奴隸制王朝，怎麼能站得住脚呢？僅僅經過五十來年，平王一死，和鄭國打上一仗，打敗了。以後，這個王朝名存實亡，等於一個小國。《詩經》裏的《王風》，列於十五國風之中，就不是王朝而爲王國。《孟子·離婁》説「王者之迹熄而詩亡，詩亡然後《春秋》作」，説明春秋時代已經不是三王時代。《國語·周語》下記王子晉説：「自我先王厲、宣、幽、平而貪天禍，至於今未弭」，那末，從「厲王革典」以後的奴隸制王朝僅僅經歷厲王、宣王、幽王、平王，即西周末到東周初的四代。到了桓王時代，就進入了春秋時代，也就是諸侯割據爭霸稱雄的封建國家的時代了。

* 舊説「王畿千里」是方千里，即一百萬方里。周王朝的宋周方八百里，即六十四萬方里；成周方六百里，即三十六萬方里，兩者合計爲一百萬方里。東遷以後，只剩成周附近的方六百里，就只有原來土地的約三分之一了。

四　東周列國已經是封建制國家的具體分析

東周各國的發展情况是不平衡的，但她們已都成爲封建制國家，爲了説明這點，有必要對其中一些國家作具體的分析。

鄭國在當時是最年輕的國家。第一代鄭桓公是厲王的兒子，在周宣王二十二年（公元前八〇六）才封在宗周附近的鄭。幽王八年做司徒，看到周王室内部的騷亂，憑藉司徒的權力，把家族和財産寄託在虢、鄶兩國之間的空地。三年後，西周亡了，他的兒子鄭武公就假借王朝的名義和勢力，把虢、鄶兩國都滅了，佔據了十個邑的地方，建立了新的鄭國。在開始寄託家族時，一片荒地，需要墾荒。《左傳》昭公十六年，子産有過這樣一段話：

> 昔我先君桓公與商人皆出自周，庸次比耦以斬教此地，斬之蓬蒿藜藋而共處之。世有盟誓以相信也。曰：「爾無我叛，我無强賈，毋或匄奪。爾有利市寶賄，我勿與知。」恃此質誓，故能相保，以至於今。

顯然是利用商人們雇傭一批勞動力來開墾寄居的土地。這種雇傭勞動當然不是戰俘奴隸。《左傳》襄公九年（公元前五六

（四）鄭國被迫和晉國盟誓時，公子騑作載書說：

天禍鄭國，使介居兩大國之間。大國不加德音而亂以要之，使其鬼神不獲歆其享祀，其民人不獲享其土利，夫婦辛苦墊隘，無所底告。

這種不能享土地之利的民人，辛苦墊隘的夫婦，顯然不是奴隸而是農民，説明鄭國是封建制國家。正由於鄭國在生産方式和生産關係上一開始就采用新的制度，所以她在春秋初期是頗有生氣的。平王時，鄭莊公本是王朝卿士，後來周人要給虢公，周、鄭交惡。周桓王率領陳、蔡、虢、衛等國去打鄭國，反被鄭國所敗（公元前七〇七），這固然是統治階級内部的鬥爭，但周王和虢公是舊派，顯然是新舊勢力的第一次決戰，新勢力是戰勝了。第二年，北戎伐齊，齊國還向鄭國求援，也能夠大敗戎師。所以鄭莊公是以善於用兵知名的。但由於奴隸主統治者内部爭權，後來就衰落下去。到齊桓晉文以後，介居大國之間，更無法發展。但秦國襲鄭時，鄭商人弦高主動犒師，挫敗其陰謀。晉國韓宣子要買玉環，鄭商人説「必告君大夫」，可見鄭國的政權和新興的商人階級是比較融洽的。

《國語·鄭語》的最後一段説：

幽王八年而桓公爲司徒，九年而王室始騷，十一年而斃。及平王之末而秦晉齊楚代興：秦景、襄於是乎取周土，晉文侯於是乎定天子，齊莊、僖於是乎小伯，楚蚡冒於是乎始啓濮。

這個作者已經把春秋初期的主要形勢描寫出來了。《史記·周本紀》説「平王之時，周室衰微，諸侯彊并弱，齊楚秦晉始大，政由方伯」，基本是一致的。鄭國在春秋初，可以算是先進國家，但基礎薄弱，還倚仗着是王朝卿士，到了跟周王朝鬧翻，揭穿了奴隸主王朝的紙老虎真象，她自己也就失去了依據。春秋時代國家雖多，主要大國是齊晉楚秦。齊晉原來就是大國，楚是後進國家，秦則是新建國家，她們各有其發展道路，是不能一概而論的。

齊國是太公望之後，成王的舅舅家。《左傳》僖公四年管仲説：「昔召康公命我先君大公曰：五侯九伯，汝實征之，以夾輔周室。賜我先君履，東至於海，西至於河，南至於穆陵，北至於無棣。」可見本就是大國。但是封在離周王朝最遠的東方，和北戎、萊夷等後進民族鄰近，農業不很發達。《漢書・地理志》說：「太公以齊地負海舄鹵（靠近海，鹽碱地多），少五穀而人民寡，迺勸以女工之業，通魚鹽之利而人物輻湊。」那末，齊國在很早時候就是重工商的。齊莊公立於周宣王三十四年（公元前七九四），僖公卒於周桓王二十二年（公元前六九八），前後近一百年，周王朝的騷亂對他很少影響。《左傳》桓公六年記鄭太子忽說「人各有耦，齊大非我耦也」，已經稱齊國爲大國。《左傳》隱公八年（公元前七〇六）齊國「平宋、衛於鄭」，正因是大國，才能和解三國，所以說是「小伯」。到了齊桓公時，就成爲春秋時期第一個稱霸的國家。據《國語・齊語》，齊國的社會基礎是「四民」，即士和農、工、商。如果說，民是奴隸，那士就不能爲四民之一。誰都知道士是貴族的最下層，那末，與之比肩的農工商，顯然不是奴隸。齊國的制度，都城（即國中）是由士和工商住的，一共二十一個鄉，士佔了十五個鄉，而工商是六個鄉。士是戎士、武士，戰時管打仗，平時沒有事就「閒燕」，閒居或燕居，聚在一起談論談論。這是貴族的最下層，貴族的子弟親戚一天一天地增多，除了少數人能爬上去，大多數就降到士的一級。每鄉大約兩千個士，十五鄉一共三萬人，編成三個軍，齊侯自己率領中軍，兩個上卿（國氏和高氏）將左右兩軍。在四民裏，士是最上層，因此，他們總以民的代表自居。但是他們一心向上爬，所關心的只是奴隸主貴族的利益。工商的人數，比士少得多，但也住在都市裏。至於農民則住在「鄙」，也叫做野，鄙人、野人都是農民的別稱。共分五個屬，一共四十五萬家，其人數比士不知要多多少倍。這種工商住在城市裏，農民住在鄉村裏，不許雜處，城市和鄉村隔絶，顯然已經是封建制時代了。

從銅器銘文來看，也可以證明齊國行的是封建制。宋代出土的叔弓鎛和叔弓鐘，[一]有五百多字的銘文，是現在所知的最長的銘文。這是齊靈公十五年（公元前五六七）滅萊以後鑄的。叔弓應是晏嬰的父親晏弱，弱和弓是名和字相配，在滅萊時立了戰功。[二]銘文記齊靈公對他的兩次賞賜。第一次是「余錫汝釐（萊）都脊剺，其縣三百。余命汝司辝（予）釐（萊）淘（陶）或（鐵）徒四千，爲汝敵寮（僚）」。釐都是萊都，[三]脊剺是這個都的名字。都就是縣，這個縣有三百個邑。按桓公時的制度，「三十家爲邑」，就有九千家，這是賞給他的禄田。[四]另外，命令他管理四千個陶鐵的工徒。這裏可以看到齊國手工業很發達，在新滅的萊的都市裏，就有四千個陶業和新興的冶鐵工業工人，這些手工業是屬於國家的。還可以看到這些工徒既然是叔弓的僚屬，就不是奴隸的身份，和漢代的鐵官徒是刑徒不一樣。第二次的賞賜是「車馬戎兵，釐（萊）僕三百又五十家」。僕是駕車的，因賞車馬戎兵而接着賞僕，顯然是駕兵車的。駕車的僕，本不是奴隸，齊懿公叫邴歜做他的僕，是齊國的大夫（見《左傳》文公十八年）；《論語・子路》説「子適衛，冉有僕」，冉有至少總還是個士吧！《周禮》有戎僕、齊僕、道僕、田僕等官，都是駕車的，其地位是從中大夫到上士。所以僅僅從僕的稱謂上是看不到春秋中葉以後的奴隸制度猶儼然存在的。但這裏所賜的萊僕，則確是奴隸，因爲萊是新滅的國，這是戰俘奴隸。儘管他們原來在萊國的身份有多麼高，做了俘虜就是奴隸了。尤其是萊國原是東夷，《左傳》定公十年，齊魯夾谷之會，齊人打算「使萊人以兵劫魯侯」，被説是「裔夷之俘，以兵亂之」，這是所謂「夷俘」，比之王人而作俘虜的，身份更要低。但這種奴隸首先不是生產奴隸，其次，他們都有家，有財產，因而是高級奴隸。這類奴隸的存在，只能説明當時還有奴隸制的殘餘罷了。奴隸制社會是以進行農業生產的奴隸爲標識的。而叔弓被賞的「其縣三百」，並沒有像西周時那樣賞人鬲或者庶人，這是春秋時代賞邑的通例。一個邑原來有多少家農民，是跟着土地的，土地賞給了誰，這塊土地上的農民就被誰奴役，既要交糧食，還要服勞役。但是這些農民究竟是有家的，有很菲薄的財產，至少是有自己的農具的。比之奴隸制下的農業奴隸，總是自由一些了。所以從生產方式和生產關係來説，這已經是封建制了。

周平王東遷時，主要依靠晉國，晉國是唐叔的後裔。晉文侯殺了携王，佔了黄河以西的部分疆土，韓國（在今陝西省韓城縣）爲晉所滅，焦國和揚國也都在春秋前已經吞併。文侯死在周平王二十五年（公元前七四六），其後，他的夫人晉姜還派了一千兩鹽車（鹵積千兩）到繁湯原去交换銅（見宋代出土的晉姜鼎）。繁湯就是繁陽（在今河南省上蔡縣），在東周初是鄰近淮夷的地方，而爲曾國新平定下來的。[五] 申繒和晉鄭都是輔立平王的國家，曾就是繒國，和晉國的關係較密，所以晉姜曾作這樣的貿易。這可以看到東周初晉國就是大國，工商業已經很發達了。儘管由於奴隸主統治者内部的爭權，有過若干動亂，但在社會組織上，也早和齊國類似。人們熟悉的《左傳》上的幾段話：

> 晉君類能而使之，舉不失選，官不易方，其卿讓於善，其大夫不失守，其士競於教，其庶人力於農穡，商工皂隸不知遷業——襄公九年楚國子囊的話。
>
> 天子有公，諸侯有卿，大夫有貳宗，士有朋友，庶人工商皂隸牧圉皆有親暱，以相輔佐也——襄公十四年晉國師曠的話。
>
> 克敵者，上大夫受縣，下大夫受郡，士田十萬，庶人工商遂，人臣隸圉免——哀公二年晉國趙鞅誓師説的話。

被近時歷史學者認爲力於農穡的庶人在周初是人鬲中的最下等，在家内奴隸之下，而在春秋中葉以後便提高到家内奴隸之上。農民已經從最下賤的奴隸地位解放出來而成爲半自由人。社會的主要生産者由奴隸身份解放出來，就意味着奴隸制度的崩潰。但依據這種分析並不能得出奴隸制下限在春秋戰國之交的結論。況且這裏還需要補充。第一，晉國這種組織，不始於春秋中葉，《左傳》桓公二年引師服的話説：

故天子建國，諸侯立家，卿置側室，大夫有貳宗，士有隸子弟，庶人工商各有分親，皆有等衰，是以民服事其上而下無覬覦。

這是平王二十六年（公元前七四五）晉國的曲沃桓叔初封時説的，遠在春秋前，距離春秋中葉有一百七八十年，但和師曠所説基本差不多，立國立家等於有公有卿，側室貳宗，完全相同。但「士有隸子弟」跟「士有朋友」顯然有區別。貴族出身的士，本是奴隸主階級，現在儘管没有奴隸，還要讓窮苦的子弟作爲奴隸來使用，這是東周初的情形，到春秋中葉就只靠朋友了。這和孔子病時，要使門人爲臣，「無臣而爲有臣」是同樣的例子。師服的時代，皂隸牧圉之類的奴隸還是不足稱道的，到了師曠的時代，奴隸們的身份也有所提高，有機會可以得到解放，所以往往跟庶人工商牽連在一起説了。這説明東周初期晉國就已存在封建制而到春秋中葉就更加深化了。其次，庶人本不是奴隸而是自由民中最低的一級。只是人鬲中的庶人，作爲戰俘的庶人，才是奴隸。由奴隸制生産方式轉變爲封建制生産方式，決不是由於大批農業奴隸從最下賤的地方的得到解放。奴隸的解放，在一般情況下只能是個别的，不可能大批解放。所以這種轉變是舊的農業奴隸已經成爲過去，新的農業經營本是由個體農民進行的。所以在新的生産方式下，農民的地位能夠由最底層昇到工商之上。但是他們又逐漸受到新的奴役，儘管原來是自由民的身份而實際上已變成半自由的，變成封建時代的農奴。

值得重視的是晉惠公六年（公元前六四五）所作的爰田，這是惠公爲秦國俘虜後，執政者爲了討好國人而立的新制度。爰田是交换土地，是買賣土地的前身。《國語・晉語》三作「轅田」，爰和轅是同音通假字。〔六〕爰田在西周中葉時已經有過了，晉國不過把早就流行的現象合法化罷了。爰田可以用實物交换，也可以用田易田，例如以新墾的生地换熟地，以牧地換穀田，或者把離自己遠的土地換成較近便的土地（像《左傳》隱公八年鄭國以泰山之祊換與本國鄰近的許田之類）。這種交換當然受貴族土地主們的歡迎。後來秦國商鞅開阡陌就采用這種制度。土地交換的進一步是土地買賣。《左傳》襄公四年（公元前五六九）晉國魏絳提出和戎五利，說「戎狄薦居，貴貨易土，土可賈焉，一也。邊鄙不聳，民狎其野，穡人成功，二也。……」，這兩利都有關農業。邊境上不打仗，農民能安心在田野裏耕種收穫，顯然不是奴隸制社會的現象。尤其是戎狄等少數民族還在逐水草而居的遊牧階段，他們的土地可以買到這一事實，說明當時已有土地買賣。儘管這種買賣是在氏族與國家之間進行的，究竟是以土地爲主要生産資料的現象了。這段關於我國土地買賣的最早史料，更有力地證明晉國已經是以土地佔有制爲主的時代而不是以奴隸佔有制爲主的時代。

如果說北方的齊、晉比較先進的話，南方的楚和西方的秦就相當落後了。楚國開國時，熊繹「辟（僻）在荊山，篳路藍縷，以處草莽，跋涉山林，以事天子」，當然和齊、晉大國無法相比。一直到東周初年，若敖、蚡冒，還是「篳路藍縷，以啓山林」，比熊繹時只畧有進步。一直到楚武王三十七年（公元前七〇四）「合諸侯於沈鹿（見《左傳》）」，始開濮地而有之（見《史記》），才逐漸强大起來。可是沈尹戌還說「若敖、蚡冒，至於武文，土不過同」，是說還只是方百里的小國，大概沒有把新墾的濮地列在數内。到齊桓晉文以後，齊楚爭盟，晉楚爭盟，才逐漸成爲南方强國。楚國方言跟北方不一樣，一直到戰國後期，孟子還罵他們是「南蠻鴃舌之人」。她的社會情況記載不多。《左傳》宣公十二年晉國隨武子說楚國「商農工賈，不失其業」，可能商的地位還高於農民，但農民也不是奴隸。昭公七年（公元前五三五）芈尹無宇說「人有十等」是：

王臣公，公臣大夫，大夫臣士，士臣皂，皂臣輿，輿臣隸，隸臣僚，僚臣僕，僕臣臺。馬有圉，牛有牧。

這裏只有王、公、大夫、士四等是奴隸主，皂、輿、隸、僚、僕、臺六等，以及圉和牧，都是奴隸。但商農工賈不在奴隸之内，可見也已經是封建制了。不過士還佔有奴隸，跟北方國家比起來，奴隸制的痕跡恐怕要深得多。

秦國是東周時的新興國家，但她和鄭國不同。鄭國是周王朝的近族，做過司徒和卿士，是由奴隸制國家蛻變出來的。秦國原來是西戎中間的附庸小國，只是秦襄公送平王東遷，才被封爲諸侯。隨後把戎打跑，佔有宗周王畿的土地。她是從氏族社會突然發展起來的，在制度文化方面，處處在摹仿東方先進國家。秦文公十三年（公元前七五三）「初有史以記事」，以後，「初有三族之罪」，「初縣」、「初以人從死」、「初伏」等等，好的壞的樣樣都學。恐怕未必再搞奴隸制經濟吧！她和晉國是近鄰，秦穆夫人是晉獻公的女兒，他的女兒又是晉文公夫人。晉惠公、晉文公都是穆公所立的。看來，她的政治制度總受有晉國的影響，在國内建立若干縣，就是采用晉國的制度。可是她的發展較晚，較慢，又比較偏僻，所以春秋時代實際並没有到中原來爭霸。一直到戰國中葉，才成爲最大强國，最後統一天下，成爲專制主義的中央集權的封建國家。

除了齊晉秦楚這四個大國之外，宋國在當時也曾想爭奪霸權。這個殷代奴隸主王朝的後代，是比較反動的政權。《左傳》隱公八年，陳桓公説「宋、衛實難，鄭何能爲」，那時，鄭是新興小國而宋、衛是古老大國，所以還迷信宋、衛而瞧不起鄭國。實際上，「鄭昭宋聾」（楚國申舟的話，見《左傳》宣公十四年），鄭國清醒而宋國昏瞶，是一點不假的。齊桓公死後，宋襄公就伐齊，第二年執滕宣公，「使邾文公用鄫子于次睢之社，欲以屬東夷」，要恢復商代殺人祭鬼祖的舊制度。爲了合諸侯，當盟主，「爲鹿上之盟，以求諸侯於楚」。楚國假作答應了，在會上執宋襄公而伐宋，只是因魯僖公的請求而把他放了。又因伐鄭而招來了楚師，卻毫無軍事知識，招致慘敗，還假仁假義地説「君子不重傷，不禽二毛。寡人雖亡國之餘，不鼓不成列」等肉麻話來作掩飾，爭霸五年，重傷而死，是歷史上著名的丑角。但是宋國的社會組織也已經不是奴隸制。《左傳》宣公二年記宋國築城時，華元巡視，役夫們在謳歌中嘲笑他的戰敗被俘，他説不過他們，狼狽地逃走了。又襄公十七年「宋皇國父爲太宰，爲平公築臺，妨於農收」。子罕要求過了農忙，平公不許。築臺的人用謳歌來罵皇國父而稱頌子罕。這些作謳歌的役夫，顯然是農民，不是奴隸，可見宋國也已進入封建制了。

魯國是周公伯禽之後，衛國是康叔封之後，在初封時都受過大批奴隸的賞賜，在春秋初，也都還是中原的比較大的國家。《詩經・衛風・氓》説「氓之蚩蚩，抱布貿絲」，這個氓，何等自由，總該不是奴隸吧！衛國被狄人滅了以後（公元前六五〇），「衛之遺民男女七百有三十人，益之以共、滕（衛國的兩個邑）之民爲五千人」，這裏總没有多少奴隸吧！衛戴公即位後，「務材訓農，通商惠工」，第一年有革車三十乘，第二年就有三百輛了。説明她也采用了封建制。

「魯衛之政兄弟也」，春秋時代的魯國，也看不到大規模的農業生産和大批的農業奴隸了。《國語・魯語》下引敬姜的話，也以天子、諸侯、卿大夫、士爲次序，而説「自庶人以下，明而動，晦而休，無日以怠」，庶人應指農民，可能還包括工商。《論語・季氏》説：「天下有道則政不在大夫。天下有道則庶人不議。」這話是根據魯國的背景説的，魯國的政「自大夫出」已經五世了，陪臣也執國命了，本來只應該大夫以上才能與聞國政，處士横議已經亂了套，現在庶人都要議起來了，豈非天下大亂。這説明在魯國，庶人階級已經抬起頭來了，決不是奴隸的身份。

就以降爲王國而在表面上還儼然是諸侯們的共主的周王朝來説，她在東遷時，晉鄭是依，等於是新建的國家，她的社會組織，不可能跟晉鄭有很大的不同。她的壤地褊小，奴隸主貴族又多，畿内采邑大都不能控制，顯然已不可能進行奴隸制的大規模農業生産。《國語・周語》上記内史過在周襄王二年（公元前六五〇）説的話「大夫士日恪位著以儆其官，庶人工商各守其業以共其上」，庶人工商的次序也跟晉國一樣，可見在經濟基礎上也已經是封建制了。

〔一〕臨淄出土。見《博古圖録》卷二十二，《嘯堂集古録》卷下，《薛氏鐘鼎款識》卷八。

〔二〕見《左傳》襄公六年。

〔三〕釐即萊，詳孫詒讓《古籀拾遺》。《左傳》莊公二十八年「凡邑有宗廟先君之主曰都，無曰邑」。

〔四〕「其縣三百」是三百個邑，舊解爲三百個縣是錯的。三百邑省稱三百，是古書通例。《左傳》襄公二十六年「取衛西鄙懿氏六十」，服虔注「六十邑」。又襄公二十八年齊景公與晏嬰邶殿「其鄙六十」，並可證。綸鎛説：「侯氏錫之邑二百又九十又九邑」，與仲弓受賜的只差一個邑。據《國語・齊語》：「制鄙三十家爲邑，邑有司；十邑爲卒，卒有卒帥；十卒爲鄉，鄉有鄉帥；三鄉爲縣，縣有縣帥。」那末，縣＝3鄉＝30卒＝300邑，可見齊國的縣有三百個邑。

〔五〕曾伯霥簠：「克狄淮夷，抑燮繁湯，金導錫行，具既畢方。」

〔六〕《説文》爰字注「籀文以爲車轅字」。《左傳》「盟於袁婁」，《穀梁傳》作「爰婁」。漢爰盎一作袁盎。《漢書・李廣傳》「爰臂」的爰，《説文》作蝯，又作猨，猿，並可爲爰通隸之證。《説文》作趄，「趄田易居也」。

五　春秋時代的魯國是保守落後的國家

如果説秦楚的落後，由於是後進趕不上先進的原故，那末，宋魯的落後，其原因是由於頑固保守而落後，這兩者是不同的典型。魯國在西周時文化很高，「周禮盡在魯矣」（見《左傳》昭公二年），足以證明這一點。但到了春秋時期，時代變了，社會性質變了，而「猶秉周禮」（見《左傳》閔公元年齊國仲孫湫的話），那就是頑固不化了。

晉國作爰田，在當時是進步措施，後來秦孝公用商鞅，「制轅田，開仟陌」，就是用三晉的制度，只是晉國當時還只是土地主貴族之間的交換，而商鞅時已發展到可以不拘身份地隨意買賣土地，「庶人之富者」也可以「田連阡陌」罷了。〔七〕然而比晉國的作爰田晚五十一年的魯宣公十五年「初税畝」，則只是税制的改良而非田制的改革。所謂「初税畝」，只是魯國的「初」，正如秦國的「初有史以紀事」，「初有三族之罪」等等，並不是秦國的創始而是别國早已有之，在秦國才開始有罷了。那末，税畝也不應該是從魯國開始，和晉國的作爰田，是「作」，是開始立法，截然不同。《公羊傳》解釋税畝是「履畝而税」，是走到田間去按畝收税。這是由於當時土地佔有的情況變化很大。有些貴族失去土地，有些貴族新佔了土地，有些土地是新開發的，靠過去簿籍收税不行了，需要到田間去勘查，弄清實際畝數。所以這只是收税方法中的一個微小變化罷了。但是後起的《公羊傳》把它牽涉到「古者什一而藉」，《穀梁傳》索性依照《孟子》的幻想而提出井田的問題，就越搞越糊塗了。如果説魯宣公時才把助耕公田的制度變爲收税，那末，《春秋》這本書孟軻總該讀得爛熟，爲什麽還要引《詩經》的「雨我公田」來證明「雖周亦助也」呢？如果説「初税畝」宣布了井田制的死刑，正式成立了地主制度，那末，魯國竟成了春秋時代最進步的國家，創始最先進的制度，首先實行最新的封建制，魯國就應該生氣勃勃，稱雄一時了。而這是不符合於歷史事實，也不符合於事物發展的規律的。初税畝後，經過三年，成公元年，「作丘甲」，是增加軍賦的制度，稱爲「作」，是魯國自己創作的制度，也可以證明，税畝並不是一種新的制度。舊制四丘爲甸，只出三個甲士，現在改爲每丘出一甲士，一甸就是四個甲士了。但類似的制度，齊國早已實行，〔八〕還是摹仿來的。

税畝和丘甲都是季文子（季孫行父）當政時的措施，隔了三十來年，他的兒子季武子（季孫宿）將執政，主張作三軍，這是仿效各大國，想要擺出大國的架勢，所以當時的執政叔孫豹不願意，對他説「政將及子，子必不能」，你要執政了，你一定幹不了。魯國介於齊晉楚等强國之間，硬充好漢，没有好處。所以經過二十三年，在他晚年時又把中軍撤銷了。當然，作三軍還有其它目的。魯國本來兩軍，軍權屬於國家，也就是公室。作三軍後，由三個卿（三家）來將三軍，把軍權奪過來了，即所謂「三分公室」。魯國從政權歸於季文子以後，一直執了三十四年的政，魯君早就是虚位了。季文子死後，仲孫蔑只執三年政，叔孫豹又執三年政，又該輪到季氏，所以季武子要奪權，叔孫豹雖不滿意，卻不敢不讓，只好和他「盟諸僖閎，詛諸五父之衢」，來保持仲孫、叔孫兩家的利益。分公室是把士卒和車馬甲兵各歸自己名下。把魯國的戎士，改爲隸屬於他們私家的士，並由他們來徵軍賦。過去的税畝是對田畝收穀物税，而作丘甲和由於作三軍而徵軍賦，斂車馬甲兵等財物，完全是兩回事，不應混爲一談。税畝是季文子當政時事，絲毫也不會觸及三家的利益，魯國政權早在三家手裏，瓜分公室是十分自然的，跟稅畝一事並無關涉。叔孫豹當時要求的，只是三家權勢的平衡，但這也做不到，到昭公五年，舍中軍，季孫就要在兩軍中各佔一半，變成「四分公室，季氏擇二，二子各一」，這時季武又專了二十五年的政，仲孫、叔孫已無可奈何了。如果把三家徵財物的賦誤認爲是徵穀物的稅，説實行新制度的季孫氏執掌了霸權，三家都採取徵稅制，而魯國的政權實際上變爲地主政權機構政府的基礎，建立在地主的貢稅上，這就是封建政權的完成，這種想法和魯國的歷史情況相去不知有幾千萬里了。

公私田的區分，在東周時早已不存在了。遠在春秋前的《魏風·伐檀》説「不稼不穡，胡取禾三百廛兮」，這個掠奪三百廛、三百億、三百囷的人，總不是經營大規模農業生産的奴隸主吧！《詩序》説「在位貪鄙，無功而受祿」，所謂受祿就是佔有祿田，一般的卿可以「備百邑」，佔有一百個邑的土田的收入，作爲他的祿。晉國趙鞅的誓師，説克了敵，「上大夫受縣，下大夫受郡，士田十萬」。一個縣就有三百個邑，田十萬就是受十萬畝田的祿。晉惠公想回國時，曾揚言「中大夫里克與我矣，吾命之以汾陽之田百萬；丕鄭與我矣，吾命之以負蔡之田七十萬」（見《國語·晉語》二），這百萬畝、七十萬畝，是賞田，也是祿田。當然，這些田名義上是國有的，退職時應該致邑，把土地交還給國君。受刑時，逃亡時，後嗣斷絶，國家也可以收回。但是那時的卿大夫往往是世祿，佔有土地後，便代代傳下去。《史記·管仲傳》講鮑叔「子孫世祿於齊，有封邑者十餘世」。傳世銅器有綸鎛，綸是鮑叔的孫子，還受到二百九十九個邑的賞，[九]是很好的例證。這種世祿的卿大夫不是地主嗎？就是一般的大大小小的受祿者，不也都是某一時期中的地主嗎？孔子的門徒們學干祿，爲的是做官，也爲的是當地主啊！正由於春秋時代已經是地主制經濟，所以天子與諸侯之間，國與國之間，私家與私家之間，經常爭奪田地。單是私家方面的，見諸《左傳》，如：公傅奪卜齮田（閔公二年），先克奪蒯得田（文公八年），晉郤至與周爭鄇田（成公十一年），郤錡奪夷陽五田，郤犨與長魚僑爭田（並成公十七年），子駟爲田洫，司氏、堵氏、侯氏、子師氏，皆喪田焉（襄公十年），周甘人與晉閻嘉爭閻田（昭公九年），奪薳居田（昭公十三年），晉邢侯與雍子爭鄐田（昭公十四年），《國語·晉語》八還有范宣子與和大夫爭田。這種爭奪，有的成年地打田産官司。晉國的祁氏羊舌氏被消滅後，「分祁氏之田以爲七縣」，「分羊舌氏之田以爲三縣」（見《左傳》昭公二十八年），他們佔有幾百萬上千萬畝的土地，還不是大地主嗎？這類大地主顯然曾對一些小地主進行巧取豪奪。《禮記·曲禮》説「獻田宅者操書致（質，就是契）」，前人都懷疑古代田宅不屬於民，怎麽能獻。不知道這是大地主兼併小地主，有的是被迫而獻的，也有是迎合當權者而獻的。由此可見，地主制經濟是從封建諸侯，賞賜采邑，分田授禄，一步一步地蛻化而成的。在奴隸制社會中早就孕育着這種因素了。當奴隸主們佔有大量的戰俘奴隸，可以剥削奴隸們的無償勞動時，就是奴隸制時代。等到農業經濟發展，農業奴隸缺乏，小農經濟代之而興的時候，他們就盡量佔有土地來剥削農民，就進入封建制經濟時代了。這決不是學者們所想象的由於徵税而產生新的社會制度，相反，這是在新的社會經濟條件下才產生了新的征税方法。而且，即使是封建制經濟早已普遍發展的春秋時代，我們也還不能説封建政權在那時已經完成。因爲封建制是從奴隸制内部孕育出來的，封建社會初期，奴隸主貴族還是當權派，大地主階級同時是大奴隸主，他們牢固地掌握政權，一身而二任焉。新興的小地主階級還没有力量，庶民剛在抬頭，没有權力，所以還只是從奴隸制到封建制的過渡時期。至於説魯國的改革在春秋各國中比較早，這更不符合於歷史事實，難道封建主義的上昇階段不在勃焉興起的田齊、三晉，而反在日薄西山的魯國季氏嗎？這將怎樣解釋呢？魯國的季孫能比齊國的陳氏，晉國的魏趙韓還先進嗎？陳（田）氏和三家入戰國初，發展成四個强大的封建國家，而季孫呢，一代不如一代，季武子之孫平子在伐莒以後，「獻俘，始用人於亳社」，仿效宋襄公，要恢復商代奴隸制王朝的宗教迷信。隨後陽虎專政，季桓子還被其所囚，孔子還哀嘆「三桓之子孫微矣」。這樣的家族，怎麽能採取新制，實行新制呢？所以昭公五年四分公室之後，並不是封建政權的完成，而是奴隸制政權的土崩瓦解，烟消火滅，戰國時的魯國早就微不足道，坐待滅亡了。

由奴隸制社會轉變爲封建制的社會要經歷相當長的時期。斯大林曾説過：「封建經濟制度爲了證明自己比奴隸經濟制度優越，大約費去了二百年，也許畧少些。不這樣也不可能，因爲當時發展的速度極爲緩慢，而生產的技術又非常原始。」〔一〇〕封建制社會是以封建經濟爲基礎的，不是由於私家逐漸肥於公家，下級逐級超過上層一類統治階級内部矛盾所能奠立的。《論語》所説「陪臣執國命」，由卿大夫的家臣掌握國家的命運，只是落後的魯國的暫時現象，齊國晉國並不如此。陽貨專了魯國的政，魯國的奴隸主統治者怕他，逃到齊國，齊國也怕他，逃到晉國，做趙簡子的家臣。孔子預言，「趙氏其世有亂乎」（見《左傳》）。但聖人的預言並不靈驗，「趙簡子迎而相之」，「幾至於霸」（見《韓非子·外儲説》左）。可見陪臣在晉國就没有什麽亂子。所謂天子倒楣了，諸侯起來；諸侯倒楣了，卿大夫起來了；卿大夫倒楣了，陪臣起來；並没有成爲春秋各國的共同規律。民衆身份的提高不在於下層統治者的爭取，農民地位的提高是農民階級自己鬥爭的結果，也是社會生產力發展的結果。階級鬥爭是不可調和的。《左傳》成公十五年，晉國伯宗妻説「盜憎主人，民惡其上」；

《國語·周語》中，單襄公引諺語「獸惡其網，民惡其上」；説明勞動人民是怎樣憎惡奴隸主統治階級的。即使是奴隸主統治階級的下層依然是奴隸主階級，在某種特殊情況下，他們可能拉攏個别的奴隸，但他們不可能抬高整個奴隸階級的身份。把奴隸階級的解放歸於敵對階級的恩賜，決不是階級鬥爭的觀點。從歷史事實説，統治階級的下層，所謂陪臣們，如：南蒯、陽虎、公山不狃等，又幾時曾爲了爭取民衆而去改變民衆的身份呢？

〔七〕《漢書·地理志》「商鞅制轅田，開仟佰」，又《食貨志》説：「秦孝公用商君，壞井田，開仟佰，急耕伐之賞，雖非古道，猶以務本之故，傾鄰國而雄諸侯。然王制遂滅，僭差無度，庶人之富者累鉅萬而貧者食糟糠」。又引董仲舒説：「用商鞅之法，改帝王之制，除井田，民得買賣。富者田連仟佰，貧者無立錐之地」。可見庶人也能當地主了。

〔八〕詳顧炎武《左傳杜解補正》和沈欽韓《春秋左氏傳補注》。

〔九〕見《三代吉金文存》卷一和《上海博物館藏青銅器圖録》。

〔一〇〕《共産國際執行委員會第七次擴大全會》結論，見《斯大林全集》九卷一百二十一頁。

六　春秋時代的牧業還是奴隸制和奴隸制在過渡時期的殘餘勢力

但是在中國這樣廣闊的土地上，在西周奴隸主王朝覆滅之後，各個國家由於其本身的條件不同，儘管都在走向封建經濟制度，其發展是極其不平衡的。有人認爲封建政權建立於封建經濟之前，顯然是錯誤的。即使封建經濟制度已經實行，也未必就建立真正的封建政權。在相當長的一段時期内還會出現在經濟基礎上已經是封建制而在上層建築尤其是國家機構仍舊是奴隸主統治的現象。在這一時期有許多複雜的情況，例如從主要的生産方式即農業方面説已采用封建制的小農經濟，而牧業方面卻還是奴隸制經濟。那末，奴隸主統治階級也還有一定的經濟基礎，使奴隸政權還可以苟延殘喘。春秋時代，除佔有土地外，畜馬是積聚財富的一個方面。《左傳》哀公二年説「畢萬匹夫也，七戰皆獲，有馬百乘」，這個魏國的祖先，在晉獻公時受封爲大夫。《孟子·萬章》説「孟獻子百乘之家也」，孟獻子是仲孫蔑，是接着季文子執政的。晉重耳出亡到齊國時，齊桓公把女兒給他，賞他二十乘的馬（見《左傳》僖公二十三年），已經覺得很滿意，打算終老齊國了。畜馬是奴隸主統治階級的特權,《左傳》襄公二十二年「楚觀起有寵於令尹子南,未益禄而有馬數十乘,楚人患之,王將討焉」。薳子馮接着做令尹,「有寵於薳子者八人,皆無禄而多馬」,楚王爲之不安。可見養馬要和佔有禄田相稱,附着於禄田的土地上是農民,没有受禄田而養很多的馬,有很多奴隸,就遭統治者的忌了。秦公子后鍼出奔晉國,其車千乘(《左傳》昭公元年),就是由於太富而在秦國站不住了。楚國的令尹囊瓦貪婪無厭,《國語·楚語》下記他問鬬且關於「蓄貨聚馬」,鬬且描寫他像飢餓的豺狼。説「古者聚貨不妨民衣食之利,聚馬不害民之財用」,又説「國馬足以行軍,公馬足以稱賦」,國馬是行軍的馬,由老百姓供給,公馬就是奴隸主統治者的私有財富了。《論語·季氏》説「齊景公有馬千駟」,也是説他的富。關於養牛,記載雖不詳,但春秋後期已經盛行用牛拉犂,鄭國商人弦高就是販牛的。牧畜業要有牧地。《左傳》哀公十四年説魯國的「孟孺子泄將圉馬於成,成宰公孫宿不受,曰:孟孫爲成之病,不圉馬焉」。這也牽涉到土地問題了。養馬稱爲圉,養馬的人也叫做圉,或叫圉人,在當時是奴隸身份。晉惠公的兒女在出生前,就被卜招父預言:「男爲人臣,女爲人妾」,所以他的兒子晉懷公就命名爲圉(見《左傳》僖公十七年)。趙鞅的誓師,克敵後,「人臣隸圉免」,説明圉在奴隸中地位很低。楚國芈尹無宇説人有十等,而「馬有圉,牛有牧」,還在十等之外。「皂隸牧圉」(《左傳》襄公十四年),「隸人牧圉」(又襄公三十一年),牧圉都還在隸之後。假定每匹馬有一個圉人,千駟就有四千個奴隸。陽虎和季氏的鬥爭中,「孟氏選圉人之壯者三百人」(見《左傳》定公八年),可見他家的圉人,決不止三百。齊國人攻慶氏時,「陳氏、鮑氏之圉人爲優」(演戲,見《左傳》襄公二十八年),這時的陳氏是陳文子,據《論語·公冶長》,他只有馬十乘(四十匹)是較小的奴隸主,而《左傳》哀公八年鮑牧對羣公子説「使女(汝)有馬千乘乎」,也是十分富有的。魯莊公的圉人犖,因戲女公子,公子般使鞭之(《左傳》莊公三十二年),就因爲是奴隸,所以被鞭。但他們能演戲,還敢調戲女公子,説明這時的奴隸也和過去時代不同了。從這些史實中,可以看到牧業方面還普遍存在着奴隸制,但它總還不是這個時代的主要生産方式。

從表面上看,春秋時代還是奴隸主統治的時代,跟過去没有多少變化。實際上,農業方面已經進入封建制的小農經濟,只是其它方面,還有奴隸制的很多殘餘罷了。戰俘依然是奴隸,但也有變化。過去以奴隸制王朝爲主的向邊裔民族進行的戰爭不存在了,現在只有齊晉秦楚等國還有這一類戰爭,而經常見到的是封建割據的諸侯們之間的戰爭。《左傳》定公十年把齊國的萊人稱爲「裔夷之俘」,而説「裔不謀夏,夷不亂華」,説明邊裔民族的俘虜,還是被輕視的。《左傳》襄公十年晉國把所滅妘姓的偪陽子獻於武宮,稱爲「夷俘」。同書哀公四年楚國滅蠻氏後,民衆逃散,楚司馬僞裝做「致邑立宗焉，以誘其遺民而盡俘之以歸」。這種奴隸大都是把整個部落或城邑的民衆俘虜過來的。但如齊國滅萊後，「遷萊於郳，高厚、崔杼定其田」，把萊地的農民遷到郳地去耕種，可見農民還是依附於土地，跟奴隸制時代不一樣了。就是俘虜中的其它奴隸，時間一久，就和戰勝國原來的奴隸逐漸同化。至於諸侯之間的戰爭，情況就不同。《國語・周語》中記周襄王把陽樊賜晉文公，陽人不服，晉侯圍陽，陽人倉葛説「且夫陽豈有裔民哉！夫亦皆天子之父兄甥舅也，若之何其虐之也」，陽邑没有邊裔的民，不應受虐待。晉文公「乃出陽民」，把他們放走，不作爲俘虜。戰爭中的俘虜也不多。《左傳》宣公二年，宋國和鄭國的大棘之戰，宋國戰敗，「囚華元，獲樂吕及甲車四百六十乘，俘二百五十人，馘百人」，生俘的和殺死的，一共只三百五十人，比車子還少。這類戰俘大都是士以上的階級，即使被俘，大部分不作爲奴隸。有的投降過來被重用，有的被殺，有的被囚，有的贖回，有的釋放，有的是逃走，留下來作奴隸的人恐怕是不多的。

春秋時代，奴隸還是很多的，主要是家内奴隸，即臣妾，男爲人臣，女爲人妾。西周初期的《周易・遯・九三》就説「畜臣妾吉」，《書・費誓》説「臣妾逋逃」，是奴隸制社會的記載。而春秋中後期，《左傳》襄公十年鄭國尉止等攻執政，「子西聞盜，不儆而出……臣妾多逃，器用多喪」，可見奴隸主們家裏還有很多臣妾。臣妾本是奴隸的名稱，但由於我國奴隸制的時間比較長，大約有兩千多年，臣這個名詞有了分化。在奴隸制王朝執政的大臣們，儘管對天子來講還是奴隸，天子對他們有生殺予奪之權，但他們卻也是很大的奴隸主統治者。一直到春秋時還是這樣。芈尹無宇所説人有十等，除王之外，公、大夫、士三等也是臣，但並不是真正的奴隸，從皁以下六等，以及牧圉，才是真正的奴隸，當然這中間還是有等差的。趙鞅説「人臣隸圉免」，説立了戰功可以免除奴籍，這個人臣是奴隸，低於庶人工商，是不自由的。《左傳》襄公二十三年「初，斐豹隸也，著於丹書」，他請求説：「苟焚丹書，我殺督戎」。范宣子答應他「所不請於君焚丹書者有如日」，可見這些奴隸是通過某一法定手續的。丹書之類的憑證藏在國家機關裏，要經過國君的允許，才能燒掉（大概是寫在竹帛上的所以可以燒掉）。這些奴隸中有的可能是没落的奴隸主的子孫。《國語・周語》中説「亡其姓氏，踣斃不振，絶後無主，湮替隸圉」，又説「子孫爲隸，不夷於民」。民是自由民，做了奴隸就不能跟自由民平起平坐了。《左傳》昭公三年説「欒郤胥原，狐續慶伯，降在皁隸」，可見由這許多貴族中降下來的奴隸也是不少的。

這種奴隸，有的是經賞賜和饋送而得來的。《左傳》宣公十五年「晉侯賞桓子（荀林父）狄臣（獲狄士時所得的臣）千室」，和西周時常見的賜臣若干家差不多。又僖公二十四年「秦伯送衛於晉三千人，實紀綱之僕」，是送給晉文公的。又成公二年「賂之以執斲、執鍼、織紝皆百人」。《國語・晉語》八「鄭伯嘉來納女工妾三十人，女樂二八」。都是饋送的例子。還有嫁女兒時的媵，也有很多奴隸。也還有奴隸的買賣，《左傳》昭公二十九年，季平子每年買了馬送給魯昭公，「公執歸（饋）馬者賣之」，把送馬的使人賣作奴隸了。

奴隸經常逃亡，《左傳》記鄭國的子西聞盜，没有儆戒，臣妾多逃。又昭公七年，楚靈王作章華宫，「納亡人以實之」，收容逃亡奴隸來充實宫内，其中有芈尹無宇的看門人，無宇硬到王宫去搜捕，靈王只好讓他「取而臣以往」，把你的奴隸帶走。晉獻公把虞國的俘虜百里奚作爲秦穆公夫人的媵，他逃跑了，秦穆公用五張羊皮把他贖回來（見《史記・秦本紀》），可以看到奴隸的價格。

奴隸還經常暴動，《左傳》昭公十二年：「周原伯絞虐其輿臣，使曹逃。冬十月壬申朔，原輿人逐絞而立公子跪尋。絞奔郊。」由於原伯絞虐待他的輿臣們，他們成羣的逃亡，結果起來暴動，把他趕跑。這裏的輿臣顯然是奴隸，按照楚國芈尹無宇的人有十等，是在皁和隸之間。但在晉國、鄭國，輿人似乎已經不是奴隸，可見東周和楚一樣，奴隸制的遺留要多一些。

在農業方面，奴隸身份幾乎不存在了。《國語・晉語一》説的「隸農」，「雖獲沃田而勤易之，將不克饗，爲人而已」。他們是爲别人耕種的，但能獲沃田來耕種，顯然已是小農經濟的現象。這很像《韓非子・外儲説》所説「賣庸而播耕」的庸（傭）客，《史記・陳涉世家》「少時嘗爲人傭耕」的傭者。《左傳》襄公二十七年，齊國的申叔虞出奔到魯國，曾經一度「僕賃於野」，在田野裏出賣短工，性質也相同。這種儘管還用隸和僕的名稱，實際上已是後世的雇農和幫工了。

《左傳》襄公三十年，鄭國子産執政，「使都鄙有章，上下有服，田有封洫，廬井有伍」。一年後，「輿人誦之曰：取我衣冠而褚之，取我田疇而伍之，孰殺子産，吾共與之。及三年，又誦之曰：我有子弟，子産誨之；我有田疇，子産殖之；子産而死，孰其嗣之」。據《説文》「褚，卒也」，古代的卒，比士的地位要低，編了伍要穿紅衣服，鄭國的輿人已經不是奴隸，所以對子産的新制度不滿意。《左傳》僖公二十八年城濮之戰，晉文公聽輿人之某曰「稱舍於墓」，又聽輿人之誦曰「原田每每，舍其舊而新是謀」，當時在軍中，也説明輿人是卒，而不是奴隸。

那末，春秋時代，在主要生産方式的農業經濟方面已經是封建制，但牧業經濟還是奴隸制，家内奴隸的數目還非常多，奴隸制的殘餘勢力還頗强大。從奴隸主統治者看來這還是奴隸主們的天下，但是封建主義的革命業已興起，時代車輪正滾滾向前。這是一個新舊交替的時代，這是奴隸制在崩潰，但尚未徹底崩潰，封建制已代之而興，但尚未佔統治地位，這樣一個過渡的時代。

七　從奴隸制社會進入初期封建制社會的春秋時代的新形勢

在這樣的新時代裏，首先是小農經濟推動了生産力的發展。個體農民有了自己的（儘管是極其微薄的）財産，有自己的家室，更重要的是有自己的農具，因而能在農業上發展他們的特長。《國語・齊語》説：

> 及寒，擊菒（槀）除田，以待時耕。及耕，深耕而疾耰之，以待時雨。時雨既降，挾其槍刈耨鎛，以旦暮從事於田野。脱衣就功，首創茅蒲，身衣襏襫，霑體塗足，暴其髮膚，盡其四支（肢）之敏，以從事於田野。

這種精耕細作是奴隸制時代不感興趣的農業奴隸們的粗獷勞動所不能比擬的。新的農民創造了鉅大財富，一個人耕種能供幾個人的糧食，他們的地位就逐漸被社會重視，不得不昇到工商之上。農民地位的提高，是他們辛勤勞動，和自然鬥爭取得經驗，農業技術的提高，和統治階級的鬥爭等等所取得的成果，並不像人們所幻想的，是由於統治階級發善心或拉同盟軍而把他們人爲地拔高的。

由於農業的發展，擴大了農具的需要，《管子・輕重乙》説：「一農之事，必有一耜，一銚，一鐮，一鎒，一椎，一銍，然後成農。」現在每一農户都要自備這些農具，而農民的蕃育，農户的不斷增多，做鎛器（或叫田器，即青銅農具）的段（鍛）氏這一行業相應的必須大大發展了。在這時，做農具的原料，銅和錫的主要産地是徐戎、淮夷（後來是吴越）、楚國，那末，採礦工業、冶金工業、交通工具如舟車等的製造工業，搞運輸，作交易的商賈，也都活躍起來了。另一方面，由於北方缺少銅錫，就更加利用鐵來鑄農具，出現了鐵工業。隨着小農經濟的發展，農民家裏的女工也跟着發展，絲麻織繡等也納入商品。每個農民家庭要有很多必需的生活用品，尤其是陶器，製陶工業也就更有飛躍的發展。總之，由奴隸制時代的大規模農業生産發展爲以個體農民爲主的小農經濟，使得社會生産力大大地推進了。

另一方面，西周奴隸主王朝崩潰之後，諸侯們封建割據的形勢已經形成，加上很多比較落後的邊裔民族的侵入，跟華夏民族雜處在黄河流域一帶，使得各個國家和地區之間的貿易成倍地增長。每個國家都根據自己擁有資源和其它條件來發展其工商業，像齊國的魚鹽和女工，是使她最早就成爲富饒的國家。從叔弓鎛銘可以看到齊靈公時就有大規模的國營陶鐵工業。傳世齊地出土的陶區殘片上面有「陳尚立(莅)事歲」的銘，〔一一〕陳尚(常)就是《論語》的陳恒。臨淄一帶發現的齊國陶窑很多，可以看到陶器工業的發展。《管子》這本書雖然不是管仲自己寫的，但總能代表管仲的理財政策，所以齊桓公儘管是一個極其荒淫的奴隸主統治者，還成爲東周前期的第一個霸主。晉國有鹽池，所以晉姜曾拿鹽去交换銅錫。近年來在山西省侯馬發現的大量陶範，説明晉國的青銅器鑄造工業是十分發達的。在山西發現的攻吴王夫差鑑，證明吴國曾在晉國鑄造過青銅用具。《國語・晉語》八説晉國國都絳邑的富商「能金玉其車，文錯其服，能行諸侯之賄」，可見晉國社會的經濟基礎是雄厚的，所以晉國在晉文公稱霸之後，還有很久的時間是比較强盛的。就是在晉國附近，鄭國、宋國以及東周等，商業都比較發達，連孔子的門徒衛人子貢還是搞貨殖，「常相魯衛，家累千金」。在這些經濟基礎上，商業往來，從實物交易發展到以貨幣爲媒介，出現了青銅貨幣。齊國的法化(貨)，采用小刀的形式，而三晉和東周的錢，采取了農具的鏟子的形式。近代出土的青銅空首布種類和數量都很多，是屬於春秋時代的，還没有脱離鏟子的形式，只是很輕罷了。這些貨幣的行用，顯然是在小農經濟發展之後的。正由於工具和農具的普遍需求，工具的刀子和農具的鏟子在實物交换中最頻繁，所以采用這種形式。用青銅鑄造貨幣是統治階級用來搜括財富的一種方式，比如糧食多了，價格低了，統治階級可以放出大量貨幣收購糧食，囤積起來。糧食貴了，再把糧食賣出去，收回貨幣，統治者就撈上了一大把。這種所謂「權輕重」的經濟政策，在《管子》書裏有詳細叙述。《國語・周語》下，周景王二十一年(公元前五二五)鑄大錢，那是更進一步的搜括。貨幣開始通行的時候，有一定的重量，後來鑄造新幣越來越輕，就是用較少的銅來搜括原來較高價值的貨物，已經是一種搜括。現在行大錢比小錢貴若干倍，用銅則最多一兩倍，鑄一批大錢就可用少量的銅换進多若干倍的貨物。單穆公反對這件事，就講了很多權輕重、權子母的道理，已在管仲死後一百二十年了。貨幣的出現，有利於經濟的發展，也有利於投機取巧靠壟斷發財的商人，所以春秋時代的富商大賈不斷出現，他們和奴隸主統治階級的矛盾也日益尖鋭了。

從奴隸制社會過渡到封建制社會，經濟基礎在不斷發展，但是奴隸主貴族的極大多數還是原封不動，他們的階級本性是不變的。他們佔有大量奴隸，農業奴隸没有了，他們還佔有大量土地，佔有了大量財富。他們貪婪無厭，爭城爭地，進行無休止的戰爭，强併弱，大吞小，而若干大國之間又爭霸爭雄。這種戰爭，對於當時的人民確是災難，但是不經過戰爭的火禮，天下是不會統一的。有攻戰，有防禦，在戰爭實踐中，軍事學發展起來了。從車戰發展到步兵（徒），從奴隸主階級爲主的戰爭發展到有廣大羣衆參加的戰爭。在頻繁的戰爭中還出現非正式的武裝隊伍，即所謂盜。盜的成分很複雜，有些盜是由奴隸主統治階級裏分化出來的武裝叛亂集團，《左傳》裏還經常有統治階級和盜勾結起來的事，也有是奴隸暴動或逃亡奴隸參加的起義軍隊。春秋末期或戰國初最有名的是盜跖。〔一二〕

爭奪土地的另一種方式是爭訟。當然，爭訟不僅土地問題，但土地問題，幾乎是春秋時代爭訟的中心問題。西周初的《易經·訟·九二》說：「不克訟，歸而逋，其邑人三百户。」這個「而」字應該讀如「取而臣以往」的「而」，「歸而逋」是歸還你的逃亡者，是爲逃亡奴隸而涉訟。春秋時代的涉訟，則大都是土地問題，可見這是土地佔有制的時代。《左傳》所記訟事，大都在晉國，可見在重法方面，晉國是比較先進的。把刑法定下來作爲成文法，稱爲刑書，是在晉國「蒐於夷」時（公元前六二一）趙宣子（盾）所作的，〔一三〕隔了八十五年，鄭國子産才鑄刑書（公元五三六），又隔二十三年，晉國才鑄刑鼎（公元前五一三），這都是新興的地主商人階級所擁護而爲奴隸主統治階級所嫉視。鑄刑鼎時魏獻子執政，梗陽人有獄，要向他賂女樂，爲臣下所諫止，可見法律有一定的約束力。所以鄭國的鄧析因作竹刑而被殺，而竹刑還得行用。三家分晉後，魏獻子的四世孫是魏文侯，他的相李悝著《法經》，是我國最早的法典。鄭國被韓所滅，韓國也稱爲鄭，戰國時的申不害，末年的韓非，法家的兩個重要代表，都是韓國人，顯然是繼承晉鄭兩個先進國家的重法傳統的。

社會不斷地前進，各個國家有先進與落後之分。中原地區，黄河流域，鄭和齊晉是先進的，東周、虢、宋、魯、衛等是頑固保守的落後國家，西方的秦，南方的楚，東南的吴越，北方的北燕，是後進國家，這種分野是很清楚的。鄭國首先掃除了東周奴隸主王朝的威信。齊國離周較遠，接近戎夷，早就和周有矛盾，周夷王「翦齊哀公昴」，據説是「紀侯潛之周，周烹哀公」。《春秋》莊公二十三年夏「公如齊觀社」。《國語·魯語》上説「齊棄太公之法而觀民於社」，是用祭社來檢閲軍備，並請鄰國參觀，是放棄太公之法，也就是不循周禮。管仲執政，不提文武和成王周公，而只追溯昭王穆王（見《國語·齊語》），可見齊國政治和魯國有很大不同。至於晉國，本就是「啓以夏政，疆以戎索」，跟封魯衛兩國的「啓以商政，疆以周索」，有很大的不同。既和戎狄接近，又有很多山地，她的政治，當然有其特點。從分裂爲翼和曲沃之後，周王一直是助曲沃莊伯的，後來，曲沃叛王，才讓虢公伐曲沃而立晉哀侯（見《左傳》隱公五年）。一直經過五十來年，曲沃武公才把晉吞併，並向周僖王送了賄賂，這個奴隸主王朝才承認曲沃爲晉國。曲沃爲什麽叛王，《左傳》没有説明，但事情是很清楚的。周平王建立東周王朝後，内部分裂成兩大派，鄭武公、鄭莊公是新派，東周王朝就是晉鄭兩國幫助下建立起來的。虢國是舊派，虢公翰立王子余臣爲携王，平王倚靠晉文侯把他殺掉。鄭國是滅了虢鄶後建立起來的，虢叔就死在制邑。但是周平王末年，「王貳於虢」，王跟虢聯合了，平王死後，「周人將畀虢公政」，「周鄭交惡」。可見曲沃是跟鄭在一起的，周桓王轉向了舊派，所以派虢公伐曲沃。這場新舊的鬥爭，以晉獻公十九年滅虢（公元前六五八）而告終，曲沃併晉已二十一年了。曲沃併晉，當齊桓公七年，齊桓就在這一年會諸侯於鄄而開始稱霸。從此以後，齊桓晉文挾天子以令諸侯，根本没有把王朝放在眼裏，而只是他們自己的爭盟爭霸了。秦國在春秋時還不能逐鹿中原。只有楚國在春秋初就自稱爲王，到東周問鼎輕重，與北方的齊晉抗衡，所以在顧棟高的《春秋大事表》裏主要是齊楚爭盟，晉楚爭盟和齊晉爭盟，至於落後的宋國，一度想和楚爭盟，後起的吳國，也曾和晉爭盟，都爲時甚暫。所以春秋時代的主要活動在齊晉楚三國。隨後晉分爲三，秦國强了，加上北燕，七國爭雄，實際是春秋時代的繼續。晉景公十二年，「齊頃公如晉，欲上尊晉景公爲王，景公讓不敢」（公元前五八八，見《史記·晉世家、齊世家、十二諸侯年表》），但是作六軍，儼然王朝體制，離晉文公的死，僅僅四十年。説明春秋時代是諸侯封建割據時代，東周奴隸制王朝，早就名存實亡，一去不復返了。《孟子》説「五霸者三王之罪人也」，過去時代承襲儒家這種錯誤論點，認爲五霸不如三王，霸道不如王道，歷史事實，由王到霸是從奴隸制轉入封建制的偉大革命時代，霸比王不知要進步多少倍。齊要尊晉爲王，戰國時就六國相王，齊秦相帝，一直到秦併六國，就成爲中央集權的封建國家。

固然，齊晉的統治者還是奴隸主，但是和其它國家在世卿制度上有很大區别。鄭國儘管先進，但執政都是些公子公孫，宋魯等就不用説了。齊國的高、國兩氏雖也是姜姓而作上卿，但管仲是姬姓，鮑叔是姒姓，晏弱應是子姓，〔一四〕陳完是嬀姓，都不是公族。晉國的公族早就消滅，她的卿根本没有真正的公族。所以這兩個國家的統治者儘管也是世襲的奴隸主，所任卿相，很多是外來的比較有才能的人。由於這樣，政治上比較先進，而公室卻一天一天衰弱，使得陳氏代齊，三家分晉。呂尚和唐叔的子孫，失去了政權，而齊和三晉依然是强國，宋魯等國因爲保守，一直到戰國後期才滅亡，可只是極微弱的小國了。齊晉是先進國家，分縣的制度早已實行，秦國的縣很可能是倣晉國的，始皇統一天下，就不再分封諸侯而只立郡縣，但晉國的制度是郡大於縣，而到秦朝則郡大於縣了。

〔一一〕見唐蘭《陳常匋釜考》，《北京大學國學季刊》。匋釜應作匋區。

〔一二〕《莊子・盜跖》説：「孔子與柳下季爲友，柳下季之弟名曰盜跖。」陸德明釋文：「案《左傳》云：展禽是魯僖公時人，至孔子生八十餘年，若至子路之死，百五六十歲，不得爲友，是寄言也。李奇注《漢書》云：跖，秦之大盜也。」按李注見《漢書・賈誼傳》。

〔一三〕《左傳》昭公二十九年説：「遂賦晉國一鼓鐵以鑄刑鼎，著范宣子所爲刑書焉。」范宣子應是趙宣子。據下面仲尼説「且夫宣子之刑，夷之蒐也」，夷之蒐時只有范武子，范宣子是范武子之孫，范宣子爲政比夷之蒐晚六十七年，范宣子不可能在夷之蒐時著刑書。趙宣子是趙盾，夷之蒐時佐中軍，後來改蒐於董，易中軍，使趙盾將中軍。「宣子於是始爲國政。制事典，正法罪，辟獄刑，董逋逃，由質要，治舊洿，本秩禮，續常職，出滯淹。既成，以授太傅陽子與太師賈佗，使行諸晉國，以爲常法」，這裏大都是刑書的内容。但是范氏從士蔿起，在晉國世代做法官，法官叫做理，又叫士，所以范氏又叫士氏。《左傳》成公十八年「使士渥濁爲太傅，使修范武子之法，右行章爲司空，使修士蔿之法」，可見刑法是范氏的世業，趙宣子執政時的法可能就是范武子幫了修的，當時人是知道的。所以很容易把趙宣子錯成范宣子了。

〔一四〕叔弓鎛説：「丕顯穆公之孫，其配襄公之妣，而成公之女，奥生叔弓，是辟於齊侯之所。」叔弓的父親是宋穆公之孫，母親不是宋襄公的外甥女，而是杞成公的女兒。

八　奴隸主統治階級和新興的封建階級在過渡時期中的階級鬥爭

春秋時代，整個社會在前進着，但反動的奴隸主統治階級還要作垂死掙扎。周桓王把幫助建立東周王朝的晉國和鄭國撇開了，而要讓虢公執政，鄭伯不朝。桓王自己帶兵伐鄭國，「王爲中軍，虢公林父將右軍，蔡人、衛人屬焉；周公黑肩將左軍，陳人屬焉」。看上去聲勢很浩大，但鄭人能講求新的戰術，在中軍采取魚麗之陣，把車子密集起來，用步兵彌補空隙，在兩翼用發石炮的車子，使蔡衛和陳國的軍隊逃跑了，鄭軍合攻中軍，「王卒大敗，祝聃射王中肩」。從此以後，周王朝再也不能征伐諸侯了。宋國是商王朝之後，和鄭國是鄰國，交戰特别多。宋殤公即位十年，打了十一次仗，其中和鄭國打的就是十次。齊桓公死後，宋襄公想當盟主，在一次盟會上，既執滕子嬰齊，又「使邾文公用鄫子於次睢之社，欲以屬東夷」。回復到商王朝殺奴隸來祭祀的舊習慣。司馬子魚説：「一會而虐二國之君，又用諸淫昏之鬼，將以求霸，不亦難乎」。接着「爲鹿上之盟以求諸侯於楚」，楚國要他爲乘車之會，不用兵車，在會於盂的時候，「執宋公以伐宋」，魯僖公「會諸侯於薄」才把他放了。那時，鄭楚接近，宋襄公就打鄭國，「楚人伐宋以救鄭」，這是泓之戰。這個奴隸主根本「未知戰」，既不懂得趁敵人没有完全渡河的機會，又錯過了敵人未成列的機會去打擊敵人，打敗了，傷了股，還説「寡君雖亡國之餘，不鼓不成列」。這個愚蠢的君子，傷重而死，霸業就成空了。魯國只是一個中等國家，近鄰齊國這樣大國，在晉楚爭霸中，事晉事楚，也經常有矛盾，但她也要壓服鄰近的邾莒等國，季武子執政，居然仿效大國作三軍。第二年（公元前五六一）和莒國作戰，「遂入鄆，取其鐘以爲公盤」。隔了六年，隨同晉國伐齊，季武子就「以所得於齊之兵作林鍾而銘魯功焉」。臧武仲説「借人以力以救其死」，以小國僥幸勝了大國而誇耀她的俘獲。真是愚蠢極了。昭公五年撤了中軍，可是昭公十年，季平子「伐莒，取郠，獻俘，始用人於亳社」。可見和宋襄公是一路貨。

在法律方面，更是新舊鬥爭的焦點。《左傳》桓公十年：「虢仲譖其大夫詹父於王。詹父有辭，以王師伐虢。」「有辭」是古代常用法律術語，是有理的意思。詹父雖是虢國的臣，因爲有理，就可用周王的軍隊去伐虢。但在晉文公時，「衛侯與元咺訟，衛侯不勝」，「執衛侯，歸之於京師」。把他關在深室裏，經過兩年，魯僖公給他講情，「納玉於王與晉侯，皆十瑴（二十塊玉）」，王答應了，對晉文公説「君臣無獄，今元咺雖直，不可聽也。君臣皆獄，父子將獄，是無上下也」。卻不管臣的有理了。襄王搬出奴隸主的禮，君臣、父子、上下、尊卑，而不許講是非曲直，這就是開明的法家和頑固守舊的禮家的尖鋭矛盾。《左傳》襄公十年周王叔陳生與伯輿的爭訟，王叔的宰説：「篳門圭竇之人而皆陵其上，其難爲上矣。」伯輿的大夫瑕禽則説「下而無直，則何謂正矣」。也是奴隸主貴族强調下不應陵上，而新興地主則要求只論曲直，不論上下，要求公正。士匄聽訟，「使王叔氏與伯輿合要，王叔氏不能舉其契」，可見是土地糾紛。這次因爲周靈王袒護伯輿，所以范宣子説：「天子所右，寡君亦右之，所左亦左之。」又昭公三年，「鄭人鑄刑書」，這是子産當政，晉國叔向寫信給他説：

> 民知有辟則不忌其上，並有爭心以徵於書，而徼幸以成之，弗可爲矣。……民知爭端矣。將棄禮而徵於書。錐刀之利，將盡爭之。亂獄滋豐，賄賂並行，終子之世，鄭其敗乎。

辟就是法，子産「制參辟」，是立三篇的法。叔向反對有成文法，因爲有了成文法，老百姓可以根據法律來鬥爭，對於這種合法鬥爭，統治階級有時搞得很被動。他堅持奴隸主階級的禮，可以分別上下，下面不許爭。放棄了禮而定了刑書，老百姓可以找根據了。晉國鄭國新興地主商人階級很强大，像錐子刀子那樣微小利益，他們也都要爭的。但子產的想法不同，他說「吾以救世也」。他是主張明確地規定法律來解決當前的現實問題。儘管他定的刑書不可能脱離奴隸主統治階級的立場，但這一措施總是開明的，站在時代的前列。隔了二十三年，晉國也鑄刑鼎，這時叔向已死，他的兒子楊食我在鑄鼎前一年被殺，他們羊舌氏的族滅了，他們佔有的土地也被分爲三個縣。這次是由孔子來反對了。「民在鼎矣，何以尊貴。貴何業之守。貴賤無序，何以爲國」。這個講禮的復古主義者，當然是反法的。鑄在鼎上，誰都瞧得見，貴族没人尊敬了，貴族的家業守不住了，貴賤不分，國家機器還有什麽用。這種奴隸主統治階級的垂死哀鳴，跟周襄王、王叔陳生和叔向一脉相承，可見孔子是封建社會上行階段的反動派而決不是什麽前驅者。

九　奴隸制的復辟活動者——周萇弘與魯孔丘

我國歷史是很悠久的，幅員是很廣闊的。從氏族社會發展到奴隸制社會，經過一個漫長的過程。從炎帝黄帝以至帝堯帝舜的時代起，早已不是原始的氏族組織了。「禹會諸侯於塗山，執玉帛者萬國」，固然難於稽考。但從疆域的廣大來看，過去是可以有過成千上萬的小部落小國家的。經過夏商周三個奴隸主王朝，有些部落逐漸建成國家，有些部落與國家消滅了，有些國家强大了，有些國家分裂了。經過種種變化，到西周初，據説還有一千七百多國。以這些奴隸制王朝爲中心，大大小小的國家基本上算是服從她的。這些王朝所佔有的疆域比較廣（王畿千里），兵力也比較强，别的國家只好服從她，尊她爲王。王朝又把他們的子弟、同姓、親戚、大臣分封到各地，使他們擁護王朝。所以王朝和各國之間，關係不很密，約束力很差。正如李斯等所説：「昔者五帝地方千里，其外侯服夷服，諸侯或服或否，天子不能制。」（見《史記・秦始皇本紀》）但表面上是統一的，所謂「天下有道則禮樂征伐自天子出」，即使有時分裂，不久又歸於統一。這種局面，到了春秋時代是大變了。東周奴隸制王朝垮了，齊桓晉文以諸侯相繼稱霸，但頂不起將倒塌的大厦。楚國突起，只能問鼎輕重，不能取而代之。爭盟交戰，一片混亂。宋國向戌搞過弭兵，根本不能得到緩和。所以有些人總覺得是衰世、亂世，所謂「天下無道則禮樂征伐自諸侯出」，根本没有想到這是社會的大變革，從落後的奴隸制發展爲新興的封建制的一個鉅大的革命。有些正視現實的政治家比較開明，曾不自覺地做過一些進步措施。相反，許多頑固不化的政治家思想家則往往要拉着歷史的車輪倒退，就必然被車輪所粉碎。春秋末年就出現了兩個這種類型的代表人物：一是東周的萇弘，一是魯國的孔丘。

《史記·封禪書》說：「萇弘以方事周靈王。諸侯莫朝周，周力少，萇弘乃明鬼神事，設射貍首，貍首者諸侯之不來者，依物怪欲以致諸侯，諸侯不從而晉人執殺萇弘。周人之言方怪者自萇弘。」據《左傳》，萇弘死於魯哀公三年（公元前四九二），萇弘以方事周靈王，假定靈王死時（公元前五四五）萇弘年三十的話，死時就有八十四歲了。萇弘很博學，他懂得音樂，據說孔子曾向他問樂。他也懂得曆法，定過曆。《淮南子·氾論訓》說：「昔者萇弘周室之執數者也。天地之氣，日月之行，風雨之變，律曆之數，無所不通，然而不能自知，車裂而死。」《左傳》上關於他的記載有八處：1.從歲星所在的辰來論蔡國的吉凶（昭公十一年）。2.晉國派屠蒯向東周假道，祭洛水和三塗山，萇弘說「客容猛，非祭也，其伐戎乎」。預測晉將伐陸渾（昭公十七年）。3.周毛得殺毛伯過而代之。這天是乙卯，萇弘說「是昆吾稔之日也」，斷定毛得必亡（昭公十八年）。4.王子朝和王子丐爭立，西王的大臣南宮極觸電震死，萇弘說是「天棄西王，東王必大克」（昭公二十三年）。5.甘桓公投奔王子朝，萇弘說「何害」（昭公二十四年）。6.周敬王借晉國的力量，使諸侯築成周的城。齊國高張到晚了。晉國女叔齊說：「周萇弘，齊高張，皆將不免。萇叔違天，高子違人。天之所壞，不可支也；衆之所爲，不可奸也。」（定公元年）7.「劉文公合諸侯於召陵」，要在盟書裏把蔡國排在衛國前面，衛侯讓祝佗去説服萇弘（定公四年）。8.即最後一條是萇弘事劉文公，劉氏和晉國的范氏世爲婚姻，在晉國趙鞅和范中行氏的鬥爭中，周人跟范氏在一起，范氏和中行氏失敗了，趙鞅以爲討，周人歸罪於萇弘把他殺了。可以看到萇弘懂得占星術，確是搞「方怪」的。他依附王朝執政者劉氏，先是劉獻公摯，後是劉文公蚠，是劉氏的謀主。在周敬王戰勝王子朝以後，借晉國的力量召集諸侯來築東周城，就是萇弘策劃的。所以女叔齊要説「萇叔違天」。這段故事也見於《國語·周語》下：

> 敬王十年，劉文公與萇弘欲城周，爲之告晉。魏獻子爲政，説（悦）萇弘而與之。將合諸侯，衛彪傒適周，聞之。見單穆公曰：「萇弘其不没乎。周詩有之曰：天之所支，不可壞也。其所壞亦不可支也。……今萇弘欲支天之所壞，不亦難乎。」……及范中行之難，萇弘與之，晉人以爲討，二十八年殺萇弘。

應是傳説的紛歧。這些奴隸主們只知道周王朝是無法復興了，而歸之於天，説天不支持這個奴隸主王朝了。這班宿命論者是根本不懂得社會性質的變革，奴隸制必然要消滅這一歷史規律的。這時王子朝逃到楚國，蔡國因受楚國侮辱，要求晉國伐楚，所以劉文公要合諸侯來伐楚。這次召陵之會，在東周時規模最大，一般會盟最多只十三四國，這次周人主動出面，來會的竟至十八國。這顯然是萇弘在策劃的，所以祝佗説「吾子欲復文武之畧而不正其位，將如之何」。可見當時萇弘的野心是想把這個腐朽透頂的王朝恢復到西周初期文武時代的規模的。但是他所倚賴的是晉國。沈國不與會，晉國叫蔡國去伐沈。晉國六卿不和，荀寅向蔡國求賄賂没得到，就給范獻子出主意，不打楚國而打鄰近的鮮虞。蔡國勾搭上吴國，吴國伐楚，一直打進郢都，幾乎把楚滅了。這是晉國的一次大失敗，但是「王人殺子朝於楚」，周王朝的目的還是達到了。從召陵之會到萇弘之死，一共有十四年。先是王子朝的餘黨造反，周敬王跑到晉國，單子劉子把他接回去，晉籍秦送王。隨後是晉國的范氏中行氏伐趙鞅，趙鞅奔晉陽。接着，荀躒、韓不信、魏曼多伐范中行，和趙鞅聯合了。中行氏的荀寅和范氏的士吉射奔朝歌。於是晉人圍朝歌，齊國魯國衛國計劃救范中行氏。析城鮒和小王桃甲率領狄師襲晉，没有打勝。齊侯和宋公會商量范氏的事。晉人把范中行之師打敗了，又把鄭國和范氏之師打敗了。齊國衛國救邯鄲，圍五鹿。齊侯衛侯會於乾侯，救范氏。齊魯衛和鮮虞伐晉，取棘蒲。趙鞅再伐朝歌。齊人輸范氏粟，鄭人去護送，士吉射去迎接，趙鞅爲了抵禦强敵，提出「克敵者，上大夫受縣，下大夫受郡，士田十萬，庶人工商遂，人臣隸圉免」的賞格。這次戚之戰，鄭師大敗，趙鞅獲齊粟千車，大局就定下來了。這些鬥爭中，很多國家干預了，而且都幫范氏，顯然是萇弘在其中操縱的，所以趙鞅對周下了通牒，周人只好殺萇弘了。這一場東周奴隸主王朝的復興運動也從此下場。不僅不能「復文武之畧」，現在晉國大夫説了話，王朝的大夫就完蛋了。

就在這時，還有一個有志恢復這個垂死王朝的人，那就是魯孔丘。在周敬王被晉國送回王城的第二年，魯國的陽虎（貨）、季寤、公鉏極、公山不狃（弗擾）、叔孫輒、叔仲志等五人想推翻三桓失敗了，「陽虎入於讙陽關以叛」。公山不狃原來是季氏的費宰，所以《論語·陽貨》説「公山弗擾以費畔，召，子欲往。子路不説（悦），曰：末之也已，何必公山氏之之也。子曰：夫召我者而豈徒哉，如有用我者，吾其爲東周乎！」子路不高興地説：没有地方去了嗎，何必到公山那裏去呢！孔子説：他既然召我，難道没有一點意思呢，只要有人用我，我是要幫助東周的吧！這時剛在召陵之會之後，東周王朝頗有能夠復興的假象，所以這個五十一歲還没有做官的反動思想家，也躍躍欲試，想跟他的老師萇弘一樣來作中興功臣，當然，這是根本無法實現的。

十　由奴隸制社會到封建制社會的過渡時期中孔子的生平

孔丘是宋國弗父何的後裔，他的六世祖孔父嘉在春秋初是宋穆公和宋殤公的大司馬。殤公即位，十年而十一戰，「民苦不堪」，孔父是罪魁，他有一個美艷的老婆，太宰華督利用民怒把他殺了。他的子孫奔到魯國。孔子的曾祖防叔做了魯國防邑的大夫，他的父親叔梁紇又是鄹邑的大夫。就是説他的遠祖是宋國的大奴隸主貴族，而在魯國儘管比較小一些，也還是奴隸主貴族。所以儘管他三歲死了父親，「少也賤」，年輕時地位低，只做過糧倉的管賬，養牛羊的乘田等小官吏，但已經有些名聲。魯昭公二十四年，孟僖子將死之前，説「吾聞將有達者曰仲尼」，那時孔子是三十五歲。孟僖子的兒子孟懿子和南宫敬叔都是孔子的弟子，孔子到東周遊學，就由南宫敬叔跟魯君説了，弄到一輛車兩匹馬和一個年輕的奴隸（豎子）才成行的。同時季孫意如（季平子）也拉攏他。《説苑・雜言》：「孔子曰：自季孫之賜我千鍾而友益親，自南宫頃敬叔之乘我車也而道加行。故道有時而加重，有勢而後行，微夫二子之賜，丘之道幾於廢也。」千鍾之禄是六千四百斛。當時一個農夫種一百畝地，按常例是交一鍾的粟，要由一千個農夫才有這千鍾的禄米，季孫是用這麼多的農民的血汗來養活他的。孟僖子死後一年，魯昭公伐季氏，三家聯合起來攻昭公，昭公出奔。這時，季氏名譽很壞，而孔子還受他的養，魯國人都看不起他。《吕氏春秋・舉難》説：「季孫氏劫公家，孔子欲諭術則見外，於是受養而便説。魯國以訾孔子。曰：龍食乎清而游乎清，螭食乎清而游乎濁，魚食乎濁而游乎濁，今丘上不及龍，下不若魚，丘其螭耶。」又要假撇清，又要拿千鍾之禄，這就是中間人物所行的中庸之道吧！魯定公五年，季平子和叔孫成子都死了，季氏的家臣陽貨專權，要見孔子，陽貨是維新派人物，他不願見。在路上碰見了，陽貨勸他出仕，他假作允諾，説「我將仕矣」。陽貨出奔後，公山弗擾以費畔，他倒想去，可是季孫斯（季桓子）也拉攏他，他就仕於季氏了。《孟子・萬章》説「於季桓子，行可之仕也」，説得很清楚。不過名義上還算是魯定公的臣，不是家臣。開始做中都宰，一年以後，昇司空。定公十年，齊魯夾谷之會，他當相禮，他以知禮出名，這是他的本行。《春秋》「定公十年，春王三月，及齊平。夏，公會齊侯於夾谷，公至自夾谷。齊人來歸鄆讙龜陰田」。《公羊傳》説：「齊人曷爲來歸運讙龜陰田？孔子行乎季孫，三月不違，齊人爲是來歸之」。據《鹽鐵論・備胡》説：

「孔子仕於魯，前仕三月及齊平，後仕三月及鄭平。」那末孔丘的作司空，大概是定公的九年末或十年初。這是他第一次仕於魯，即所謂「前仕」。隨後大概曾被逐。而到定公的十一年冬，又用他作司寇，是他第二次的仕，即所謂「後仕」。所以《春秋》説：「冬，及鄭平。」接着，十二年的夏，「叔孫州仇帥師墮郈……季孫斯、仲孫何忌帥師墮費」。《公羊傳》説：「曷爲帥師墮郈？帥師墮費？孔子行乎季孫，三月不違，曰：『家不藏甲，邑無百雉之城。』於是帥師墮郈，帥師墮費。」但由於墮成没有墮，到十三年的春就再度被逐了。《莊子》的《山木》、《讓王》、《盜跖》、《漁父》等篇，都説到「再逐於魯」，就是説孔丘仕魯，從定公十年到十三年之間，曾兩度被逐，所以説「前仕」、「後仕」，只是第一次的被逐的詳細情形已經不清楚了。大約定公十二年，他當上司寇。魯國的季孫、孟孫、叔孫三家都是卿，司寇的官，大概是佐正卿的，是掌握實權了。他很想憑藉權力大幹一場，一上任就把魯國的聞人少正卯殺了。《説苑・指武》：「孔子爲魯司寇，七日而誅少正卯於東觀之下。」少正是鄭國的官，子産就做過少正。少正卯很可能原是鄭國人，是用官名作爲姓氏的。《論衡・講瑞》「少正卯在魯，與孔子並。孔子之門，三盈三虚，唯顔淵不去」。鄭國的政策比較開明，容許議論「執政的善否」，還鑄了刑書。晉國的叔向就反對這些辦法。早期的法家鄧析作竹刑，被執政駟歂所殺，但是竹刑被新興的地主商人階級所擁護，所以還在鄭國行下去。少正卯大概是鄧析一類的法家，在魯國有羣衆，所以在鄭國殺鄧析的三年後，孔子一掌握了生殺大權，就立刻把他殺了。門人懷疑「夫子爲政而始誅之，得無失乎」，是不是殺錯了。孔子説少正卯有五惡：「心遠而險（有很强的洞察力，很危險）；行辟而堅（行爲偏僻而堅決，當然是從奴隸主立場所説的偏僻）；言僞而辯（從奴隸主立場看，正直的言論都是僞的，但是他善辯，更可怕）；記醜而博（他是博學者，從相反的立場來看就説他所記的都是醜的）；順非而澤（他老練，無懈可擊，可是奴隸主們專門顛倒是非，所以説他順非）。」五惡中只要佔一條就該殺，何況少正卯兼而有之。「居處足以聚徒成羣，言談足以飾邪營（熒惑）衆，彊記足以反是獨立（他没有做官卻有羣衆，説的話有説服力能煽動羣衆，知道很多，堅持正確意見，獨立不懼）。此小人之桀雄也，不可不誅也」（這是庶民的領袖，不能不殺）。孔子又説「湯誅尹諧，文王誅潘正，周公誅管叔，太公誅華仕，管仲誅付里乙，子産誅鄧析、史付」，説「此七子者皆異世同心，不可不誅也」。此七人中現在可考的只有三人。華仕不肯做官，管叔散布流言，而鄧析是法家，[一五]那末，少正卯的被殺，原因很清楚。少正卯能夠揭露他的反動面目而爲羣衆信服，所以先下手爲强，一上任就把少正卯殺了。

那時，魯國的三家很微弱，尤其是季孫叔孫兩家，季孫經過了南蒯、陽貨的兩次叛亂，叔孫新經過侯犯的叛亂，所以孔子想乘虛而入，擴張自己的勢力。三家跟魯君一樣是腐朽透頂的奴隸主統治階級，他們的家臣像陽貨那樣多少還有些新的傾向，他主張爲富，反對爲仁，如果他得了勢，可能演變成齊國的陳氏，晉國的三家的局面，把舊的統治政權推翻，建立新的政權。但是魯國是保存周禮最多的國家，比較落後，所以新興勢力一時還抬不起頭來。然而時代究竟變了，奴隸主統治的政權經常發生危機，老農老圃已有一定的地位，富人們使人興羨，庶人也在議論政治，被統治階級不像過去那樣服服貼貼不敢反抗了。孔子想要回復到奴隸制極盛時期，成天地做夢也看見周公，要把時代拉向後退。他借南蒯和公山不狃以費叛，侯犯以郈叛的機會，向季孫説「陪臣執國政，採長數叛者，坐邑有城池之固，家有甲兵之藏故也」（見何休《公羊傳解詁》）。季孫聽了他的話，他讓「仲由（子路）爲季氏宰」，作爲季氏的家臣，頂陽貨的缺，來墮三都。提出的口號是「家不藏甲，邑無百雉之城」。那時別的國家，都由於戰爭頻繁，正在建築和鞏固都邑，孔子的主張是消極倒退的政策。由於侯犯奔齊，齊國剛把郈邑交回，所以「叔孫州仇帥師墮郈」，很容易辦到了。「季孫斯、仲孫何忌帥師墮費」，就不怎麽順利。公山不狃和叔孫輒「帥費人以襲魯」，打敗了，兩人奔齊，才把費墮了。將要墮成，成宰公斂處父不願意。他沒有叛孟氏，在三桓被陽虎攻擊時還立了功。他對孟孫説「墮成，齊人必至於北門」，對魯國不利，「且成，孟氏之保障也。無成，是無孟氏也」。更違反孟氏本身的利益。他讓孟孫裝不知道，「我將不墮」。這時，局勢有了變化。費郈兩城墮了以後，「子路使子羔爲費宰」（見《論語·雍也》[一六]），可見他在扶植自己的勢力。《韓非子·外儲説右》上説：「魯以五月起長溝，當此之時，子路以其私秩粟爲漿飯，要作溝者於五父之衢而飡之。」墮郈墮費都在夏天，這事的發生，時間大概相近。五父之衢在魯國東南門外，子路爲了討好作溝的役徒而以自己的糧食給他們作湯飯，孔子讓子貢去阻止，已經來不及了。這類事很遭季孫猜忌，季孫派人責備孔子要爭奪他的民衆。[一七]這類磨擦恐怕不是偶然的一兩件。《論語·憲問》説：「公伯寮愬子路於季孫，子服景伯以告，曰：夫子固有惑志。於公伯寮，吾力猶能肆諸市朝。子曰：道之將行也與，命也。道之將廢也與，命也。公伯寮其如命乎。」公伯寮也是孔子的門人，他向季孫説了子路的壞話，季孫相信了。子路的後臺是孔子，子路垮臺對孔子的計劃是一個致命的打擊，所以孔子只好靠天由命了。公伯寮可能代孟氏説話，指出墮三都不利於三家，季孫動摇了。從夏天墮了郈費之後，一直拖到冬十二月公圍成，三家都未正式參加。在四分公室之後，魯君宴賓客行射禮，還要向三家借家臣，他怎麽能打下成邑呢。圍成不克，「公至自圍成」，再沒有下文了。《公羊傳》説「孔子行乎季孫，三月不違」，可見季孫聽從孔子的話，只有夏天的三個月，以後就有了隔閡。子服景伯是孟孫氏的别支，他儘管説有力量殺掉公伯寮，但孟懿子是孔子學生，已經反對老師了，子路在季孫那裏也垮了，即使殺公伯寮又有什麽用呢？就在這時，齊國用犁鉏（黎且）的主意，一面暗地對孔子「迎之以重禄高位」，一面「遺魯公以女樂」。到定公十三年春天郊祭時，他去助祭，借着没有分給他祭肉，發了火，連帽子（冕）都没有脱就回去，這是不合於奴隸主階級的禮的，他就借這小罪而出走（見《孟子·告子》）。《論語·微子》則説「齊人歸女樂，季桓子受之，三日不朝，孔子行」，事實上是被逐，他不過借此裝門面罷了。師已送他，説他無罪，他還作歌説：「彼婦之口，可以出走。」可是他的出走是往齊國去取「重禄高位」的。[一八] 據《史記》説「孔子適齊，爲高昭子家臣，欲以通乎景公」。高昭子是高張，齊國的正卿之一，地位和魯國的三家相近。也有人説是「主侍人瘠環」，孟子還闢過謡（見《萬章》），但不論做家臣，或主侍人，都夠丢臉了。齊景公要把尼谿田封他（見《墨子·非儒》及《史記》，《晏子春秋·外篇》下作爾稽，音相近），給晏嬰阻止了。「齊景公厚其禮，留其封，敬見而不問其道」。「致廩邱以爲養」（見《吕氏春秋·離俗》、《淮南子·氾論》、《説苑·立節》），説：「待子以季氏則我不能，以季孟之間待之。」最後則説「吾老矣，不能用也」，這時景公已七十八歲了，這樣明白的謝絶，正是《晏子春秋》所説的「景公不納」和《鹽鐵論·大論》所説「適齊，景公欺之」，孔子上了這個大當，不能不行了。他在齊國大概住了幾個月，所以説聽了韶樂，三月不知肉味。[一九] 這時的孔子，「逐於魯，窮於齊」，相當狼狽。子路的妻兄顔濁鄒在衛國（見《史記》，《孟子》作顔讎由），他又是衛靈公幸臣彌子瑕的妻兄弟，有這些關係，所以孔子到衛國去。「衛靈公問孔子居魯得禄幾何，對曰：奉粟六萬，衛人亦致粟六萬」。這是六萬斛，接近萬鍾，是卿的禄。[二〇] 不久，有人説壞話，他害怕了，想去陳國。經過匡，被匡人所圍，只好又回衛國，這時又和衛靈公身邊寵幸的宦者雍渠（《孟子·萬章》作雍疽）接上了線。衛靈公的夫人召見他，《論語》説：「子見南子，子路不説（悦），夫子矢（誓）之曰：予所否者，天厭之，天厭之。」看來彌子瑕和雍渠雖都爲靈公所寵，但有矛盾。孔子第一次投靠彌子瑕，彌子告訴子路，「孔子主我，衛卿可得也」，子路轉告孔子，孔子只説「有命」，不敢答應（見《孟子·萬章》）。現在卻通過雍渠和南子見面。「靈公與夫人同車，宦者雍渠參乘，出，使孔子爲次乘」，顔高爲御，招摇過市，就是孔子自己也覺得醜，所以子路不高興而孔子要指天發誓。《吕氏春秋·貴因》説：「孔子道彌子瑕、釐夫人，因也」。《淮南子·泰族》也説：「因衛夫人彌子瑕而欲通其道」，可見孔子和雙方都有聯繫。《孟子》説「於衛靈公，際可之仕也」，際是交際、接待，被齊景公不納之後，衛國用卿的禄接待他，當然高興。但是「魯衛之政兄弟也」，她們的奴隸主統治階級都腐朽透頂，衛國統治階級的内部鬥爭越來越尖鋭。公叔戍富，衛靈公不喜歡他。公叔戍要去掉靈公夫人的黨羽，夫人説他壞話，靈公把他驅逐了。公叔氏以蒲畔，把孔子拘了，和他訂盟，要是不去衛國，就放他。孔子和他們訂了盟，但還是回衛國，並且主張伐蒲，是夫人一黨。當時衛國大夫們都不主張伐蒲，對孔子不滿。《論語·八佾》「王孫賈問曰：與其媚於奧，寧媚於竈，何謂也？子曰：不然！獲罪與天，無所禱也。」奧是在室内的祭，竈在門外，王孫賈是管軍事的大夫，借用諺語來譏刺孔子，與其走内線，巴結夫人，還不如巴結外邊的大臣們，孔子把衛靈公比作天，説得罪了衛君，巴結誰都不行。後來衛靈公爲南子招來以美男子著名的宋朝，太子蒯聵在宋國聽到野人歌唱這件醜事，想殺夫人而未遂，「太子奔宋，盡逐其黨」。衛靈公儘管荒淫無恥，但實際政權在大臣們手裏。孔子成天講禮，是否有用，靈公也是懷疑的。那時齊衛等國幫助晉國的范氏與趙鞅對抗，軍事佔重要地位。《論語·衛靈公》説「衛靈公問陳（陣）於孔子。孔子對曰：俎豆之事則嘗聞之矣，軍旅之事未之學也。明日遂行。」既然不擅長軍事，就只好離開了。這是後來記載中的「削迹於衛」。從衛經過曹而到宋國，住在司城貞子家。宋國的司馬桓魋不喜歡他，《孟子·萬章》説「孔子不悦於魯衛，遭宋桓司馬，將要而殺之，微服而過宋」，《史記》説「與弟子習禮大樹下，宋司馬桓魋欲殺孔子，拔其樹，孔子去」。這是「伐樹於宋」。從宋到鄭，有一個相面的説他像有喪事人家的狗（儽儽如喪家之狗），没有人給吃的。他很欣賞這個比喻。趙鞅在晉國執政，孔子想去，到了黄河邊上又不去了。趙簡子重用陽貨，孔子知道是不會重用他的。就到陳國去，做末代陳君陳侯周臣。陳是小國，常受大國侵伐，但他一直住到哀公三年。這年秋天，季桓子死了，季康子（季孫肥）想召回孔子，結果只召回了他的弟子冉求。晉國的中牟宰佛肸，因趙鞅伐范中行氏而叛，召孔子，孔子也曾想去。後來遷到蔡國，並到過楚國的葉公那裏。楚昭王救陳，軍隊在城父，聘請孔子，他想去，被圍困在陳楚之間，絶糧七天。後來孔子説：「從我於陳蔡者，皆不及門也。」那時他的弟子門人都和當地的奴隸主統治階級没有聯繫，所以没有人接濟他。後來楚國用兵把他接去了。楚昭王想封他以書社七百，被令尹子西所阻止。他又回到陳國，再到衛國。這時衛君是出公輒，是被靈公逐出去的太子蒯聵的兒子，衛君想讓他爲政，他躲避了。《孟子》説：「於衛孝公，公養之仕也。」孝公就是出公，他是白白受供養的。一直到魯哀公十一年才被召回國，這時冉有回國已八年了，被季氏所重用，對孔子雖尊爲國老，只是貌爲恭敬罷了。第二年，魯國用田賦，在每畝征税之外，附加軍賦，十分取二。[一二]孔子反對，不聽，因而大罵冉有。十四年陳恒殺齊簡公，孔子建議魯哀公討伐。他明知魯國的權在三家，而且齊强魯弱，魯哀公又和三家對立，這肯定是辦不到的，只是沽名釣譽罷了。他回魯時，子路，子貢等人也爲季氏所用，這時子路又跑到衛國去做孔悝的家臣，做蒲宰。後一年，在蒯聵劫孔悝的事件中，子路被殺，斷了孔子的左右手。

在此之前，魯國的成邑叛了，投降齊國。孟武子伐成，不克。齊國陳恒執政，子路在衛，還通過陳恒的哥哥陳瓘，爲魯國説話。接着，子貢被派到齊國去媾和，充當副使，和陳恒交涉，陳恒把成邑交還給魯，説明魯國不能討伐陳恒。在政治上如此短見的孔子是完全破産了。不久，孔子死。

孔子儘管只做過兩三年有實權的官，做司寇，執政能起作用僅僅三個月。但他屬於奴隸主統治階級。他執政時，叫原思做宰，管家務，收禄米，作爲他的家臣，給原思九百斛粟，只是他所收的禄的百分之一點五。他的馬厩燒了，他退下朝來，假惺惺地問「傷人乎」，没有問馬。這裏的人是圉人，是奴隸，表明他是關心奴隸的。他經常喊窮，不知究竟有多少馬，即以下大夫論，也可以有三乘（見《禮記・少儀》十二匹，上大夫五乘有二十匹。但是「朋友之饋，雖車馬，非祭肉，不拜」。只要有權有勢，即使自己車馬不多，也會有朋友送上門來的。馬越多，奴隸也越多。當然，被魯國逐出之後，禄田收回了，家臣也没了，跟着出亡的車馬不多了。可是在衛國，照樣還有六萬斛的禄，奴隸主的架子依然存在。「子擊磬於衛」，發牢騷，但「孔氏之門」，還是不同於「尋常百姓家」的。所以説「再干世主」，是指魯衛兩國説的。離開衛國，是窮了，但還帶了一大批弟子和門人。他自己總是坐車子的，弟子裏像陳國的公良孺就以私車五乘從，他的從者總有上百人，《孟子・滕文公》所説「後車數十乘，從者數百人，以傳食於諸侯」，情況大概差不多。可是這麽多的人，食糧問題不容易解決，在陳絶糧七日，就「從者病，莫能興」，子路不高興了，找到孔子，説：「君子亦有窮乎？」作爲一個奴隸主能這樣窮嗎？可見他當過奴隸主統治者，他一輩子不應當窮困了。在奴隸制社會裏，師傅和徒弟（或者幫工）也是對立的階級。「有事弟子服其勞，有酒食，先生饌」，名義上是弟子，實際上「士有隸子弟」，就跟奴隸差不多。門人比弟子還要低一級。孔子説子路的鼓瑟，「奚爲於丘之門」，門人就不敬子路（見《論語・先進》），子路是大弟子，門人是應該敬子路的。孔子病重，「子路使門人爲臣」，臣是高級奴隸，孔子不做卿大夫，没有家臣了。孔子説子路欺詐，「無臣而爲有臣」。子路有權使門人爲臣，説明門人的地位等於低級奴隸。在奴隸制社會裏，君子是奴隸主統治階級，小人是被統治階級。西周初期的《周易》，經常講君子，「君子得車，小人剥廬」，君子得到了車子，小人們連在田裏的草棚都拆光了，這是對抗的階級。《尚書・無逸》「君子所其無逸」。《詩經》也常講君子，是由西周到春秋初的作品。根據《左傳》《國語》等書，可以看到整個春秋時代還是君子和小人激烈鬥爭的時代。孔子總是自命爲君子的，如：

儀封人請見，曰：「君子之至於斯也，吾未嘗不得見也。」從者見之。——《八佾》

吾少也賤，故多能鄙事。君子多乎哉，不多也。——《子罕》

子欲居九夷，或曰：「陋，如之何？」子曰：「君子居之，何陋之有。」——《子罕》

君子不以紺緅飾，紅紫不以爲褻服。——《鄉黨》

子曰：「君子道者三，我無能焉。仁者不憂，知者不惑，勇者不懼。」子貢曰：「夫子自道也。」——《憲問》

在陳絶糧，從者病，莫能興。子路慍，見，曰：「君子亦有窮乎？」子曰：「君子固窮，小人窮斯濫矣。」——《衛靈公》

孔子曰：「求！君子疾夫，舍曰欲之而必爲之辭。」——《季氏》

陳亢問於伯魚……陳亢退而喜曰：「問一得三。聞詩、聞禮、又聞君子之遠其子也。」——《季氏》

佛肸召，子欲往。子路曰：「昔者由也聞諸夫子曰：親於其身爲不善者，君子不入也。佛肸以中牟畔，子之往也如之何？」——《陽貨》

子路曰：「不仕無義。……君子之仕也，行其義也。道之不行，已知之矣。」——《微子》

這裏不是一般地談論君子，而是孔子自命爲君子，或别人稱他君子。但是他遇到的是春秋末年「君子道消，小人道長」的時代，再逐於魯，削迹於衛，伐樹於宋，窮於齊，圍於陳蔡。[二三]想見趙簡子而没有渡河；公山弗擾以費畔，想去；佛肸以中牟畔，想去；甚至想「居九夷」，想「乘桴浮於海」，爲了想做官，惶惶不可終日，這固然如他自己標榜的要行義，但據説「道之不行，已知之矣」。他的道已經喫不開，新興階級反對這種頑固派，奴隸主統治者又嫌他無用。可是「不仕無義」，不做官不合道理，所以「三月無君則皇皇如也」。從唯物主義者看來，「三月無君，喫飯就成問題，車馬輕裘就成問題，擊磬鼓瑟就成問題，跟隨他的幾百個弟子門人就成問題；而没有這班從者，又誰給他駕車、養馬、煮飯、守門呢？所以魯國衛國的六萬斛禄，對他十分重要，非到逼不得已，不會出走。「行可之仕」不行了，「際可之仕」也得幹，「際可之仕」找不到了，「公養之仕」也得幹。没有出仕也還做「陳侯周臣」。口頭上説：「不義而富且貴，於我如浮雲」，那是由於不可能，如果求得到富，「雖執鞭之士，吾亦爲之」。只要做官就是義，就可以富且貴。所以他的弟子要「干禄」。孔子怕人不跟他，就説「耕也餒在其中矣，學也祿在其中矣」，你種田一樣會捱餓，你學君子之道一樣會得祿，儘管「四體不勤，五穀不分」，就是君子。所以他的門下大都要做官，仲弓、子路、冉有、公西華、子羔、子貢等都是，子夏爲莒父宰，子游爲武城宰，子賤爲單父宰。《史記・仲尼弟子列傳》說：「公晳哀字季次。孔子曰：天下無行，多爲家臣，仕於都。唯季次未嘗仕。」孔門的官是夠多的。「萬般皆下品，唯有讀書高。」「學而優則仕。」讀書爲了做官，這種腐朽思想，是從孔子開始的。

〔一五〕殺少正卯一事，門人們未必心服，所以一直到《荀子・宥坐》才記録。說子產殺鄧析是傳說之誤。

〔一六〕《史記・仲尼弟子列傳》說是「爲費郈宰」，大概是錯的。郈是叔孫氏邑，子路這個季氏宰管不到。

〔一七〕《韓非子》說子路爲郈令，其誤與《史記》說子羔爲費郈宰同。《說苑・臣術》說是蒲令，蒲是衛邑，更錯了。《韓非子》說季孫肥，也錯了，是季孫斯。

〔一八〕犁鉏的主意見《韓非・內儲說下》和《史記・孔子世家》。韓非說「去而之楚」是錯的。《晏子春秋・外篇下》說「陰重孔子，設以相齊……居期年，孔子去魯之齊」，較可信。孔子去魯，作龜山操，說「予欲望魯兮龜山蔽之」，龜山在今山東新泰縣南，曲阜之北，孔子到齊國去，經過那裏。如果被魯逐後就去衛國，就不可能經過龜山。

〔一九〕《史記》說昭公奔齊後，「頃之，魯亂，孔子適齊」。那時孔子未仕，景公怎麼能以季孟之間待之。景公還不到六十歲，也不能說「吾老矣」。這是司馬遷搞錯了。

〔二〇〕《孟子・滕文公》「兄戴蓋祿萬鍾」。趙岐注：「兄名戴，食採於蓋，祿萬鍾。」

〔二一〕《論語・顏淵》「哀公問於有若曰：年饑，用不足，如之何？有若對曰：盍徹乎。曰：二，吾猶不足，如之何其徹也」。據《春秋》哀公十四年饑，哀公的問可能是十五年春。魯在哀公十二年用田賦，已經三年，收雙倍的賦税還嫌用不足。所謂「二，吾猶不足」，就是用田賦以後，已收十分之二的賦税了。

〔二二〕見《莊子》的《讓王》、《山木》、《漁父》、《盗跖》和《吕氏春秋・孝行》等。「窮於齊」一作「窮於商周」。

十一　孔子學說是企圖鞏固沒落的奴隸制政權的反動學說

什麽是君子，君子是君的子。在奴隸制社會裏，最高統治者是天的化身。人間有什麽，天上也有什麽，人間有帝，天上有上帝、天帝。帝的時代過去了，最高統治者稱后、稱王，據說他們是天的兒子，叫作天子。王的子孫叫王子、王孫，公的子孫叫公子、公孫，而帝王公侯統稱作君，他們的兒子就都是君子。君和臣相對，臣是奴隸，君是奴隸主，君子是奴隸主的繼承人，是奴隸主階級男子的總稱。但是奴隸主大都有很多妻妾，後世繁育很多，一個奴隸主統治者往往有幾個至幾十個兒子，兒子們又各有幾個乃至幾十個兒子，沒有多少代就會繁殖到成千上萬（據《漢書·平帝紀》，從高祖到平帝元始五年，才二百多年，宗室子就有十幾萬人），無論有多少奴隸，也無法養活這麽多的寄生蟲、吸血鬼。因此，奴隸主與奴隸主之間，爲了生存，自相殘殺吞併，有些奴隸主家族消滅了，有些奴隸主的子孫，或者夷於平民，或者降爲皂隸，可是他們總還自認爲君子。這類君子，可以仍是一個貴族統治者，但也可以只是一個士，甚至是還要卑下的庶士。一些窮士不但比不了富商大賈，甚至還不如荷蓧丈人那樣能殺雞爲黍來待客的自耕農。他們窮，但是什麽也不願幹，只想做官，再當奴隸主，爬在人民頭上。他們學「干祿」，怎樣才可以得到祿。《論語·子罕》一則說：「吾少也賤，故多能鄙事，君子多乎哉，不多也。」再則說：「吾不試，故藝。」鄙事是鄉下人的事情，君子不應該學這些，孔子只因沒有做上官，才是多能的。奴隸主們所謂藝，是六藝：禮樂書數射御，禮樂是主要的，所以說「如其禮樂，以俟君子」。能寫會算，也是一種本領。最低級的是射箭和御馬，所以說「吾何執，執御乎，執射乎，吾執御矣」。這些都是消遣消遣，所謂「游於藝」，只由於「不試」，所以才都學了。後來他的弟子曾子說「君子所貴乎道者三」：那是「動容貌」、「正顔色」、「出辭氣」，只要把架子擺得十足，神氣活現，談吐文雅，就是君子。「籩豆之事，則有司存」（見《論語·述而》）。禮節上的小事是有小官吏管的。《論語·雍也》：「子謂子夏曰：女（汝）爲君子儒，無爲小人儒。」連儒也要分君子和小人，大概做那些小事的就是小人儒了。至於「樊遲請學稼，子曰：吾不如老農。請學爲圃，曰：吾不如老圃。樊遲出，子曰：小人哉樊須也」（《論語·子路》），老農老圃本就被認爲小人，當然不是君子所該學的。

孔子所謂道，是君子之道，奴隸主的道，在春秋末年確實已經不行時了。春秋時代的特點，首先是經濟基礎變了，社會性質跟着也在變了，小農經濟使得庶人（農民）的地位已經提高，在農業方面，封建制已經代替奴隸制，土地佔有者代替了奴隸佔有者。第二，奴隸制王朝崩潰了，許多落後的少數民族雜居中國，政治中心沒有了，形成了封建割據的新形勢。第三，各個國家之間的發展是不平衡的，既有先進與後進，又有進步與落後。强國和弱國，大國和小國的差別越來越大。交通便利了，工商業繁榮了，戰爭也頻繁了。第四，每個國家的内部，城鄉對立擴大了，貧富之間的差距增加了，統治者與人民羣衆的矛盾愈來愈尖鋭，統治階級内部的分裂動亂不斷發生。第五，由於這些情況，反映到上層建築領域裏，一切都要起變化。政治經濟上要求有新的措施，軍事上要有新的戰略戰術，法律上要求有新的規定，哲學、文學、藝術等也都在起變化。第六，但是，各國的政權還都握在世襲的奴隸主統治者手裏，他們還有一小部分奴隸制經濟的物質基礎，如畜牧業，有以公族世卿爲骨干的牢固的國家機構，有過去遺留下來的典章制度、禮儀、法律等等作爲維繫，不但他們死死抱住舊制度、舊觀念不肯放，就是一部分思想落後的羣衆，甚至受了欺騙的中了毒的奴隸也還不能一下子就接受新鮮事物。在這樣一個環境裏，進步的政治家思想家是向前看的，能接受新鮮事物的。像：鄭國的重商政策，齊國的四民定居制度，權輕重，晉國的爰田制度等等，都有一定的進步性。尤其是鄭國晉國的制定刑書，注重兵法等，都是隨着新形勢而發展的。管仲和子産儘管也還是奴隸主統治者，可是也還是向前看的政治家。子産説「吾以救世也」，可以説明他在一定程度上是符合於時代需要的。而鄧析、少正卯等人則是新興法家，由於對舊制度的叛逆而被殺。反動思想家是向後看的。他們不看現實，不了解新時代，一味要回復到幾百年前的舊制度。他們認爲五伯不如三王，三王不如五帝，五帝三王都是聖人，而聖人實際是奴隸主。當然，當奴隸制開始時，有一定的進步性，青銅工具的使用，畜牧業、農業、手工業，以及這些生産部門彼此間的分工，各個人之間以及各部落之間的生産品的交换等等，都曾促使社會生産力有巨大發展。文字的出現，曆法的發明等等，都表明人類由原始時期進入文明時代的一個關口。但是同時出現的私有制，奴隸佔有制，階級對立，使得階級鬥爭越來越殘酷，時間越長，矛盾越尖鋭，奴隸制就越來越束縛生産力的發展，阻礙社會的前進了。我國的奴隸制社會有兩三千年之久，到西周末年，在主要生産方面，用大批奴隸耕種的大規模農業生産，已經被土地佔有者抛棄了，小農經濟興起，很快就普遍化，到西周奴隸制王朝一崩潰，從經濟基礎上説基本上已經是封建制了，僅僅在規模十分狹窄的畜牧業方面還保留着奴隸制。但是新的大塊土地的佔有者，就是過去的世襲的奴隸主統治者。從這一階級的人看來，天不變，道亦不變。儘管「高岸爲谷，深谷爲陵」，也只象徵着某些氏族的興衰，這個奴隸主家族、國家、王朝垮了，另一個奴隸主家族、國家、王朝興起了。天有十日，人有十等，只有某些局部變化，奴隸制是永遠變不了的。一切轉變都要經過聖人，被他們稱爲小人的勞動羣衆，只許聽天由命，任憑宰割。孔子就是這類奴隸主統治者的代表，集反動思想的大成的所謂聖人。孔子生得太晚，春秋末期，距離西周王朝的崩潰已經二百多年，若干奴隸制文化的殘餘，已經不絶如縷。但他一心恢復文武之道。所謂「君子有三畏：畏天命，畏大人，畏聖人之言」。大人是天命的奴隸主統治者，聖人之言就是文武之道。所以《論語・子罕》説「子畏於匡，曰：文王既没，文不在兹乎？天之將喪斯文也，後世者不得與斯文也。天之未喪斯文也，匡人其如予何」。明白地表示他是文王的代言人。文王的文就落在他身上，如果他死了，天喪斯文，斯文就要絶種。天還要斯文，他就死不了。子貢説：「文武之道未墜於地，在人，賢者識其大者，不賢者識其小者，莫不有文武之道焉。」孔子就是這樣到處收集文武之道的。《禮記・中庸》説「仲尼祖述堯舜，憲章文武」，帝堯帝舜是五帝，文王武王是三王，都是奴隸主統治者，只是文武近一些罷了。他説「周監於二代，郁郁乎文哉，吾從周」（《論語・八佾》）。周朝儘管繼承夏殷兩代的制度，但比前兩代要文，所以他是要從周文王的文的。他又説「殷因於夏禮，所損益可知也；周因於殷禮，所損益可知也；其或繼周者，雖百世可知也」（《論語・爲政》）。這個形而上學的反動派，看到夏商周三代的禮，只有某些微小的變化，就推想百世（三千年）都還這樣。他不知道，就在春秋時代，文武時代的一套奴隸制經濟早已變成封建制了。就在他將死之前，齊國陳恒殺簡公，晉國趙鞅勝范、中行氏，殺萇弘，新興封建政權的萌芽已經在眼。而在他身後，連三百年（十世）都不到，文武之道已一敗塗地。中央集權封建制的建立，使得奴隸制一切殘餘，烟消雲滅，一往而不可復了。

正由於孔子不懂得春秋時代已不是禹湯文武成王周公那種小康時代，不是奴隸制政權佔統治地位的時代，而是奴隸制正在崩潰，封建制已經建立，並將逐漸發展鞏固的時代。他妄想繼續文武之道，但是文武之道早就「嗚呼哀哉！我觀周道，幽厲傷之。吾舍魯何適矣」（《禮記・禮運》），可見他所謂周道是從魯國得來的。《論語・八佾》説：「夏禮吾能言之，杞不足徵也；殷禮吾能言之，宋不足徵也；文獻不足故也，足則吾能徵之矣。」這個頑固不化的末代聖人，正如墨翟所評論，已經不能像初期奴隸制社會那樣生氣勃勃，創造這創造那了。而只會「述而不作，信而好古」；只會「好古敏以求之」；只會求智慧於遠代祖先的亡靈。到杞國找不到夏禮，到宋國找不到殷禮，就是周禮，經過厲王的革典，西周的覆滅，也走了樣。可是魯國這個保守落後的國家，卻是「周禮盡在魯矣」，這個周禮的活標本，除了魯國還到哪裏去找呢？這樣，他就把這個落後國家裏保存着的一切文獻資料，一切古董和垃圾，所謂「文武之道，布在方（木方）策（竹簡）」，當作最珍貴的先進的東西。所以説「齊一變至於魯，魯一變至於道」（《論語・雍也》）。他把齊國的富强認爲不如魯國的「猶秉周禮」，不是要魯國學齊國的維新，而是要齊國學魯國的守舊。只有學魯國，才能回到文武之道。魯君早就不告朔了，「子貢欲去告朔之餼羊」，他還説「賜也爾愛其羊，我愛其禮」。對這告朔禮還這樣戀戀不舍。像他這樣頑固，就連弟子子路，也曾當面説他迂，而他駡子路是野，鄉下佬，是君子所看不起的。當時就是在奴隸主統治階級中，維新與守舊的鬥爭也很激烈，守舊派也還頗有勢力。所謂君子，大都能背誦幾句古書，在宴會中能唸幾句詩，唸得要適合本人的身份。一切動作説話要合乎奴隸主階級的禮，還要懂得一些音樂。這就是詩書禮樂四門當時貴族們的必修學科。熟習這些，就是文質彬彬的君子。在諸侯會盟聘享等大典禮上，失了儀，被認爲是莫大的恥辱。所以像孔子這樣多才多藝，在這一類貴族中還有一定的市場，受到貴族們的尊敬，收了成百上千的徒衆。衛國的儀封人就捧他説「天將以夫子爲木鐸」，是代天行道的。子貢則説：「固天縱之將聖，又多能也」，是天派下來的聖人。他也自吹自擂，「天生德於予」嘞！「天之未喪斯文也」嘞！「知我者其天乎」嘞！還説什麽「若聖與仁，則吾豈敢」（《述而》），「聖則吾不能」（《孟子·公孫丑》）。裝作自謙，實則自負，不但欺人，也自欺了一輩子。好像他真是命世聖人，其實只是貴族們的裝飾品。孔子説「道之以政，齊之以刑，民免而無恥。道之以德，齊之以禮，有恥且格」（《論語·爲政》）。是和當時的政治家和法家對立的。他把德和禮放到第一位，政和刑是第二位。「爲政以德，譬如北辰，居其所而衆星拱之」（同上）。是所謂「尚德」。還有什麽「君子之德風，小人之德草，草上之風必偃」（《論語·顔淵》）。而所謂君子之德則不過是「主忠信，徙義」（同上），這些從奴隸主利益出發的空洞抽象的德，只是一股歪風，又怎麽能刮倒億萬小人的勁草呢？他之所以注重禮，目的是「上好禮則民易使也」（《論語·憲問》），這樣禮，那樣禮，神秘、威嚴、闊氣、煩瑣，讓老百姓聽他們調遣，没有時間來策劃造反。所以説「明乎郊社之義，嘗禘之禮，治國其如指諸掌而已乎」（見《禮記·仲尼燕居》和《中庸》）。就是要搞一些繁文縟節來愚弄老百姓。他不重視政治，可是時刻想着「爲政」。他自己吹嘘：「苟有用我者，期月（十二個月）而已可也，三年有成」（《論語·子路》）。可是仕於季桓子，言聽計從，只有三個月，只做了殺少正卯和墮了費和郈兩個都這兩件大事，以後就再也没有人領教了。所謂「道千乘之國，敬事而信，節用而愛人，使民以時」，千乘之國是一般小國，這種奴隸主統治者的老生常談，是根本没有實驗過的。他也曾設想過「行夏之時，乘殷之輅，服周之冕，樂則韶舞」（《論語·衛靈公》），做夢也見到周公，只是一些主觀空想與亂想罷了。他講的王道仁政，可是據説「如有王者必世而後仁」，有了聖明的王者還要等三十年才能興仁政，那種「舉實事，去無用」的國家統治者誰肯爲這遠期的無法兑現的預約而聽從他呢？這些統治者要的是富，陽虎説：「爲富不仁矣，爲仁不富矣。」而孔子提倡的偏偏是仁。在他晚年回魯國的時候，冉求已成爲季氏重用的家臣，孔子説：「季氏富於周公，而求也爲之聚斂而附益之。……非吾徒也。小子鳴鼓而攻之可也。」（《論語·先進》）他就是這樣跟爲富對立的。這些統治者需要搞軍事，他卻説「軍旅之事，未之學也」，並且説「善人教民七年，亦可以即戎矣」，「善人爲邦百年，亦可以勝殘去殺矣」（並《論語·子路》）。在連年爭戰的春秋時代，誰能請這類善人去教民七年，爲邦百年呢？魯哀公二年，晉國趙鞅和鄭國軍隊的鐵之戰，由於陽虎的畫策，獲得關鍵性的勝利，可見就是盜寶玉大弓的爲富者也還懂得一些戰術，更不用説孫武、吴起等名將了。經過春秋時代二百多年，小農經濟一天一天地發達，耦耕的長沮桀溺，芸田的荷蓧丈人，衛國的荷蕢者，不少人隱居務農，所以樊遲也要請學稼，學爲圃，而爲孔子所拒絶，但不久李悝就盡地力之教了。在法律方面，孔子維護奴隸主階級的利益，反對新興法家，既反對晉國鑄刑鼎，又跟着鄭國的殺鄧析而殺少正卯。鄭子産立謗政而孔子反對子貢的方（謗）人。他説「聽訟吾猶人也」（《論語・顔淵》），聽訟的本領跟别人差不多，而稱許子路能用片言來折獄（同上），這當然不用公布刑書了。總之，孔子是守舊派的代表，無論在政治、經濟、軍事、農業、法律等每一方面，只要是新的都反對。所以當時人儘管震於他的虚名，但無論那一國都没有真正用他。他只好哀嘆「道之將行也與，命也，道之將廢也與，命也」，顔淵死，説「天喪予！天喪予！」；子路死，説「天祝予！天祝予！」，尤其是「鳳鳥不至，河不出圖，吾已矣夫」（《論語・子罕》），可恨天公不作美，没有派鳳凰來，没有讓黄河裏的龍馬背出圖書來，以襯托他這聖人，我該完了吧！到了西狩獲麟，所謂麟，也許只是四不像吧。就「反袂（衣襟）拭面涕沾袍」，説「孰爲來哉！孰爲來哉！」（見《公羊傳》哀公十四年），這樣聖靈爲誰來的啊！一直到死到臨頭，兩楹夢英，還利用迷信裝扮成天授聖人，可惜他並不是「聖之時者也」，只是不行時的「聖」而已。

孔子以博學聞名，他自誇好學，「十室之邑，必有忠信如丘者焉，不如丘之好學也」（《論語・公冶長》）。十户人家的小村子裏一定能有他這樣「主忠信」的人，就是比不上他那樣好學。所以説「聖則吾不能，我學不厭而行不倦也」（《孟子・公孫丑》），「若聖與仁則吾豈敢，抑爲之不厭，誨人不倦，則可謂云爾已矣」，「默而識之，學而不厭，誨人不倦，何有於我哉」（並《論語・述而》）等等。一是好學，一是説教，這是他的主要本錢。儘管東奔西走，統治階級不用他，可是還擁有一大批信徒，《吕氏春秋・遇合》説「委質於弟子者三千人，達徒七十人」。在奴隸制社會裏，弟子、門人的身份跟奴隸差不多，質就是贄，願意做他弟子，就得先送去贄見的禮物，把贄留下了，就叫「委質」。《國語・晉語》九説：「委質爲臣，無有二心，委質而策死，古之法也。」委質爲臣就是自己投靠的奴隸，儘管春秋時代這一類臣，實質上已經不是奴隸，但是這一套禮制還存在。委質爲臣和委質於弟子是差不多的。《管子》裏的《弟子職》就可以看到弟子的地位。孔子被逐出魯後，子路、冉有、顔淵等弟子滿處跟着他跑，伺候他。他的從者很多，掃地、守門、做飯、砍柴、趕車、上市、通訊、辦事，危難時還要挺身而出來保衛他，要到那國去還得先去聯繫等等，都是弟子門人們的職責。「闕黨童子將命」（《論語・憲問》），這種童子類似僮僕，用來看門當傳達，不過十幾歲吧！「互鄉難與言，童子見，門人惑」（《論語・述而》），門人們認爲這個童子是不應接見的。儀封人請見，要通過將命者。「孺悲欲見孔子，孔子辭以疾。將命者出户，取瑟而歌，使之聞之」（《論語・陽貨》）。據《禮記・雜記》，孺悲是魯哀公命他向孔子學士喪禮的，不知爲什麽，孔子假託有病而不見，可又要讓他明白這是故意不見，説明這種君子慣於裝模作樣。當然，他收門人很濫，《論語・述而》「自行束脩以上者，吾未嘗無誨焉」，束脩是十條一束的乾肉，是所獻的贄禮，他是「來者不止」的，所以東郭子惠説「夫子之門，何其雜也」（見《説苑・雜言》）。他以博學成名，跟他的人學什麽的都有，所以説「有教無類」（《論語・衛靈公》〔二三〕）。《論語・先進》説：「德行：顏淵、閔子騫、冉伯牛、仲弓；言語：宰我、子貢；政事：冉有、季路；文學：子游、子夏。」説明他的弟子至少可分四類。一般説，門人小子比較低，像子夏的門人小子只能學些「灑掃、應對、進退」（《論語・先進》）。孔子説話大都很簡短，就是大弟子也未必完全聽懂。樊遲問仁問知，孔子答了，没有懂；又説，還不懂；只好出來問子夏（見《論語・顏淵》）。孔子和曾參講話，曾參答應了，門人要等到孔子出去，才敢問曾子（同上《里仁》）。弟子中間有很多矛盾，公伯寮愬子路於季孫，就是一例。孔子晚年回魯國，跟冉有就有矛盾。冉有退朝晚了，孔子問他，説是有政，孔子説是小事情吧，如果有國政，就算用不着我，我總知道的（《論語・子路》）。季氏旅泰山，伐顓臾，孔子都對冉有發泄其不滿。「季氏富於周公而求也爲之聚斂而附益之。子曰：非吾徒也，小子鳴鼓而攻之可也」（《論語・先進》）。就号召門人們都反對他了。弟子門人們也不大聽他的話。子華使齊，冉有爲子華的母親請粟，孔子先只説給一釜，要求增加，也只給一庾，而冉有給了她五秉，據説是八十斛。顏淵死，門人要厚葬，孔子不同意。門人還是厚葬了，他也没有辦法。到孔子死後，弟子們就各立門户，互相非薄。「子夏、子張、子游以有若似聖人，欲以所事孔子事之」，爲曾子所反對（見《孟子・滕文公》）。《論語・子張》記子張批評子夏，子游和曾子都不滿子張，子游子夏又互相指責。《先進》所舉只有十個弟子，有若、公西華、子張、宓子賤、原思、曾參、樊遲等都没有列名，可能跟派系有關。《荀子・非十二子》推重仲尼、子弓，而非子思、孟軻，又輕蔑子張、子夏、子游三氏的賤儒。《韓非子・顯學》説「儒分爲八」，列舉：子張之儒、子思之儒、顏氏之儒、孟氏之儒、漆雕氏之儒、仲梁氏之儒、孫氏之儒和樂正氏之儒，則是戰國末年的現象。當然，這些流派，都在盡力吹捧孔子。孔子生前不得志，死後被捧上天，這和講學有關。而這種情況在奴隸制時代是没有的。孔子一生妄圖恢復文武成康時代的制度，不知道時代已經變了，小農經濟的基礎必將使奴隸主統治制度土崩瓦解，他這個並非貴族世卿，只靠多才多藝爬上統治階級的人，也只是在這種天下大亂的情況下才能聚徒講學，又怎麽能使奴隸制復辟呢？但是奴隸制也罷，封建制也罷，剥削階級總是害怕人民羣衆的。在意識形態方面，從奴隸主階級到土地主階級，心有靈犀一點通，孔子這面反動思想的黑旗，經過若干次反覆後，又被封建統治者撿起來，畧畧修飾，就被認爲封建時代的統治思想，這個本是奴隸主階級的代言人，又被吹捧爲封建時代的至聖先師了。

〔一二三〕類是事類，不是人的種類，更不是階級區別。過去資産階級學者把「有教無類」吹嘘成不分階級身份是錯的。孔子區別君子小人最嚴格。

十二　春秋時代新思想和舊思想的尖鋭鬥爭

春秋戰國之交，是新舊兩種思想尖鋭鬥爭的時代。《共産黨宣言》説：「人們的意識，隨着人們的生活條件，人們的社會關係，人們的社會存在的改變而改變。」這個時候，小農經濟已實行了二三百年了，士農工商的序列在各個國家中固定下來，按照他們的生活條件、社會關係和社會存在，新的意識早就孳生、成長以至於不可遏止了。但是「任何一個時代的統治思想，始終都不過是統治階級的思想」，這個時代的統治階級，還是一些世襲的奴隸主階級，他們還擁有大批奴隸，其中還包括若干屬於牧業的生産奴隸，他們是不甘心於死亡而還要作瘋狂掙扎的。因此，這個時期的統治思想，還是奴隸主統治階級的思想。新的社會意識和舊的統治思想發生了衝突，形形式式的思想家就陸續出現。代表新的社會意識的有法家（如管仲、鄧析、少正卯），兵家（如孫子），農家等。而代表舊的統治思想的則有儒家、墨家、道家（如老子）、方技家（如萇弘），陰陽家（如裨竈、梓慎）等，形成百家爭鳴的局面。其中，儒法兩家的鬥爭是主要的。管仲和子産是奴隸主統治階級中的維新人物。尤其是管仲，儘管《漢書・藝文志》把《管子》列入道家，實際上他和商鞅齊名。《韓非子・姦劫弑臣》説：「此管仲之所以治齊而商君之所以强秦也。」又《五蠹》説：「今境内之民皆言治，藏商、管之法者家有之。」可見是最早的法家。正因爲他們還是奴隸主貴族，所以守舊派儘管對他們不滿，如：《孟子・公孫丑》鄙視管仲説「得君如彼其專也，行乎國政如彼其久也，功業如彼其卑也」，但還得稱他爲「仁者」；叔向批評子産「作封洫，立謗政，制參辟，鑄刑書……終子之世，鄭其敗乎」，但還得稱是「惠人」。但對於鄧析、少正卯就不一樣，他們不是奴隸主統治者，可是得到羣衆的擁護，更主要的是公元前六世紀末到五世紀初，奴隸制政權已經摇摇欲墜，就不得不殘酷鎮壓，趕快把他們殺掉了。法家的法治有利於小人（平民階級）。《韓非子·難三》說：「法者，編著之圖籍，設之於官府，而布之於百姓者也。」有了法的依據，小人們就能向統治階級作鬥爭。而儒家的禮是奴隸主階級用以統治人民的手段，不論是非曲直，而只區分君臣、父子、尊卑、上下，把人民羣衆壓下去。那時，鄭國還比較先進，所以駟顓儘管殺鄧析，還不能不用他的竹刑，而魯國是頑固保守的國家，季桓子是剛從比較開明些的家臣陽虎手裏奪回政權的奴隸主統治者，少正卯還可能和陽虎有聯繫，所以孔子一拿到政權就殺他，當時人敢怒而不敢言，這段歷史也就被隱諱着，一直到戰國末才有記録。孔子「少居魯，衣逢掖之衣，長居宋，冠章甫之冠」（見《禮記·儒行》[一四]），連衣冠都要頑固地保存老樣子的君子，對少正卯那樣「小人之桀雄」，當然是不可不誅的。在奴隸制社會裏，奴隸主和奴隸是對抗的階級。但奴隸們的反抗手段，如：怠工、不協作、破壞、逃亡、叛亂、暴動等等，只能對付個別的奴隸主，不能觸及奴隸制的本身。正如馬克思所指出的「在古代的羅馬，階級鬥爭只是在享有特權的少數人内部進行過，只是在自由富人與自由窮人之間進行過，而從事生産的廣大民衆，即奴隸，則不過是戰鬥者的消極臺柱」（見《波拿馬政變記》二版序言）。所謂革命只是比較進步的奴隸主國家來革反動透頂的奴隸主王朝的命，商革夏命，周革殷命，成爲改朝换代的形式。但是春秋時代已經不同，主要生産者已經不是奴隸而是個體農民，而土地佔有者，絶大部分還是舊時的奴隸主統治者。階級鬥爭的形式更複雜化了。有土地佔有者和農民之間的矛盾，有奴隸主和農民之間的矛盾，有奴隸主和奴隸之間的矛盾，有奴隸主統治者和工匠等勞動羣衆的矛盾，有奴隸主統治者和没落的奴隸主即士的矛盾，有奴隸主和新興地主商人階級的矛盾等等，而最主要的是奴隸主統治者和所有被統治的人民羣衆的矛盾。在一切矛盾中，農民是主要生産者，但他們受到環境的束縛，文化的限制和分散的小私有者的局限性和軟弱性，在革命鬥爭中没有站在最前列。而没落的奴隸主階級，即士，不耕而食，反而佔了四民中的第一位。庶人的謗和議，往往受他們的影響，被他們所操縱和利用。所謂士，一方面自居於勞動羣衆的代言人，裝作爲民請命，處士横議，要挾統治者。另一方面卻依靠統治者，和奴隸主貴族串通一氣，一旦出仕，做了官，就自己也摇身一變爲奴隸主統治者。對統治者來說，他們有時打扮成代表民衆，而對勞動羣衆來說，他們就自命爲君子，把羣衆稱爲小人。這個中等階級的存在，是這個時代的新的特徵。他們中間又逐漸分化，有比較進步的革命左派，有最頑固的反革命右派，還有一些人游離於兩者之間。像鄧析、少正卯等的法家是進步的，而以孔子爲首的儒家是反動派，兩派都有自己的徒衆，只是孔子成了當權派，就把少正卯鎮壓了。孔子的祖先是宋國人，他雖然生在魯國，青年時代住在宋國，娶於宋國的开官氏，所以他常自稱爲殷人，魯和宋都成了他的故鄉。宋代表殷文化，魯代表周禮，他是從小熏染的。他強調禮，「周監於二代，郁郁乎文哉，吾從周」。周禮就是文王之文，所以他講的禮以周爲主。可是「周因乎殷禮」，而他對殷有好感，所以也常夾雜一些殷制。至於夏代，在奴隸制大王朝裏是最早的，當時生產還不很發展，文化還不很高，所以孔子提倡禮，以商周爲主而更重在周。他生長在魯和宋兩個落後國家裏，在兒戲中就喜歡「陳俎豆，設禮容」（《史記·孔子世家》）。曾去過杞國、宋國，最後是東周去學禮。他所謂博學，是把當時奴隸主統治階級一套時髦東西都學到手，我們只要讀《左傳》，就可以看到他這一套，沒有什麼新鮮玩意。他所説「述而不作，信而好古」，倒不假。他只是集反動學説的大成，並把它們串在一起罷了。他積極地向奴隸主統治階級裏鑽，頑固地站在奴隸主立場上，總結出來的歷史經驗是「天下有道則禮樂征伐自天子出，天下無道則禮樂征伐自諸侯出。自諸侯出，蓋十世希不失矣。自大夫出，五世希不失矣。陪臣執國命，三世希不失矣」，「禄之去公室，五世矣。政逮於大夫，四世矣。故夫三桓之子孫微矣」（《論語·季氏》）。最好要做到「禮樂征伐自天子出」，才能算是「天下有道」。他的另一條規律是三代損益，大同小異，「其或繼周者，雖百世可知也」（又《爲政》）。認爲夏商周三代，還可以延續到四代五代，三千年都不變，只要對舊禮制小修小補，有損有益就行了。當時的諸侯們需要的是良臣，正如《孟子》所説的「我能爲君辟土地，充府庫」，孔子反對這些。季氏伐顓臾，爭奪土地，他反對。用田賦，斂財，他反對。他主張「道之以德，齊之以禮」，主張「修文德」，興禮樂。所謂德是抽象的，奴隸主統治者的德，是他們自稱自贊，別人看不見，摸不着。而禮可以鋪張出來，衆目共覩，所以一切反動派都喜歡搞這個禮，那個禮，用以迷惑一些人，用以欺騙民衆，束縛他們的手脚，麻痺他們的鬥志。這是他的深謀遠慮，用以鞏固奴隸制政權的根本大計。但是時代不同了，一些統治者不願意用他，他所謂道，根本行不了，只好用以教授門徒。《論語·述而》説「子以四教，文行忠信」，文就是詩書禮樂。《雍也》：「子曰：君子博學於文，約之以禮，亦可以弗畔矣夫。」懂得一大套文之後，還得把禮來約束，才可以不背叛奴隸主的道。

孔子的門徒很多顯貴，所以他的一派成爲顯學，流行開了。《史記·儒林傳》説：

> 自孔子卒後，七十子之徒散遊諸侯，大者爲師傅卿相，小者友教士大夫，或隱而不見。故子路居衛，子張居陳，澹臺子羽居楚，子夏居西河，子貢終於齊。

但有些人還在魯國，一度要推有若爲師，曾子不服。曾子也成爲一派，孔子的孫子子思據説是他弟子。子思據説生於魯哀公二年（公元前四九三），孔子死時十五歲。《張衡集》説「公輸班與墨翟並當子思時，出仲尼後」（見《後漢書・張衡傳注》）。墨翟也是魯國人，是孔子後的另一個顯學。《淮南子・要畧》説：「墨子學儒者之業，受孔子之術，以爲其禮煩擾而不悦，厚葬靡財而貧民，服傷生而害事，故背周道而用夏政。」可見墨家是從儒家發展來的，墨子看到儒家講禮樂的弊端，「務以行相反之制」，處處跟儒家相反。「夫弦歌鼓舞以爲樂，盤旋揖讓以修禮，厚葬久喪以送死，孔子之所立也而墨子非之」（見《淮南子・氾論訓》）。這是第一個從理論上批判孔子。孔子學説往往自相矛盾，他大講禮樂而也要節用，那些俎豆玉帛，鐘鼓琴瑟，怎麽能節用呢？他也説「禮與其奢也寧儉，喪與其易也寧戚」（《論語・八佾》），但既然要從郁郁乎文的周禮，又怎麽儉得了呢？既然要葬之以禮，又怎麽能禁止厚葬呢？就是門人厚葬顔淵，他也管不了呀！墨子是非儒的，他的節用就比較徹底，他反對繁文縟節的禮，非樂，節葬，把夏政搬出來反對殷周的文，所以注重禮樂的儒家荀卿就批評他説「墨子蔽於用而不知文」。墨子反孔比較全面，孔子講天命而墨子非命；孔子講忠而墨子講尚同，要求下面同上面；孔子講仁而墨子講兼愛；孔子不反對征伐而不講軍旅之事，墨子則非攻而講求守禦戰術；孔子講正名而墨子「遊心於堅白同異之間」；孔子信古，述而不作，而墨子喜歡講創造。《墨子》書中的《非儒》，大概是墨家後學寫的，所説孔子事跡，都只根據傳説，不全符合事實。但借晏嬰的話，批判「孔丘盛容修飾以蠱世，弦歌鼓舞以聚徒，繁登降之禮以示儀，務趨翔之節以觀衆，博學不可使議世，勞思不可以補民，累壽不能盡其學，當年不能行其禮，積財不能贍其樂，繁飾邪術以營（熒）世君，盛爲聲樂以淫遇（愚）民」等等，是可以代表當時大多數反孔者的意見的。孔子擺足了奴隸主統治階級的架子，他的學説只是爲的奴隸主統治者怎樣去統治和愚弄民衆。墨子比較能接近民衆，不辭勞苦，容易博得一部分人的同情。他的從衆不下於孔子。《淮南子・泰族訓》説「墨子服役百八十人，皆可使赴火蹈刃，死不旋踵」。弟子中的領袖稱爲鉅子，可以代代相傳，他們的團結是遠勝孔門的。儒墨兩家都成爲顯學，所以戰國後期往往並稱。但墨子也没有超出奴隸主階級統治思想的範圍。他反對禮樂，可是大講詩書；不講殷周而講夏禹，非命而尊天，節葬而明鬼，可見他的反孔，並不徹底。他没有站在民衆立場上，所謂「兼愛」，是恩賜觀點。他還講先王之道，只是把文武周公改爲夏禹罷了！《淮南子・氾論訓》又説：「兼愛、尚同、右鬼、非命，墨子之所立也，而楊朱非之。全性葆真，不以物累形，楊子之所立也，而孟子非之。」可見楊朱更在墨翟之後，而在孟子之前。如果説墨子相當於公元前五世紀的後半，孟子相當於公元前四世紀的後半，那末，楊朱的時代就約略相當於公元前四世紀的前半。墨子兼愛，「以自苦爲極」，以利他主義獲得重名，但也出現了相反的傾向，如楊朱就以極端的利己主義來反他。楊朱學説，保存下來的不多，《孟子·盡心》説：「楊子取爲我，拔一毛而利天下，不爲也。墨子兼愛，摩頂放踵，利天下爲之。」和《吕氏春秋·不二》所説「陽生貴己」是一致的。當墨子學説盛行的時代，楊朱之説也有很多人贊同。所以《孟子·滕文公》説：「聖王不作，諸侯放恣，處士横議，楊朱墨翟之言盈天下，天下之言，不歸楊則歸墨。」孟子是維護孔子學説的，所以説「楊墨之道不息，孔子之道不著」，「能言距楊墨者聖人之徒也」，他拼命駡楊墨，並希望「逃墨必歸於楊，逃楊必歸於儒」，可見楊朱在當時也是很大的一派，而由於主張「爲我」，比之墨子還是較接近儒家的。戰國末年，儒分爲八，墨分爲三，在儒家支派中既有子思之儒，孟氏之儒，又有孫氏之儒。孫氏就是荀卿，他是大講「儒效」的，儒家而講禮樂的，所以既非墨家的墨翟宋鈃，又非法家或辨士的惠施、鄧析，但他又是論性惡的，所以還非同是儒家的子思、孟軻。而到秦始皇焚書之後，所謂先王之道，終於暫時地銷聲匿跡了。

楊朱應該是老子學派。老子是老聃，跟孔子並時，據説是周王朝「守藏室之史」，是掌管書籍的小官吏。孔子到東周去遊學時曾問禮於老聃。他是陳國苦縣人，公元前四七九年陳國被楚所滅，所以《史記》就説是「楚苦縣厲鄉曲仁里人也」。作爲管藏書的人，他的知識是淵博的。所以孔子常請教他。但他和孔子的思想截然不同。孔子跟萇弘一樣是力圖恢復奴隸制王朝的極盛時代，都要搞一些繁瑣的禮制。而老子則從唯心主義出發，喜歡用辯證方法來對待一切問題。以個人爲中心，表面上清静無爲，而遇事善於變化。他不像孔子墨子那樣廣收門徒，所以他的學説，當時没有廣泛傳布。但是像「報怨以德」之類的觀點，也早流傳過，《論語》裏已有所反應了。他的年紀不見得比孔子大多少，但壽可能長得多。假定他活到一百多歲，就可以和魏文侯時代相接，而他的兒子李宗爲魏將，封於段干，是完全可能的。他所著的《老子》傳布得比較晚，但至少在《申子》和《莊子》裏已經見到，《莊子·天下篇》就叙述，到《韓非子》裏就作爲經典而有《解老》、《喻老》等篇了。過去有些人因爲這本書出得較晚而懷疑，事實上記載孔子言論的《論語》，也是孔子的再傳弟子，有若、曾子、子張、子游、子夏等的門人所編輯的，相當於子思和墨子的時代。《老子》這本書的主要思想，無疑出於老聃，從莊周的書裏可以證明。但這本書的寫定，很可能就出於楊朱等之手。當時儒墨並興，楊朱既對抗墨家，又反對儒家，他的學説盈天下，使得孟子這樣着急，不可能連一點著作都没有。但是「不以物累形」的楊朱是不會去搞許多煩瑣的東西的，他只把道德五千言傳給門徒們就足夠了。當然，寫定時總會受一些時代的影響，但作爲傳授弟子的經，原來都是口授的，中心思想總不會有很大出入。拒楊墨的孟子與莊子同時，莊子大力宣傳老聃是道家的博大真人，而戰國末期的儒家講禮派則盡力宣傳老聃是講禮的大師，當老子學派行時的時候，誰都要奉他爲祖師爺，是毫不足怪的，也並不矛盾。老子作爲一個博聞的人，當萇弘想把東周復興起來，孔子適周問禮的時候，他還是講求禮制的。但在萇弘失敗被殺以後，他目覩東周王朝已經腐朽得無可挽救，年紀大了，他也成爲一個隱君子了，對煩瑣的禮已經變得十分厭惡的時候，他就變成冥思苦想去尋找另一套辦法了。當然，他生活在奴隸主貴族中間，沒有和勞動羣衆在一起，不可能成爲唯物主義者，並且始終沒有離開統治階級的立場。所謂「老聃貴柔」，就是要「以柔弱勝剛强」，要「以天下之至柔馳騁天下之至堅」。這和儒家從懦弱出發是十分接近的。因而他是害怕社會發展人民進步的。他説「民不畏威則大威至」，「民不畏死，奈何以死懼之」。你本想用威用死來壓服民衆，等到民衆不怕威，不怕死，那就大禍臨頭了。所以他主張「非以明民，將以愚之」，民衆聰明了，就不好治了。理想的境界是「小國寡民」，用不着任何器具，不要交通工具，不要兵器，不要文字，「使人復結繩而用之」。總之，把奴隸制開始建立以來，文明社會的一切進步的東西，都不要了，回復到原始社會裏穴居野人的生活，老百姓就容易統治了。這種奴隸主統治階級到山窮水盡之時的空想，固然是反動的，但充分説明，奴隸制的文明在這時已經不適應了。他提出的「絶聖棄智」，「絶仁棄義」，「絶巧棄利」，「絶學無憂」，「不尚賢使民不爭」等等，對於儒墨兩家拼命宣揚的禹湯文武成王周公之道，起了一定的摧陷廓清作用。奴隸制的最後堡壘崩潰了，新興的爲封建主們謀利益的法家們就曾采用他的學説作爲理論根據。《史記・老子傳》説：「世之學老子者則絀儒學，儒學亦絀老子。」可見《孟子》所闢的楊朱，就是老子的學説。司馬遷以老莊申韓列爲一傳也頗有道理。他説「申子之學，本於黄老而主刑名」，韓非「喜刑名法術之學，而其歸本於黄老」，從《韓非子》有《解老》《喻老》的文章來看，《申子》的書裏也一定稱述老子。《史記》説：「申不害者京人也。故鄭之賤臣，學術以干韓昭侯（公元前三六二—前三三三），昭侯用爲相。」按韓滅鄭在公元前三七六，申既是鄭未亡時的賤臣，就應比孟子時代早，而莊子則比孟子還晚些。這不但足以證明《老子》這本書在孟子前已經流行，這是與楊朱同時的，而且更可以看到在儒家道家爭着推崇老聃之前，法家早就在利用他的一套樸素的辯證法了。這儘管不是老聃的本意，但可以看到如馬克思所指出的「這樣的革命危機時代，他們怯懦地運用魔法，求助於過去的亡靈，借用他們的名字、戰鬥口號和服裝，以便穿着這種古代的神聖服裝，説着這種借用的語言，來演出世界歷史的新場面」。主要的這已經不再是奴隸主統治階級的先王之道，而只是初期封建社會一個並非世家貴族的唯心哲學家的語言了。

〔二四〕孔子娶於宋開官氏，大概在二十歲前後很長一段時間是在宋國住的。章甫是殷代的冠，宋人還戴這種冠，有出賣這種冠的商賈，見《莊子·逍遥遊》。據《論語·先進》，相禮的人都戴這種冠。

十三 聚徒講學是春秋時代的社會存在，我國的羣衆教育是從法家開始的

在奴隸制社會裏，知識本來是奴隸主貴族們佔有的。但由於奴隸主貴族往往有很多子孫，這些後代不可能都當上奴隸主貴族，很大一部分降爲平民，甚至於當奴隸。晉文公圍陽，陽人不服，「將殘其民」，倉葛呼喊說「此誰非王之親姻，其俘之也」（見《左傳》僖公二十五年和《國語·晉語》四）。陽邑靠近成周洛邑，東遷後，仲山甫的子孫封在這裏。從東遷到這時，不到一百五十年，陽邑的民，已經多半是周王的「親姻」，可見貴族子孫降爲平民的，不在少數。除了個别的因犯罪、欠債而淪爲奴隸外，奴隸主統治階級下降爲平民，主要是士的一級，還稱爲君子。照理説，士要打仗，是武士。據《左傳》，在孔子弟子中，除子路外，有若、冉求、樊遲等都打過仗。他們不耕田，不做工，但總有些知識，所以又是文士。「士之子恒爲士」，代代相傳，在四民中地位最高，最特殊。從屬於君子這一點説，他們靠近貴族，而且只要出仕，就很可能上昇爲奴隸主貴族。所以士的唯一出路和唯一目的，是「仕」，是做官。一個人做了高官，得了厚禄，家族、親戚、朋友都攀上高枝了。如其做不上官，也許很窮，是貧士，但不能放下臭架子，「君子固窮，小人窮斯濫矣」，小人指農工商等低級民衆和奴隸。《國語·齊語》説「昔聖王之處士也，使就閒燕」，閒燕是間居和燕居（《禮記》有《孔子閒居》和《仲尼燕居》兩篇），喫飽飯，不用做什麼。《齊語》又説「閒燕則父與父言義，子與子言孝，其事君者言敬，其幼者言悌」，這是奴隸主統治者的主觀意圖，這班士君子是不會照辦的。但既然許多人在一起，總要講什麼。孔子所駡的「羣居終日，言不及義，好行小慧」，或者「飽食終日，無所用心」，也有是賭博、下棋，據孔子説還是好一些的。要是提出一些問題來商討，那就是講學，就是所謂「君子以文會友」。過去有人認爲從官學到私學，學術的普遍下移，起自孔子，甚至吹捧他爲大教育家，完全錯了。講學的風氣，在春秋時代早就客觀存在，是封建制的社會性質造成的。在奴隸制時代，即使是自由民，也往往佔有少數奴隸，每

個家族是分開獨立的。只是到了春秋時代，編入四民中的士，才是「羣萃而州處」，可以成羣結隊，「君子以朋友講習」。這是春秋時代的齊國的社會存在，說「聖王」只是託名罷了。齊國在這方面是開風氣之先的，一直到戰國時，稷下的講學風氣，還是極盛。《左傳》襄公三十一年「鄭人游於鄉校以論執政」，這裏的鄭人顯然是士的階層，農工商賈不可能游於鄉校，這就是叔向所反對的「立謗政」。子產還「立參辟，鑄刑鼎」。《淮南子・繆稱訓》：「子產騰辭，獄繁而無邪。失諸情則塞於辭矣。」他是讓打官司的人據理申辯的（辭是訟詞，有辭是有理）。可見子產是奴隸主貴族統治者中間比較進步的。子產死於魯昭公二十年（公元前五二二），隔了二十二年，「鄭駟顓殺鄧析而用其竹刑」。戰國時盛傳子產殺鄧析，時代不合，大概由於駟顓兩字和子產兩字字音相近，而子產名聲比較大，一般人還不知道駟顓是何許人，因而以訛傳訛。關於鄧析，《列子・力命》說：

> 鄧析操兩可之説，設無窮之辭。當子産執政，作竹刑，鄭國用之。數難子産之治，子産屈之。子産執而戮之，俄而誅之。然則子産非能用竹用，不得不用。鄧析非能屈子産，不得不屈。子産非能誅鄧析，不得不誅也。

《列子》這本書固然是晉朝人僞作，但其中材料大都從先秦古書中抄襲來的。關於鄧析的歷史，唐代楊倞注《荀子・不苟》引劉向云：「鄧析好刑名，操兩可之説，設無窮之辭。數難子產爲政，子產執而戮之。」可見《列子》這段是根據劉向《別録》的。劉向見過「《鄧析》二篇」的原書。《漢書・藝文志》把《鄧析》列入名家，原注「鄭人，與子產並時」。他與子產並時，是可信的。很可能是游鄉校，論執政的人物。他所作竹刑應是子產所鑄刑書的繼承和發展，爲新興地主富人階級所擁護，所以鄭國不能不用。但是他這樣的人，在子產時還能容忍，到駟顓執政，鄧析還非難執政，就不得不誅了。鄧析是刑名家，而《荀子》常把他和惠施並稱。《非十二篇》說：

> 不法先王，不治禮義，而好治怪説，玩琦辭，甚察而不惠，辯而無用，多事而寡功，不可以爲治綱紀。然而其持之有故，其言之成理，足以欺世惑衆，是惠施、鄧析也。

「不法先王，不治禮義」，是這些辯士們共同的革命原則，而爲奴隸主統治階級所深惡痛絕的。《不苟篇》說：

山淵平，天地比，齊秦襲，入乎耳，出乎口，鈎有須（鬚），卵有毛，是說之難持者也，而惠施、鄧析能之。

「山淵平」，「天地比」，就是《莊子·天下》所說的「天與地卑，山與澤平」，是惠施的論點。「卵有毛」也見《天下篇》，是桓團、公孫龍等跟惠施辯論的題目。大概荀卿只因惠施的學派是從鄧析發展來的，所以就併在一起說了。《儒效篇》說：

君子之所謂賢者，非能徧能人之所能之謂也。君子之所謂知者，非能徧知人之所知之謂也。君子之所謂辯者，非能徧辯人之所辯之謂也。君子之所謂察者，非能徧察人之所察之謂也。有所正矣。相高下，視墝肥，序五種，君子不如農人。通財貨，相美惡，辨貴賤，君子不如賈人。設規矩，陳繩墨，便備用，君子不如工人。不恤是非然不然之情，以相薦撙，以相恥怍，君子不若惠施、鄧析。若夫滴（商）德而定次，量能而授官，使賢不肖皆得其位，能不能皆得其官，萬物得其宜，事變得其應，慎、墨不得進其談，惠施、鄧析不敢竄其察，言必當理，事必當務，是然後君子之所長也。

荀卿站在「隆禮」的立場上，對法家辯士攻擊得最凶。慎到也是法家，《非十二子篇》說慎到、田駢「尚法而無法」，《天論篇》說「慎子有見於後，無見於先」，《解蔽篇》說「慎子蔽於法而不知賢」。他的反法是很明顯的。所以在他看來，儒家是君子，當然的統治者，而農人賈人工人和惠施、鄧析都是小人。這和孔子說少正卯是「小人之桀雄也」，是同樣的態度。從荀卿對待鄧析的態度和對小人之辯的一些提法，（二五甲）可以說明他所以記録孔子殺少正卯的故事，正是主張包括鄧析在內的七子這類小人「皆異世同心，不可不誅也」。可以看到戰國末年儒法鬥爭的尖鋭。有些人只看到荀卿曾說過「法後王」，就認爲他是進步的。不知道他所謂後王，指的是「周道」（見《非相篇》），也就是文武周公之道。這是由墨子提出法夏宗禹來反對孔子的從周，道家更推到黃帝，所以要提出「法後王」的口號來繼承孔子。如果没有看到他的儒家的反動本質，就上了大當了。《呂氏春秋·離謂》說：

> 洧水甚大，鄭之富人有溺者。人得其死（屍）者，富人請贖之。其人求金甚多。以告鄧析。鄧析曰：「安之，人必莫之賣矣。」得死（屍）者患之，以告鄧析，鄧析又告之曰：「安之，此必無所更買矣。」

這就是「操兩可之説」的一例。對富人來説，既要買他父親的屍，應該不惜重價。但富人總是慳吝的，嫌要價太高，來問鄧析。鄧析説，不用急，一個屍首他賣給誰啊！這説法並不錯。富人聽了他的話。賣主也去問鄧析，鄧析又説不用急，他還從哪裏去買呢！這説法也没有錯。就是説，鄧析對於一件事，總是從兩方面來分析的。《離謂》又説：

> 鄭國多相縣（懸）以書者。子産令無縣書，鄧析致之。子産令無致書，鄧析倚之。令無窮則鄧析應之亦無窮矣。

這就是「設無窮之辭」。如上所説，這裏的子産是駟顓之誤。鄭國本可以議執政的得失，即所謂謗政，當然可以謗人，互相懸掛謗書。〔二五乙〕駟顓執政，不許掛謗書，鄧析就派人送去。連送去也不許，就把謗書附在别的東西裏寄去。奴隸主統治階級爲了維護階級利益，上下其手，舞文弄法，欺騙民衆，是瞞不過善於分析問題洞察一切的鄧析的，鬥智又鬥不過他，「令無窮則鄧析應之亦無窮」，那就必然要引起激烈的衝突。《離謂》又説：

> 子産治鄭，鄧析務難之。與民之有獄者約，大獄一衣，小獄襦袴，民之獻衣襦袴而學訟者不可勝數。以非爲是，以是爲非，是非無度，而可與不可日變。所欲勝因勝，所欲罪因罪。鄭國大亂，民口讙譁。子産患之。於是殺鄧析而戮之，民心乃服，是非乃定，法律乃行。

鄧析應是子産時代的舊人。子産死後，子太叔執了十七年政，子太叔死，駟顓才爲政，到殺鄧析的魯定公九年，已執政五年了。子太叔大概還能繼承子産的謗政，只是駟顓執政，才發生衝突。鄧析和民在一起，給平民分析獄訟，平民送給他的不過一衣一褲，而不是什麼贄禮，更不是土地財賄或女樂，這種小人們的報酬，是奴隸主階級的君子們所瞧不起的。他站在平民立場上所論的是非曲直，在統治階級看來就是「以非爲是，以是爲非」，把他認作鄭國大亂的根子，就得殺而戮之了。

魯國的少正卯跟鄧析是同一類型的人物，很可能還有學術淵源。《荀子》所記少正卯的罪狀，跟惠施、鄧析的罪狀，簡直一模一樣。《淮南子・氾論訓》説「孔子誅少正卯而魯國之邪塞，子産誅鄧析而鄭國之姦禁」，正是把他們放在一起的。在陽虎執政時，這種革命派人物還被容許，到陽虎出奔，孔子作爲季孫的影子而執政時，這種「聚徒成羣」的聞人，也就不可不誅了。

鄧析好刑名，是申不害、韓非的前輩，同時又是公孫龍、惠施等的前輩。《吕氏春秋》説向他學訟的人，不可勝數。《荀子・儒效》痛駡惠施、鄧析等「狂惑戇陋之人，乃始率其羣徒，辯其談説，明其辟稱，老身長子不知惡也。夫是之謂上愚。曾不如相雞狗之可以爲名也」。可見他還有學辯的羣徒。他和少正卯的聚徒成羣，是在孔丘之前。儘管鄧析的竹刑已經失傳，漢代所傳《鄧析》二篇，未必是他自己所作而是戰國後期所傳，所以駟顓已變爲子産（宋以後的傳本，恐怕又不是漢代的本子），而少正卯不但没有著作，連事迹也不清楚。但聚徒成羣，我國的羣衆教育，是春秋後期從先進的法家開始這一點卻是很清楚的。有了這種「不法先王，不治禮義」的革命法家，奴隸主階級起來瘋狂反撲，才出現了反革命的孔子學派。《淮南子・要畧》説「孔子修成康之道，述周公之訓，以教七十子，使服其衣冠，修其篇籍，故儒者之學生焉」。這只是這些先進人物被反動派殺害以後，「三盈三虚」的孔子之門，在没有敵對派的條件下，才也聚集一批門徒。正是春秋末年的社會經濟基礎，社會關係，進入封建制二百多年了，奴隸主統治的上層建築必然要動摇，已經臨近總崩潰了。天下大亂，「王者之迹」，早已消滅，挾天子以令諸侯的方伯也不靈了，「處士横議」之風已經大盛，意識形態方面形形色色的鬥争越來越尖鋭。作爲奴隸主統治階級反動思想的總的代言人的孔子，暫時獲得了勝利，成爲顯學，但不久，墨子非儒，楊朱反墨，申韓繼承老聃，重新發展了法家。直到秦始皇繼承商鞅，師法韓非，天下才得統一，政權才得統一。再經過焚書坑儒，奴隸制的殘餘和其思想意識才得到清算，中央集權的專制主義的封建國家才得確立。而由於階級鬥争的不斷發展，到了封建制度又走向反面的時候，封建統治者爲了挽救危亡，把孔子這具僵尸重新樹立起來加以神聖化，於是這個本是力圖挽救奴隸主階級死亡的末代聖人，被裝扮成封建主義的開山祖師，萬世師表。而到了兩千幾百年後資産階級學者們又把他吹捧爲我國第一個私人教育家，而這是完全不符合於歷史事實的。

〔二五甲〕《荀子・非十二子篇》説小人之辯，列舉「知而險，賊而神，爲詐而巧，言無用而辯，辯不惠而察，治之大殃也。行辟而堅，飾非而好，玩姦而澤，言辯而逆，古之大禁也」。跟《宥坐篇》所引孔子説少正卯的五惡：「心達而險，行辟而堅，言僞而辯，記醜而博，順非而澤」，基本上是一致的。

又《非相篇》説小人之辯，「夫是之謂姦人之雄，聖王起所以先誅也，然後盜賊次之。盜賊得變，此不得變也」更完全一致。所以漢人作《王制》（見《禮記》），就説「行僞而堅，言僞而辯，學非而博，順非而澤，以疑衆殺」。顯然是根據《荀子》的説法。

〔二五乙〕《論衡・恢國篇》「隱彊侯傳懸書市里，誹謗聖改」，可見漢代還有「懸書」。

十四　孔子的君子學説的奴隸主階級本質

孔子自命爲聖人，當時人世間或稱他爲聖人，所謂聖人，只是君子們中間的出類拔萃的人，所以説「聖人吾不得而見之矣，得見君子者斯可矣」（見《論語・述而》），古代聖人都是奴隸主階級的最高統治者，孔子没有出身於貴族家庭，而當代的天子諸侯全都不夠聖人的資格，所以説不得而見之。但是他總算當過卿大夫，是貨真價實的君子，所以説到聖人總還得裝得謙虛一些，更多的談論則是君子。一部《論語》裏講到君子的有八十多章，甚至君子該穿什麼衣服，例如羔皮的裘配上緇衣（黑色綢子的上衣），仔鹿皮的裘配上素綢的衣，狐裘配上黄衣（見《鄉黨》）等等，君子老爺穿的衣服十分考究，都有記載。所以，孔子的學説是君子學説，是奴隸主的學説。《論語・微子》「周公謂魯公曰：君子不施其親，不使大臣怨乎不以，故舊無大故則不棄也，無求備於一人」。就是周公姬旦傳給他兒子伯禽的經驗，奴隸主統治者必須保護他的親屬，不能加刑，不要使大臣們抱怨不用他們，老關係要盡量保持等等，都是奴隸主貴族的統治手段。《論語・泰伯》説「君子篤於親則民興於仁，故舊不遺則民不偷」，就是傚法周公之道，妄想通過上行下傚的途徑來駕馭民衆。民是小人，君子和小人是兩個對抗的階級。《左傳》襄公九年和《國語・魯語》下都説「君子勞心，小人勞力，先王之制也」。先王之制就是奴隸主統治者所立的制度。孟子對此的解釋是「有大人之事，有小人之事」，「或勞心，或勞力。勞心者治人，勞力者治於人。治於人者食人，治人者食於人」。君子是奴隸主，小人是民，是勞動者（包括奴隸）。這是一切剥削階級專政時期所共同的，生産糧食和各種副食的勞動人民是被剥削、被壓迫者，是治於人者，而被勞動人民養活的是剥削和壓迫他們的治人者，不過在後代變爲地主資本家罷了。《論語・顔淵》説「君子之德風，小人之德草，草上之風必偃」。又《陽貨》「君子學道則愛人，小人學道則易使也」，都是從階級對立來講的。儀封人請見時所説「君子之至於斯也」，因太宰嚭説他多能而説「君子多乎哉，不多也」。以及《陽貨》：「君子三年不爲禮，禮必壞，三年不爲樂，樂必崩。」《子張》「百工居肆以成其事，君子學以致其道」，「君子信而後勞其民，未信則以爲厲己也。信而後諫，未信則以爲謗己也」等等，也都指的是奴隸主。所謂君子要「正其衣冠，尊其瞻視，儼然人望而畏之」（同上）。成天擺出威嚴的樣子來嚇呼老百姓。他們在「血氣未定」的少年時就好色，「血氣方剛」的壯年時就好鬥，而到了「血氣既衰」的老年時就貪得無厭（見《季氏》），是奴隸主的醜惡生活。但孔子卻要替這班腐朽的老爺們規定許多標準品格，道呀，德呀，仁呀，義呀，禮呀，智呀，信呀，從奴隸制文化裏揀出來的垃圾大肆宣揚，希望依靠這些來鞏固奴隸主政權。《論語・憲問》：「子曰：君子道者三，我無能焉。仁者不憂，知者不惑，勇者不懼。子貢曰：夫子自道焉。」顯然他認爲仁知勇三者是君子之道的最高標準，不過虚假地作些謙讓罷了。《孟子・公孫丑》把這一段，説成是「昔者子貢問於孔子曰：夫子聖矣乎？孔子曰：聖則吾不能，我學不厭而教不倦也。子貢曰：學不厭，智也，教不倦，仁也，仁且智，夫子既聖矣」。學不厭不過是鑽研奴隸制文化的學究而已，教不倦不過是狂熱地宣傳這種反動文化罷了，可這就是「仁且智」這種君子之道的頂峯而「既聖矣」了，這種吹捧真夠肉麻了。孔子的弟子分德行、言語、政事、文學四類，《孟子》説「宰我、子貢善爲説辭，冉牛、閔子、顔淵善言德行，孔子兼之，曰：我於辭命則不能也」。看來在能言善辯一方面，孔子確是不太擅長的，因此對宰我、子貢並不很賞識，罵宰予是「朽木不可雕也，糞土之墻不可圬也」（見《公冶長》）。又因他反對三年之喪而説他不仁（見《陽貨》）。説子貢是瑚璉之器（見《公冶長》），可又説「君子不器」（見《爲政》），那就不是君子了。《論語・先進》：「子曰：回也其庶乎，屢空。賜不受命而貨殖焉，億則屢中。」孔子是反對爲富的，「君子喻於義，小人喻於利」（見《里仁》），一講到利就是小人，子貢不受天命而做買賣，推測物價貴賤，發財致富，這也是孔子不贊成的，但是後來吹捧孔子最出力的倒是子貢。顔淵等人據《孟子・公孫丑》説是「具體而微」的聖人，大概因爲太微小了，微不足道，也就没有什麽成就了。所謂長於政事的冉有、季路，主要是做季氏的家臣罷了。子路從孔子做司寇時做季氏宰，同時被逐，以後孔子周遊各國，他都跟着，對孔子行事經常不滿，可是忠心耿耿，只在孔子末年又出去做衛國孔悝的家臣，蒲邑的宰。冉有則是比孔子先回魯國而做季氏宰的，孔子曾號召門人小子鳴鼓而攻。子游、子夏是文學方面的。《孟子・公孫丑》説「子夏、子游、子張皆有聖人之一體」，而《荀子・非十二篇》則輕視子張氏、子夏氏、子游氏的三種賤儒。這是由於德行、言語、政事三類都是當時表現出來的，只有文學是容易傳授給門徒的東西，所以戰國末期孟荀兩家都提到他們了。《論語・子張》所記只有子張、子夏、子游、曾子和子貢五人的話，大概子張、子夏、子游三人聲名較廣，而《論語》主要是曾子門人記録的，子貢是吹捧孔子的話。此外，南宫适和宓子賤，都被稱爲「君子哉若人」，南宫适即南宫敬叔，本就是奴隸主貴族，宓子賤也不過做過單父宰罷了。只有子貢，據《史記・貨殖列傳》説：「退而仕於衛，發著鬻財於曹魯之間。七十子之徒，賜最爲饒益。」「子貢結駟連騎，束帛之幣，以聘享諸侯。所至，國君無不分庭，與之抗禮。夫使孔子名布揚於天下者，子貢先後之也。」這個不受天命，不能稱爲君子的富人，反而是使爲仁不富的孔子聲名布揚於天下的主要人物，對於君子之道，實是極大的諷刺。時代變了，夢想恢復成王周公之道的孔子，迫不得已，跟在横議的處士後面，也來聚徒講學。可是爲他宣傳最出力的子貢，卻正是捨棄君子之道，名在《貨殖列傳》的新式富商，這也正説明封建制到這時業已完全成熟了。

《論語》中的君子，很大一部分是指理想化了的奴隸主的品格。南宫适本是貴族，而稱贊他是君子，卻由於他主張尚德（見《論語・憲問》）。《公冶長》：「子謂子賤，君子哉若人。魯無君子者，斯焉取斯。」宓子賤能稱爲君子，如果魯國没有君子，他又怎麽能取得這個稱號呢！在孔子的君子學説裏，君子小人都有雙重意義。從社會地位説，君子是奴隸主，包括最高的統治者，一直到士。小人包括民衆與奴隸，而在這個時代，主要是平民階級中的農工商賈，或庶人工商。但從道德標準説，只有能符合於這種標準的奴隸主階級和士，才配稱爲君子，否則即使有君子的身份，也還會被貶爲小人。樊遲在弟子中是比較年輕的，對新鮮事物有興趣。春秋末年，小農經濟已經很發展，牛耕已經盛行，農業技術有很大提高，《神農》、《野老》等學説已在萌芽，所以樊遲提出學稼和學爲圃，但被「四體不勤，五穀不分」的政客老爺拒絶了。樊遲出去後，這位自命爲無所不知的博學聖人惱了，在别的門人面前罵了一句「小人哉樊須也」。因爲做官才是大人君子之事，種田只是小人們的事情，而樊遲居然想用心於耕田種菜這些事，就只能稱做小人了。但是社會地位上是小人卻未必能稱爲君子。所謂「仁」是君子的美德，《里仁》説「君子去仁，惡乎成名」，君子而離開仁，就成不了名。可是「君子而不仁者有矣夫，未有小人而仁者也」。只有君子老爺才能爲仁，他們要不仁也没有辦法，可是小人是老百姓，是卑賤者，根本没有爲仁的資格。小人永遠是小人，是不能稱爲君子的。

十五　孔子貴仁的欺騙性質

仁是孔子常講的，《吕氏春秋・不二》説「孔子貴仁」，也認爲仁是孔子學説的中心。但孔子是「述而不作，信而好古」

的，仁不會是他獨創的新詞。不過，《尚書》中的《虞夏書》和《商書》，《詩經》中的雅頌，《周易》的卦辭爻辭，都還不見仁字，〔二六〕仁可能是周代開始的用語。《墨子·兼愛》中說：

> 昔者武王將事泰山隧，傳曰：「泰山有道，曾孫周王有事。大事既獲，仁人尚作。以祗商夏，蠻夷醜貉。雖有周親，不如仁人。萬方有罪，維予一人。」此言武王之事，吾今行兼矣。

《論語·堯曰》也說：

> 周有大賚，善人是富。雖有周親，不如仁人。百姓有過，在予一人。

這是周初古書的逸篇，兩書所引，大概同出一源。商代把國家稱爲「方」，萬方就是萬國。百姓是奴隸主階級的有姓的，「萬方有罪」和「百姓有過」是同義語。只是傳聞小異罷了。〔二七〕《說苑·貴德》說：

> 武王克殷，問周公曰：「將奈其士衆乎。」周公曰：「使各宅其宅，田其田，無變舊新，惟仁是親。百姓有過，在予一人。」

《尚書大傳·大戰》說「紂死，武王皇皇，若天下之未定」，召太公、召公來問辦法，都覺得不行，「周公趨而進曰：臣聞之也，各安其宅，各田其田，毋故毋私，惟仁是親」，也是同一件事而傳聞畧有不同。可以看到周王朝征服商民族以後，爲了維持其統治，大批地分封親族，「其兄弟之國十有五人，姬姓之國者四十人」（見《左傳》昭公二十八年），但是單靠周家親族是不夠的，總得有異姓吧，所以提出「雖有周親，不如仁人」的口號。〔二八〕尤其是對商殷舊貴族，盡量表明籠絡，說「以仁爲親」，不以親爲親，不用新的來代替舊的。所以這裏所說仁或仁人只是奴隸主統治者所認爲的好人罷了。《論語·微子》：「微子去之，箕子爲之奴，比干諫而死。孔子曰：殷有三仁焉。」這就是當時所謂仁人。武王入殷，封比干之墓，《尚書大傳》說殷民認爲「王之於仁人也，死者封其墓，況乎生者乎」。周朝統治者就是用此來懷柔殷民的。仁字還有另一種意義。《周書・金縢》説「予仁若考」，是周公姬旦説他自己仁而且巧，這仁字和佞字一樣，是能説會道，討人喜歡的意思，〔二九〕在奴隸主貴族中是吃得開的。所以《詩經・鄭風・叔于田》説「洵美且仁」，真是又美又可愛，和下面「洵美且好」和「洵美且武」句法差不多。仁和佞是一個詞的兩種寫法，仁字從人從二，佞字本只作妄，從女從二，在古文字裏，從人的偏旁可以變從女旁，〔三〇〕所以佞這個字本來並不壞。《左傳》成公十四年晉侯使吕相絶秦，自己説「寡人不佞」，服虔注：「佞，才也，不才者，自謙之詞也。」又十六年，晉國的范文子説「諸臣不佞」。又昭公二十年，楚國的奮揚説「臣不佞」。《國語・魯語》上説「寡君不佞」，又《晉語》二説「夷吾不佞」等等。如果佞在當時是一個醜惡的詞，爲什麽這班奴隸主貴族競相以「不佞」作爲自謙之詞呢？但後來字義分化，仁字側重在仁愛一義，而佞字側重在佞才一義。《左傳》僖公八年「宋公疾，太子茲父固請曰：目夷長，且仁，君其立之。公命子魚，子魚辭。曰：能以國讓，仁孰大焉。臣不及也。且又不順」。這兩兄弟互相標榜，也是由仁愛的意義擴展爲好人的意思。太子茲父就是宋襄公，大概他指使邾國殺鄫子來祭次睢之社，以及爲要保持「君子不重傷，不禽二毛」，「不鼓不成列」等美德而打了敗仗，以致於死，都是所謂仁吧！《國語・周語》下記晉悼公周「言仁必及人」，説「愛人能仁」，仁者愛人是當時的一般解釋。《荀子・子道》記子路説「仁者使人愛己」，子貢説「仁者愛人」，也還是一般的意義，而顔淵説「仁者自愛」，則已經近於「陽生貴己」的思想了。至於佞字，從才的意義又側重於口才的方面，所以孔子説「不有祝鮀之佞而有宋朝之美，難乎免於今之世矣」（《論語・衛靈公》）。既美又佞等於《鄭風》所説的「洵美且仁」。但孔子是不喜歡祝鮀這樣的時髦人物的。就連子路那樣不屬於言語科的人，只由於他使子羔爲費宰，孔子説他是害了人家的孩子，子路頂了他，説「有民人焉，有社稷焉，何必讀書，然後爲學」，可以在奴隸主貴族們實際生活中去學嘛，何必定要讀書才算學呢？孔子説不過他，只好説「是故惡夫佞者」，正因爲這樣所以要憎惡佞者，就連子路也被駡爲佞者了。或人説「雍也仁而不佞」，冉雍是仲弓，在孔門中列於德行，孔子對他的評價極高。「雍也可使南面」（《論語・雍也》），儘管只做過季氏宰，但把他吹捧到像虞舜一樣的「無爲而治」，可以做「恭己正南面」的奴隸主統治者。但春秋時代的上層人物都喜歡有口才的，所以有冉雍儘管夠得上仁，可是没有口才的評論。孔子聽了很有反感，説「禦人以口給，屢憎於人，不知其仁，焉用佞」（《論語・公冶長》）。要口才什麽用，用巧舌頭來對待人，經常被人憎惡，這種人不知是不是仁呢？可見當時人認爲仁應該兼佞，〔三一〕而孔子是把仁和佞對立，是不相容的。孔子自知在説辭方面還不如宰我、子貢，所以他認爲君子應該「訥於言」，「如不能言者」，笨嘴笨舌，好像不會説話似的。「仁者其言也訒」（《論語·顔淵》），仁者的説話不要太隨便了。「剛毅木訥近仁」（《論語·子路》），木頭式的不大説話的人才能近似於仁。因此，他對善辯的人深惡痛絶。顔淵問爲邦，他特別指出「放鄭聲，遠佞人，鄭聲淫，佞人殆」（《論語·衛靈公》）。還有《陽貨》篇説：「子曰：惡紫之奪朱也，惡鄭聲之亂雅樂也，惡利口之覆邦家者。」這兩條可以互相補充。爲什麽要「放鄭聲」，因爲它是淫聲，可以亂雅樂；爲什麽要「遠佞人」，因爲它是利口，可以覆邦家。事實上，鄭聲是春秋時代的新興音樂，是民衆喜歡聽的音樂，而佞人是春秋時代接近民衆的法家和辯士，而從奴隸主的階級立場來看，這都是大逆不道。《孟子·盡心》：「孔子曰：惡似而非者：惡莠恐其亂苗也，惡佞恐其亂義也，惡利口恐其亂信也，惡鄭聲恐其亂樂也，惡紫恐其亂朱也，惡鄉原恐其亂德也。」儘管説法跟前面有些出入，但整個説來這是「惡似而非者」，很能説明問題。鄭聲跟韶樂雅樂差不多，佞人跟所謂仁人差不多，有些奴隸主貴族分不清，所以必須放，必須遠。當然，在他的立場，只是遠佞人也還不夠。《白虎通·誅殺》有一節是專論「誅佞人」的。説：

> 佞人當誅何？爲其亂善行，傾覆國政。《韓詩内傳》曰：「孔子爲魯司寇，先誅少正卯，謂佞道已行，亂國政也。佞道未行，章明遠之而已。」《論語》曰：「放鄭聲，遠佞人。」

遠還不行，就只有誅了。少正卯屬於法家辯士，孔子當然要把他看作佞人的。但是孔子自己也曾周游列國，游説諸侯，儘管自己説「我於辭命則不能也」，但孟子還説他兼「爲説辭」和「言德行」兩方面。所以《論語·憲問》説：「微生畝謂孔子曰：丘！何爲是栖栖者與，無乃爲佞乎？孔子曰：非敢爲佞也，疾固也。」微生畝是孔子的前輩，孔子自認爲是「爲仁」，而從微生畝看，他是在「爲佞」。正説明仁和佞不容易辨別。他自己辯解，不是「爲佞」而是「疾固」，反對那些固執己見的人，這是任何辯士都可以這樣講的。《莊子·則陽》説市南宜僚以孔丘爲佞人，又《盜跖篇》説他是「魯國之巧僞人」，也就是佞人。任何一個人的思想意識不可能超越當時的社會環境以及他個人的具體環境，當孔子爲了維護其階級利益，反對佞人，誅少正卯的時候，他自己也不能不跟着這班辯士們，和佞人們一起作爲百家爭鳴中的一家——儒家。時代變了。魏文侯「端冕而聽古樂則唯恐卧，聽鄭衛之聲則不知倦」（見《禮記·樂記》），這個新興的封建制國家的統治者是説了老實話的。鄭聲的「煩手淫聲」，急速的手法，流麗的新腔，終究比簡單枯燥的雅樂來得入耳。同樣，新興的地主商人階級所擁護的法家辯士的新奇可喜的言論，終究要比垂死的奴隸主階級所歌頌的先王之道更容易傳播，反動派的最後掙扎是不可能把歷史巨輪引向倒退的。

必須指出，孔子提倡的仁，也有它的時代内容，不完全是西周奴隸制社會的原來貨色了。他把仁的標準定得很高，僅次於聖。「君子去仁，惡乎成名」，離開了仁就不成其爲君子。他提倡「志於仁」、「依於仁」、「求仁」、「爲仁」、「好仁」等等，他的門弟子也紛紛問他什麼是仁。但是，「仁」，在他也只是理想中的奴隸主統治階級的最高品德，並没有很明確的概念。所以同是一個樊遲問仁，一次説是「愛人」，是當時流行的説法外，另一次説是「居處恭，執事敬，與人忠」，還有一次則是「先難而後獲」（見《論語·顔淵》、《子路》和《雍也》）。他在弟子中最稱贊顔淵，「回也其心三月不違仁，其餘則日月至焉而已矣」（《雍也》），别人只能天把或月把到達仁的境界，顔淵卻能三個月不離開仁，這已經很突出了。顔淵問仁，他説「克己復禮爲仁，一日克己復禮，天下歸仁焉」，詳細一些説則是「非禮勿視，非禮勿聽，非禮勿言，非禮勿動」。另外一個「仁而不佞」的仲弓，也問過仁，則説「出門如見大賓，使民如承大祭。己所不欲，勿施於人。在邦無怨，在家無怨」（並見《顔淵》）。此外還有子貢、子張、司馬牛等的問仁，總括起來，有：

1. 愛人，惠；
2. 忠；
3. 己所不欲，勿施於人（恕）；己欲立而立人，己欲達而達人；
4. 恭；
5. 敬，出門如見大賓，使民如承大祭；
6. 克己復禮；
7. 事其大夫之賢者，友其士之仁者；
8. 在邦無怨，在家無怨；
9. 寬；
10. 信；

11. 敏；
12. 先難而後獲；
13. 其言也訒。

等等，這不是已經包羅萬象，寫出一張奴隸主統治者的品德表了嗎！因此，《論語》論仁的五十八章，在封建社會的道學家們，長期以來，是一個難解之謎。其實，説穿了也很簡單。孔子既自命爲仁人君子，他所謂仁人，顯然就是拿自己的榜樣來作標準，把他在實際生活中的一言一行神聖化，要求弟子們都這樣做，希望能培養出若干能夠傳他衣鉢的信徒來挽回土崩瓦解的奴隸主統治制度。他所以只看中那個年輕的好學的顔淵，就由於他肯學孔子灌輸給他的一切，「語之而不惰」（見《子罕》），「終日不違如愚」（見《爲政》），對孔子的話「無所不説」（悦，見《先進》），能夠成爲一個「具體而微」的小孔丘罷了。顔淵没有做過官，當然更没有做過任何有益於社會的勞動。只是「一簞食，一瓢飲，居陋巷」而「不改其樂」，只是「其心三月不違仁」罷了。他説「夫子博我以文，約我以禮」，文是詩、書、禮、樂，他從這個夫子學到了很多的文，但是被奴隸主階級那麽多的禮，經禮三百，曲禮三千，牢牢地捆住了。他成天地關在屋子裏自己反省什麽地方非禮而視，非禮而聽，非禮而言，非禮而動了，有了錯了，不要再犯第二回呀！這種戰戰兢兢的「克己」工夫跟當時社會千變萬化的現實生活完全脱離，除非是十足的傻瓜才肯死心塌地來練這樣的苦功，要末就是十足的壞蛋在人前裝模作樣地欺騙别人。然而這種閉門修養也不太難，所以説「仁遠乎哉，我欲仁，斯仁至矣」（見《述而》），就算「一簞食」吧，也是不耕而食，是别人養活他的，他只下一些内心的修省工夫罷了。宋人詩説「獨立聖門無一事，惟輸顔氏得心齋」，是認識到這種訣竅了。一切反動的唯心主義者，都喜歡搞什麽内心體驗，閉門修養，只是一羣剥削者吃飽了現成飯故意弄些玄虚罷了。而這些玄虚和西周初期奴隸主統治者所説的仁人是毫無共同之處的。

仁者愛人是春秋時代奴隸主統治者用以欺騙民衆的口號，孔子也沿用這個口號。《論語·學而》説「道千乘之國，敬事而信，節用而愛人，使民以時」。所謂愛人，指的是一般民衆，而「使民以時」的民是農民，就是不違農時。又《陽貨》記子游（言偃）的話「昔者偃也聞於夫子曰：君子學道則愛人，小人學道則易使也」。奴隸主學了會虚心假意地愛人，被統治的勞動羣衆學了就容易聽使喚。他們提出愛人的口號，爲的就是「愛人者人恒愛之」，用以欺騙被統治者，讓他們能愛戴他，聽他話。所以說「愛之能勿勞乎」（見《憲問》），「惠則足以使人」（見《陽貨》），那末，所謂愛人只是更多剝削一些民衆的手段罷了。春秋時代，主要生産者已經不是奴隸了，對付勞動羣衆庶人工商等已經不可能全靠鎮壓，而必須有另一種的欺騙手段，使他們甘心爲統治者服務，所以這種口號是隨着社會性質的變化而必然要出現的。但是，愛是有階級性的，從儒家說，愛是有差等的。《禮記・中庸》：「仁者人也，親親爲上。」《孟子・盡心》：「君子之於物也，愛之而弗仁；於民也，仁之而弗親；親親而仁民，仁民而愛物。」奴隸主們首先親愛的是他們的親族，所謂仁只是對民衆的。君子才能是仁人，「以仁爲親」，親的也只是奴隸主中間的仁人。「未有小人而仁者也」，小人是排除在仁者之外的，只是被仁愛的對象而已。孔子說「泛愛衆而親仁」（見《學而》），泛愛只是一般的愛，奴隸主們愛他們的馬，愛他們的牛羊，他們的馬和狗死了還要用帷帳和車篷把它們埋起來（見《禮記・檀弓》），這種愛，只從利用角度出發。所以他們儘管口頭上講仁愛，或者也裝出某些愛人的樣子，例如反對殺人以祭和殉葬，以及馬厩失火，問「傷人乎？不問馬」，好像把屬於奴隸階級的圉人看得比馬還重之類。但是内心裏充滿對小人的厭惡情緒，如說「譬諸小人，其猶穿窬之盜也與」，把小人和被迫挖壁洞的小偷們聯在一起；「唯女子與小人爲難養也，近之則不孫（遜），遠之則怨」（並見《陽貨》），對被他們輕視的女子和小人這樣害怕，不敢近，更不敢遠，還說得上什麼愛呢？一部《論語》裏，君子小人處處對立，這種虚僞的仁，還有什麼價值呢？

〔二六〕《殷虚書契前編》卷二第十九葉一片有一字，上有殘缺，過去以爲是仁字，不能確定。
〔二七〕僞古文《尚書》采入《武成》、《泰誓》兩篇，文字畧有不同。
〔二八〕《尸子・綽子》：「文王曰：苟有仁人，何必周親。」以爲是文王的話。
〔二九〕若訓而，見王引之《經傳釋詞》。仁讀爲佞，見裴學海《古書虚字集釋》五百五十七頁。
〔三〇〕甲骨文僖或寫作嬉，人旁和女旁通用之例很多。
〔三一〕西周晚期銅器有井仁二妄鐘，井是邢，仁二妄是人名，二妄就是佞，是仁與佞連稱。

十六　孔子提倡禮是鞏固奴隸制統治的手段

「爲仁」要「克己復禮」，禮是孔子的拿手本領。春秋時代，庶人工商已成爲很龐大的平民階級，地主富人也已日益抬頭，舊禮儀、舊風俗，正在逐漸變化。奴隸主階級是看不起新興的平民階級那些小人和一些暴發户的，爲了維護階級尊嚴，以别於平民階級，他們把舊禮儀、舊風俗、舊習慣，看成是每一個奴隸主應該世世代代保守奉行的典範。懂得的稱爲「知禮」，不懂得就會被人譏誚評論。這種禮在統治階級中成爲時髦的風氣，時間越久，這些禮搞得越瑣細，越繁縟，越複雜，因此，相應地出現一些專門搞禮的人，他們是以替奴隸主們相禮（行禮時的指導者）爲專業的。孔子是以知禮出名的，從小在游戲時就把禮器中的俎豆擺着玩，後來曾各處游學，訪求三代的禮，區别它們的同異。齊魯夾谷之會，就由他相禮。他注重喪葬等禮，《士喪禮》就是孺悲跟他學後記下來的。

《雍也》說「君子博學於文，約之以禮，亦可以弗畔矣夫」。原來這個奴隸主階級政客把許多詩書禮樂的玩藝對弟子們循循善誘之後，唯恐他們背叛，所以要用這個禮那個禮來約束他們，這是他要宣傳他的反動思想的一種惡毒的手段。在奴隸制社會裏，那班奴隸主貴族訂立了很多的規矩，設置無數的禁例，使一個陌生的下等人動輒得咎，這就是所謂「禮」。但是它們大都是不成文的，這個人說這樣是禮，那個人說不是禮。「子入太廟，每事問」（《八佾》），有人就說：誰說鄹人（叔梁紇）的兒子知禮呀！而孔子說這就是禮。魯昭公在當時被稱爲是知禮的，陳國的司敗（司寇）問孔子，孔子也肯定了，但是對方提出魯昭公娶吴國的孟子違反了同姓不婚的禮（吴國魯國都姓姬）（見《述而》），孔子也只好認錯。管仲因爲在門内設屏風（塞門），廳堂上四個角落裏砌着平臺（反坫），跟諸侯的制度一樣，被認爲不知禮（見《八佾》）。但是《子罕》說「麻冕禮也。今也純，儉。吾從衆。拜下，禮也。今拜乎上，泰也。雖違衆，吾從下」。麻做的冕是禮，絲做的不合禮，見國君，在堂下就拜了是禮，到堂上後才拜不合禮。可是在前者他可以從衆，采用時興的辦法，而後者儘管别人說是拍馬，他卻必須盡禮了。這種一舉一動都要區别禮和非禮，很多問題還得靠他自己決定才算，這類事散見在《禮記》等書裏是很多的，正如《晏子春秋》所説：「累壽不能盡其學，當年不能行其禮。」他儘管自吹自擂説「吾道一以貫之」，實際上已經登上煩瑣的頂峯了。

爲什麽要搞這些煩瑣的禮，主要是用以麻痺民衆。「上好禮則民莫敢不敬」（見《子路》），「上好禮則民易使也」（見《憲問》），目的很清楚。奴隸主統治政權早已岌岌不安，事實上已經處於封建土地佔有制下的民衆，庶人工商越來越不容易奴役了，强調禮來維持尊卑上下的區别，單單依靠原來一套已經不够了。以忠君來說，臣的本來意義是奴隸，奴隸是被迫要服從主人的，説不上忠和不忠。但「委質爲臣」那種自己賣身投靠的臣，跟俘虜來的或法律所强迫的奴隸終究有所不同。名義上還叫做臣，實際上也是奴隸主，有時臣比主人還强怎麽辦？要求出於自願的忠吧，「三分天下有其二」，孔子儘管把文王的至德捧一起，但武王終究殺了殷紂，建立了周王朝，能説忠嗎？鄭莊公跟周桓王打了一仗，祝聃射王中肩，能説忠嗎？季孫意如把魯昭公趕到國外，能説忠嗎？孔子的門徒都做大夫的家臣，忠於私家就不能忠於公家，子路就是爲孔悝賣命的，而不是向衛君盡忠。再以衛君説，衛靈公太子蒯聵，因爲要殺南子而逃亡在外，靈公死後，衛國立蒯聵的兒子輒爲君。孔子在這時是衛國的「公養之仕」，總是個臣吧！應不應該忠呢？子路問他：「衛君待子而爲政，子將奚先？」你掌握政權後，想幹什麽？孔子説，一定要正名。子路説他迂，孔子批評他是野人。他大講「名不正則言不順，言不順則事不成，事不成則禮樂不興，禮樂不興則刑罰不中，刑罰不中則民無所措手足」（見《子路》）。他妄想任何事情只要名正言順就成了，事成了制禮作樂壯壯門面，定一些刑罰來鎮壓民衆，就可以高枕無憂了。但是事實上總是先有某一存在的實物，某一已經發生的事件，才能定出名來，事成了才有名，不是定了名才成事。衛君輒做了十二年衛君，他父親蒯聵回國把他轟走了。所以叫做出公。但他逃亡出去只有四年，又回國，立爲衛君九年才死，所以《孟子》把他稱爲孝公。這決不是由於叫出公才逃亡，更絶對不會由於叫孝公才演一齣父子爭位的好戲的。要講名正言順，他已經是衛君，大家承認他是衛君，名還不正嗎？但另一方面，他是兒子，蒯聵是父親，這種客觀事實有什麽名要正呢？這個難題根本解決不了。所以冉有向子貢談論孔子究竟幫不幫衛君，子貢故意借伯夷叔齊來試探，孔子説他們的讓國是「求仁而得仁」，子貢就説他不會幫衛君（見《述而》）。他没有辦法了，只好强調禮讓來調和這些統治階級的内部矛盾。「能以禮讓爲國乎何有，不能以禮讓爲國，如禮乎」（見《里仁》），還歌頌泰伯的「三以天下讓」。但這時各國政權實際都操在執政的卿大夫手裏，外面又有大國的干預。靈公死後，晉國趙鞅把蒯聵送到戚，衛國的石曼姑會同齊國的國夏圍戚，最後蒯聵迫使孔悝立他而使出公輒奔魯，這一切根本用不上虛情假義的禮讓。齊景公問政，孔子説「君君臣臣」（見《顔淵》），魯定公問「君使臣，臣事君」，答覆是「君使臣以禮，臣事君以忠」（見《八佾》）。這類話在當時是老生常談。晉國的女叔齊，齊國的晏嬰，都會講這一套。但是晉國的六卿，齊國的陳氏，魯國的三家，尾大不掉已是事實，國君們的殘夢不長了，「雖有粟，吾得而食諸」。要想用正名來鞏固奴隸主的統治，這種君子的幻想，就連子路也早就認識他的迂了。

對老年人的撫養，氏族社會就已發展。在奴隸制社會裏，奴隸們連自己的生命都朝不保夕，即使父母還在也見不到面；那些家生奴隸甚至還不知道誰是他們的父母，有什麽孝道可説呢？所以在那時，主要是奴隸主階級才能講孝道。但是春秋時小農經濟發展了，就是庶人工商的經濟條件，也大都能勉强養活他們的父母。禮本來不下庶人，但現在奴隸主階級發現孝是維持統治的最好工具，孔子爲了挽救奴隸制的最後崩潰，就特别强調以孝爲本，「自天子至於庶人了」。《論語·學而》：「子游問孝，子曰：今之孝者是謂能養。至於犬馬，皆能有養，不敬，何以别乎。」可見當時人都還只以能養當作孝，而孔子特别强調要敬。《荀子·子道》説：

子路問於孔子曰：「有人於此，夙興夜寐，耕耘樹藝，手足胼胝，以養其親，然而無孝之名，何也？」孔子曰：「意者身不敬與？辭不遜與？色不順與」？

那末，這種裝成恭敬的樣子，完全是爲了博得别人稱他爲孝。所以《禮記·坊記》説：「小人皆能養其親，不敬何以辨。」勞動羣衆把撫養老弱作爲他們應盡的責任，而奴隸主們裝模作樣，爲的是别人稱他爲孝，這是根本的區别。孟懿子問孝，孔子告訴他「無違」，隨後告訴樊遲是「生事之以禮，死葬之以禮，祭之以禮」（見《爲政》）。生事之以禮，一般人不一定看得到。葬禮和祭禮有一定的時間性，並且是容許人們觀看的，就更得注重禮。《論語·子張》説：「人未有自致者也，必也親喪乎。」死了父母，正是君子們自我表現的最好機會。《堯曰》篇説「所重民食喪祭」，奴隸主統治者所注重的除了怎樣統治民衆，怎樣搞到糧食以外，國家大事就是讓人們能看到的喪禮和祭禮了。所以《儀禮》和《禮記》都對喪禮和祭禮講得最多最詳細。孔子突出地制定三年之喪，是過去没有人實行過的，所以宰予就不同意，説一年就夠了。孔子實在提不出什麽像樣的理由，只好駡他「不仁」。後來墨子非儒，就攻擊三年之喪，説是「久喪僞哀以謾親」，《淮南子·齊俗訓》也説「三年之喪是强人所不及而以僞輔情者也」。都指出這種禮的虚僞。這都是做給别人看的，正如滕文公那樣，「顔色之戚，哭泣之哀」，其目的不過在「四方來觀之」和「弔者大説（悦）」罷了。

奴隸主統治者都是極其迷信鬼神的，他們也經常借助於鬼神來欺騙或壓服民衆。《周易·觀卦》的《彖傳》説得很清楚，「聖人以神道設教而天下服矣」。所以儘管孔子也曾設想過一些政治綱領，「道千乘之國，敬事而信，節用而愛人，使民以時」（《學而》）；「行夏之時，乘殷之輅，服周之冕，樂則韶舞」（《衛靈公》）；以及「謹權量，審法度，修廢官，四方之政行焉；興滅國，繼絶世，舉逸民，天下之民歸心焉；所重民食喪祭」（《堯曰》）等等，把陳舊的騙人把戲和頑固的復辟陰謀交織在一起。但更重視的是祭禮中的禘祭。有人問「禘之説」，孔子説「不知也。知其説者之於天下也，其如示（視）諸斯乎」，「指其掌」（見《八佾》。說懂得禘禮，治天下的道理就瞭如指掌了。過去有些人把這個反動思想家吹捧爲大政治家，實在太滑稽了，研究了禘禮，就可以治天下嗎？但是《論語》這樣説，《禮記·仲尼燕居》這樣説，集孔子反動思想的大成的《中庸》也這樣説，顯然不是隨便説的。禘禮是「禘其祖之所自出」，以周王朝來説，他們的始祖是后稷，而后稷據説是帝嚳的一系，所以「周人禘嚳而郊稷，祖文王而宗武王」。禘就是祭帝的禮，帝嚳是五帝之一，而五帝既是人世間的帝，又是天上的帝。從歷史唯物主義的觀點看，五帝時代應該是最早的奴隸制社會。有了奴隸主的最高統治者，才有「帝」這個稱號，有了人間的帝，人們頭腦中才幻想出天上的帝，天帝是按照人帝的形象塑造出來的。五帝之後，才有三王。夏商周三代那樣幅員廣大，包括黄河和長江流域疆土的奴隸制王國，決不是一下就能建立起來的。〔三二〕夏王朝的建立，就曾從跟三苗和共工等許多戰役中獲得大量戰俘奴隸，而我國歷史傳説中最早的戰役是黄帝和赤帝的阪泉之戰和黄帝與蚩尤的涿鹿之戰，可見赤帝黄帝稱帝的時代已經進入奴隸制社會的最初階段了。最早的奴隸主統治者是由氏族社會末期氏族聯盟的軍事首領蜕化來的。他們既把自己的權力發展爲最高統治者，爲了欺騙羣衆，自稱爲代表天帝。而到了奴隸制社會的後一階段，統治者已改稱爲后爲王，但還自稱爲某一個帝的後代，是天帝的兒子，即天子，因此，才出現禘禮。奴隸主王朝所以要重視禘禮，就是要證明他們的王位和權力是天給的，是上帝給的，才能欺騙羣衆。但是春秋後期，周王朝早已卑卑不足道，齊晉大國把周王呼來唤去，而萇弘還妄想用射貍首的禮來詛咒諸侯的不來朝王的，最後由於得罪了晉國的趙鞅而被殺，他的復興周王朝的弘大心願，隨着周禮的斷簡殘篇而永留話柄了。可是魯孔丘的迷夢還没有醒，還把禘禮當作治天下的秘訣，不知道這些奴隸主的典禮早已和「告朔的餼羊」一樣，絲毫没有用處，只有這個古董老頭還在拚命地狂叫「吾愛其禮」了。

〔三二〕從考古發現説，商周文化，北方遠在長城以北，南方達湖南、安徽、江西、浙江等地。

十七　孔子是迷信鬼神的宿命論者，唯心主義的先驗論者和提倡中庸之道的機會主義者

《八佾》説「祭如在，祭神如神在」，凡是單稱祭的，是指祭祖先的鬼，所以説「非其鬼而祭之，諂也」（《爲政》）。説「如在」、

「如神在」，是明明知道鬼神没有在，只是盡量做出恭敬的樣子好像真有個鬼神在他面前罷了。孔子是最保守的，一切舊習慣都盡量保存。喫飯時不論什麽飯菜都要從竹籩木豆裏拿一些出來放在旁邊來祭鬼神，刮風打雷，都要變顔變色以表示對風神雨神的畏懼。鄉人舉行驅逐疫鬼的賽會，他要穿上上朝的衣服，站在家裏的祖廟的東臺階上，以鎮壓外來的惡鬼，免得驚動祖先的魂靈。從這些情况看，他的迷信很深，可是「子不語怪力亂神」(《述而》)，甚至子路問「事鬼神」，他説：「未能事人，焉能事鬼。」伺候人的事情還做不了，怎麽能伺候鬼。子路還問死，他也迴避正面答覆而只説「未知生，焉知死」(《先進》)。有人根據這些認爲孔子反對迷信，是完全擰了。他是神道主義者，可是不願意像巫祝那樣講鬼神。奴隸主統治者用神道設教，本身就是掌握神權的教主，越不講，越顯得神秘，所以要「敬鬼神而遠之」。像墨子那樣大講鬼神，就很可能被别人也利用，對奴隸主統治者並没有好處。

正因爲他自命爲掌握神權，所以常大言不慚，認爲天命在他身上。他説「五十而知天命」，他是在五十歲以後，才在魯國做大夫的，可是一出來就碰壁，公伯寮説子路壞話，他就説「道之將行也與，命也。道之將廢也與，命也。公伯寮其如命何」。畏於匡就説「天之將喪斯文也，後死者不得與於斯文也。天之未喪斯文也，匡人其如予何」(《子罕》)。困於宋，又説「天生德於予，桓魋其如予何」(《述而》)。這些時候，他的反動氣焰還很高，很有些「天之曆數在爾躬」的派頭。到釘子碰得多了，「道之不行，已知之矣」，没有人賞識他的反動天才，未免要耿耿於心。在衛國，在擊磬聲中表達出失望情緒，被一個背草筐的人所譏笑。跟子貢談論，自己表白「不怨天，不尤人」，其實正是在怨天，所以説「知我者其天乎」(並見《憲問》)。儘管個别的人吹捧他，像儀封人所説「天將以夫子爲木鐸」，子貢説「固天縱之將聖」等等。天命並没有爲他幫什麽忙，終於哀鳴「鳳鳥不至，河不出圖，吾已矣夫」(《子罕》)，鳳皇不飛來吶！黄河裏揹圖的龍馬不出來吶！我這個聖人完蛋了吧！天怎麽能不爲聖人安排一點兒祥瑞呢？這是魯哀公十四年(公元前四八一)的春天，一個砍柴人捕獲一頭類似獐而有角的獸，把左前足弄斷了，用車送給叔孫氏，叔孫嫌不吉祥，丢到城外。孔子在看了，説是麒麟，才取回來。天老爺總算派個使者來了，可惜是死的。顔淵死，他説：「天喪予！天喪予！」子路死，説：「天祝予！天祝予！」(祝字同咒)西狩獲死麟，説「吾道窮矣」(見《公羊傳》)。一直到臨死時，還要歌唱「泰山要塌下來了，房梁要斷了，哲人要枯萎了」。告訴子貢一個夢，他坐在兩根柱子中間受奠祭。按殷朝的喪禮，這裏是殯死人的。他是殷人。「夫明王不興而天下孰能宗予」，這個時代，不容許奴隸制時代的明王出現了，天下誰還尊敬他，讓他南面呢？那末，這夢不是好夢，是他要死的預兆。這個至死不悟的反動聖人，一直到臨死，還要向弟子們灌輸這些迷信思想，這也是所謂天才吧！

凡是反動派，没有一個不是唯心主義者，他們既是宿命論者，又是先驗論者。「死生有命，富貴在天。」奴隸主階級動不動就把天和命抬出來威嚇人、欺騙人。《堯曰》篇，也是整部《論語》的最後一章，就説「不知命無以爲君子也」，不知命就當不了所謂君子。君子要「畏天命」，小人就不同，《子路》説「小人不知天命而不畏也」。統治階級鼓吹天命，爲的是説成天給他的權力，是命中早已注定。被統治階級的民衆都是命中規定要「治於人」的。無論庶人工商以及各個階層的奴隸，他們被剥削，被欺侮，被壓迫，都是老天爺安排好了，一切得聽天由命。「天不變，道亦不變」，這是奴隸主統治階級的唯一願望。提倡宿命論，命由前定，一切小人們、賤民們、奴隸們，都不會起來造反了，這真是千年萬世長治久安之計啊！可是「高岸爲谷，深谷爲陵」，這種變遷是誰都看得到的。在歷史上，五帝以後是三王，三王以後是五霸，是一種變革。夏王朝完了，商王朝出來，商王朝完了，周王朝出來，是一種變革。所謂「天下有道則禮樂征伐自天子出，天下無道則禮樂征伐自諸侯出」，甚至「自大夫出」，「陪臣執國政」，又是一種變革。奴隸主們「亡姓滅氏，降爲奴隸」，個别奴隸蜕化成爲奴隸主，又是一種變革。這怎麼説呢？奴隸主們説，這也都是天意安排，命中注定的。這種變革，不過是「如順連環，周而復始」，不過是走馬燈式的團團轉的變革。孔子説「殷因於夏禮，所損益可知也。周因於殷禮，所損益可知也。其或繼周者，雖百世可知也」（《爲政》）。「殷變夏，周變殷」，只不過有些損益罷了，本質上是不變的，百世也不變的。又説「自諸侯出，蓋十世希不失矣。自大夫出，五世希不失矣。陪臣執國命，三世希不失矣」（《季氏》）。從天子到諸侯，從諸侯到大夫，從大夫到陪臣，是變，但十世、五世、三世，「希不失矣」是不變的。天下有道到天下無道是變，「齊一變至於魯，魯一變至於道」也是變，但這些規律不變。因此，他們儘管也講變，變來變去還是宿命論者。如果只看到他們也知道陵谷變遷，就認爲是革命論者，那就上了大當了。

既然所謂聖人是「天生」、「天縱」，那末，他們的聰明才智，也必然是天賦的。在他們看來，歷史是英雄們創造的，是天才創造的。「由有本事從上帝那裏竊取隱秘思想的人們創造的。平凡的人只需應用他們所泄露的天機」（馬克思）就夠了。孔子説「性相近也，習相遠也，唯上知與下愚不移」（《陽貨》），分上智、中人和下愚三等。「中人以上可以語上也，中人以下不可以語上也」（《泰伯》），就在中人一等還可以分以上以下。這些等級也是先天定下的，所以中人以下即使給他上智的道理他也不懂。「生而知之者上也，學而知之者次也；困而學之，又其次也；困而不學，民斯爲下矣」（《季氏》），生而知之是上智，民是下愚，所以又説「民可使由之，不可使知之」。奴隸主們就怕民衆懂得了會造反，千方百計地愚弄他們，卻偏要駡他們下愚，説他們困而不學。孔子要作爲一個謙謙君子的榜樣，説話向來裝模作樣，他説「我非生而知之者，好古敏以求之者也」（《述而》），實際上他正自命爲生而知之者，是上智。等於他説「若聖與仁則吾豈敢」，實際也以聖與仁自命。只有在遇到危難時，他才情不自禁地説什麼「天生德於予」之類，不再假惺惺地來一套「温良恭儉讓」了。生而知之是天才，怎樣證明他是天才，是「好古敏以求之」，是「信而好古」，是「好學」。他經常自誇他的好學，他的得意門生顔淵也是好學，顔淵死，就「未聞有好學者也」。好學才能博學，能掌握很多知識。「在唯心主義者看來，任何改造世界的運動只存在於上帝特選的人的頭腦中」，是「把全部智慧作爲自己的私有財産而佔有的」（馬克思）。可惜這全部知識都只是過去時代剩下來的糟粕，你好奴隸制社會之古，可是遇到的卻是封建制社會之今，臭腐的已然臭腐，只有更加臭腐，再也不能化爲神奇了。你説三代損益，百世可知。事實上，「春秋變周」，跟「殷變夏，周變殷」的性質早就不同。你對春秋時代二百多年的新發展還在混沌迷霧之中又怎麼能知道百世即三千年之後呢？你説：「禄之去公室五世矣，政逮於大夫四世矣，故夫三桓之子孫微矣。」事實是魯國經歷了陽貨掌權時期之後，三桓子孫並没有微，魯哀公被他們趕走。「悼公之時，三桓勝魯如小侯，畀（卑）於三桓之家」（見《史記·魯世家》）。歷史進程無情地宣告這種先驗的歷史觀破産了。一切反動總自詡爲天才和上智，把勞動民衆和奴隸駡做下愚。他們既不懂得時代，又經常錯誤地估計形勢，直到垂死哀鳴，還埋怨天亡我也，這種天生的才能，不過如此而已。

孔子的道路，兩千多年來幾乎成爲中國舊知識分子共同的道路。脱離人民羣衆，脱離社會生活，追求書本知識，强調個人修養，四體不勤，五穀不分，把一切傳統奉若神聖，害怕新生事物，没有一點創造精神。一味地學呀！學呀！「學如不及，猶恐失之。」被無窮無盡的歷史知識，像山一樣壓到抬不起頭，直不起腰，而没有「實踐出真知」。孔子説「蓋有不知而作之者，我無是也。多聞擇其善者而從之。多見而識之，知之次也」（《述而》）。什麼事情都要引經據典，走前人已經走過的道路。就是對已佔有的知識，也畏首畏尾，要擇善而從，不要違反奴隸主階級的既得利益。「多聞闕（缺）疑，慎言其餘則寡尤。多見闕疑，慎行其餘則寡悔；言寡尤，行寡悔，禄在其中矣」（《爲政》）。爲了做官小心謹慎，少出亂子，是這位官僚政客的老祖宗的唯一秘訣。他提出中庸之道來爲奴隸主階級的利益服務，「中庸之爲德也，其至矣乎，民鮮久矣」（《雍也》）。什麼事情都有「兩端」，有頭有尾，有左有右，有過有不及，而他把中間道路作爲最高標準。《禮記·中庸》説舜「執其兩端，用其中於民」。要是不符合這個中，就叫作「異端」，「攻乎異端，斯害也已」（《爲政》），研究異端是有害的。「君子而時中」，是奴隸主統治者對付民衆的一付手段。單單執中還不行，還要有權，權就是砝瑪，要在兩方搞平衡，這邊重了，就在那邊加砝瑪，像天平一樣取得平衡。這就是統治者的權術。表面上裝作大公無私，不偏不倚，實際上是另外一套。孔子貴仁，經常罵人不仁，説「我未見好仁者，惡不仁者」，「惡不仁者其爲仁矣，不使不仁者加乎其身」（《里仁》）。應該對不仁的人是極端憎惡了吧！但轉過來卻説「人而不仁，疾之已甚，亂也」（《泰伯》），顯然，這是「君子而不仁者」，是奴隸主，就不能太憎惡了。《孟子・離婁》説「仲尼不爲已甚者」，最足以説明他這種機會主義者的醜惡面目。「陽貨欲見孔子，孔子不見」，把清蒸仔猪送給孔子，照禮節，孔子應該去答拜。那時，陽貨執政，是反對爲仁的爲富派，而孔子是反對爲富的爲仁派，所以孔子打聽他不在家時才去拜訪，可恰巧在路上遇到了。陽貨把孔子叫過去，説：「懷其寶而迷其邦，可謂仁乎？」你是爲仁的，你有本領而不來治理國家，能算仁嗎？「好從事而亟失時，可謂知乎？」希望做事情可是老丢掉機會，能算知嗎？孔子這個「仁且智」的「聖人」，在陽虎看來是不仁不智，他也不敢反駁。「日月逝矣，歲不我與！」時間一天一天消失了，年歲是不會等我們的。孔子只好説：對！我要出來做官了（見《陽貨》）。是假答應嗎？也未見得。跟陽貨一起造季氏反的公山弗擾，召孔子去，孔子就想去。子路不高興，説：你都没有地方去了麽，何必到公山氏那裏去呢！孔子説：既然要找我，總有些道理吧！費邑只是魯國的一個都，他還妄想從那裏發展到能幫助東周王朝嘞。晉國趙鞅手下的佛肸，據了中牟造反，召他，他也想去。又是這個直性的子路説：你没有説過嗎！親身做了不好事情的人那裏，君子是不去的。佛肸這種人那裏，你去幹嗎？孔子説：硬的東西是不怕磨的，白的東西是染不上黑的，和壞人在一起有什麽關係。我哪能像葫蘆那樣老是掛在那裏不吃呢（並見《陽貨》）。那末，儘管陽虎不是爲仁派，真要用他時，他早投奔去了。這就是他的「不爲已甚」和「無可無不可」，十足的投機分子。孔子「主忠信」，自稱忠信，也教人忠信，「人而無信，不知其可也」（《爲政》）。可是轉過來就説「言必信，行必果，硜硜然小人哉」（《子路》）。只有小人才是言必信的。所以《孟子・離婁》就説「大人者言不必信，行不必果」了。孔子被蒲人所拘留，蒲人説，你要不去衛國，就放你走。孔子和他們盟了，可是一出來就去衛國。子貢説，盟可以負呀！孔子説，這是要盟，神不聽，可以失信。到了衛國，還極力主張伐蒲來討好衛靈公的夫人南子。南子名聲很臭，他通過宦者雍渠（癰疽）的内綫去見她，和大臣們對立，又是子路不高興，急得他指天發誓。可見他不是那麽正直的，誠實的，説話算數的，光明正大的和有原則的，而只是一個追逐權勢的機會主義者。他儘管説「不爲已甚」，可是對於敵對階級的小人就是另一副面目。只要權勢在握，對於少正卯那樣的聞人，就像老鷹看到了小雀子，心狠手辣，唯恐疾之不甚了。

十八　孔子學説和先秦儒家是初期封建社會的反動思潮

孔子是奴隸主統治階級將近全面崩潰，新興的平民階級已經普遍覺醒，而地主富人階級正在攘奪權勢的時代裏的反動思想家。孔子的學説是代表没落的奴隸主階級統治者，所謂君子們的反動思想的學説。它的中心是「仁」，是愛人。這是統治階級爲了籠絡人心而提出來的口號。這種愛是有等級的，要區別親和疏，貴和賤，尊和卑，上和下，近和遠，舊和新等等。「親親而仁民」，説明「仁」這個口號是專爲欺騙卑賤疏遠的下民而提的。仁是推己及人，「己欲立而立人，己欲達而達人」。如果説「己所不欲，勿施於人」，就也叫做恕。「你希望別人怎樣對待你自己，你就怎樣對待別人」，你好我好，大家都好，爲別人就是爲自己。仁又是「克己復禮」，爲了與新興地主商人階級思想的代表者法家辯士作鬥爭，他盡量傳播奴隸制遺留下來的舊文化，舊禮教，搞許多繁文縟節，非禮勿言，非禮勿動，區別尊卑上下，以束縛民衆的思想。爲了使別人相信，他也得做一些「克己」工夫來作榜樣，正己才能正人，讓人們稱他爲正人君子。不論推己也罷，克己也罷，都是從他自己出發的，所謂「吾道一以貫之」，其訣竅不過如此。正由於仁這個口號説穿了不過是爲自己，後來墨家就用「兼愛」這個口號來反對他，當然這個新口號的鼓動性大得多了，所以能很快就發展到和儒家有同等的地位。而更後起的楊朱所提倡的「爲我」，則是由「爲仁」的實質方面的發展，只是赤裸裸地强調「貴己」，不加任何虚僞的掩飾罷了。

孔子是唯心主義者，又是奴隸主貴族階級的博學者，他自誇好學，學了不少古代的知識，具備當時貴族中間流行着的各種知識，這些對於勞動人民大都是毫無用處的。然而他自認爲掌握人類的全部智慧，是天生的聖人、救世主。他既是宿命論者，又是先驗論者，信天命，信鬼神，從最底層的奴隸一直到奴隸主階級的最高統治者，一切都是命中安排定了的。他生在春秋末年，是他所謂「天下無道」的時代，「道之不行，已知之矣」，也是命該如此。盼望奇蹟降臨而奇蹟不來，是時運不濟。「明王不興」，天下誰還尊重他，「知其不可爲而爲之」，無可奈何的哲人，只好在幾個門人弟子的手上枯萎了。他的一套學説後來稱爲儒家。《論語·雍也》「子謂子夏曰：女(汝)爲君子儒，無爲小人儒」，可見儒的名稱早就有了。儒的原來意義跟懦字相通，是懦夫，所以《説文》説：「儒，柔也，術士之稱。」《周禮・太宰》把師和儒分開，師是教學的老師，而儒是術士，像相禮之類都是這班稱爲儒的術士做的。孔子少也賤，是從儒出身的，既不懂當時的政治、經濟、軍事、法律、農業等等，一心復古，連衣冠都要用古代的，想把儒提高到只是君子們的學説。但是時代變了，這種君子已被社會所輕視，所以死後不久，討好小人們的墨家能起而代之。但是儒墨兩家，總還都是顯學，各有很多門徒，一直到戰國末年，儒分爲八，墨分爲三。但他們是有共同點的。他們都是稱先王，道詩書，力圖恢復奴隸制社會的舊文化、舊思想，儘管這些東西早就不合時宜了，但盤踞在一些落後的人們頭腦中的東西是不容易一下子就排斥出去的。《韓非子・顯學》説：

> 孔子、墨子俱道堯舜而取舍不同，皆自謂真堯舜。堯舜不復生，將誰使定儒墨之誠乎。殷周七百餘歲，虞夏二千餘歲，而不能定儒墨之真，今乃欲審堯舜之道於三千歲之前，意者其不可必乎。無參驗而必之者愚也，弗能必而據之者誣也。故明據先王，必定堯舜者，非愚即誣也。

這類愚而誣的人的中間，儒家尤其突出。所謂君子儒在封建社會裏大多數喫不開了，靠相禮等爲生活的小人儒倒是多得很。《墨子・非儒篇》譏誚這類儒者：

> 夫夏乞麥禾，五穀既收，大喪是隨，子姓皆從（子姪等都跟去），得厭（饜）飲食。畢治數喪，足以至矣。……富人有喪，乃大説（悦）吾，曰：此衣食之端也。

《荀子・儒效篇》也説：

> 逢衣淺帶，解果其冠，畧法先王而足亂世術，繆學雜舉，不知法後王而一制度，不知隆禮義而殺詩書。其衣冠行僞已同於世俗矣，然而不知惡者。其言議談説，已無以異於墨子矣，然而明不能別。呼先王以欺愚者而求衣食焉。得委積足以揜其口則揚揚如也（拿到一些糧食夠堵住嘴就揚揚得意了）。隨其長子，事其便辟（伺候他的寵人），舉其

上客，傀然若終身之虜而不敢有他志，是俗儒者也。

正因爲是小人儒，所以和墨子的觀點是很接近的。又《非十二子篇》説：

> 弟佗其冠，神禫其辭，禹行而舜趨，是子張氏之賤儒也。正其衣冠，齊其顔色，嗛然而終日不言，是子夏氏之賤儒也。偷儒憚事，無廉恥而事飲食，必曰君子固不用力，是子游氏之賤儒也。

這些俗儒、賤儒，顯然都是新興封建社會的渣滓了。《莊子·外物》甚至説：

> 儒以詩禮發冢（儒用詩和禮來盜墓），大儒臚傳曰（大儒用贊禮的調子唱着）：「東方作矣，事之何若？」（天快亮了，事情怎樣了）小儒曰：「未解裙襦（裙子衫子還没解開），口中有珠。詩固有之，曰：『青春之麥，生於陵陂，生不布施，死何含珠爲！』」（生前不佈施，死了含珠什麽用）接其鬢，壓其顪（腮），以金椎控其頤（下巴），徐別其頰（慢慢分開兩頰），無傷口中珠。

他們在盜墓時還要文縐縐地念幾句詩，彬彬有禮。儘管是對儒家的嘲笑，但對儒生的種種醜態，刻畫得比較淋漓盡致。跟《盜跖》篇借跖來罵孔丘，實在有異曲同工之妙。《荀子·非十二子篇》所非的有春秋末年以後的它囂、魏牟、墨翟、宋鈃、陳仲、史鰌、慎到、田駢、惠施、鄧析等人，最後是儒家的子思、孟子：

> 略法先王而不知其統，猶然而材劇志大，聞見雜博，案往舊造説，謂之五行。甚僻違而無類，幽隱而無説，閉約而無解。案飾其辭而祇敬之曰：「此真先君子之言也。」子思唱之，孟軻和之。世俗之溝猶瞀儒，嚾嚾然不知其所非也，遂受而傳之，以爲仲尼、子游爲兹厚於後世，是則子思、孟軻之罪也。

子思、孟軻在韓非所説儒分爲八中已佔了四分之一。《史記・孔子世家》説「子思作《中庸》」是不可信的（見後）。荀子所非，應指《禮記》中的《禮運》，那末，子思是傳子游之學的。孟軻狂熱地宣傳孔子之道，當然，他生在戰國後期，受了楊朱、墨翟等許多影響，又和稷下辯士們在一起，也有些戰國縱横家的習氣，談仁義，主張性善，還是孔丘的復古主義，來往於齊、梁等國，也是一事無成，空説些大話罷了。荀子應該是八儒中的倒數第二，孫氏之儒。已經是戰國晚期了。儘管反對孟軻，主張性惡，但提倡禮樂，反對法家，推崇仲尼、子弓，並没有脱出儒家復古主義的範圍。《韓非子・五蠹》説「儒以文犯法」，博學於奴隸主階級的文的儒生集團在初期封建社會總是要利用他們的文來反新興封建統治階級的法的。這種反動思潮，一直到秦始皇統一天下，才一度得到清洗。

十九　從秦始皇的尊法禁儒到西漢後期的讀經尊孔

戰國時，傳播孔子之道的地區主要是齊魯等國。孔子西行不到秦，也没有渡黄河去晉國，所以那裏的影響不大。晉分爲三，魏文侯據説是好學的，子夏居西河，田子方、段干木、吴起等，「皆受業於子夏之倫」，後來孟軻也見過梁惠王、梁襄王。但是韓國、趙國就没有什麽儒者。就是魏文侯，以李悝爲相，而李悝作《李子》三十二篇，《漢書・藝文志》列於法家之首。所作《法經》是法家的經典著作之一。《史記・商君列傳》説商鞅「少好刑名之學」，顯然是受鄧析和申不害等的影響的。年輕時又事魏相公叔座，爲中庶子，也一定受有李悝的影響。所以《晉書・刑法志》説李悝著《法經》六篇，「商君受之以相秦」。商鞅變法是我國歷史上的一件大事，在秦孝公三年（公元前三五九），也正由於秦國在春秋時比較落後，穆公時曾强盛過，後來因爲内亂就衰落了，受到儒家的影響又最小。《韓非子・和氏》説：

> 商君教秦孝公以連什伍，設告坐之過，燔詩書而明法令，塞私門之請而遂公家之勞，禁游宦之民而顯耕戰之士。孝公行之，主以尊安，國以富强。

人們只知道始皇焚書，不知道孝公時代就已經「燔詩書而明法令」了。變法要經過鬥爭，商鞅把詩書稱爲六蝨（《商君書・

斬令》，不燒詩書就法令不能明，秦國正是由這次變法而富强起來的。始皇平定六國之後，「海内爲郡縣」，丞相王綰等主張分封侯王，羣臣都贊同，只有李斯認爲置諸侯不便，和始皇合。可是隔了八年，舊事重提，博士齊人淳于越説「事不師古而能長久者非所聞也」，仍主張封子弟功臣。李斯説他是不懂得始皇所建立的萬世之功的愚儒，「今諸生不師今而學古，以非當世」。因此提出燒詩書百家語，「有敢偶語詩書棄市，以古非今者族」。這場師今和學古的鬥爭，仍然是儒家和法家的鬥爭。《韓非子·五蠹》説「故明主之國無書簡之文，以法爲教。無先王之語，以吏爲師」。李斯議「若有欲學法令，以吏爲師」，就是這種主張。

秦國從商鞅以後，儒家的影響還是很小，昭王時「穰侯專秦權，惡納諸侯客」，昭王也「厭天下辯士，無所信」，但從魏人范雎入秦封爲應侯以後，這種情況大概有一些變化（公元前二六六年後）。荀子也曾入秦，秦昭王問他「儒者無益於國」（見《儒效》），而應侯問他「入秦何見」，荀子説秦國的形勢、百姓、官吏、士大夫、朝廷樣樣都好，只是「無儒」，要用「王者之功名」來比，「倜倜然其不及遠矣」（見《彊國》）。到秦莊襄王元年，吕不韋做了丞相，封文信侯，招致士，厚遇之，至食客三千人。是時諸侯多辯士，如荀卿之徒著書布天下。吕不韋乃使其客人人著所聞集論以爲八覽六論十二紀二十餘萬言，以爲備天地萬物古今之事，號曰《吕氏春秋》。據《吕氏春秋》的《序意》是「維秦八年」，也就是秦始皇八年（公元前二三八）定的稿。在吕不韋的客中最著名的是李斯，他本是荀卿的弟子，他入秦是在莊襄王死後，「求爲秦相文信侯吕不韋舍人，不韋賢之，任以爲郎」，這時秦始皇才十三歲，不韋專權，《吕氏春秋》的編集，可能有李斯參加，而《漢書·藝文志》把這本書列於雜家，所謂「兼儒墨，合名法，知國體之有此，見王治之無不貫」，實際上它是屬於學古一派，把儒家墨家等所宣揚的先王之道都融合到一爐中去了。就是秦始皇八年，「嫪毐封爲長信侯，予之山陽地，令毐居之，宫室車馬衣服苑囿馳獵恣毐，事無小大，皆決於毐，又以河西太原郡更爲毐國」。嫪毐原來也是吕不韋的舍人，由於吕的關係而得幸於太后，「家僮數千人，諸客求宦爲嫪毐舍人千餘人」，儼然成爲吕不韋的政敵了。始皇九年，「攻魏垣蒲陽」，攻得很急，有人替魏王出主意，要魏國走嫪毐的門子。《戰國策·魏策》四説：

> 秦自四境之内，執法以下，至於長輓者，故畢曰：與嫪氏乎，與吕氏乎？雖至於門閭之下，廊廟之上，猶之如是也。今王割地以賂秦，以爲嫪毐功，卑體以尊秦，以因嫪毐。王以國贊嫪毐，以嫪毐勝矣。王以國贊嫪氏，太后之德

王也，深於骨髓，王之交最爲天下上矣。秦魏百相交也，百相欺也。今由嫪氏善秦而交爲天下上，天下孰不棄呂氏而從嫪氏。天下必舍呂氏而從嫪氏，則王之怨報矣。

呂嫪之爭，連魏國也要插手，可見很激烈。呂不韋當相邦已經十二年，號爲仲父，而嫪毐自稱爲秦王的假父，有太后的支持，是勢均力敵的。《史記・呂不韋傳》説：「始皇九年，有告嫪毐實非宦者，常與太后私亂，生子二人皆匿之。與太后謀曰，王即薨，以子爲后。」顯然是呂不韋一派的人去告發的。這在嫪毐一派是出其不意的，倉卒間發動政變，趁秦王在四月裏住在雍的時候，準備攻蘄年宫，秦王讓相邦呂不韋和昌平君、昌文君發卒攻毐，戰咸陽，斬首數百，毐等敗走，後來把毐和同黨都捕獲了。秦王把他們「下吏治，具得情實，事連相國呂不韋」。九月裏殺完了嫪毐等，隨着，十年十月「相國呂不韋坐嫪毐免」。秦王這時已經二十三歲了。既平了嫪毐之亂，又把專政了十二年的呂不韋的權也收回了，他才自己掌握秦國的政權。這時李斯向秦王游説怎樣可以取得統一的計謀，秦王拜他做長史，後又拜爲客卿。秦王是十分崇仰韓非的書的，李斯和韓非據説都是荀卿的學生，韓非的著作早就出名了，李斯實際上是實踐了韓非的學説的。同時還有個大梁人尉繚也主張犧牲三十萬金來收買諸侯的豪臣，尉繚也是一個法家，説明秦王是重法的。但是呂不韋的門客很多，幾乎全是搞復古的。殺嫪毐時「賓客辯士爲游説者衆」，使得秦王没有敢一併殺呂。正好那時韓國人鄭國到秦國來搞水利，實際是爲韓國作間諜，讓秦國多費人工，顧不到向東方出兵。這個陰謀敗露了，秦國的宗室大臣主張把從各國來的客都逐出去，李斯也在其内，李斯上了書，才把逐客令止住了。但是文信侯呂不韋回到洛陽後，「歲餘，諸侯賓客使者相望於道，請文信侯」，這對秦國是很大威脅，秦王要把他遷蜀，文信侯自殺了，送葬的舍人中凡是三晉的人逐出之。這是始皇十二年的事。一直到這時，秦國還没有什麽齊魯的儒生。到天下統一以後，儒生們就活動起來了，有一些萇弘一類的方士跟儒家結合一起，用言鬼神事和求仙人不死之藥來蠱惑始皇。二十八年東行「上鄒嶧山，立石。與魯諸儒生議刻石頌秦德，議封禪望祭山川之事」，這使儒生們産生一種錯覺，以爲始皇要制禮作樂了，就是他們的參與政治的機會來了。琅邪臺刻石頌秦功德説到「器械一量，同書文字」，而現在《禮記》中的《中庸》[三三]就有下面的一段：

子曰：「愚而好自用，賤而好自專，生乎今之世，反古之道，如此者烖及其身者也。」非天子不議禮，不制度，不考文。今天下車同軌，書同文，行同倫。雖有其位，苟無其德，不敢作禮樂焉。雖有其德，苟無其位，亦不敢作禮樂焉。

過去説《中庸》是子思做的，但説到「今天下車同軌，書同文」，跟子思能有什麽關係呢？子思與墨子同時，做夢也想不到「書同文」方面來的。「一法度衡石丈尺，車同軌，書同文字」，只是秦始皇才辦到了的。這些儒生們説「非天子不議禮，不制度，不考文」，現在已經制度了，考文了，該輪到議禮了，因而拼命攻擊生於今世而反對古之道的人，説要「災及其身」，希望始皇用中庸之道，用「古之道」，想以此爲儒家爭奪政權的理論基礎。但是他們高興得太早了。始皇「師申、商之法，行韓非之説，」是不可動摇的，決不容許師古和以古非今。燒詩書百家語以後，一部分儒生誹謗開了。始皇使御史查問，犯禁的有四百六十多人，「皆阬之咸陽，使天下知之以懲後」。始皇大兒子扶蘇是受了儒家的毒的，認爲「諸生皆誦法孔子」，這樣鎮壓恐怕天下不安。始皇怒，把他派到上郡去監蒙恬軍。夏商周三個奴隸制王朝，對於臣服她們的諸侯們中間的紐帶是很松弛的，春秋戰國諸侯割據經過五百多年，一直到始皇十七年才把韓國攻滅，十年之内，兼併六國，統一天下，建立了中央集權的專制主義的封建國家，在我國疆土上實現從古未有的真正的統一，從歷史上看，秦始皇的功績是很偉大的。當然，封建制還是階級壓迫的制度，加以始皇身體不好，統一後只經過十一年就死了，既没有確定繼承人，又出現了許多不能預知的偶然因素，在陳勝、吴廣等領導下我國第一次農民起義的猛烈衝擊下，只有三年，這個嬴姓皇朝就消滅了。隨後劉邦篡奪了農民起義的果實，建立了漢皇朝，封建帝國的規模没有變，只是改朝换姓罷了。秦以後的歷史證明，秦漢以後絶對不能再重演奴隸制王朝那種封建諸侯的制度，絶對不能再搞什麽「興滅國，繼絶世，舉逸民」之類的反動綱領，歷史的車輪是不容許倒退的。

孔子學説在春秋末年就是時代的反動。生在封建社會初期，眼睛裏看不到方興的億萬庶民，而頑固地站在日薄西山的一小撮奴隸主貴族階級立場上，妄圖復興五百多年前奴隸制王朝的文化，以鞏固正在土崩瓦解的奴隸主們的統治。他不能知道也不會知道在新時代裏，這些東西是根本不能實現的。這種陳腐的東西，既不像管仲、商鞅之法可以治國，又不如孫武、吴起之兵可以强國，到處游説，只尚空談，無益實用。只是戰國時「諸侯並爭，厚招游學」，所以百家爭鳴而儒墨並稱顯學，而到了秦朝建成了統一的封建政權，這種學説的反動就完全暴露出來了。焚書坑儒，給了儒家致命的打擊，但是階級鬥爭是長期的、複雜的，不是一次沉重的打擊就能把敵人全部殲滅的。「收天下書，不中用者盡去之」，但是「博士官所職」的没有燒，民間的藏在屋簷裏的，藏在墻中的没有燒盡。秦朝博士有七十人，並没有坑多少，首先發難的齊人淳于越，没有聽説是坑了。《漢書·藝文志》儒家有《羊子》四篇，原注「百章，故秦博士」。名家有《黄公》四篇，原注「名庇，爲秦博士，作歌詩，在秦時歌詩中」。漢初傳尚書的伏生，原是秦博士，而爲漢高祖定朝儀的叔孫通是二世時博士。在陳勝、吴廣起義後，二世召集博士諸儒生來訪問，有三十多人説是造反，要發兵鎮壓，只有叔孫通迎合二世，説只是一般竊盜，讓地方上去捕捉就行了。但不久就逃走，轉輾投降劉邦。魯國諸儒也都混入農民起義軍裏面，孔鮒據説是陳王的博士。司馬遷説：

> 陳涉起匹夫，驅瓦合適（謫）戍，旬月以王楚。不滿半歲竟滅亡，其事至微淺。然而縉紳先生之徒負孔子禮器往委質爲臣者何也？以秦焚其業，積怨而發憤於陳王也。——《史記·儒林傳》

可見儒生們只是爲了報焚書之仇而暫時投奔起義軍的。漢高祖不喜儒生，叔孫通也穿短衣，經常推薦武人，後來也做了漢王的博士。漢高祖做皇帝，機會到了，他拿出一套相禮的本領，對劉邦説「儒者難與進取，可與守成」，徵召魯諸生三十多人和他的弟子們排朝儀，劉邦用了很愜意，説：我今天才知道做皇帝是怎樣尊貴的。魯國有兩個儒生不肯應召，説叔孫通跟過十個主子，專會拍馬，現在又搞起禮樂來了。禮樂要積德一百年才能搞，這樣做不合古。叔孫通笑他們是鄙儒，「不知時變」。定朝儀後，官拜太常，賜金五百斤。弟子們都做了官，他又把金五百斤分給諸生，皆大歡喜，説「叔孫生誠聖人也，知當世要務」。這個封建官僚，倒確是受孔子的心傳，做了一個識時務的幫閑，青出於藍，真可以算得聖之時者也了。

戰國末，儒墨雖都是顯學，經過這次打擊後，急於進取，接近小人的墨家就一蹶不振，没有人提起了。而保守性强的儒家卻只是暫時蟄伏，遇到適當的温度就再度蠢動。漢初儘管不重儒學，但太常博士一直掌握在儒家手裏。儒家善於投統治者所好，封建皇帝覺得天下太平，要裝門面，擺排場，他們就來歌功誦德，制禮作樂，議封禪，立明堂。統治者希望長生不死，他們就來求仙采藥，和方士們結合在一起。你想用天命騙人，他們就來講圖讖，造符瑞。你搞迷信，他們就來講五行災異。他們是壟斷一切舊知識，包括所有歷史上的垃圾的。所以儘管「孝文帝本好刑名之言，及至孝景不信儒者而竇太后又好黄老之術，故諸博士具官待問，未有進者」。但孔鮒弟孔襄是惠帝時博士，説詩的韓嬰是文帝時博士，跟伏生學《尚書》的濟南張生也是博士。轅固生是景帝時治《詩》博士，董仲舒、胡毋敬都是《春秋》博士。許多儒生還當了侯王的師傅或相，韓嬰是常山王太傅，轅固生是清河王太傅，董仲舒先是江都相，後來是膠西王相等，叔孫通還做太子太傅，是景帝的老師。那末，統治階級内部的思想陣地，早就爲儒家所控制了。所以從秦始皇禁儒後，才七八十年，漢武帝劉徹就「鄉（向）儒術，招賢良」，儒家又活動起來了。只是奴隸主階級的亡靈，這時已經穿上封建主義的袍服。漢朝的政治制度，基本上承襲秦朝。漢朝初政本也是重法輕儒。但是社會上的風氣在變，反映到封建貴族身上，許多王侯喜歡搜集古書，如淮南王劉安，河間獻王劉德等，尤其是後者，「山東諸儒，多從而遊」。竇太后的姪子魏其侯竇嬰，武帝舅父武安侯田蚡等都招攬賓客，也很多是儒生。武帝剛即位，許多措施多采用田蚡賓客的計謀。建元元年（公元前一四〇）舉賢良，丞相衛綰奏「所舉賢良或治申、商、韓非、蘇秦、張儀之言，亂國政，請皆罷」（《漢書・武帝紀》）。這是反法的第一炮。衛綰是玩車技起家的，這顯然出自田蚡的指使。九個月以後，竇嬰做丞相，田蚡是太尉，推薦趙綰做御史大夫，王臧做郎中令，這個儒家集團準備把魯國的申公接來，設明堂，把列侯都送回本國。竇太后好黄老，而他們「務隆推儒術，貶道家言」。因此，趙綰請求不向竇太后奏事，觸怒太后，下獄自殺，竇嬰、田蚡都免官，這次鬥爭很快就失敗了。到建元六年，竇太后死後，田蚡又做丞相。第二年是元光元年（公元前一三四），武帝已二十三歲，又讓賢良對策，「於是董仲舒、公孫弘等出焉」（同上）。班固作《漢書・董仲舒傳》説：「自武帝初立，魏其、武安侯爲相而隆儒矣。及仲舒對策，推明孔氏，抑黜百家，立學校之官，州郡舉茂材孝廉，皆自仲舒發之。」實際上董仲舒在景帝時已做博士，是老儒了，但對策後，武帝並未重用，只派到江都易王那裏去做相。公孫弘比他是後輩了，這次也「以賢良徵爲博士」，因不合武帝意，託病回鄉。《史記・儒林傳》：「田蚡爲丞相，絀黄老刑名百家之言，延文學儒者數百人，而公孫弘以《春秋》，白衣爲天子三公，封以平津侯，天下之學士靡然向風矣。」公孫弘的重新徵賢良是元光四年，那時田蚡剛死，對策的儒生有一百多人，公孫弘的名次最低，可是被武帝看中了，提拔做第一名，一年裏面就從博士到左内史，四年後做御史大夫，又隔兩年就做丞相。這是由於武帝時代，儒生們已成爲地主階級的代表人物，是封建統治的基礎，爭奪儒生就成爲當時的一件大事。大將軍衛青説：「自魏其、武安之厚賓客，天子常切齒，彼親附士大夫，招賢絀不肖者，人主之柄也。」（見《史記・衛青傳》）《漢書・田蚡傳》説田蚡當丞相，每次奏事都薦人，有的一直提拔到二千石，「權移主上」，武帝急了，説：你提拔完了没有？我也要用人呀！那末，尊儒反法，儘管開始於竇嬰、田蚡，而真正的主角還是漢武帝，《漢書·公孫弘傳》説「武帝方興功業，婁（屢）舉賢良」，「開廣門路，宣招四方之士」，這是他爲了鞏固政權所不得不采用的手段。把公孫弘從最下等提拔到第一名，就是要顯示他親自招納士大夫的一手。公孫弘在對策裏也講儒家一套的仁義和禮，可是加上一條「擅殺生之柄，通壅塞之途，論得失之道，使遠近情僞必見於上謂之術」，正是統治階級所需要的手段。《漢書》説他「辯論有餘，習文法吏事，緣飾以儒術」，是善於做官的老油子，而掛上一副假仁假義的儒家的幌子，所以很討武帝喜歡。舉孝廉，建學校等都是通過他的建議搞的。《史記·太史公自序》：「漢興，蕭何次律令，韓信申軍法，張蒼爲章程，叔孫通定禮儀，則文學彬彬稍進，詩書往往間出矣。自曹參薦蓋公言黄老，而賈生、晁錯明申、商，公孫弘以儒顯。」從公孫弘做了宰相，尊儒反法的一股逆流，就很快高漲了。《漢書·儒林傳》説：

> 自武帝立五經博士，開弟子員，設科射策，勸以官禄。訖於元始，百有餘年，傳業者寖盛，支葉蕃滋，一經説至百餘萬言，大師衆至千餘人，蓋禄利之路然。

封建統治者就是用昇官授禄使這班地主階級文人入其牢籠，服服貼貼地充當他們的爪牙的。

秦朝創始了中央集權的封建制，天下爲郡縣。劉邦政權錯誤地認爲秦的滅亡由於孤立，又封建王侯，但此外制度還都沿襲秦代，尊法輕儒。從漢興到武帝時六七十年間，封王侯的錯誤已很明顯，中間采用了晁錯、主父偃等的計劃，避免了諸侯割據的危機。但另一方面，地主階級和農民的矛盾日益尖鋭，爲了阻止農民們起來造反，重新撿起儒家學説這面黑旗。一切反動派在害怕人民方面有共同之點，親疏貴賤尊卑上下等的區分，本是奴隸主階級的統治工具，現在封建統治者發現這些束縛民衆的禮教正符合於他們的需要，所以儒家學説在百家中就成爲幸運兒，被選中爲地主階級的統治思想，他們也要復唐虞三代的古了。所謂「爲羣儒首」的董仲舒，提出「古之天下亦今之天下，今之天下亦古之天下」，「天不變，道亦不變」的反動理論，主張回復到「古之道」，「天之理」。在他看來，三代損益，「有改制之名，亡（無）變道之實」，不過像走馬燈式的，换來换去，總是這些。漢承秦後，已經「法出而姦生，令下而詐起」，好像「腐朽之木，不可雕也，糞土之墻，不可圬也」，「無可奈何」了，必須更化，法令不行了，必須靠儒家來更化了。但是漢代的儒不是先秦的儒了。戰國末的儒分爲八，孫氏之儒就是荀卿，李斯、韓非雖説是他學生，但是法家而非儒家。秦以後，這種師承是斷絶了。《史記·儒林傳》：「武帝招方正賢良文學之士，自是之後，言《詩》於魯則申生，於齊則轅固生，於燕則韓太傅；言《尚書》自濟南伏生；言禮自魯高堂生；言易自菑川田生；言《春秋》於齊自胡毋生，於趙自董仲舒。」他們已經只是五經的傳學者了。這些所謂學者大都只專一種經，斷斷章句，搞些注解的學究和教書匠，而像叔孫通、公孫弘那種善於逢迎的人則不過是政治騙子罷了。就是號稱爲「通五經，能持論，善屬文」的董仲舒，在江都相任内，只搞些求雨止雨之類的騙人玩意。這個「下帷講誦」，「三年不窺園」的書呆子，所研究的不過是《春秋》災異，把一些自然現象或人爲的災禍，都和當時的政治聯繫起來，認爲有因果關係，尋覓化凶爲吉的辦法，在家「著災異之記」，被主父偃拿去告密，武帝拿他的書給儒生們看，他的弟子不知道是他寫的，説是「下愚」，幾乎因此而被殺。因公孫弘的推薦，又做過膠西王的相，大約公元前一二六年以後已經歸老在家。災異不敢説了，又來搞《春秋》決獄，不根據當時社會情況，而引用幾百年前的「斷爛朝根」，舞文弄法，隨着病死了。這類儒生確實可以稱作「下愚」，而班固稱爲純儒，同樣是搞《春秋》災異，曾作《洪範五行傳論》的劉向竟吹捧爲「有王佐之材，雖伊、吕亡（無）以加之，筦（管）、晏之屬，伯（霸）者之佐，殆不及也」。漢代儒生學術水平的低下和愚蠢，也就可以想見了。

但是武帝還只是利用儒術來裝門面，他的曾孫宣帝劉詢喜歡讀法家《申子》，「以刑名繩下」。太子劉奭主張用儒生，他生氣地説：「漢家自有制度，本以霸王道雜之，奈何純任德教，用周政乎？且俗儒不達時宜，好是古非今，使人眩於名實，不知所守，何足委任。」（見《漢書·元帝紀》）也還不喜歡儒家的是古非今，深知「漢家自有制度」，不能一味尊儒的。到了元帝（公元前四八—前三三）才「少而好儒，及即位，徵用儒生，委之以政。貢（禹）、薛（廣德）、韋、（賢）匡、（衡），迭爲宰相。而上牽制文義，優游不斷，孝宣之業衰焉」（《元帝紀》）。復古主義勝利了，這個封建政權也就奄奄一息了。接着王莽執政，重用劉歆，一意復古。平帝元年（公元一年），「封周公後公孫相如爲褒魯侯，孔子後孔均爲褒成侯，奉其祀。追謚孔子曰褒成宣尼公」，從尊儒讀經發展爲尊孔是從王莽開始的。這個善於搞宫廷政變的小丑，專門摹仿周公、孔子。如果説在奴隸制的周王朝上昇時期的周公旦，在歷史上還是一隻活老虎的話，到了初期封建社會春秋末年的追隨者和中央集權封建制西漢末年的摹仿者，都只是一些腐爛發臭的死老虎。當然，孔子的夢見周公，其爲東周，都還是託諸空言，而王莽仿傚周公居攝，從假皇帝到新王朝，真是青出於藍了。還有一個被比作仲尼的無行文人，專門摹擬古書的揚雄，做了一篇《劇秦美新》，大罵秦始皇而大頌王莽。白居易詩説：

周公恐懼流言日，王莽謙恭下士時。若使當年身便死，一生真僞有誰知。

一切反動派、僞善者的花言巧語，儘管暫時蒙住了許多人的眼睛。那種在市場上叫喊得最凶的和發誓發得最厲害的人，儘管暫時能把最壞的貨物推銷出去，早晚總是要自我暴露，自取滅亡的。這些天才和上智，都説「天生德於予」，這個説「桓魋其如予何」，那個説「漢兵其如予何」。客觀環境雖不一樣，歷史證明，他們都是一丘之貉，一路的貨色。

〔三三〕《史記·孔子世家》「子思作《中庸》」。《漢書·藝文志》有《中庸説》二篇。

二十　後語——對孔子和孔子學説的批判在當前的重要意義

馬克思説「陳舊的東西總是企圖在新生的形式中得到恢復和鞏固」。從漢以後，孔子儼然是封建主義的老祖宗了。從漢到唐是專門搞經學的注疏派，宋以後是參雜了佛教思想的唯心主義的理學家，兩千多年來成爲封建地主階級的統治思想。這種重古輕今，頑固保守的反動思想，目的只是維繫和鞏固垂死的腐朽的日益反動的封建政權，使得有幾億人民的中華民族在十九世紀中葉以後，被帝國主義侵畧者不斷蹂躪，淪落爲半封建半殖民地的國家。人民起來了，太平天國革命首先舉起反封建反帝也是反孔的義旗，清王朝的忠順走狗曾國藩凶狂反撲，鎮壓革命，就是以尊孔爲號召來糾合地主階級反動派的。戊戌變法是資産階級革命思想的反映，但是孔子的陰魂未散，康有爲的孔子改制還是打着孔丘的反動旗幟來偷運君主立憲的貨色。「作爲垂死階級的代表起來反對現存制度」的康聖人在辛亥革命推翻清王朝後還陰謀復辟，聖人之爲聖人，倒是名副其實的。「五四」以後，反孔與尊孔，成爲社會上新舊思想鬥爭的兩大陣營，可是害怕階級鬥爭的資産階級革命家也往往從反孔的立場轉化爲讀經尊孔。在國共鬥爭的尖鋭時刻，反動派頭子蔣介石就以曾國藩自居，大搞尊孔，而所謂貞元三書的《新理學》、《新事論》之類，只是舊曲新翻以適應蔣介石王朝反動政治的需要而已。

「任何一個時代的統治思想，始終都不過是統治階級的思想」。歷史已經證明，在奴隸制社會裏佔統治地位的是奴隸主階級的思想。在封建社會和資本主義社會裏佔統治地位的是地主階級和資産階級的思想。不言而喻，在社會主義社會裏，佔統治地位的應該而且必然是工人階級的思想。「舊思想的瓦解是同舊生活條件的瓦解步調一致的」。不管是奴隸制社會，封建社會或資本主義社會有多少樣的形式，「社會上一部分人對另一部分人的剥削却是過去各個世紀共有的形式」。這就是爲什麽孔子思想本是承襲商周奴隸主王朝的文化，力圖鞏固垂死的奴隸主階級統治的思想，而到了西漢後期封建政權日益反動的時候就變成爲封建地主階級的統治思想，到了資産階級反動統治的時代又把它塗脂抹粉，作爲資産階級的統治思想。馬克思主義教導我們「這些意識形式，只有當階級對立完全消失的時候才會完全消失」。可見在無産階級專政時期，無論社會主義革命取得何等偉大的勝利，只要國内外的各種反動階級還没有完全消滅，這些反動的意識形式也不會完全消失。因此，在各種方式掩蓋下，像「抽象繼承論」，「繼承封建道德論」，「繼承剥削階級文化論」等各式各樣的反動理論，還是層出不窮。傳統「好像噩夢一樣籠罩着人們的頭腦」，是不能一下就驅散的。

「共産主義革命就是同傳統的所有制關係實行最徹底的決裂，毫不奇怪，它在自己的發展過程中要同傳統的觀念實行最徹底的決裂」。遠在一九五七年，毛主席就在《關於正確處理人民内部矛盾的問題》裏教導我們説：

> 在我國，雖然社會主義改造在所有制方面説來，已經基本完成。……但是，被推翻的地主買辦階級的殘餘還是存在，資産階級還是存在，小資産階級剛剛在改造。階級鬥爭並没有結束。無産階級和資産階級之間的階級鬥爭，各派政治力量之間的階級鬥爭，無産階級和資産階級之間在意識形態方面的階級鬥爭，還是長時期的，曲折的，有時甚至是很激烈的。

正是在激烈的階級鬥爭中，舊社會遺留下來的舊思想、舊道德、舊習慣，就是在共産黨員中間也有强烈的反映，有革命與反革命的路綫鬥爭。在毛主席親自發動和領導的無産階級文化大革命中揭露出來的林彪反革命修正主義集團，是鑽到黨的核心裏來的最凶惡的敵人，是地主資産階級的代言人，他們也要搞尊孔復古是毫不足怪的。林彪這個反革命分子，叛徒賣國賊，是隱蔽狡猾，陰險狠毒的野心家，語録不離手，萬歲不離口，人前裝做是社會主義革命的積極鼓動者，背後傾吐滿腔反革命毒液，猖狂反對馬克思、恩格斯、列寧、斯大林和毛主席的一切革命理論。他鼓吹的是「中庸之道，合理」，合他的反革命的理。他説：他常考慮，「要像朱子那樣去待人」，這個朱子是明朝後代的反動地主朱用純（朱柏廬），他有一篇《治家格言》（又叫《朱子家訓》，過去有些人誤認爲是宋代朱熹作的），是集中孔孟之道，把治家處世等的反動經驗作爲封建士大夫代代相傳的「萬寶全書」，幾十年前，南方的地主家庭，還都讓人寫成一張「中堂」（掛在堂屋中間，旁邊有兩條對聯），甚至文人用的墨上，也把全文印製在上面，林彪這個反革命分子是從小把它背得爛熟的。「凡事留有餘地，得意不宜再往」，是這些反動格言中的一部分，林彪就抓住這根救命草而瘋狂地攻擊一切反對修正主義和鎮壓反革命等革命政策爲「做絶了」、「駡絶了」、「斗絶了」等等，哀叫「絶則錯」、「必有惡果」、「才不可露盡，勢不可使盡」等等。這是兔死狐悲，物傷其類，生怕斬草除根，反革命的種子絶了，是「仲尼不爲已甚者」的嫡傳，孔老二也正因爲對方也是君子，都是奴隸主，如果「疾之已甚」，就要出亂子，才不敢反對下去了。一切機會主義者的折衷主義，都是怕搞得太徹底了就要搞到自己身上的。他大講其天才論，説什麽「全世界幾百年，中國幾千年才出現一個」等等，是抄的《孟子》「五百年必有王者興」一類的陳言爛語，實際上他認爲他的「腦袋長得好，和别人不一樣」，不光是禿子，還「特别靈。」是「爹媽給的」，是「天才」，甚至没有幾年，像他的小天才又成爲「超天才」了。從最荒謬的唯心主義者看來，只有他們自己是天生的上智而芸芸衆生都是下愚，夢想他是能造時勢的英雄，滿腦子權、權、權，爲了搶權，什麽陰謀詭計都搞得出來。他不讀書，不看報，對馬列主義一竅不通，對中國古代文化也一竅不通，可是假充斯文，胡説八道，對政變經倒是滿熟悉的。一九六九年「九大」召開期間，他鼓吹「儒家的學説是歷史唯物主義，儒家的德、仁義、忠恕，是處理人事關係的準則」等等，作爲製造反革命輿論的基礎。「九大」後不到半年，十月十七日通過空軍中的死黨，把他的超天才兒子及其黨羽提拔到高位，十八日通過另一死黨趁毛主席不在北京發布所謂「林副主席第一個號令」，這是篡黨奪權的第一次預演。第二天才以「電話記録」的形式向毛主席報告。被毛主席制止後，這班黑幫匪徒慌了手脚，千方百計進行掩蓋，對毛主席和黨中央封鎖消息。就是這一天，十月十九日，他忽然想到要寫兩張條幅來給他同住一處的死黨，寫的是：

悠悠萬事，唯此爲大，克己復禮。

兩張的詞句是相同的。隔了四天，這個同黨心領神會地寫同樣的詞句來送還給他。隨後，他們去蘇州，一九七〇年元旦他又寫來送給這個死黨，但重出「唯此」兩字以加重語氣。「克己復禮」是孔子爲仁的主要内容，「一日克己復禮，天下歸仁焉」，「天下歸仁」固然是他連做夢都在追求的，但是有一個先決的條件，就是要「克己復禮」，所以這是悠悠萬事中的頭等大事。克己復禮是綱，非禮勿視聽言動是目，首先要克制自己的言動，不要露出馬脚來吧！一直到一九七〇年的三月十三日還在提出要「韜諱」（晦），舉出曹操論英雄，「胸有大志，腹有良謀」，還講到范蠡。「但是他們既要反革命，就不可能將其真象蔭蔽得十分徹底」。在不設國家主席的問題上，這個野心家就再也不能克制自己了。四月十一日以適合人民的心理狀態爲理由再次提出要設國家主席，在私下就説「不設國家主席，國家没有一個頭，名不正，言不順」。把孔老二的「正名」又抬出來了。他明明知道毛主席不肯當國家主席，而是自己要當國家主席。經過四個多月的陰謀策劃，覺得他的良謀很有把握了，就迫不及待地在廬山會議上自己跳出來同無産階級較量較量，妄想黄袍一定加身，名正言順地當上國家主席了。陰謀暴露了，破産了，假仁假義的假面具撕破了，他也顧不得「留有餘地」和「不爲已甚」了。躲在陰溝裏的大小艦隊上布置更加惡毒的反革命武裝政變，《「57・1工程」紀要》從孔子那裏，也是從蔣介石那裏撿來個「不成功便成仁」、從日本帝國主義者那裏學來了江田島精神，加上了到蘇修那裏去乞討保護傘，真是一盤烹調精緻的反革命大雜燴。倉皇出走，叛黨叛國，自取滅亡。在人民羣衆面前，這批天才超天才，共同創造歷史的英雄，正像他們自己所説的，「翻了車了」，這是多麼好的實踐啊！這是多麼好的一面鏡子啊！

在無産階級專政條件下繼續革命，「要抓意識形態領域裏的階級鬥爭」。社會制度變了，經濟基礎變了，林彪這個資産階級司令部粉碎了，但是存在於人們頭腦裏的舊思想、舊意識、舊傳統没有完全變，這能行嗎？斯大林説：「舊社會遺留下來的舊的習氣、習慣、傳統和偏見是社會主義最危險的敵人。這些傳統和習氣控制着千百萬勞動羣衆，它們有時籠罩着無産階級各階層，有時給無産階級專政的存在造成極大的危險。」不抓緊這個鬥爭是不行的。孔子思想在春秋末年就已經是舊思想、舊傳統，是時代的反動。春秋末年在社會經濟方面，基本上已進入新的封建社會，但他頑固地站在早就没落的奴隸主統治階級的立場上，反對新制度，留戀舊社會，妄圖恢復五六百年前西周王朝初期的文化，搞奴隸制復辟。從孔子以來，兩千四五百年了，各個時代的一切反動派，都是在反對先進的社會，企圖復辟倒退落後的制度，而孔子學説是這一切反動思想的總根子。因此，必須反對尊孔崇孔的思想，反對尊儒反法的思想。遠在一九四〇年，毛主席就指出在中國，有帝國主義文化和半封建文化。半封建文化是「反映半封建政治和半封建經濟的東西，凡屬主張尊孔讀經，提倡舊禮教、舊思想，反對新文化、新思想的人們，都是這類文化的代表。帝國主義文化和半封建文化是非常親熱的兩兄弟，它們結成文化上的反動同盟，反對中國的新文化。這類反動文化是替帝國主義和封建階級服務的，是應該被打倒的東西，不把這種東西打倒，什麼新文化都是建立不起來的。不破不立，不塞不流，不止不行，它們之間的鬥爭是生死的鬥爭」。一個世紀的三分之二的時間過去了，在毛主席和中國共産黨的領導下，佔地球上四分之一人口的中國人民站起來了。中華人民共和國的建立，也已二十五年。我國人民進行社會主義革命和建設，獲得了一次又一次的勝利。從中國共産黨建立以來的五十多年中，已經經歷了十次路綫鬥爭，其中四次鬥爭是在解放以後。但是，失敗了的地主資産階級的人還在，世界上帝國主義、社會帝國主義、殖民主義、霸權主義等等反動勢力還存在，現在仍然是帝國主義和無産階級革命的時代。敵人是不甘心於滅亡的。一切地主階級的殘餘分子，老的和新生的資産階級分子，帝國主義分子，修正主義分子，還是想利用孔子的亡靈，扯起儒家的黑旗，利用一切舊傳統，一切反動的舊思想來煽惑羣衆，動摇馬克思主義、毛澤東思想的理論基礎，陰謀搞資本主義復辟，妄圖顛覆我國的無産階級專政。這種危險性是存在着的，階級鬥爭將越來越激烈，敵人的僞裝將越來越巧妙。因此，必須重視上層建築包括各個文化領域的階級鬥爭，改革一切不適應經濟基礎的上層建築，就要繼續展開和深入對尊孔反法思想的批判。一切厚古薄今，頌古非今的思想，必須徹底打倒，挖出它的禍根，清除所有的污泥濁水。「一切腐朽的意識形態和上層建築的其它不適用的部分，一天一天地土崩瓦解了」。但是這些廢墟還需要大力廓清，這些腐朽的東西任憑他們堆積在那裏是要發霉發臭，製造細菌，爲害於人民羣衆的。有破才能有立，大破才能大立。對孔子和孔子學説的徹底批判，肅清其餘毒，是我們當前和今後的一個重要任務。

（劉　雲）

整理説明：

該稿用鋼筆寫於五百字稿紙上，共一九三頁，九萬餘字，可視爲一部基本完成的書稿。

稿文内有「中華人民共和國的建立，也已二十五年」句，知此稿寫成於一九七四年，是文革批林批孔運動時期所寫，後因故未發表。

孔子批判

唐兰

一 前言

孔子是春秋末年反对新社会，留恋旧制度，搞奴隶制复辟的反动思想家。

春秋时代是我国由奴隶制社会到封建制社会的过渡时期。

西周是奴隶制时代，是由大批奴隶来进行大规模农业生产的时代。東周初期，小农经济已经在普遍发展，如果单从经济基础来说，已经是封建制了。但是很多地区奴隶主贵族的统治没有变，牧业经济还是奴隶制，奴隶制的残余势力还很强，上层建筑还不能适应新的经济基础，奴隶制还没有全部崩溃。春秋时代，奴隶主王朝的王权衰落了，上百个国家，强併弱，大凌小，大国割据的形势形成了。有些国家的诸侯失势了，卿大夫抓权，卿大夫也互相兼併。有的卿大夫也微弱了，政在家臣。称为蛮夷戎狄等少数民族有很大的流动，有些跟黄河流域的一些国家杂处，犬

原稿樣張一

开交诸国与国之间存在着各种反政府的武装，被称为盗，有名的盗跖，据说聚众数千人。在各国内部，农民反抗，工匠暴动，处士横议。这真是大动荡、大分化、大改组的时代。一直到战国初期，陈氏代齐，三家分晋，加上比较后进的边远大国，楚国和秦国，还有新起的燕国，一共有七个强国，和杂处其间的东周、西周、宋、中山等若干小国，"天下共苦战斗不休"，一直到秦始皇时代才併兼六国，统一天下，成为专制主义的中央集权的封建国家。

孔子的时代，齐桓晋文的事功已经一去不复返了。齐国、晋国、楚国、都是霸权国家。鲁国尽管是周公之后，处在三个大国之间，只是一个中等的"千乘之国"，国君又不行，政权落在三桓手裡，又转到南蒯阳货等家臣手里。就是那些大国，这时也正在走下坡路，而新的符合於经济基础的封建政权尚未建成，还不能看到这种前景。在这样的十字路口，还是站在人民大众一面，继续廓清旧的奴隶制残余，积极发展新的封建制呢？还是整天地哀叹旧制度的崩溃，主张倒回去，反对封建制，恢复奴隶制呢？显然，出身於宋国奴隶主贵族，也就是商殷奴隶主王朝的后裔，生长在保守落后的鲁国的孔子是采取后一条道路的。

过去许多同志对孔子和孔子思想作过分析批判。有的

中國古代的奴隸制國家

目録

前　言

自從大汶口文化遺址——尤其是五千多年前的大汶口陶器文字發現之後，〔一〕過去認爲中國歷史只有四千多年的看法，將要重新考慮了。

中國文明史至少有六千多年；中國的奴隸制時代特別長，比封建制時代長得多；中國古代的奴隸制國家，應該從太昊開始；中國古代文化的發祥地在黄海與渤海之濱，古代黄河的下游與淮河之間；是這本小册子的中心内容。

這本小册子分兩部分：第一部分是中國古代的奴隸制國家，主要根據古代的比較可靠的文字記載來整理出我國古代歷史的一個輪廓；第二部分是對大汶口文化的研究，主要説明大汶口文化是少昊文化，用以和文獻記載相印證，通過對這批考古資料的分析研究，指出這一新發現的重要意義。

我國人歷來自稱爲「炎黄遺胄」，〔二〕是炎帝黄帝的子孫；我國的歷史記載向來從黄帝開始，並由黄帝而涉及炎帝和蚩尤，有些記載更從太昊開始。〔三〕但在半個世紀以前的一種疑古風氣，幾乎把這些古代記載全部否定了。有些人只相信地下資料，因而殷虚的甲骨卜辭被錯認爲最古的典册，甲骨文字就被説成是最古的文字了。〔四〕可是當時的考古學家就在殷虚卜辭的研究中把殷代的先公先王與《史記·殷本紀》和向來被認爲神話的《楚辭·天問》和《山海經》等記載相對證，而殷代的先公，其年代相當於夏代後期，那末，見於《史記·夏本紀》的夏代世系與事迹，也應該是可信的。〔五〕

大約從那時起，講我國歷史，一般從夏代開始。由於我國歷史從夏代起是有世系的，有些記載還有年代。孔丘編的《尚書》，從虞夏書開始，儒家經常講的又只有夏、商、周三代，唐、虞禪讓的故事也頗有些西方氏族社會那種軍事民主制的味道，因而認爲奴隸制社會是從夏王朝才開始的。在年代學方面，夏代的開始約在四千多年前。這樣就形成了我國歷史只有四千多年，在此以前只有一些神話傳説的一種比較普遍的看法，作者在當時對這種看法也是深信不疑的。

但隨後，我就逐漸有所懷疑了。首先，我在研究文字學時，發現我國文字是由遠古時期的意符文字發展爲近古時期的形聲文字的。古代把意符文字稱爲「文」，形聲文字是「字」；文好象是字的母親，是字母，而字象是文的子孫，「孳乳而生」，越來越多。從殷虚甲骨文字來看，那時已是形聲文字時代，形聲字已經開始多起來了，許多保存下來的意符文字已經變得象一些記號，例如鼎字本象鼎形，上面有兩個鼎耳，現在變成形（借作貞字），根本看不出來了。有些字已經寫錯，如族字本來作族，畫出一個人拿一面旗子，因爲大字和矢字相象而變成從矢；相反，夷字本象一支箭（矢），箭身有繩子用以發射，是古代隿射的方法，卻因矢與大形相象而誤爲从大从弓了。由此説明殷代文字已屬於近古時期。而在當時的青銅器銘文則還保留許多遠古時期的意符文字，因爲它們是氏族名稱，所以保留得很好，沒有脱離圖畫的形式。這樣，就存在一個問題，這個遠古時期是什麽時代呢？它不會是夏王朝，夏王朝離殷高宗武丁（殷虚甲骨第一期）不過六七百年，至多是形聲文字即近古時期的開始罷了。那末，已經有意符文字的遠古時期，顯然要在夏王朝之前了。

其次，是在文獻方面。在四十年代裏，徐炳昶先生曾多次和我討論古史傳説。〔六〕我總覺得許多古代史資料固然常常跟神話混淆在一起，但即使是近代的歷史裏，不也常常夾雜着神話與傳説嗎？太昊、少昊、炎帝、黄帝，在春秋時代，還有他們的後代，並且可以查到他們的故都和子孫們的國土，還流傳着一些事迹。這難道都是假的嗎？秦漢時代所稱的殷虚，我們不是已經發掘了嗎？不是已經證明確是殷庚遷殷以後的故都了嗎？爲什麽陳爲太昊之虚，魯爲少昊之虚，黄帝都涿鹿，爽鳩氏居臨淄，顓頊徙帝丘，卻都是靠不住了呢？昊是昊天，帝是上帝，難道在人們的社會中還沒有最高的統治者，他們的頭腦中就突然出現了天上的最高統治者嗎？如果説太昊、少昊、炎帝、黄帝等不是歷史，那末，爲什麽在較古的記載裏，如《左傳》、《國語》、《周書》，以及《山海經》等，在太昊以前，就沒有一點記載呢？〔七〕我經常感到奇怪的是爲什麽人們在《創世紀》能看到有關古代埃及法老的歷史，在荷馬的史詩裏能看到古代希臘的英雄，而我國古代，黄帝與炎帝的阪泉之戰，與蚩尤的涿鹿之戰，沒有受到應有的注意呢？難道奴隸制國家的建立，沒有成千上萬的戰俘奴隸嗎？難道沒有經過若干大大小小的戰役就能出現大羣的奴隸嗎？孔丘是反對戰爭，宣傳禮讓的，〔八〕難道只由於「唐、虞禪，夏后、商、周繼」，就出現了奴隸制國家嗎？

第三，從發掘殷虚以來，所發現的殺戮奴隸之多，是十分驚人的。在甲骨卜辭裏，也可以看到殺人祭祀的數目，十分巨大，與考古資料相吻合。人們不禁要問，爲什麽在奴隸制社會裏這樣大規模地並且經久不息地殺戮奴隸呢？奴隸制社會不是以奴隸生産爲其經濟基礎嗎？奴隸主固然有權力可以殺掉任何不馴服的奴隸，但那只能是個别的、少數的或暫時的現象，不能大規模地殺戮，更不能形成一種制度，經常不斷地用殺來破壞他們自己的經濟基礎。正由於這樣，于省吾先生曾經設想殷代是氏族社會末期軍事民主制時代，周王朝才是奴隸制社會，並努力想在卜辭中得到證明。〔九〕由於迄今爲止，甲骨文字的研究還沒有真正能了解其全部內容，〔一〇〕他的努力肯定是失敗的，人們只要看到如此燦爛的殷代文化遺存，就決不會相信這裏還只是一個少地寡民的史前時代的氏族小邦，像他所想的殷王還只是一個氏族之長，還和氏族成員共同進行生產。我的意見恰恰跟他相反，我認爲殷代的殘殺奴隸是由於他們太富裕了。這已經是奴隸制社會的末期了，這個奴隸主統治階級已經是不知創業艱難的窮奢極欲的敗家子，在他們的眼睛裏，奴隸比牲畜還賤，他們可以宰殺大批的牲畜，也就可以殘殺大批的奴隸。那末，奴隸制社會還應該有一個早期，即開始發達的時期，這是什麼時代呢？

第四，近年來，殷商文化的新資料大大地豐富了，新發現的殷代文化遺址，北至長城以北，南至洞庭以南。〔一一〕春秋時，齊國的叔弓鎛曾説商湯「咸有九州，處禹之堵」；〔一二〕《詩·長發》説「洪水芒芒，禹敷下土方，外大國是疆」；《殷武》説「設都於禹之蹟」，都是説商代是繼承夏禹時的疆域的。夏王朝的九州，見於《書·禹貢》，其疆域和現在已經發現的殷文化區域，大致相當，那末，夏王朝的疆域，大約有二百萬平方公里，約爲我國近代疆域的五分之一。這篇我國最古的地志，曾經由於説到梁州「貢鏐、鐵、銀、鏤」，而被指摘爲戰國以後的僞書。過去有些考古家是堅持春秋前我國没有鐵的，但從最近不斷發現殷代的鐵刃兵器以後，對《禹貢》的這條罪證應該撤消了。〔一三〕我國的鑄鐵工業固然從春秋時開始發展，不能因此就説夏商時代没有發現過天然鐵和隕鐵。〔一四〕凡古書上記載過的事物，只要不是寓言小説，不是漢以後人臆造的僞書，我們應該虛心地尋求證明或解釋；只能從考古資料中證明某些時代已經有什麼，而不應於地下資料尚未發現時就武斷其必無。關於鐵的問題是這樣，關於九州疆域的問題也是這樣。現在的問題，已經不在於有没有夏禹這個人，有没有夏代的九州，而在於夏王朝這個大約二百萬平方公里的疆域是從那裏來的？如果説夏王朝是剛剛從氏族社會發展出來的第一個奴隸制國家而不是有所繼承和發展，那末，偌大的奴隸制王國將是自天而降嗎？

由於存在着這些問題，我總覺得我國歷史決不止四千年，也決非從夏代開始。

大汶口文化的發現，使我們掃除了堆積在我國古代史上的一切塵土而恢復了它的本來面目，使我們找到一把鑰匙來敞開進入我們祖國的古代世界的大門。大汶口文化在龍山文化之前，山東龍山文化是由這裏發展來的，其上限距今六千四百多年，或者還早，其下限距今約四千年；其區域至少要有十幾萬平方公里。在這裏可以看到貧富已經十分懸殊，而且有了等級制度現象，出現了埋葬在富人們墳墓中的寶藏，從大批的隨葬品裏可以看到那時的養猪事業已十分發達；手工業分工很細，已經有了許多專業作坊，有很高的工藝水平；而商人們也已從遠方運來了珍貴物品。尤其突出的是在陶器上已經出現頗爲進步的文字，這種大約在五千多年前的意符文字，是我國文字的遠祖，它們和後來的商周時代文字是一脉相承的。

從文獻上來考查，大汶口文化是少昊文化，少昊國家的所在地是曲阜是很清楚的。少昊的後裔遍布在這個文化區域裹。考古資料與文獻資料如此吻合，只有二十世紀初在安陽小屯發現的殷虛文化可以相比。在甲骨文字發現後，有的文字學家還懷疑它是假造的，但隨後的考古發現，終於證明這確是殷虛遺物了。但在解放前，對於夏代和商代前期，除了書本知識以外，還是一無所知的。解放以後，在鄭州市發現了早商時代的遺址，一直到一九七四年才發現了重八十多公斤的青銅方鼎。最近，考古工作者努力探索夏文化，已經取得許多良好的成績。現在又發現了少昊之墟的文化，這是何等重要的發現啊！少昊的國家有文獻可考，少昊和太昊之間的繼承關係，少昊與炎帝、黄帝之間的相互關係，顓頊與少昊之間的繼承關係，也都班班可考。把少昊文化搞清楚了，向前可以探索太昊、炎帝、黄帝等文化，向後可以尋究帝顓頊和帝嚳時代的發展，就是説，我國文化，不是從夏王朝開始而是遠在其前，不是僅僅四千年而是六千多年了。

毛主席説：「我們這個民族有數千年的歷史，有它的特點，有它的許多珍貴品。」毛主席還曾批評過那種「言必稱希臘，對於自己祖宗，則對不住，忘記了」的現象。那末，對於歷史，尤其是對於古代東方史，我們決不應該只去稱道埃及、蘇馬連，而忘記了祖國，我們應該研究中國古代史。

恩格斯在一八八一年到一八八二年曾寫作《論日耳曼人的古代歷史》和《法蘭克時代》，〔一五〕曾充分地利用了史料學、民族學和語言學等專門知識。從這本偉大著作中，可以看到馬克思主義者在研究歷史時是十分認真的。

我國有六千多年的歷史，但是在夏王朝以前，還幾乎没有人做過系統的研究，是存在着一定的困難的。文獻資料是有的，但必須剥去其神秘的外衣，清除幾千年來奴隸主階級和封建階級遺留下來的糟粕。新發現的地下資料，也必須經過分析，排除某些偏見和成見；才能作出科學的論斷。我們反對那些没有正確觀點而堆積資料或者只作一些瑣細考訂的所謂研究工作，但也反對只高談理論而輕視科學基礎，空空洞洞的史學家。我們認爲歷史是綜合的科學，既要有正確的理論作指導，又要具備各方面的專門知識。

整理古代文獻是一項複雜細緻的工作。首先要攻語言文字、聲音訓詁這一關，才能對古書解釋清楚。講《堯典》兩字，用了十餘萬言，〔一六〕只是嚇唬人罷了，並没有解決問題。真正把問題喫透了，三言兩語就能叫人聽了就懂。其次是對史料的判斷。過去一些學者不能鑒别真僞，判定是非，材料抄得很多，泥沙雜下亂糟糟地一片糊塗賬，衆説紛紜，互相矛盾，使人無所適從，是毫無用處的。但也不能因此而一概摒棄。文字記載，從來就落在歷史事實發生之後，有些記載儘管時代很晚，卻是根據當事人子子孫孫口口相傳而記録下來，基本上是可信的。有些經過粉飾竄改，時代雖早，反不可深信。要善於區别《山海經》與《神異經》，前者儘管夾雜神話，究竟是先秦古書，由巫者們流傳下來的，還保留許多重要史料，而後者只是漢以後人捏造的僞書罷了。文學家爲了獵奇對僞書也常引用，如果研究歷史而亂用僞書，甚至把寓言當成實事，把小説、傳奇、演義、評話作爲史料，就一無足取了。盤古開天闢地是從西南民族的神話盤瓠演變來的，從六朝時才開始傳播。〔一七〕還有所謂從天地開闢到春秋末年，分爲十紀，二百七十六萬年，則是漢代曆學家從主觀推算中定出一個曆元，然後杜撰出這些名目。〔一八〕對於文獻資料，如果不加選擇，照抄照搬，就不能了解古代的真實情況，但如果處處懷疑，全盤否定，就什麼情況也没有，我國的古代歷史就只剩下一段空白了。有比較才有鑒别，資料掌握多了，一般情況熟悉了，有些資料一看就能辨出真假；有的則需要精心考證。考古資料常常可以利用來作證據，但並不是處處可以得到這種證明的。世界各國的歷史和一些後進民族的發展過程，往往有一些類似之處，可資比較。但各個國家和民族都有自己的特點。尤其是歐洲國家的建成都較晚，與古代東方不同；我國境内的少數民族，有些在解放前還停留在原始狀態，如刀耕火種之類，但它們畢竟也曾接受封建社會或資本主義社會的某些影響；這些都不應不加分析，生搬硬套。

考古工作必須與歷史相結合，在成文歷史的時代裏，研究歷史，必須以文獻爲主，單靠考古資料是不能代替文獻的。有些人只重考古發現，輕視文獻，是不適當的。固然，我國歷史時代太長，文獻資料不足，還難免夾雜着錯誤和僞託，需要認真地加以分析研究，但如果撇開文獻，就没有一部完整的歷史。考古發現，大都是零星的，局部的，儘管在某些方面有驚人的發現，可以補史書的缺佚，糾正文獻記載的錯誤，但總還有它的局限性。就以大汶口文化來説吧，如果不能從文獻上證明爲少昊文化，那就只能籠統地包括在新石器時代裏罷了。儘管看來已經是高度發展的文化，但總認爲這裏還没有出現階級，出現國家，據説還需要經過幾百年，甚至上千年才能過渡到階級社會，這樣漫長的過渡階段，不是太離奇了嗎！就是目前已經公認爲歷史時期的夏王朝，所根據的，不是也只有文獻資料嗎？考古工作者正在進行的探尋夏文化的工作，所依靠的還不是文獻記載上的一些綫索嗎？商代前期的五次遷都，只有鄭州市的早商遺址，被認爲是屬於隞都範圍的，〔一九〕其餘的還有待於發現，有些可能永遠發現不了。這説明考古工作不能離開歷史研究，不應該忽視文獻，而必須緊密配合，互相證明，互相補充。

我國的田野考古工作是二十世紀初期才發展起來的，科學發掘需要做很多艱苦細緻的工作。建國以來，由於黨和政府的重視，更加迅速發展，取得了很大的成績。没有考古工作者的辛勤勞動是看不到這麽多的重要新發現的。我國疆域之廣，在古代决不應該只有一種文化，許多地區往往有獨立發展的文化，黄河流域與長江流域不同，江河的上游與下游不同，南岸與北岸不同，丘陵地帶和沼澤不同，内地與濱海不同，不應劃歸一律，納入一個框框。把各種不同文化説成是由一種古老文化的分支，顯然是錯誤的。各個地區之間的發展是不平衡的，即使是同一文化區域之内，城市和鄉村不同，中心區域與邊境不同，也不能一概而論。在考古發掘中遇到有些地區比較落後，並不能證明在當時其它地區也同樣落後；這個地區早已使用青銅器，就在不遠地方可能還在使用石器。過去有些人只看到安陽發現了大量石鐮，就認爲殷代還没有青銅工具，已經證明是錯的了。仰韶文化裏有過銅的發現，但没有發表過，新石器時代有没有銅呢？是一個疑問。前年，臨潼姜寨就出過一個銅片，據説是現場清理完了以後才從嵌在地面上取出，從工作上説是有疏忽的，不夠科學的。但據化驗是含鋅的青銅。如果不是明清時代的黄銅混了進去，就值得考慮了。鋅和鉛錫相似，古代人還不能嚴格區别，所以青銅器除了銅錫合金之外，也還有銅鉛合金和銅鋅合金。最近，我在河南省博物館看到春秋末年的一批蔡國器，色黑而無銹，正是銅鋅合金。那末，是不是五六千年前的仰韶文化裏已經有出現了銅鋅合金的青銅了呢？這樣一個重要問題，提供一個引起思考的綫索，總是有益的。各種不同文化之間，又常常有某些聯繫，互相影響；有些鄰近地區的文化，經過長時期的交流，逐漸地融合爲一，或者大同而小異。因此，需要歷史地全面地看問題，但又要對具體問題作具體分析。

銘刻學是史料學的一個部分，但和考古學有密切關係。發掘出來的器物，如果有銘刻，那就是當時的第一手資料。在考古發掘中，銘刻的發現，具有特殊的重要性。安陽殷虚的發掘就是由甲骨文字的發現而引起的；最近，陝西省岐山縣發現了周文王時代的龜甲卜辭，證明了這裏是岐周故都。大汶口文化的第一個遺址，發現了快二十年了，如果不是有極爲進步的陶器文字的新發現，就不能確定它屬於成文歷史時期，不能證明它是少昊文化。不過，研究古代銘刻需要多方面的基礎知識，要認識古文字，要讀懂古書，要有有關的歷史知識，更重要的是要有謹嚴的科學態度，强不知爲知，望文生義，隨意附會，對於研究古史是毫無意義的。

古文字學是認識古代銘刻的必要工具，但我國文字還有它本身的重要内容。恩格斯在論日耳曼的古代史時，曾充分利用了語言學和比較語言學。我國古代以意符文字爲主，一直到奴隸制社會末期，才出現了形聲文字，並逐漸發展，到周王朝（約公元前一千多年開始）以後，才比較完備，但所謂諧聲系統的聲母，主要只是元音，輔音的變化很大，所以要研究我國語言是有困難的。音韻學家就是依靠諧聲系統，再加上更爲晚出的《詩經》、《楚辭》的用韻，最早能到周代，再以前就是空白了。但是數以千計的意符文字，從它們的圖形來探索它所反映的語言，是一部古代文化的畫史，是古代人親手畫下來並用他們自己的語言來作標題的，是研究古代社會的一個寶庫，是我國獨有的，是迄今爲止還没有被人利用過的我國最早的歷史記載。

文獻資料、考古資料、古代銘刻、古文字，這些都是我國古代史研究的重要來源，尤其是對於久已被遺忘的奴隸制國家的早期和中期，中華民族的締造和形成時期，更特别顯得重要。蒐集、審查、鑒定、解釋等工作是需要十分認真地進行的，通過對這些史料的認識和理解，才能奠定一個可靠的科學基礎，只有在扎實的基礎上才能進一步運用馬克思主義、毛澤東思想的觀點和方法來進行科學的分析。

人類從没有階級的時代而出現了私有制，出現了貧和富，賤和貴，剥削、壓迫者和被剥削、被壓迫者，兩個對立的階級。階級的存在是「同生産發展的一定歷史階段相聯繫」的。由氏族社會末期發展到奴隸制社會，由父系掌權的家長制家庭逐漸發展爲奴隸制國家，由奴隸制社會發展到封建社會，都是社會發展的共同規律。但從某一個國家，某一個民族來説，它們的發展就包含有時間、地點、以及其它客觀條件的因素，在不同的具體環境中就會出現各自的具體情況。恩格斯在論國家起源時就叙述了雅典的、羅馬的和德意志的三種不同的形式。我們研究中國古代的奴隸制國家，就必須研究中國的特點，從中國古代的實際出發，而不是套用那一種公式。像軍事民主制之類，我國古代，恐怕是從未存在過的。

任何歷史事實，在各方面都有一定的聯繫，不可能孤立地發生的。我國歷史上曾出現過太昊、少昊、炎帝、黄帝等國家，他們都是一個一個的朝代，而不只是個别的英雄人物；他們之間都互有聯繫，他們的時代和後來的時代有繼承的關係，這不可能是虚構的。我們知道了大汶口文化是少昊文化，就爲我國的古代史研究樹立了一個標尺，前面繼承太昊、炎帝與黄帝時代，後面開辟了帝顓頊、帝嚳以及堯舜時代。我們可以這個標尺來檢驗其它資料，看它們是否可靠，而把那些可靠的資料集合在一起，就可以看到它們之間是互相聯繫着的。這樣，我們就對我國古代，從太昊、炎帝、黄帝、少昊，直至夏、商、周三代的歷史有一個大致的輪廓。有了一個輪廓，回過頭來，就可以更加有把握地審查和鑒别一切史料，隨時糾正錯誤，補充事實，使它更加完善與充實。

這本小册子的目的就是要爲中華民族最初年代的歷史初步地建立一個輪廓。我們的國家，最初是從氏族發展來的許多小邦，而後在其中出現幾個大國，這是一些奴隸制國家，已經有了國家組織，但也保留氏族社會的很多遺迹。它們還很幼稚，神權與政權不分，但比氏族社會有很大的進步。農業、畜牧業、手工業等分工的規模越來越大，生産力有很大的發展，發明與創造越來越多，文明時代開始了。經過長期的鬥争，這些分散的大國統一起來，成爲一個帝國，神權與政權分開，氏族的遺跡逐漸消亡，國家機構逐漸完善。這個帝國迅速地龐大起來，許多小國不是被征服，就是被消滅、被趕跑，它的疆域在一天一天地擴大，最後成爲奴隸制國家的極盛時代，這是虞夏之際，是中華民族，即華夏民族的形成時期。[二〇]這時的國家已經以政權爲主，生産力更加發展，但奴隸主貴族由於富裕，更加奢侈淫佚，對奴隸們的殘酷壓迫，大批殘殺，越來越兇惡；奴隸階級用怠工、逃亡等手段來對抗，階級鬥争越來越激烈。儒家所盛稱三代，表面上製禮作樂，郁郁乎文哉，實際上已在走下坡路。到了西周王朝的覆滅，長達三四千年的奴隸制時代也隨着一同結束。春秋時代儘管還有很多奴隸制的殘餘，但已經以小農經濟爲基礎，奴隸制國家的以大批奴隸耕種的大農業生産，已經一去而不復返了。

以上所説的都是我的一些想法，在寫作時就感到各方面的知識都很不夠，基礎太差，力不從心。對馬克思主義和毛澤東思想又不善於學習，不會應用。因此，在這本小册子裏許多地方很粗糙，很不完善，一定存在着許多錯誤。我只是把五十多年中所探索的我國上古史的一個概畧，毫不隱諱地寫出來。這裏的許多提法與一般不同，不是標新立異而是要恢復歷史的本來面目，使中華民族六千多年的文化不失其光輝，并希望我國人民回顧過去的偉大歷史，懷着民族自尊心，努力創造美妙的未來。我誠懇地盼望着批評和指正。如果我還能有時間和力量來修訂這本書，我將樂於接受各方面的意見，使它能更充實、完善並改正其錯誤。

一九七七年十二月於北京

〔一〕見《大汶口》，文物出版社，一九七四年。下文凡講大汶口文化遺址的，均見此書，不再詳注。

〔二〕《漢書・魏豹、田儋、韓信傳贊》：「炎黃、唐、虞之苗裔，頗有存者。」

〔三〕《竹書紀年》和《史記・五帝本紀》均從黃帝開始，《左傳・昭公十七年》有太皞，《漢書・古今人表》從太昊開始，皇甫謐《帝王世紀》、司馬貞《補史記・三皇本紀》並從太皞開始。

〔四〕把甲骨卜辭當作典册，是董作賓的謬論。尾右甲卜辭有「册入」的話，册是人名，這個龜甲是由册貢入的，所以在尾右甲上記上這兩個字。董作賓把「入」字誤認爲「六」，説是第六册。不知古代典册，有的用玉石，有的用竹木，決没有用龜版的。參看唐蘭《關於尾右甲卜辭》，《國學季刊》，北京大學，一九三五年第五卷三期。

〔五〕見王國維《殷卜辭中所見先公先王考》及《續考》，《觀堂集林》卷九。

〔六〕徐先生曾著《中國古史的傳説時代》，中國文化服務社，一九四三年。

〔七〕三皇是秦始皇時博士提出來的。盤古見任昉《述異記》和徐整《三王歷記》，都在漢後。

〔八〕孔丘歌頌堯舜禪讓，歌頌泰伯、文王和伯夷，而貶低武王。他説：「軍旅之事，未之學也。」可以看到他迴避戰爭。

〔九〕于省吾：

〔一〇〕一九六四年版《甲骨文編》收録 4 672 個單字，據説只認識九百多個字，就是所謂認識的，也還有很多錯誤。

〔一一〕如：遼寧省喀左縣一九七□年曾出土殷代銅器，湖南省寧鄉縣經常發現殷代銅器。

〔一二〕見薛尚功《歷代鐘鼎彝器款識》卷七，原名齊侯鎛鐘。叔弓當是晏弱。

〔一三〕一九七□年河北省藁城縣出土鐵刃銅鉞，最近，北京市平谷縣又出土鐵刃銅鉞，均商代器。

〔一四〕自然鐵鑛很稀少，隕鐵較多，經過熱處理，極鋒利，所以常用作兵刃。

〔一五〕見《馬克思恩格斯全集》十九卷四七八頁—五九九頁，人民出版社，一九六三年。

〔一六〕《漢書・藝文志》注引桓譚《新論》：「秦延君能説《堯典》篇目，兩字之説至十餘萬言。」但説「曰若稽古」三萬言。

〔一七〕盤古見注六，槃瓠據傳説是高辛氏的犬名。見《後漢書・南蠻傳》。

〔一八〕見《廣雅・釋天》及《春秋元命苞》等。

〔一九〕見安金槐：

〔二〇〕中華、華夏都是複合名詞，華字本是夏字的轉音，詳見附録《論中華民族的起源》。

一　中國古代的奴隸制國家

（一）奴隸制國家的興起

我國文化發展得很早，各處都有古文化遺址。最近發現的浙江余姚河姆渡殷文化遺址，根據木炭測定距今約七千年，已經種植水稻，馴養猪和狗，有了用榫卯結合的木構建築，還有很原始的炭粒黑陶器，顯然已經跨入文明世界的大門了。〔一〕

我們並不知道我國的母系社會是什麽時候結束的，但從古代語言裏的親屬稱謂，可以證明我國有過母系社會。古代人的姓，屬於母系，所以用女旁，如果用男旁，就是外甥的甥字了。〔二〕甥的對面是舅，是母親的兄弟，反之，父親的姊妹是姑；姑的對面是姪，是母親的姊妹的女兒。在兩族互通婚姻的情況下，岳父稱舅，岳母稱姑，女婿也稱甥；反之，公公婆婆也叫做舅姑，而媳婦本是内姪女；這些語言大概是從原始社會遺留下來的。在國家興起時，應該已經是父系社會，但在有些地區裏可能還有母權制的存在，商王朝的遠祖是母親簡狄，周王朝的遠祖是母親姜嫄，儘管被後人粉飾爲都是帝嚳的妃子，未必不是以母族爲主而還不知道父親是誰吧！

母系社會已經有族的存在，人打着一面旗子是族字，旗子上畫出族的徽號，同族的人就用這面旗子來號召。在生産力的發展下，族人成倍增長，一個大族的成員可能已成千上百了。

父系家長制的興起，主要由於農業、畜牧業的分工吧！恩格斯説「隨着畜羣和其他新的財富的出現，在家庭中便發生了革命」，由於財産都歸屬於男子，就出現了家長制，我國的情況正是如此。我國古代的家字是屋裏養着公猪，〔三〕而家的語義是財富，有財産的人稱爲有家；西周初期的銅器銘文在賞賜奴隸時，常常賞賜臣多少家，臣是管家務的高級奴隸，是有財産的，而普通奴隸只説多少人、多少夫，他們是窮人和匹夫。〔四〕男子娶妻是取女，而女子嫁人是女有家。〔五〕女子和財産一樣屬於男子。

這時，私有制久已發展，貧富早已分化，正如恩格斯所説：「奴隸制也已發明了。」個體家庭的人員也在不斷增長，原來的五口之家，經過幾十年，可能發展到上百人，那就成了一個家族。過去在族與族之間發生爭鬥時，經常只把婦女小孩俘虜過來，把男子殺死，現在也生俘男子，擴大奴隸的隊伍，因此，在家庭中常收留外人，同一家庭中已存在着不同的階級。統治階級祭同一的祖先，在文字裏，宗字是屋内有祭壇，〔六〕他們都是同宗，也就是宗族。正由於宗族的歷史很悠久，所以一直到解放前，我國民衆受宗族思想的束縛很深。大的家族，能參加爭鬥的男子比較多，就編成一個旅；照後來的説法，一個旅是五百人，在古代可能没有固定人數。從文字來看，旅字是在一面旗子下招集很多人，還有車子，那就是軍旅，準備打仗；但也可以做買賣，是商旅；〔七〕在那時到遠方去搞交易就必須成羣結隊。宗族和旅的關係很密切，後來的青銅器就既有爲宗所作的祭器，也有爲旅所作的祭器。

古代人既有姓，又有氏，姓是從母族得來的，氏則到了父系社會有了家長制家庭以後才出現。家庭膨大了，由大的宗族分裂爲許多小的宗族，小的宗族又各自發展，它們又重新結合起來以防禦别的家族的攻擊，因而成爲較大的團體，這是我國古代的氏族。〔八〕他們基本上由同一家族的成員組成的，儘管有可能包括别的親屬或外來人，但總是極少數。因此，氏族中仍舊以最老的威信最高的家長爲首，也就以這個家長的名號作爲氏族的名號。在古文字裏，氏字本從人字分化出來，並且常和人字通用，〔九〕所以説庖犧氏，就等於説隸屬於庖犧的人，同時，也包括這個首領所居住的地區和這個氏族的整個歷史時代。我國的氏族很有些像漢以後所稱的部落，這種首領也很有些像後來所謂酋長，它們可以説已經是國家的雛型，經過一個時期，有些氏族就成爲初期國家的基礎。

在農業和畜牧業分工以後，食物的生産有所增加，使得手工業的分工有了可能。手工業生産獨立發展以後，各種技術越來越進步，創造發明越來越多，生産力越來越發展，交通也便利了，各地的物資能流通了，經濟繁榮，文化也隨之高漲，便較大規模的戰爭也將出現了。

經濟繁榮後，家長們積累的財富越來越多，貧富間的距離越來越大，階級開始形成，鬥爭就複雜了。奴隸主與奴隸之間的壓迫和反抗，儘管還不是大規模的，各種財産之爭卻已十分尖鋭和激烈。古文字的爭字就反映出兩個人在爭奪農具。〔一〇〕在家庭之内，有兄弟們關於繼承權之爭；在家庭之外，土地、牲畜、糧食等等可能被侵占、盜竊或搶劫；另外，也還有屬於信仰不同、婚姻糾紛等鬥爭。這些鬥爭，小的是鬥毆，稍大是械鬥，再擴大了就是氏族之間的戰爭，戰敗的氏族不是被消滅，就得歸附，勝者就越來越强大。

我國幅員廣闊，在古代，這類氏族至少有幾千個，甚至上萬。由於地區不同，地理情況不同，物産各異，例如西北産玉石，北方産馬，東方産蠶絲，海濱多魚鹽，江南多銅，南海有貝等；各民族之間的發展是不平衡的，貧富不同，强弱不同，文化高低也不同。但它們都有一定的區域，有自己的首領，這些首領都佔有大小不同的土地（包括農田、牧地、林區等），多少不等的牲畜，還有從戰爭中俘獲而轉化成的生産奴隸和使用奴隸，有發展生産用的工具。爲了防禦外來的侵佔，他們定下了疆界。最簡單的是把土壘起來，成爲壠，上面種些樹木作爲標記，這本叫做「封」，也叫做「邦」，邦就是我們現在所説的國。〔一一〕後來又築起了方形的圍墻，在古文字裏就畫成一個□，是最早的「方」字。邦和方實際是一個語詞。〔一二〕文獻上常説「萬邦」，説明在古代，這種小邦是很多的。

邦的首領稱爲君，是奴隸主，在古文字裏，君是拿着和身體一般高的杖而發號施令，〔一三〕他們管轄的臣和民，實質上都是奴隸，不過臣是管家務的高級奴隸而民一般地説是低級的生産奴隸。〔一四〕邦有管理機構，還有鎮壓工具，如監獄和軍隊。比較大一些的邦，已建築較大的城，這種城比普通的圍牆又高又厚，用以防敵人，更晚則在城外還建築郭。這種城又稱爲邑，在古文字裏是有人守衛這個城。〔一五〕有的邦裏就不只一個邑。在城邑裏建築起宫殿、宗廟、貴族們的住宅，園囿、倉庫以及市場等等，郊區有各種手工業作坊，農民們則住在城外的田野裏。

我國古代對於祖先的崇拜是很普遍的，認爲人死了，精靈還存在。同樣，他們認爲天上的日、月、風、雨等等，地下的山河以及各種動物植物等等都可以有精靈。由於地區不同，各地有自己的風俗習慣，有他們特殊重視的神，例如靠近泰山的祭岳神，近黄河的祭河伯之類。那時，人們都居留在靠近山谷、河流、湖泊等地方，所以邦君們都自稱爲是這些山川的神主。〔一六〕而在許多小邦中經過頻繁的戰爭後，出現了最强大的邦，别的小邦都得聽從它的命令，就被尊爲萬邦之君。我國古代稱這種大邦之君爲昊，昊字本來畫出一個人的頭像一個太陽，光輝四射，是太陽神。後來也叫做皇，是國家的最高統治者。〔一七〕古代的國字原作或，是用兵力來保衛國家。〔一八〕當時的地理知識，認爲我國的古代疆域就已經是整個天下，因而把天下分爲五個區域，中央地區是中國，東南西北四區是四國，這都是用兵力所保衛的疆域，而這個大邦之君的昊，就是當時所理解的普天之下的君主。我國文獻裏最早的君主是太昊，也就是秦始皇時所説的泰皇，〔一九〕這就是我國古代的奴隸制國家的開始。

（二）從太昊到少昊——初期奴隸制國家

太昊本來只應該叫做昊，是太陽神管理的國家，這個國家的興起最早，遠在歷史記載以前，具體情況已經不清楚了。太字和大字本是一個字，太昊的名稱是由於有了少昊，即小昊的時候才出現的。

太昊的國家，在現在河南省東部淮陽縣一帶，〔二〇〕在黄河與淮河之間，是由風姓的一些氏族集團統治的，〔二一〕管理國家的氏族都用龍作爲稱號。〔二二〕一直到公元前八世紀以後，還有一些小國，留在現在的山東省境内，是它的後代。〔二三，附圖一〕

在晚一些的文獻裏，都把太昊叫做伏羲氏，〔二四〕據説八卦是他畫的。〔二五〕伏羲之後還有女媧氏，〔二六〕説明太昊是一個國家，不止一個人，一個統治者，經歷時間很長。〔二七〕其時代可能在公元前五十世紀，遠在歷史記載之前。〔二八〕

大約在公元前四十世紀時，太昊已經滅亡。繼之而起的，在黄河南北兩岸，先後有三個大國：最早的是南岸的炎帝國家；稍後的蚩尤，稱爲少昊，也在南岸；北岸的黄帝之國可能更晚。

炎帝又叫做赤帝，〔二九〕是姜姓國家。據説它和黄帝都是少典氏之後，他們都是稱帝的國家，與稱昊的國家不同。少典氏在什麼地方現在還不清楚，可能在黄河上游甘肅、陝西一帶。〔三〇〕炎帝氏族可能是沿着黄河南岸東進，到達黄河淮河之間，征服了太昊國家而稱帝的。昊是太陽神，最早的意符文字畫出了它的形象。帝是上帝，是統率所有天神包括太陽神在内的，但它只是聲符文字，假借了語言裏同音的字；因爲上天是無聲無臭的，這個至高無上的統治者，是語言裏面的新的詞彙，無法用圖畫來表達了。炎帝的國家據説也在淮陽縣一帶。〔三一〕它是由一些用火爲稱號的氏族管理國家。〔三二〕它的後代很多，像共工氏和四岳，一直到堯舜時代；周王朝時還有齊國、許國、申國、吕國等。〔三三〕

戰國時把炎帝叫做神農氏，以爲他是發展農業的。本草學家認爲他是開始研究草藥的治病功能的人。〔三四〕據説「日中爲市，交易而退」，也是由他創始的。

相傳炎帝傳十七世，約五百多年。〔三五〕文獻裏還有烈山氏，可能是它的後來統治者之一。〔三六〕其時代約爲公元前四十一世紀到三十六世紀。

我國歷史記載中的大事，是從黄帝與炎帝的阪泉之戰和黄帝與蚩尤的涿鹿之戰開始的，這時，炎帝國家已經衰微了，蚩尤則正是最强盛的時代。

蚩尤本是九黎氏族的君長，〔三七〕他出身低微，他的母族没有姓，因此被稱爲庶人，〔三八〕他統治的少昊之國，在現在山東省的曲阜縣。〔三九〕那是由於太昊滅亡以後，在稱昊的民族中重新强大起來的國家，所以稱爲少昊。這個新興國家文化很高，它首先發明冶金術，開始製造銅兵器，〔四〇〕經常和鄰近國家作戰，這時期大約在公元前三十六世紀左右。

黄帝是姬姓國家，他和炎帝據説都是少典之子，但顯然時代有先後。他這個氏族沿着黄河北岸東遷，長期停留在遊牧階段，住宿的時候，女人小孩們都宿在車上，兵士們圍成一圈把他們保護起來，稱爲營衛。最後遷到現在河北省涿鹿縣一帶定居，建立起城邑。〔四一〕古代黄河在現在天津一帶入海，它的國家就在黄河北岸。

這時，蚩尤和炎帝爭帝，〔四二〕爭奴隸制國家的最高領導權。黄帝是新建立起來的國家，炎帝和蚩尤都想征服它，所以由黄河南岸到北岸來攻擊它。黄帝先在阪泉地方與炎帝交戰，據説黄帝是利用臨陣放出一批猛獸來衝擊敵兵的，〔四三〕打了三仗，黄帝勝了。他們就講和了。後來黄帝和蚩尤作戰，把蚩尤殺了。由此，黄帝的威名大震，代替炎帝稱帝。但是少昊國並未消滅，在那裏他仍然是英雄，後來被奉爲「兵主」，即戰爭之神，受到崇敬。〔四四〕

黄帝用稱爲雲的氏族來管理國家，其中之一是縉雲氏。〔四五〕文獻上記録黄帝的臣很多，比較有名的有風后、力牧、鬼臾區、太山稽等人。

據説，他有四個妃子，二十五個兒子，其中只有十四個兒子有姓，兩個姓姬，兩個姓己，所以只有十二個姓。〔四六〕這是母權社會遺留下來的制度，姓是從母親那裏得來的，有姓才是貴族，如果母親不是貴族的女兒，她的兒子就只能繼承父親的氏而没有姓。

黄帝傳十世，三百年，〔四七〕約爲公元前三十六世紀至三十三世紀。文獻上的帝鴻氏，應是其中的一世。〔四八〕他的後裔極多，後來許多朝代，都自稱爲黄帝之後。

黄帝是以比較落後的國家戰勝了文化比較高的先進國家的。戰勝以後，繼承了炎帝、少昊的文化而有所發展，所以我國古代的許多發明創造，都説在黄帝時代，如天文、曆法和醫學等。尤其是文字，傳説是他的史臣倉頡所作，〔四九〕文字當然不是一個人所能創造，但可能經過某些人的整理、統一和推廣，進行這種工作的時代大概差不多，有了文字，就有記載歷史事實的工具了。

黄帝又稱軒轅氏，這或者是指這個氏族的車轅比較高吧！又稱有熊氏，可能和黄帝的馴服野獸有關。

當黄帝國家逐漸衰微時，少昊重新又强大了。代替黄帝時代稱帝的英雄人物名叫清，又叫做摯，〔五〇〕嬴姓。這個國家是由一些鳥名的氏族來管理的，這些氏族分成鳥、鳩、雉、扈四個集團，一共只有二十四個國，是極簡單的國家組織。

鳥集團有五個氏族，管曆法。把曆法放到國家事務的首位，是以農業爲基礎的一種表現，同時也反映出這門科學已很發展。那時已經經過對天文現象的長期觀測，數學也已很發達，所以能知道在一個年度裏，哪天白晝最長，哪天白晝最短，哪時晝夜相等，初步定出每年平均應該有多少天。在奴隸制國家中，這種知識是掌握在統治者手中作爲最重要的統治工具的。鳩集團也是五個氏族，管理國家事務，管奴隸和財政的，管軍隊和作戰的，管重大工程的，管法律和刑罰的，還有管其它方面的重要政事的。這五個鳩裏面，專管司法的是爽鳩氏，這個氏族小邦在現在山東省的臨淄縣，春秋時是齊國的都城。〔五一〕

雉集團的五個氏族是管手工業的，這時手工業已經很發達，製造生産工具和生活用具，並且統一了度量，這是國家機構的重要措施之一。扈集團最多，有五個氏族，他們是管理農業生産的，同時還要防範這大批生産奴隸不要出亂子。因爲工匠是集中在城邑附近的而農民分佈地區比較廣，管理上較困難。〔五二〕

少昊又稱金天氏，〔五三〕説明這時已經利用銅了。據説傳八世，約爲公元前三十三世紀到三十一世紀。它的後裔也很多，商朝末年的奄國就在曲阜，徐國一度很强，也在山東、安徽、江蘇一帶；春秋時的郯國曾追溯它的祖先的事迹，秦國是大國，還有戰國時的趙國，都是嬴姓國家。而比較落後的一些氏族，被迫居住在海邊僻遠地區的稱爲鳥夷。

解放後，大汶口文化遺址不斷發現，範圍很廣，可能有十幾萬平方公里，時間大約從五千八百年左右到五千年左右，我把它定爲少昊文化。從這些遺址中可以看到畜牧業已經很發達，手工業的分工已很細，尤其是陶器工業已經有白陶，是瓷器的遠祖。這時的富人們已經以收藏很多陶器和從遠方交换來的珍貴器物作爲寶藏。尤其重要的是出現了頗爲進步的陶器文字。這些重要發現使得我國文字記載中許多重要史料獲得了新的生命，有些過去認爲是神話傳説，現在可重新估計它們所包含的一些歷史真實的價值了。

（三）中期奴隸制國家的統一與發展

從初期奴隸制國家過渡到中期，有兩個大的變化：首先是黄河南北岸的兩個大國統一了。過去，昊有太和少之分，帝有炎和黄之分，現在不再是對峙並立的情況了，因此，把帝的稱號放到前面而稱爲帝顓頊、帝嚳、帝堯、帝舜等等了。張晏説：「少昊之前，天下之號象其德，顓頊以來，天下之號因其名。」〔五四〕前人已看出它們的不同了。其次，國家機構不再依靠氏族來管理而根據事務的需要來派官吏，有些人説這是不如過去，實際是統治組織已較前成熟了。〔五五〕

當少昊國家衰弱下去的時候，蚩尤後裔的九黎族很不安靖，國内很混亂。〔五六〕在少昊國裏成長起來的顓頊取得了政權。他是黄帝的兒子昌意之後，〔五七〕因此，在他稱帝後，實際上控制了黄帝和少昊兩個不同民族的國家，所以，黄河南北岸的兩個大國統一了。這次統一在我國古代史上有十分重大的意義。中華民族是由很多的古代民族長期雜居在同一土地上而融合起來的一個偉大的民族，我們在歷史上可以找到無數的例子，而大規模的統一，這是第一次。由於這樣的統一，過去利用氏族來分工統治的方法不適宜了，在顓頊時代的國家機構中，主要設立五正，金、木、水、火、土，還有管理農業的田正。其中金、木和水三正都用的是少昊的人，火土兩正則是顓頊的人。〔五八〕

少昊時代還没有管理「神道」的官，神道是現在所説的宗教，顓頊派少昊氏的重管天，管神；顓頊氏的火正黎管地，管民：説是「絶地天通」，〔五九〕隔斷地和天的往來，也就是把民和神嚴格地區分開。那時的民是奴隸或實質上等於奴隸的賤民，而神是奴隸主階級。所謂「神道設教」，就是只有奴隸主階級才能代表神，才能和神交通，搞祭祀祈禱等的典禮。這時的一切知識都和這類宗教迷信攙合在一起，民被剥奪了與神往來的一切權利，也就被封鎖着不能接受一切文化知識而成爲愚氓，奴隸主階級就假借天命和神意來欺騙和奴役他們，用來作爲緩和階級矛盾的工具。

但是炎帝的後裔共工國在這時還很强，跟顓頊爭着稱帝。〔六〇〕它還保存着初期奴隸制國家的制度，用一些稱爲水的氏族來管理國家。它是以搞水土工程出名的，所以叫共工。這時許多城邦，都注意農業，因爲分工越細，就要解決這些非農業人口的食糧問題，而當時的農業技術還較低，産量不高，就得擴大農田面積。共工氏就把高地改成平地，把低地填高，使大片土地便於灌溉。但許多河流被堵塞了，造成水害，它又築隄排水，以鄰國爲壑。〔六一〕它的國家可能在今山東省泰安一帶，〔六二〕而少昊國家的都城在曲阜，稱爲空桑，〔六三〕受到洪水的衝擊，顓頊被迫遷到帝邱，是現在河南省東北部的濮陽縣。

顓頊又稱高陽氏，那時曆法大概更進步了，戰國末年，曾經通行過一種顓頊曆，是依附他的名義的。顓頊據説傳二十世，約爲公元前三十一世紀到二十五世紀。〔六四〕顓頊時代的火正是祝融氏，土正是后土。祝融國在今河南省新鄭縣一帶，他的後裔有八姓，己姓中有昆吾，是夏代的大國；彭姓中有彭祖、豕韋等，是商代的大國；曹姓中有鄒國，就是春秋時的邾國；芈姓中有荆國，就是楚國。〔六五〕

顓頊時代之後是帝嚳，是黄帝另一個兒子玄囂的後裔。〔六六〕它的史料極少，只知道那時有火正的官，那末，官制跟顓頊時代相同。〔六七〕他也還和共工作鬥爭。〔六八〕

帝嚳稱爲高辛氏。〔六九〕據説傳十世，約爲公元前二十五世紀至二十二世紀。它的最後一代是帝摯。〔七〇〕商周兩代都自稱爲帝嚳的後裔。

中期的第三個朝代是帝堯。他原是陶的君長，伊姓。〔七一〕陶在今山東省定陶縣一帶，由於是洪水泛濫區域，遷到了古代黄河下流西岸的唐，在今河北省唐縣一帶，所以稱爲陶唐氏。〔七二〕他大概是由此取代摯的帝位的。〔七三〕隨後他又遷到今山西省太原一帶，而後遷到平陽，今山西臨汾縣一帶。〔七四〕

帝堯時代，社會上主要是三個等級：第一是九族，包括他的宗族以及親屬的各族；第二的百姓，包括一切有姓的貴族，第三等級是屬於萬邦的黎民，主要是農業奴隸。那時的農業水平還很低，一個人耕種所收穫的糧食剩餘不多，要養活一大批不耕而食的人，就没有很多的農業奴隸。階級鬥爭逐漸尖鋭了。〔七五〕

在國家機構方面，還是把管天文曆法的羲和作爲最高職權。此外，内部有百官，外部有羣牧。〔七六〕這時的重要職官都是邦的君長，而這些君長都稱爲后。〔七七〕共工氏的後裔四岳，是四方的後的首領，尤其是東岳岱宗，在今泰山地區，地位更重要；在用人行政方面，帝堯經常要諮詢他們的意見。〔七八〕

堯的兒子丹朱南征到了丹水，在今陝西、河南、湖北三省交界處的丹江流域，就留住在那裏，稱爲帝丹朱。〔七九〕堯老了以後，由舜來代理他的帝位，又隔了二十八年，堯才死。據説他在位一百年。〔八〇〕約爲公元前二十二世紀到二十一世紀初。

舜的出身很低微，姚姓，由於作爲堯的女婿，掌握了政權，經過三年，就代帝堯做帝，稱爲帝舜，又叫有虞氏。〔八一〕這是中期奴隸制國家的第四個朝代，也是最後一個朝代。

從顓頊到舜，整個中期大約有一千年，生産發展了，疆土不斷擴大了，但始終在和水災作鬥爭。堯的末年，有崇氏（今河南禹縣一帶）的鯀曾經治過水，大概也用築堤防堵的辦法，治了九年没有成功，舜執政時，他死了，〔八二〕他的兒子禹繼續治水，總結了失敗經驗，改用疏導的方法，「水由地中行」，終於把洪水治平了。治水的工程很浩大，單是受災最重的兖州（今河北省與山東省的各一部分）就用了十三年的時間。它使用大量的人力，準備很多工具，還要供應糧食，就需要以稷、契、皋陶等人爲輔佐。〔八三〕治水需要進一步打破各個小邦之間的疆界，因此，禹把共工和驩兜兩國打敗並趕跑了。從顓頊以來，共工氏一直是强國，爭帝位，這時已分裂，一部分像四岳已經臣服於堯和舜，只有共工之臣相柳還很頑强，兵敗爲禹所殺。〔八四〕水土平後，禹把天下分爲九州。

堯死後，舜從攝帝位真正當了帝了。他把禹所定九州改爲十二州，設立十二牧，除了四岳十二牧外，禹由原來的司空（搞水土工程的官）改爲百官之長；弃做后稷，管農業；契做司徒，管理貴族和奴隸；皋陶做士，是法官；垂做共工，管理手工業；益做虞，管理草木鳥獸，即林業和畜牧；伯夷做秩宗，管關於天神、地祇、人鬼的三禮；夔做典樂，管教育貴族子弟；龍做納言，發布命令：是關於官制方面的一次新的改革。〔八五〕這時的國家，已經有頗爲精密的曆法，有統一了的律、度、量、衡，〔八六〕有各種典禮，有音樂歌舞，更爲重要的是有一部刑書，作爲法典。〔八七〕總之，奴隸制國家至此已到了極盛時期了。

帝舜的後期最重要的一件事是和三苗的戰爭，三苗之國位於現在湖南省的洞庭湖與江西省的鄱陽湖之間，戰爭是由禹進行的，結果把三苗這個民族趕跑了，使他們遷移到西北方面。隨後，舜到蒼梧之野去巡狩，死在路上。〔八八〕禹繼續執政，但稱帝的時代一去不復返了。〔八九〕據説舜是在三十歲時被提昇的，在位三十年，到五十年時由於出巡死了。〔九〇〕他的在位時約爲公元前二十一世紀。

春秋時代流傳的古書，有「三墳、五典、八索、九丘」，在當時只有少數人能讀，可見是由古文字寫成的。〔九一〕這些書大概都是中期奴隸制國家時所寫的。三墳當指兖州的土壤是黑墳，青州是白墳，徐州是赤埴墳，這個區域里正是太昊、炎帝、少昊等國家所在。〔九二〕五典應是五帝之典，編入《尚書》的有《堯典》和《舜典》，現在只剩下一篇《堯典》了。這篇書顯然是西周初期人所改編的。〔九三〕八索應是叙述夏和戎等八個民族，九丘則可能指陶唐之丘、昆吾之丘等九個丘。〔九四〕這些書可惜都亡佚了，現在所能看到的只有《尚書》裏的頭上幾篇，儘管經過轉譯編寫，有些參雜了後代人的想法，失去真象，但總還保留着很多重要資料。〔九五〕在考古方面，這一時期大體應與龍山文化相應，但還沒有發現能反映當時文化的全貌的典型遺址。

（四）後期——從奴隸制國家的極盛時期到崩潰

虞夏之際是我國古代奴隸制國家的極盛時期，也是發生重大變革的時期。唐虞還稱帝，還利用神道來統治，但是唐只有堯和丹朱兩世，舜就是一世，神權統治被世俗權力所沖垮了。夏后禹只是羣后中的一個后，但是由於他平水土，有了大功，打敗了共工、驩兜等國，最後把三苗趕走，政權、兵權早就由他掌握了，用不着爭帝位，並且干脆不稱帝了。

禹據説是顓頊的後裔，〔九六〕姒姓，夏后氏。禹的都城，舊説在安邑，在今山西省夏縣一帶。〔九七〕舜死後，禹繼續執政，是夏王朝的開始，約在公元前二十一世紀的後期。此後，禹曾會諸侯於塗山，來見的諸侯有萬國，塗山在今安徽省懷遠縣附近。又「致羣神於會稽之山」，羣神也指那些小邦君長，〔九八〕會稽在今浙江省紹興一帶。死在路上。

這時，和禹一起治水的舊人都死了，只有後益在執政，但禹的兒子，這個治水初期誕生的夏后啓終於取得了政權。〔九九〕當時是奴隸制國家發展的最高階段。禹平水土後，彊域擴大很多，由戰俘轉化來的奴隸大量增加，水災地區的土地更加肥沃，新建了許多溝洫，這都促進了農業的巨大發展。另一方面，由於交通比過去方便，各地區的貢物，如：絲、麻、竹、木、魚、鹽、丹、漆、龜、貝、玉、石、金、銀、銅鐵等幾乎無一不備，也促進了手工業的高度發展。經濟繁榮了，文化也隨着高漲。夏代的曆法已經比較完善；夏代的官制和禮樂是商周兩個王朝所取法的；夏代已經制定一部法典，名爲「九刑」；夏代已經有記載歷史的典册；夏民族的語言推廣到全國各地，成爲通用語言，後世把它稱爲「雅言」。

國家富饒了，文化繁榮了，奴隸主們奢侈起來了，生活享受上的要求越來越多。酒做得更甜美了，衣服宫室越來越考究；銅本來用作發展生産、保衛國家的工具和兵器，現在開始用以鑄造生活用具的鼎，〔一〇〇〕從此以後，青銅彝器的制作就越來越多了。夏后啓在鈞臺大饗賓客，又在晉水之陽築了璿臺，還舉行大規模的音樂歌舞，做了九辯和九歌，被詩人認爲過於貪圖享樂，使得他的兒子們把國家喪失了。〔一〇一〕

啓和有扈氏在甘的地方打過一仗，他召集六卿宣讀了誓言。〔一〇二〕他死後，五個兒子爭權，有窮國的后羿就乘機奪取了政權，夏王朝只經過禹、啓、太康、仲康、相五世就中斷了。〔一〇三〕少康建立了第二個王朝，號爲中興。又經過十二世，到夏桀，爲商湯所放逐。夏代前後兩個王朝，共十七世，包括其中曾間斷過的年代，共四百七十一年。〔一〇四〕

商湯自稱爲契的後裔，契又是帝嚳的後裔，子姓。但他們的最早的老祖母是有娀氏，在夏代的後期，他們已經是北方的一個遊牧民族，自稱爲王，後來周王朝説他們是戎民族，大概是有根據的。〔一〇五〕夏末時的商國在今河南省商丘縣一帶，都城稱爲亳。〔一〇六〕商湯討伐夏桀而建立商王朝，約在公元前十六世紀的前期。

伐桀以後，商的都城西遷，仍稱爲亳，在今河南省偃師縣一帶；〔一〇七〕隔了八世，仲丁遷都隞，在今鄭州市一帶；〔一〇八〕不久，河亶甲又遷到相，可能在今河南省内黄縣一帶，接着祖乙住在邢，可能在温縣一帶；〔一〇九〕經過三世，南庚遷到奄，在今山東省曲阜縣一帶，〔一一〇〕不久，盤庚又遷到殷，即今河南安陽，約在公元前十四世紀中葉。從盤庚以後，經過十二世二百七十三年，一直到商紂亡國，没有再遷都，所以一般就把商叫做殷，也稱爲殷商。〔一一一〕商代共二十九世，四百九十六年。〔一一二〕

商代文化極大部分是繼承夏代而有所發展的，但也還保存很多原始習俗。當時，祖父一輩都稱祖，父的一輩都稱父，妣和母，兄和子，也都這樣，似是羣婚制遺留下來的。夏代的奴隸主統治者稱后，商代則以掌權的婦女稱后，因此，周以後，后就成爲王后的專稱了。〔一一三〕婦女的權力很大，大概是母權社會的遺留。尤其是殺人祭祀等極其殘酷的人牲制，更是蠻性的遺留。

商代幾乎完全繼承夏禹所奠定的九州的疆域，北方一直到後世的長城以北，南方遠遠超過長江以南。農業、畜牧業、手工業都十分發達。商王經常祈禱全國的五大區域，中土和東南西北四土都得到豐年。由於製陶業的發展，已經出現了原始瓷器。〔一一四〕青銅彝器的鑄造技術越來越進步，可以製造七百公斤的大方鼎。商業也很發達，貝已經作爲交易貨物的中間媒介，南方産銅地區已經用青銅工具的斤來作交换資料，原始貨幣開始行用了。〔一一五〕

商代已經有公、侯、伯等封爵；商王室的子弟都稱子，有大子、中子和小子；比諸侯較低的貴族稱爲亞；一般的中小奴隸主數目很多稱爲衆。凡是國家大事，如遷都，打仗，以及每年的耕種季節，都要召集衆。〔一一六〕商代的職官，有尹，是掌握國家政權的大臣；有卿事寮和太史了，是管理政事與史事的兩個衙門；有耤臣是管理農業的；小臣是商王的親信。巫在商代地位很高。巫是先知，據説能上天，通鬼神；他們懂數學，因此就算卦，想用籌碼來預卜未來世界的一切；他們懂醫學，能治病，想找到不死的神藥。巫咸、巫賢等都是商代有名的大臣。〔一一七〕臣這個名稱，在商代已經有相隔懸殊的兩種不同身份，一方面，有些人已經從管家奴隸飛躍而爲國家大臣；另一方面，大多數則仍是奴隸主家庭中的高級奴隸。從殉葬奴隸數目之多來看，當時家内奴隸的數量一定十分鉅大。奴隸中還包含着羌族奚族等文化較落後的民族。

當時所謂國家大事，一個是祭祀，一個是戰爭。商王天天在祭神祭鬼，甚至一天早晚祭兩次；也天天占卜，事事問吉凶。他們經常打獵，一則把捕獲的鳥獸來祭祖先，一則用以訓練打仗，所謂巡狩，還是滿處跑的。商代的文化，比起夏代來顯然高得多了，奴隸主貴族們就更任意揮霍浪費與縱樂。夏代還不用銅器隨葬，商代貴族大批鑄造青銅彝器，祭祖先，會賓客，死後卻用以殉葬，下一代又大批地鑄造新的，使得銅錫等無數重要原料長埋地下，而這些本來可以製造工具來發展生産的。甚至宫殿的柱礎，車子上各部分的裝飾，也都是銅做的。而奴隸們卻用最原始的石器來耕種收穫。奴隸主們都是肉食者，他們大量用糧食釀酒，天天酗酒，而生産糧食的奴隸們常常吃不飽，要吃野菜，遇到凶年就會餓死。奴隸主們的主要財富是牛羊猪和犬馬，在一次對王亥的祭祀中就殺了三百頭牛。〔一一八〕奴隸也是他們財産之一，除了死後殉葬外，還常常殺戮奴隸用以祭祖先或其它典禮，很多是未成年的，在祭品中，人牲是排在牛羊犬的後面的。奴隸主們對奴隸的殘酷，必然引起奴隸們的反抗，而這又必然被奴隸主們進行凶惡的鎮壓。奴隸們長期飽受苦難，最後終於爆發了，武王伐紂，牧野一戰，商紂的軍隊本多出好幾倍，卻都倒戈了，只甲子日的一個清早，周人就長趨直入，商王朝就覆滅了。這大概是公元前一〇七五年。〔一一九〕

從十九世紀末在安陽發現殷虚遺址以來，我們可以對商代後期的文化有了較全面的認識，由於這是王都，是典型的遺址，我們已經搜集到很多的寶貴史料，可惜研究工作還遠遠不夠。解放後，在鄭州等地又發現商代早期遺址，從最近發現的兩個大銅方鼎來看，可以期望發現更多的更重要的史料。〔一二〇〕

周王朝本來是商代末期崛起的，從氏族國家轉化來的新興奴隸制國家，在今陝西省岐山縣一帶，姬姓，自稱爲后稷之後，而后稷是帝嚳之後。它經營農業，很早就使用青銅農具，也使用牛車到處經商，〔一二一〕由於周原土地的肥沃，逐漸富强，到周文王時文化已經很高。它聯繫各方諸侯和西南地區的各民族，在商紂末年，就已經三分天下有其二了。武王趁商王朝的動亂而伐商，很容易地奪得了政權，但只有兩年，武王就死了。管叔蔡叔與商紂的兒子武庚聯合起來反周，周公與成王東征，鎮壓了，隨着進軍，滅了少昊之後的奄國與薄姑等，建立了衛宋齊魯等國，成王康王時代又有所發展，分封了一些國家。成王時代曾經統計過「民口千三百七十一萬四千九百二十三」，這是我國最早的人口數字，是周王朝的極盛時期。〔一二二甲〕但是周代武功不如夏商兩代，疆域不如夏商的廣闊。

周王朝説商朝是戎民族，自命爲繼承夏王朝。它總結了商代滅亡的經驗，嚴禁酗酒，改變了一些制度，例如宗法和同姓不婚等。商代成天搞祭祀，太重鬼了，周代參攷夏商二代而制禮作樂，特别注重文，以爲他們是最文明的了，〔一二三〕因此，繁文縟節，比過去任何時期爲多。周開國時，俘獲奴隸和寶物很多，單是武王伐殷這一次，俘獲的磿就有三十一萬多人，〔一二四〕分封諸侯時常把奴隸和土地一起賞賜，所謂「受民受疆土」。〔一二五〕到了康王末年，奴隸和土地基本上分配完了。昭王南征伐楚，在西周前期是一件大事，第一次奴隸主貴族們搶到了一些銅，紛紛做了銅器；第二次卻以昭王死在漢水中而失敗了。〔一二六〕穆王著名的西征，一直到今甘肅的祁連山一帶，只是把帶去的一批絲織品换到了大量的玉石，是做了一次交易；而在南征時，奴隸死得太多了。〔一二七〕從此以後，周王朝就暫時中止遠征，并且衰弱下來了。遠在文王的祖父古公亶父（後來追稱爲太王）就是爲了避免與堇育作戰，翻過梁山到岐山之下，建立起周國來的。〔一二八〕堇育就是後來的犬戎和玁狁。周王朝中葉以後，在北方經常受到玁狁的威脅，東南方面則和淮夷作鬥爭。由於玁狁是遊牧民族，它經常侵犯邊境，搶奪糧食牛馬和奴隸，不久就退去，你要去攻它，即使佔領很多土地，也都貧瘠而無所得，所以周王朝對它只采取防守的策畧。而淮夷則是富饒之區，可以向它需索銅、錫、龜、貝、珠和象牙等珍貴的貢品，所以周王朝的眼睛是注視南方的。西周後期，厲王重新去征南淮夷。厲王曾改革制度，號稱好利，末年，國人暴動，把他趕跑了，在國人裏面當然包括很多奴隸。此後，共伯和執政，稱爲共和元年，這是公元前八四一年，我國歷史從這一年起，才是逐年記載的。共和十四年，大旱，奴隸很多被餓死，〔一二九〕共伯退位，厲王的兒子宣王即位，號稱中興，也曾打過幾次仗，但和姜氏之戎打的一仗，卻大敗了。接着幽王時，王朝内部混亂，幽王被犬戎襲殺於驪山之下，這是公元前七百七十一年，西周王朝覆滅了。從武王伐紂起，至此約爲三百〇五年。

幽王死後，周王朝極爲混亂，出現了兩個王，携王和平王，平王在晉鄭兩個大國的支持下，在成周建立了東周王朝，隔了十多年，才把携王殺了。平王末年，進入了春秋時代，周王朝在名義上雖還存在，實際上，在諸侯割據的封建國家，已是一個微不足道的小國。一直到公元前二五六年，爲秦昭王所滅。儒家受正統觀念束縛，所以説周八百二十年。〔一三〇〕

西周時代遺留下來的史料比較多，《尚書》現存二十八篇中，西周初期就有十八篇，大都是當時的第一手資料。《詩三百篇》裏也有很多篇是當時的作品。西周青銅彝器裏有很多長篇銘文，其内容常常可以補文獻資料的不足。

奴隸制國家後期是夏、商、周三代，夏后氏不稱帝而稱后，商周兩代稱王，後世統稱爲三王。三王時代應該截止於西周王朝的崩潰，有的人把平王也算在裏面，〔一三〕到了春秋時期已經是五伯時代了。

我國古代的奴隸制國家，長達三四千年，遠比封建國家時代要長。單是奴隸制國家的後期，也要有一千三百年左右。

（五）奴隸制國家是怎樣變成封建制國家的

奴隸制是奴隸佔有制，在奴隸制國家中主要是奴隸主與奴隸的矛盾。

奴隸制的特徵是奴隸進行生產，尤其是用奴隸進行的大規模的農業生產。在奴隸制社會裏，一切生產資料爲奴隸主所佔有，土地、種子、農具，都掌握在奴隸主手中，奴隸們只提供勞動力，因此，除了若干自由民外，不可能進行個體生產。在奴隸制國家中，有奴隸主階級和這個階級所控制的國家機構，有無數的手工業工人，都需要用食物來維持生命，僅僅靠肉食和鮮食（魚蝦之類），是養不活他們的，主要是依靠農業奴隸生產的糧食，而在當時生產力還很低的時代，就需要很多的農業奴隸。所以，奴隸制與封建制的區别，在於前者是用奴隸勞動來進行大規模的農業生產，而後者是由農奴或貧雇農進行分散的小農經濟。

在奴隸制國家裏，嚴格地説，只有國君一人是主人，此外都應該是奴隸。但事實上，國君的親屬和寵信的人，也都佔有多少不等的奴隸，都屬於奴隸主階級。還有一種出身貴族但已經貧窮的自由民，儘管並未佔有奴隸，在身份上還是屬於這個階級的。

至於奴隸，等級很多，種類也很多，但總起來説，可分爲家内奴隸和生產奴隸。

臣本是有財產的高級奴隸，所以在賞賜時總説臣多少家，有家就是有財產。在古文字裏，臣字是一隻竪起的眼睛，望字本作朢，以及監字和臨字，所畫的眼睛，都一樣，所以臣字有瞭望、監督、臨下等意義。臣是低級奴隸的管理者，是家内奴隸的最高一級，所以有些貴族子弟被送來學習管理奴隸主的家内事務，稱爲「宦」，就是家臣。也有自動歸附於某一奴隸主的，在初見時要送一份禮，名爲「贄」，「委贄爲臣」，就表示終身願受主人的勞役。也有貴族因受到罪罰而降爲臣的，所謂「男爲人臣，女爲人妾」。相反，有些高級奴隸往往由於主子寵信而提高其地位，如果主子本是小邦之君上昇爲帝王，他們的地位就更高，例如伊尹是小臣，任爲最高執政的尹。家内奴隸的上層常有這種轉化，厨子的宰，可以變爲太宰、宰相，馬夫的僕，可以變爲太僕，就成爲奴隸主貴族了。在我國漫長的奴隸制時代裏，是不能把一個名稱永遠固定在某一種身份上的。

還有民字，至少在春秋時代已經不是奴隸了。[一三二]在古文字裏，民字代表被刺瞎了眼睛的人。和盲字是一個意思。古代對被征服的民族中的一般身份的人統稱爲民，如少昊時代的九黎稱爲黎民，虞夏時代的三苗稱爲苗民等，其意義就是無知的愚氓。黎民基本是農民，他們没有任何財産，没有文化，住在田野裏的窩鋪（即廬），吃的是粗糧和野菜。他們可以有配偶，生孩子，孩子依舊是農業奴隸。在被賞賜時是用多少夫來計算的。在很長的年代裏，原來的黎族流散四方，而新加入這隊伍的，並非都是黎族，就漸漸失去其種族的意義。民字的變化也很大，西周初年所説的「庶民」、「烝民」等就並不專指奴隸而包括自由民在内，這時的農業奴隸稱爲庶人或廬，[一三三]但一直到春秋時代，還用氓或甿來稱農民，就是民這個語詞的同音字。在奴隸制國家裏，農業奴隸地位最低，一般把手工業工匠放在農民之上。

但在生産上，農業在奴隸制國家中佔首要地位，誰佔有的奴隸多，土地廣，耕種得時，誰就最富强。國君把奴隸和土地賞給奴隸主貴族們，就要求這些貴族向他納貢；分封出去的小邦或者歸順的小邦也必須向大邦的君王進貢。這種制度，在奴隸制國家的初期和中期，大概是差不多的。

夏代治水已經使用青銅工具是無疑的，但一般農具可能還以石器爲主，當時一名農夫據説平均只能種五十畝，不到現在的十五市畝。商代用耦耕法，用每兩個人合成一個耦，同時舉起鋤頭來耕種；有些地方還用犬來拉犁，兩具犁或三具犁同時耕田，稱爲協。[一三四]這時耕種效率高了，平均每人可種七十畝，約合今二十市畝。商代把一百萬平方里的區域劃爲王畿，即所謂「王畿千里」，畿也叫做甸，甸就是佃，在畿内種田的人都是佃農。它把奴隸和土地賞給貴族們時，就規定受賜的奴隸主們要用他們的奴隸、農具和種子等代殷王種十分之一的公田。這種代耕的制度，稱爲助，也叫籍。籍本作耤，本象一個人在耕種，把脚踩在鋤上，使鋤尖能入土，也當作借字講。這種制度，名義上是借用民力，實際是租稅的一種形式。[一三五]

殷代後期，青銅農具已經盛行，所以在周王朝的祖先古公亶父遷到岐山下面的周原時，首先就鑄造大批青銅農具。〔一三六〕武王伐紂之後，許多奴隸主貴族分得了大批奴隸、農具和土地，可以開墾荒地，進行大規模的耕種。但周初的賦稅制度，還是沿用商代的助法，分私田和公田。〔一三七〕即一個貴族用一萬個夫來耦耕，開發了八十一萬畝的私田，還應該助耕公田九萬畝。〔一三八〕當然，這時是周王朝極盛的時代。

但是奴隸主階級中也還有貴賤貧富之别，能夠擁有一萬名農業奴隸或者還要多的奴隸主大貴族只是極少數，而中小奴隸主則只有幾千、幾百、幾十，甚至只有幾名奴隸，甚至窮到連家内奴隸都没有，有時需要裝場面，就把子弟當做奴隸。〔一三九〕

在那個時代，奴隸是可以買賣的，〔一四〇〕土地是王或諸侯們所佔有的，不能買賣，就是賣也没有人買，因爲如果没有奴隸來耕種，買到土地有什麼用呢？王或諸侯把土地和奴隸一起賞賜給人，受賞賜者就可以暫時佔有和使用這塊土地，但王或諸侯是可以把它收回轉賞給别人的。受賞者死後就可能收回，有了罪就不用説了。

奴隸和土地等都是財産，奴隸主之間爭奪財産是常事。强侵弱，大欺小，被别人霸佔了財産，就窮下去了。奴隸主家庭由於弟兄們的分家，子孫們多，有的後代就變成窮人。奴隸主們大都奢侈浪費，不善管理，也經常會衰落下去。有的奴隸主欠了債或由於其它原因而打官司，官司輸了，就可能被迫做奴隸；有的是由於受罪罰而成爲奴隸的。

另外有一批人，他們與王侯們是同一氏族，或者有很疏遠的親屬關係，既没有上昇爲貴族，也没有下降爲奴隸，在民字已經不專屬於奴隸的時代，他們也因地位的卑賤而稱爲民，但是自由的民，《尚書》《詩經》裏經常講到的民，在商周時代的民已經都是這一個階層的民衆了。

在奴隸制社會裏，絶大部分的奴隸，既没有文化，又没有武器，工具農器都是奴隸主的，或者用畢收回，或者嚴密管理。在周初，殉葬的兵器常常把它打壞，就是怕盗掘出來利用。〔一四一〕因此，奴隸們自己想暴動是很困難的，他們個人的反抗，除了怠工外，就是逃跑。因爲奴隸是一宗財産，很多逃亡的奴隸是受了别人唆使的，所以商紂的罪狀之一是「爲天下逋逃主」，這是奴隸主們所痛恨的。周文王遠在克商之前所定的法律，就説：有了逃亡就得大搜捕。〔一四二〕伐紂之後，由於獲得大批戰俘奴隸，曾經使這個奴隸制國家十分繁榮，一直到康王時代，還曾經分封諸侯，或對大臣賞賜大批奴隸和土地，這種賞賜中都是以庶人或廬等農業奴隸爲主的。〔一四三〕但是昭王穆王時期，對外戰爭幾乎没有了，奴隸和土地的分配已經完了，没有新的奴隸來源。昭穆兩代幾次遠征，兵士和奴隸很多死亡，經濟耗費很大，奴隸主大貴族不再注意農業，也不會管理，大片土地荒蕪了，穆王末年的一次大饑荒，曾發生奴隸主之間搶糧的事。

共王初年（公元前十世紀前期）出現了土地出租，奴隸主大貴族向新興的農業經營者索取了一些珍貴物品，就把田地租他，有時還是周王讓租的，但都要經過執政大臣們的審議。〔一四四〕看來，這種經營者都是奴隸主階級的富人，他們招集了窮苦的自由農民和流亡無主的農業奴隸有組織地進行大規模的農業生産，這種在我國古代所稱的「隸農」們的待遇，比奴隸是畧爲好一些的，〔一四五〕他們又使用了青銅農具，使農業生産畧有提高，對經營者是有利的。但他們缺少土地，所以要租佃。這種租佃手續開始時是很慎重、很繁複的，但在不斷發生後，就逐漸簡單，只要雙方立了盟約，有了證人，就可以了。當然，這常常要鑄造一件青銅器作爲憑證。〔一四六〕

這種新的農業經營，可以避免田地荒廢，所以國家是容許的，甚至是支持的。但時間久了，可能有逃避對公田的助耕，以及隱瞞新開發的土地等流弊；另一方面，有些奴隸主大貴族看到農業有利可圖，設法佔有；所以到了厲王時代（公元前九世紀中期），就大規模地重分土地和農具，〔一四七〕同時廢除助法，改用實物地租，直接徵收十分之一的租税，稱爲「徹」。所謂「厲王革典」，〔一四八〕推翻舊制度，改用新制度，應該就指此事。那時，一個農夫平均可種一百畝了，約合現在的二十九市畝，所以説「周人百畝而徹」。〔一四九〕這次改革，引起中小奴隸主們的不滿，駡他好利，引起國人暴動，國人中是包括奴隸們的，厲王被趕跑了。代表中小奴隸主們的共伯和掌握了政權。共和十四年（公元前八二八年），連續發生兩次大旱，詩人們説：周朝僅存下來的黎民（即農民），没有一個遺留下來了。〔一五〇〕這時，厲王死了，共伯和退位，厲王的兒子宣王即位。依舊推行「徹」法，這種新制在當時對農業是有利的，即使是自由農民個人的耕種，在交了十分之一的地租外，還是有盈餘的，因此，宣王時的經濟又一度好轉，號稱中興。但是，奴隸制已經日落西山，只有一些迴光返照了。宣王末年，被姜氏之戎所敗。幽王時，王室内部的矛盾日益尖鋭，申伯等把犬戎召來，幽王被殺死，西周王朝崩潰，我國古代的最後一個奴隸制國家隨之而告終。

西周王朝覆滅後，岐周一帶的奴隸主倉皇逃竄，平王遷至成周（今河南洛陽），地少人多，不可能再進行大規模的農業生産，而由個人進行的小農經濟已顯出其優越性，封建制國家就逐漸形成了。

（六）封建制國家的興起

封建制是在奴隸制後期中孕育出來的，由奴隸制轉化爲封建制是由奴隸佔有制轉化爲農業土地佔有制，是由大規模進行的農業生產轉化爲以個人經營爲主的小農經濟。在西周王朝崩潰以前，一些自由農民在辛勤勞動中即使繳納了十分之一的地租後還能有些積累，能夠自置青銅農具，生產技術也有所提高，他們的生產積極性提高了，收穫比過去多了，一家數口的簡陋生活能自給自足，不需要去依附那些經營大規模生產的奴隸主做辛苦終年而自己依然一無所有的隸農了。當然，在個別情況下，隸農、□賃和傭耕等還間或存在着。[一五一乙]平王東遷，經過十多年的動盪，成周洛邑一帶，這種自由農民已經很多，跟着東遷的奴隸主貴族正忙着爭奪權利，既無意去組織大規模的農業生產，事實上也已不可能。因此，奴隸制的農業經濟時代已經一去而不復返了。

鄭國是東遷以後滅掉了虢鄶兩國新建立起來的國家，它依靠商人們來開發土地，並和他們訂立盟約，當然不可能是奴隸制國家了，所以在春秋時代它是最先揭起自由的旗幟的第一個封建國家。平王建立東周王朝，本來是依靠晉鄭兩國的，鄭武公和莊公做平王的卿士，掌握政權，同時鄭國也依賴王朝以自重。平王末年，舊貴族虢公重新得勢，到桓王時就奪去了政權，爲此，鄭國居然敢和周桓王交戰，而在周王戰敗後，卻沒有一個諸侯出來說話，足見諸侯割據的形勢已成，所以在《詩經》的十五國裏，王國只是封建國家中一個小國罷了。鄭國的新的音樂，注重手法技巧，風行一時，很快把古樂打倒。衛國受其影響，所以鄭衛之音，被儒家說是亂世之音。孔丘推崇奴隸制時代的古典音樂，甚至把「放鄭聲，遠佞人」作爲他的政治主張。

西周前期，庶人的地位在奴隸中是最低的。但春秋時代，周和晉國都已把庶人放在工商之上，士之下，而不作爲奴隸了。[一五二]《詩經》裏，衛國那個抱了布去換絲的氓，也決不是奴隸或隸農。

齊國離周王朝較遠，和北戎、萊夷等接近，在周代時，農業已不很發達而注重女工和魚鹽。[一五三]在春秋初年已經是大國。公元前六八〇年左右，齊桓公稱霸，是五伯時代的開始。這個封建大國當時由管仲執政，他開始發展鐵工具，鹽鐵的收入，是封建國家的主要財源。鐵器的鑄造是進入封建社會的重要標志之一，這也是我國的歷史特點。

齊國把士農工商稱爲四民，士和工商都住在都市裏，而農則固定在鄙，也叫做野，就是後世的鄉村。他們是以邑爲單位的，一個邑大約三十家，一個縣有三百個邑。[一五四]這時的農民儘管有家，有農具，不是奴隸，但是他們是跟土地聯繫在一起的，如果國君把那幾塊土地賞給某一貴族，這個貴族佔有了土地，這塊土地上的農民就得向他交糧食，服勞役。封建國家的制度就這樣初步建立起來了。

晉國在周初建立時，就是和戎狄一起的，所以説「啓以夏政，疆以戎索」，顯然和魯衛兩國的「啓以商政，疆以周索」，〔一五五〕是不同的。東周初，晉文侯的夫人晉姜曾派了一千輛鹽車到鄰近淮夷的繁湯去换銅（在今河南省上蔡縣），可見工商業已經很發達。晉惠公六年（公元前六四五）所作的「爰田」，是允許貴族們交换所佔有的土地的新制度。後來魏絳提出和戎五利，第一是戎狄以牧畜爲主，重貨物而輕視土地，可以向他們買土地；第二，邊境上没有驚擾，農民們可以安居田野，耕種下去可以收穫。〔一五六〕是我國土地買賣的最早記載，但是在國家與氏族之間進行的。至於安居田野的農民不是奴隸則是很清楚的。在春秋末年，趙鞅誓師時所説「克敵者，上大夫受縣，下大夫受郡，士田十萬，庶人工商遂，人臣隸圉免」，我們也可以看到庶人工商儘管不同於奴隸，卻也並不是象士那樣自由的。

南方的楚國本没有接受周文化，周昭王南征時並未征服，西周末年就逐漸强大，春秋初期，蚡冒開拓了楚國南方的濮地（今湖北省石首縣一帶），楚文王又滅了鄧國（今河南省鄧縣），五次進攻鄭國。齊桓公曾由侵蔡而伐楚，但没有敢深入；宋襄公想爭盟而被它打敗了；最後和晉國爭霸，進行了三次大戰役（城濮之戰、邲之戰和鄢陵之戰），互有勝負，確是春秋時代的强國。它比北方國家保留的奴隸制痕跡要多，如説「人有十等」，只有王、公、大夫、士四等是奴隸主，而皁、輿、隸、僚、僕、臺六等以及圉和牧，都是奴隸，但在晉國和鄭國，則輿人也已不是奴隸了。〔一五七〕它把商放在農工之前稱爲商農工賈，可是也不在奴隸之内。

秦國本只是西戎中間的附庸小國，東周初秦襄公才被封爲諸侯，打敗了戎，佔有宗周王畿的土地。它的文化最落後，處處模仿東方，如「初有史以記事」，「初有三族之罪」，「初縣」，「初以人從死」，「初伏」等等，不管好的壞的都學。在制度方面，主要學晉國。它由氏族國家一下就進入封建社會，發展較慢，又爲地形所限，在春秋時代，還只和晉國有規模較大的戰爭。

封建制不是由王公貴族中某一統治者創造出來的，更不是奴隸主們的讓步與恩賜，而是在生產力發展的條件下，經過農民們世世代代爲擺脱奴隸主的枷鎖所作的不斷的鬥爭才終於出現的。但奴隸制雖已崩潰，奴隸主階級依然存在。王公貴族依然是大奴隸主。他們依然擁有大量的家内奴隸，畜牧業主要還由奴隸們掌握。畜牧業是奴隸主們的主要財富來源，像齊景公那樣養了四千匹馬，牧馬的奴隸就至少有上千人。所以在當時儘管主要的經濟基礎變了，對農民來説，他們只是封建領主，而在他們自己來説，依然還是可以作威作福的奴隸主，他們還在留戀西周奴隸主王朝的極盛時代。

奴隸制國家的崩潰已將三百年了，周大夫萇弘，一個通曉天文律曆，精於音樂的博學者，還在夢想復興周王朝；〔一五八〕而向他問過樂的孔丘也還在想建立一個新的東周。現在還存在着的《周禮》，很可能就是萇弘或其門徒們所作，時間約在公元前六世紀末到五世紀初。它采用一些周代舊制，根據當時各國的情況，加上作者的政治理想而寫成的一部比較完整的方案，是重建周王朝的一個藍圖。〔一五九〕在這部書裏深深地烙着封建時代的烙印。有些人卻誤認爲就是周公所作的禮，那就容易把西周奴隸制王朝當作一個封建國家了。

我國古代是由成千上萬的氏族小邦發展而成的幾個奴隸制國家，而後進一步發展爲統一的奴隸制帝國。西周王朝崩潰後，奴隸制時代基本結束了，統一的國家分裂成爲一兩百個大小不等的封建國家，這是以五伯爲代表的春秋時代。在三百來年的長期鬥爭中，很多國家在角逐中陸續被淘汰了，少數幸存者如魯衛等國，也已奄奄一息，極其微弱。就是曾經是先進强國象齊晉兩國，後來也由於新舊貴族的矛盾而陷於混亂，齊國由陳氏奪權，建立田齊；晉國六卿專政，導致三家分晉，建立韓、魏、趙，只有秦、楚兩國還在繼續發展，加上新興的燕國，成爲七個强國。這時戰爭更頻繁和激烈，稱爲戰國時代，則已是諸侯割據的封建國家的後期了。又經過了二百五十年的鬥爭，秦始皇才滅了六國，建成中央集權的專制的封建國家。由西周王朝的崩潰到秦的重新統一，經過了五百五十年，這是建立成奴隸制統一國家後的第一次大分裂，也是我國歷史上歷時最久的分裂。歷史常常好象在重演，首先由分散而統一，經過分裂而重新得到統一，但後者的性質與前不同，新的封建制國家比起奴隸制極盛時代的夏王朝來，已有了更加廣大的疆域了。

但是古代人並不懂得社會性質已有了改變。天下安寧，國家統一，是人民的普遍願望，春秋時代的思想家和政治家如果不是適應當時的需要而作一些權宜之計，就只夢想恢復周王朝的舊制度。到了戰國時才有新的轉變。商鞅變法，用晉國的轅田制度而更加發展，「開阡陌」，「民得買賣」，普通富人也可以佔有土地，這就由貴族領主的土地佔有制轉變爲地主的土地佔有制了。〔一六〇〕隨後六國相王，才把周王朝的幽靈驅逐掉；齊秦兩帝，就企圖超越三王五伯的時代了。趙武靈王的胡服騎射，打破了舊風俗；秦始皇時的郡縣制，則把奴隸制國家結構徹底改變，我國的封建制從此奠定。

我國古代的奴隸制國家建立得比較早，因之，封建制國家的興起也比較早。我國的奴隸制時代比封建制時代還要長得多。我國從有史以來，經過幾次大分裂，但總的説來統一的時期遠比分裂時期要多。我國有六千年以上的文明史，是一部不斷發展、不斷前進的歷史。這都是我國的歷史特點。

〔一〕見浙江省文管會和浙江省博物館：《河姆渡發現原始社會重要遺址》，《文物》一九七六年第八期。

〔二〕姓字和甥字都是形聲字，姓字見《甲骨文編》十二卷五頁，可見殷代已有，甥字出現可能較晚，可見這種稱謂的含義在語言文字裏是長期保存着的。

〔三〕族字在商代祖乙卣的銘文裏，本象人左手執旗，旗向外，見《三代吉金文存》十二卷四十六頁。在甲骨文裏，作㫃下大，㫃即旗形，大即人形，旗在人頭上。但由於大字和矢字形近，有時誤作㫃下矢。詳見《甲骨文編》下卷五頁。周末以後，就都錯成族字，《説文》解釋爲矢鏃，已經不知道它的本來意義了。

〔四〕詳見第二章第五節《中國古代文明的摇籃》。

〔五〕《周易・蒙卦六三》和《姤卦卦辭》都説「勿用取女」。《左傳・桓公十八年》：「女有家，男有室。」

〔六〕宗从示，示字本作丅，象祭壇，上面平，可以放置祭品，如祭字就是用手把肉放在祭壇上，福字就是用壺把酒灌在祭壇上之類。

〔七〕旅字在商代青銅器銘文裏本畫出一個側立的人執旗，在旗下。有時，隨着他的還有一人，以表示羣衆。執旗的人有時是兩個對立持旗，一個在旗下，一個在旗外。後來簡化，就只在旗下有兩人。還有一個肇字，或表示一人執旗在車上，或表示兩人。見《金文編》七卷四頁至六頁旅字。又四頁斿字下人手執旗的也是旅字，容庚與斿字合併，是錯的。

〔八〕在父系社會裏，家長們常常實行一父多妻制，並且以多男子爲貴，所以在傳説中，黃帝有二十五子。所謂百子千孫，不消一兩百年，就可以形成千上萬人的大集團了。他們內部盡可以有矛盾，但對於外族，所謂「兄弟鬩於牆，外禦其侮」，就總是聯合在一起的。

〔九〕人字甲骨文作，象人握拳形。周代銅器中如大師人顛乎鼎，就是太師氏的顛乎，曩甫人[illegible]匜是曩甫氏而名爲[illegible]的；又如邢侯簋所謂「錫臣三品：州人，重人，章人，」就等於賞給魯公伯禽的條氏、徐氏、蕭氏、索氏、長勺氏、尾勺氏和賞給衛康叔的陶氏、施氏、繁氏、錡氏、樊氏、饑氏、終葵氏之類：均可證人與氏通用。

〔一〇〕爭字在金文裏是上下兩手爭奪力，兩手代表兩個人，力是耒。男字畫出田旁力，表示用耒種田。奴隸和農具，在當時都是奴隸主的財產。

〔一一〕漢初避漢高祖劉邦的名諱，把邦字改成國字。

〔一二〕君字从尹从口。尹和伊本是一字，金文的伊字本象一個執着大杖而側立的人。尹字没有畫出人體，只畫一只手來代表。口字在古文字裏，經常用以表示一個人在説話。

〔一三〕關於臣和民，詳見本章第五節：《奴隸制國家是怎樣變成封建制國家的》。

〔一四〕古代邑字，从口从卩，口四方象城，卩是人跪坐在那裏，古代席地而坐，所以把膝着地就是坐了；這是表示城裏住着人。

〔一五〕《史記·夏本紀》説：「於是天下皆宗禹之明度數聲樂，爲山川神主。」《國語·魯語》：「禹致羣神於會稽之山，防風氏後至。」韋昭注：「羣神謂主山川之君，爲羣神之主，故謂之神。」《國語》又説防風氏是「汪芒氏之君也，守封隅之山者也」，可見所謂羣神等於諸侯。《論語·季氏》「夫顓臾，昔者先王以爲東蒙主」，顓臾國君主祭蒙山，這個國君也就是蒙山之主。

〔一六〕昊字見新出牆盤。本作昦，象頭象太陽的神，金文偏旁中常見。《殷契佚存》581片作則象太陽所發光芒，與皇字同，昊與皇音近，所以秦始皇時博士把太昊叫做泰皇。《説文》作昦，大變爲亣，與爽字也作奭同。昊字變體最多，日形變白爲臮，變目爲哭。大形誤爲矢，因變爲昊、臭、哭。臭字又變成皋，因而出現皞字，見《説文》。古書多作皞，也誤作皡。詳附表。

〔一七〕或字原來作㦽，中是古毌字，與干字通。就是盾。戈用來攻擊，盾用以防禦，一手拿戈，一手拿盾，就是興干戈，就意味着戰爭。所以在戰爭中殺了敵人就是馘，所守的土地是域。

〔一八〕見《史記·秦始皇本紀》。博士説：「古有天皇，有地皇，有泰皇，泰皇最貴。」是説天地以後，就是泰皇，泰皇即是太昊。漢以後才説成是天皇、地皇、人皇。

〔一九〕《左傳·昭公十七年》：「陳，太皞之虚也。」陳國的都城是宛邱。《漢書·地理志》淮陽國、陳縣，「故國」。《水經·渠水注》：「渠水即沙水，自汝南長平來東南逕陳城北，故陳國也。伏羲、神農並都之。」

〔二〇〕《左傳·僖公二十一年》：「任、宿、須句、顓臾，風姓也，實施太皞與有濟之祀以服事諸夏。」説明太昊風姓。

〔二一〕《左傳·昭公十七年》：「太皞氏以龍紀故爲龍師而龍名。」《淮南子·覽冥訓》説女媧「殺黑龍以濟冀州」的黑龍應是這類龍師之一。

〔二二〕春秋時的任國在今山東省濟寧市，宿國在今東平縣東，須句國在今東平縣壽張縣一帶，顓臾國在今費縣西北。

〔二三〕伏羲見《莊子·人間世》、《周易·繫辭》等書，伏又作庖、作宓，羲又作犧、作戲，此外還有很多異字，均同音通借。

〔二四〕見《周易·繫辭》和《尸子》。《管子·輕重戊》：「虙羲作造六峜以迎陰陽；作九九之數以合天道而天下化之。」清戴望《管子校正》引莊述祖説「峜當作佱，古法字」是對的。但説「亦通政」，疑即《大戴禮·盛德》所説六政，就錯了。《管子》所説作造是創造發明，象下文所説「樹五穀」，「鑽燧取火」之類，決不是《大戴禮》所説道、德、仁、聖、禮、義等抽象的觀念。《管子·七法》説「尺寸也，繩墨也，規矩也，衡石也，斗斛也，角量也，謂之法」，這六類就是六法。《劉子·新論·适才》説「規、矩、權、衡、準、繩，六法殊形而各有任」，也是這個意思，但把規矩分做兩類是錯了。漢武梁祠畫象裏伏羲拿的曲尺就是矩。《周髀算經》：「圓出於方，方出於矩，矩出於九九八十一。」九九是數法，伏羲既造規矩，《管子》又説他作九九之數，那末，六峜定是六法無疑。

〔二五〕女媧見《楚辭·天問》、《山海經·大荒西經》、《禮記·明堂位》、《淮南子·覽冥訓》和《説林訓》等。有人説是伏羲妹，有人説是伏羲婦，武梁祠畫象把伏羲畫成男女兩人，蛇身交尾，中間有一小孩。女的就是女媧。伏羲女媧圖在漢畫象石和墓葬裏的帛畫中常見。漢代神話認爲伏羲女媧是人類的始祖，所以《風俗通》引俗説：「天地初開闢，未有人民，女媧摶黄土爲人。」那時還没有盤古開天闢地的説法。所以在神話傳説裏，伏羲女媧就是最早的了。《潛夫論・五德志》説：「世傳三皇五帝，多以伏羲神農爲三皇，其一者或曰燧人，或曰祝融，或曰女媧，其是與非，未可知也。」按三皇在秦始皇時還只是天皇、地皇和泰皇，泰皇就是太昊，也就是人皇，太字本作大，大是正面人形，人是側面人形，在古文字偏旁裏是經常可以轉换的。但是在漢初把神農也稱皇了。《春秋繁露・三代改制質文》説商湯受命，「親夏、故虞、絀唐，謂之帝堯，以神農爲赤帝」，而周文王受命則絀虞，「謂之帝舜，以軒轅爲黄帝，推神農以爲九皇。」這樣就在天皇地皇泰皇或人皇之外，另外以伏羲神農爲三皇之二，所以《淮南子・原道訓》説「泰古二皇，得道之柄，立於中央」，高誘注：「二皇，伏羲、神農也。」爲了補充三皇之數，各家提出不同的説法，《尚書大傳》提出了燧人氏，放到伏羲之前，這和歷史上太昊爲最早的國家不合，《管子・輕重戊》説「黄帝作鑽鐩生火以熟葷臊」，就不必列燧人的一代了。《白虎通・號》引《禮》曰：「伏羲、神農、祝融，三皇也。」《風俗通・皇霸》引《禮・號謚記》説是：「伏羲、祝融、神農。」武梁祠畫像作「祝誦氏」，也在伏羲神農之間。《莊子・胠篋》所舉的十二個氏族裏則在伏羲神農前。但從春秋時代的文獻看，祝融是顓頊的後裔，詳見於《左傳》《國語》等書。而從《山海經・海内經》看，又是炎帝的後裔，總之，是不能列爲一個時代的。《風俗通》引《春秋運斗樞》説：「伏羲、女媧、神農，是三皇也。」按《淮南子・覽冥訓》講虙戲氏之道而講女媧「鍊五色石以補蒼天，斷鼇足以立四極，殺黑龍以濟冀州，積蘆灰以止淫水」等神話，又説「伏戲女媧不設法度而以至德遺於後世」。可見在神話傳説中女媧確與伏羲啣接在一起，所以從鄭玄以下，大都以伏羲、女媧、神農爲序次。但既不是三皇之一，也不能列爲一個時代。太昊時代，離母系社會還不遠，太昊之後，女媧繼續掌權，是完全可能的。

〔二六〕太昊和炎帝、黄帝、少昊等一樣，是一個時代，但由於在史前，究竟時間有多長，現在還不清楚。《通鑑外紀》引魏宋均説「女媧至神農七十二姓」，又引蜀譙周説：「伏羲次有三姓，始至女媧，女媧後五十姓至神農。」《初學記・帝王部》和《周易繫辭疏》都引《帝王世紀》説：「女媧氏没，次有大庭氏、柏皇氏、中央氏、栗陸氏、驪連氏、赫胥氏、尊盧氏、混沌氏、皞英氏、有巢氏、朱襄氏、葛天氏、陰康氏、無懷氏，凡十五世，皆襲包犧之號。」這些資料都不可信。宋、譙兩説都受曆家二百七十六萬年的影響，把時間拉得太長；皇甫謐的十五世顯然依據《漢書・古今人表》，而《人表》本只時代相近，並没有説襲伏羲稱號。

〔二七〕據傳説，伏羲畫八卦，八卦還不是文字。僞孔安國《書傳序》説伏羲「始畫八卦，造書契，以代結繩之政」是錯的，《周易繫辭》把造書契歸之於後世聖人。

〔二八〕赤帝見《逸周書・嘗麥解》和《大戴禮・五帝德》等。

〔二九〕《國語・晉語四》：「昔少典取於有蟜氏，生黄帝、炎帝。」《史記・秦本紀》：「大業取少典之子曰女華，生大費。」《史記・五帝本紀》索隱説「少典者諸侯國號」是對的，但其地未詳。按黄帝居軒轅之丘，據《山海經・西山經》在昆侖丘西，昆侖是現在甘肅的祁連山，可見黄帝族早期活動在今甘肅境内。炎帝生長在姜水，據《水經·渭水注》，其地在今岐山縣一帶，那末，炎帝早期可能在今陝西省内。

〔三〇〕《初學記》卷九引《帝王世紀》：「都於陳。」《左傳·昭公十八年》記魯國有大庭氏之庫，由於《禮記·祭法》正義所引《春秋命曆序》説「炎帝號曰大庭氏」，《左傳正義》説：「先儒舊説皆云炎帝號神農氏，一曰大庭氏。」但服虔、杜預注《左傳》，鄭玄《詩譜》都不用此説。按大庭氏神農氏並見於《莊子·胠篋》，不是一人。《管子·封禪》以伏犧、神農、炎帝、黄帝爲次，神農、炎帝也並不相等。《太平御覽卷七十八》稱神農爲帝神農，可能也把神農和炎帝分開，而象《初學記》所引譙周《古史考》一樣，説「大庭氏姜姓，以火德王，故號曰炎帝」了。但據《逸周書》則黄帝與赤帝戰阪泉時，蚩尤宇於少昊，即曲阜，那末，大庭氏也不應是炎帝，而應在蚩尤宇於少昊之前，這個地方是大庭氏所居，是太昊、炎帝時代的氏族小邦之一。無論神農或炎帝都没有在曲阜建過都。

〔三一〕《左傳·昭公十七年》：「炎帝氏以火紀，故爲火師而人名。」

〔三二〕司馬貞《三皇本紀》：「其後有州、甫、甘、許、戲、露、齊、紀、怡、向、申、吕，皆姜姓之後。」

〔三三〕《孟子·滕文公》：「有爲神農之言者許行。」《漢書·藝文志》有《神農》二十篇，是戰國中期農家的作品。《淮南子·脩務訓》説神農「嘗百草之滋味」，「一日而遇七十毒」，所以漢以後講《本草》的人，都説《神農本草》，但一直到梁代《七録》才見著録。

〔三四〕《史記·五帝本紀》説「軒轅之時，神農氏世衰」，可見司馬遷知道神農不止一世。《吕氏春秋·慎勢》「神農十七世有天下，與天下同之也」。《太平御覽卷七十八》引《尸子》「神農七十世有天下，豈每世賢哉，牧民易也」。十字與七字容易混亂，但神農氏既在史前，七十世似乎太長了，所以從十七世説。《禮記·祭法》正義引《春秋命曆序》説是「傳八世，合五百二十歲」。司馬貞《三皇本紀》説神農「生帝哀，哀生帝克，克生帝榆罔，凡八代，五百三十年」。《太平御覽》引《帝王世紀》是「帝承、帝臨、帝明、帝直、帝來、帝哀、帝榆罔」，連神農共八世。按八世而五百多年，每世平均年齡要六十五歲或更多，似乎太長了。古代以三十年爲一世，如果照這個平均歲推算，十七世爲五百一十歲。《通鑑外紀》每代都有年數，不知所本，所以不引用。

〔三五〕《左傳·昭公二十九年》：「有烈山氏之子曰柱。」賈逵注：「烈山，炎帝之號。」《國語·魯語》「昔烈山氏之有天下也」，韋昭注：「烈山氏，炎帝之號也。」《禮記·祭法》作厲山氏，鄭玄注：「厲山氏炎帝也，起於厲山。」杜預注《左傳》則説是「神農世諸侯」，但《魯語》和《祭法》説是有天下，就不應是諸侯了。

〔三六〕《書·吕刑》：「蚩尤惟始作亂。」釋文引馬融注：「蚩尤少昊之末，九黎君名。」《尚書正義》引鄭玄注：「蚩尤霸天下，黄帝所伐者。學蚩尤爲此者，九黎之君，在少昊之代也。」《戰國策·秦策一》「黄帝伐涿鹿而禽蚩尤」，高誘注：「蚩尤，九黎氏之君。」按《吕刑》把蚩尤和苗民混在一起説了。據《國語·楚語》則所謂「絶地天通」，是顓頊時對待九黎的事，和舜禹時代的對待三苗是兩個時代。穆王所以説到蚩尤，正由於蚩尤本就是九黎的君長而「宇於少昊」的。黄帝殺蚩尤是人所共知的，馬融説「蚩尤，少昊之末」是錯了。蚩尤雖死，九黎之族仍在，所以到了少昊摯之後，所謂少昊氏之衰，九黎又亂了。《山海經·大荒東經》説：「大荒東北隅中有山，名曰凶犁土邱。應龍處南極，殺蚩尤與夸父，不得復上，故下數旱。」《史記·五帝本紀索隱》：按皇甫謐云：「黄帝使應龍殺蚩尤於凶黎之谷。」黎和犂通，稱爲凶黎，可證蚩尤爲黎族。《左傳·昭公四年》：「商紂爲黎之蒐，東夷叛之。」春秋時是衛國的犂邑（見《左傳·哀公十一年》），漢代是東郡黎縣，現在在山東省鄆城縣之西，這和少昊國都城的曲阜和相傳爲蚩尤冢所在地的今山東省泗水縣，蚩尤肩髀冢所在地的今鉅野縣等的距離，最多只有六七十公里，可證這個區也是蚩尤的故鄉。

〔三七〕《大戴禮·用兵》（即《孔子三朝記》之一）記魯哀公問：「蚩尤作兵歟？」孔丘説：「否，蚩尤庶人之强者也。」過去學者不懂得君子與庶人的區别是由於他們出身的貴賤而不止是本身的爵禄，所以對此不理解。例如王鳴盛《尚書後案》就説：「原《戴記》意，斥蚩尤爲庶人，以其凶德故，非真無爵土，如果庶人，何能與黄帝戰。」不知道古代的庶人和庶子一樣，是出身低賤的人。從母系社會□□□□□□，子以母貴，如果母親不是貴族，就没有姓，儘管是年齡最大的大兒子，也還是庶子。這裏並没有因爲蚩尤行爲上的好壞而把他貶稱的意思。

〔三八〕《逸周書·嘗麥解》：「命蚩尤宇於少昊。」《左傳·定公四年》：「成王封魯，命以伯禽而封於少皞之虚。」《漢書·地理志》魯國魯縣，「伯禽所封」，今山東省曲阜縣。

〔三九〕《世本》：「蚩尤以金作兵。」《管子·地數》：「葛盧之山發而出水，金從之，蚩尤受而制之，以爲劍鎧矛戟。是歲，諸侯相兼者諸侯九；雍狐之山發而出水，金從之，蚩尤受而制之，以爲雍狐之戟、芮戈，是歲相兼者，諸侯十二。」《山海經·大荒北經》：「蚩尤作兵，伐黄帝。」《大戴禮·用兵》：「魯哀公問：蚩尤作兵歟？」可見「蚩尤作兵」是戰國時普遍的傳説。《吕氏春秋·蕩兵》：「蚩尤作兵。蚩尤非作兵也，利其械矣。未有蚩尤之時，民固剥林木以戰矣。」這是説蚩尤之前已有别的兵械，蚩尤只是作銅兵罷了。《太平御覽》卷八百三十三引《尸子》：「造冶者蚩尤也。」《廣韻·三十五馬》引作「蚩尤造九冶。」

〔四〇〕《史記·五帝本紀》：「天下有不順者，黄帝從而征之，平者去之。披山通道，未嘗寧居。東至於海，登丸山及岱宗；西至於空桐，登雞頭；南至於江，登熊湘；北逐葷粥，合符釜山而邑于涿鹿之阿。遷徙往來無常處，以師兵爲營衛。」

〔四一〕《逸周書·嘗麥解》：「蚩尤乃逐帝爭於涿鹿之阿，九隅無遺。」

〔四二〕《大戴禮·五帝德》：「教熊、羆、貔、豹、虎以與赤帝戰於阪泉之野。」《史記·五帝本紀》作：「教熊、羆、貔貅、貙、虎以與炎帝戰於阪泉之野。」

〔四三〕《史記·封禪書》齊地的八神是：天主、地主、兵主、陰主、陽主、月主、日主和四時主，天地之下，首先就是兵主，説是「祠蚩尤，蚩尤在東平陸監鄉，齊之西境也」。後代行軍時常祭黄帝和蚩尤。

〔四四〕《左傳·昭公十七年》：「黄帝氏以雲紀，故爲雲師而雲名。」又《文公十八年》：「縉雲氏有不才子。」《史記·五帝本紀》集解引賈逵曰：「縉雲氏，姜姓也。炎帝之苗裔。當黄帝時在縉雲之官也。」

〔四五〕《國語·晉語》四：「黄帝之子二十五人，其同姓者二人而已。唯青陽與夷鼓皆爲己姓。青陽，方雷氏之甥也；夷鼓，彤魚氏之甥也。其同生而異姓者，四母之子别爲十二姓。凡黄帝之子二十五宗，其得姓者十四人，爲十二姓，姬、酉、祁、己、滕、箴、任、荀、僖、姞、儇、依是也。唯青陽與蒼林同於黃帝，故皆爲姬姓。」這一段記載，過去都講不通。現在分析起來，得姓的十四子，都是四母之子。所謂四母，除了方雷氏和彤魚氏之外，還有嫘祖和嫫母，都是所謂正妃，但可能時間有早晚。別的不是正妃所生的十一個兒子儘管後來也都自成一宗，卻都沒有姓。

〔四六〕《禮記·祭法》正義引《春秋命曆序》：「黃帝一曰帝軒轅，傳十世一千五百二十年。」按我國從共和元年（公元前八四一年）以後，才有編年記載，從夏禹起到共和元年有總的年數，儘管有不同說法，大致上夏王朝是在公元前兩千年前開始。再以上，唐堯在位七十載，舜五十載陟方乃死，此外無可考。晉代發現的《竹書紀年》從黃帝開始，可惜已遺佚，據說「黃帝至禹，爲世三十」。據《春秋命曆序》則黃帝十世，少昊八世，顓頊二十世，帝嚳十世，加上堯和舜，共五十世，可以說從黃帝至禹五十世，三和五字形相近容易傳誤，可能《紀年》原書與《命曆序》同。《命曆序》說：「孔子爲治《春秋》之故，退修殷之故曆，故其數可傳於後。」說明它是根據殷曆的，用的是戰國舊說。按曆法和文字，相傳都是黃帝時代的創造發明，在人們記憶中，傳了幾世，還容易流傳下來，究竟要經歷多少年，傳說就很難依據。即以黃帝傳十世來說，如果據《命曆序》則每世平均要有一百五十二年了，未免太不合理。十世大約合三百年。《大戴禮·五帝德》記宰予說「昔者予聞諸榮伊，言黃帝三百年」，是傳說中有「黃帝三百年」，和十世的話，基本符合，所以暫依此假定。

〔四七〕《左傳·文公十八年》：「帝鴻氏有不才子，掩義隱賊，好行凶德，醜類惡物，頑嚚不友，是與比周。天下之民謂之渾敦（即渾沌、混沌）。」賈逵和杜預的注都認爲就是黃帝，但《漢書·古今人表》既在上上列黃帝，又在上中有帝鴻氏；《文選·干令升〈論晉武帝革命〉》說「鴻黃世及」，明非一人。那末，這裏所説黃帝，並非軒轅，而爲軒轅之後，等於說炎帝並非即指炎帝。《山海經·西次三經》的天山：「有神焉，其狀如黃囊，赤如丹火，六足四翼渾敦，是識歌舞，實爲帝江也。」清代畢沅說「江讀如鴻」，是對的。又《海內經》說：「黃帝妻雷祖生昌意，昌意降處若水，生韓流。韓流擢首謹耳，人面豕喙，麟身、渠股、豚止。取淖子曰阿女，生帝顓頊。」郭璞注：「《竹書》云『昌意降居若水，產帝乾荒』，乾荒即韓流也。生帝顓頊。」乾荒合音即是江字。那末，帝鴻應是黃帝軒轅氏之後無疑。但是《山海經·大荒東經》說：「有白民之國。帝俊生帝鴻；帝鴻生白民。白民銷姓。」這個帝俊是誰，頗值得研究。在《山海經》裏，帝俊這個人確是「第一烜赫」的，一共有十六處。但帝俊究竟是什麼人呢？郭璞注說：「俊亦舜字，假借音也。」如果從《大荒南經》所說「帝俊妻娥皇，生此三身之國，姚姓」，確像是舜。但《大荒西經》的「帝俊生后稷」，郭璞又說是：「俊宜爲嚳，嚳第二妃生后稷也。」清畢沅據《帝王世紀》「帝嚳自言其名曰夋」，和「帝嚳次妃娵訾氏女曰常儀」的說法，定帝俊爲帝嚳。王國維又據《左傳·文公十八年》高辛氏有才子八人中的仲熊季貍，以爲即帝俊生中容和季釐，並以爲夋就是殷代的先祖（實際上高陽氏才子八人有仲容，更適合，而甲骨文中的先祖是夒，王氏誤釋爲夋）。這些說法也有些道理。但帝俊生帝鴻又如何解釋呢？《路史·後記》引《山海經》作帝律，未必可信。我認爲帝俊的來源有三個：帝舜可能確是音近通假；帝嚳可能就是夒，與夋字形近致誤；還有一個應是黃帝或黃帝之後。首先，帝鴻即帝江，也即帝乾荒，是黃帝後裔；其次，《左傳》帝鴻氏在少昊顓頊之前，不應是帝嚳帝舜之後；第三，《海內經》「黃帝生禺號」，而《大荒東經》說「黃帝生禺虢」，虢一本作號；第四，《大荒南經》「羲和者帝俊之妻，生十日」，《大荒西經》「帝俊妻常羲，生月十又二」，郝懿行疑常儀，常羲與羲和通爲一人是錯的。《史記·曆書》索隱說：「《系本》及《律曆志》，黃帝使羲和占日，常儀占月，臾區占星，伶倫造律吕，大撓作甲子，隸首作算數，容成綜此六術而作調曆。」可見羲和常儀都在黄帝時。那末，黄帝之後，帝鴻之前，可能還有帝俊一代。

〔四八〕倉頡作書是戰國後期盛傳的，《荀子・解蔽》：「好書者衆矣，而倉頡獨傳者一也。」《吕氏春秋・君守》、《韓非子・五蠹》、李斯《倉頡篇》、《淮南子・本經訓》都説倉頡作書，只有《世本》説「沮誦、倉頡作書」，沮與祝通，沮誦即祝誦，也就是祝融。其時代據《尚書正義》説：「司馬遷、班固、韋誕、宋忠、傅玄皆云：『倉頡，黄帝之史官也。』崔瑗、曹植、蔡邕、索靖，皆直云：『古之王也。』徐整云：『在神農、黄帝之間。』譙周云：『在炎帝之世。』衛氏云：『當在庖犧蒼帝之世。』慎到云：『在庖犧之前。』張揖云：『倉頡爲帝王，生於禪通之紀。』」如揖此言，則倉頡在獲麟前二十七萬六千餘年。是説倉頡，其年代莫有能定。按許慎《説文解字》也説：「黄帝之史倉頡。」《莊子・胠篋》舉從容成氏到神農氏，共十二氏，而説：「當是時也，民結繩而用之。」説明黄帝以前没有文字。張揖所説則由於漢代曆法家，把曆的起源推到二百七十六年，因而把歷史時代有意拉長，不足信。

〔四九〕《逸周書・嘗麥解》：「乃命少昊請司馬，鳥師，以正五帝之官，故命曰質。」《左傳・昭公十七年》作少皞摯，質和摯同音通用。

〔五〇〕《左傳・昭公十七年》，郯子説：「我高祖少皞摯之立也，鳳鳥適至，故紀於鳥，爲鳥師而鳥名。鳳鳥氏，曆正也；玄鳥氏，司分者也；伯趙氏，司至者也；青鳥氏，司啓者也；丹鳥氏，司閉者也；祝鳩氏，司徒也；鴡鳩氏，司馬也；鳲鳩氏，司空也；爽鳩氏，司寇也；鶻鳩氏，司事也。五鳩，鳩民者也。五雉爲五工正，利器用，正度量，夷民者也。九扈爲九農正，扈民無淫者也。」又昭公二十年，齊國晏嬰説：「昔爽鳩氏始居此地（指齊都）。」

〔五一〕見上注。

〔五二〕《左傳》昭公元年：「昔金天氏有裔子曰昧，爲玄冥師。」服虔注：「金天，少昊也。」正義：「金天氏帝少皞，《帝系》《世本》文也。金天，代號；少皞，身號。」《太平御覽》卷三引《尸子》：「少昊金天氏，邑於窮桑，日五色互照窮桑。」按少昊屬於東方民族，郯子既自稱爲吾祖，孔丘向他學了，而説「天子失官，學在四夷」，説明郯國就是東夷國家。郯子論官時，由於主人叔孫昭子是黄帝之後，所以從黄帝開始，而後講到在其前的炎帝，並聯繫炎帝後裔的共工；把稱帝的民族講完了，才講到稱昊的民族，先講太昊，最後才講到自己的祖先少昊，其次序是可以理解的。劉歆作《世經》，没有讀通而把共工列入太昊炎帝之間，已經錯了，更錯的是在少昊帝下引《考德》「少昊曰清」而解爲「清者黄帝之子清陽也，是其子孫」。不知黄帝屬於稱帝的民族，黄帝之子青陽（見《國語・楚語》和《大戴禮・帝系》）和少昊清（見《周書・嘗麥解》和《考德》）絲毫無關。《史記・五帝本紀》説：「嫘祖爲黄帝正妃，生二子，其後皆有天下。其一曰玄囂，是爲青陽，青陽降居江水；其二曰昌意，降居若水。昌意娶蜀山氏女，曰昌僕，生高陽。」高陽是顓頊。又説：「帝嚳高辛者，黄帝之曾孫也。高辛父曰蟜極，蟜極父曰玄囂，玄囂父曰黄帝。自玄囂與蟜極，皆不得在位。」青陽降居江水（《大戴禮》作泜水），玄囂不得在位，也都可證明其不是少昊。其實，在顓頊以前，曾經有太昊和少昊，炎帝、黄帝和共工五個强國，兩個昊本屬於東方，兩個帝屬於西方而東來的，郯子所説是歷史的本來面目。古代對於稱號常以後統前，如夏后氏本稱后，但因殷、周稱王，就被納於三王裏了。太昊少昊本稱昊，可是炎帝、黃帝稱了帝就都歸入帝了，隨後，有名的四個帝是帝顓頊、帝嚳、帝堯、帝舜，一共是八個帝。《管子·侈靡》說：「故書之帝八，神農不與存，爲其無位，不能相用。」《管子》把神農和炎帝分開，那末，所說帝八就是這樣。後來都說五帝三王，則把帝嚳和堯舜也不提了，但實際上只有前面四個帝是沒有爭論的，最後一個，從五行的排列是黑帝則有兩說：一是共工，即鄒子所論，次在顓頊前；另一說則認爲共工和顓頊爭爲帝，共工失敗了，所以應是顓頊。共工一直到舜禹時代才完全滅亡，那末，顓頊說的起源應該很晚。秦國是在西周滅亡後才建國的，由於它是嬴姓，少昊之後，所以首先祭白帝，作了鄜畤；在公元前六七二年，秦宣公作密畤，祭青帝，那是太昊。之後，一直隔了二百五十年，秦靈公才作吴陽上畤和下畤，祭黃帝和炎帝，但始終沒有祭黑帝，所以後來漢高祖曾提出疑問，天有五帝，爲什麽只有四帝呢？可能和黑帝究竟是誰比較難定是有關的。一直到吕不韋的《吕氏春秋》才指顓頊。戰國以後，出現了三皇的說法，首先把太昊作爲泰皇，也就是人皇，與天皇地皇相配，後來又把神農也推上去了，儒家就把少昊一代抹殺，而只說黃帝、帝顓頊、帝嚳、帝堯、帝舜是五帝。這種抹殺，可能和少昊爲東夷有關。其實《國語·楚語》說「少皞之衰也，九黎亂德」，後面說「顓頊受之」，這種繼承關係，怎麽能抹殺呢？

〔五三〕《禮記·祭法》正義引《春秋命曆序》：「次曰帝宣，曰少昊，一曰金天氏，即窮桑氏，傳八世，五百歲。」按一世如平均爲三十年，就應假定爲二百四十年。但少昊與黃帝後代，有些可能同時，這種估計的年代，是不能十分準確的。

〔五四〕見《漢書·古今人表》注。

〔五五〕《左傳·昭公十七年》，郯子說：「自顓頊以來，不能紀遠，乃紀於近，爲民師而命以民事，則不能故也。」

〔五六〕《國語·楚語》：「少皞之衰也，九黎亂位。」

〔五七〕《山海經·大荒東經》：「少昊之國，少昊孺帝顓頊於此，棄其琴瑟。」郝懿行說：「案《說文》云『孺，乳子也』，《莊子·天運篇》『烏鵲孺』，蓋育養之義也。」是對的。《大戴禮·帝系》：「黃帝產昌意，昌意產高陽，是爲帝顓頊。」又說：「昌意降居若水。昌意娶於蜀山氏，蜀山氏之子謂之昌濮氏，產顓頊。」《世本》大畧相同。但《山海經·海内經》則說「昌意降處若水，生韓流」，韓流「取淖子曰阿女，生帝顓頊」。郭璞注：「《竹書》云『昌意降居若水，產帝乾荒』，乾荒即韓流也。生帝顓頊。」說明顓頊非黃帝孫而是後裔。《吕氏春秋·古樂》：「帝顓頊生自若水，實處空桑，乃登爲帝。」據舊說，若水見《水經》，在今四川省西南部，與蜀山氏的名稱相應。但如果顓頊真生在大渡河一帶，如何能經過幾千里來到今山東省的曲阜來登爲帝呢？我推測，這個若水可能不在今四川而就在今山東。

〔五八〕《左傳·昭公二十九年》：「少皞氏有四叔：曰重、曰該、曰修、曰熙，實能金、木及水，使重爲句芒，該爲蓐收，修及熙爲玄冥，世不失職，遂濟窮桑。」「顓頊氏有子曰黎，爲祝融；共工氏有子曰勾龍，爲后土。」

二　大汶口文化是少昊文化

（一）大汶口文化概況

大汶口文化的發現是新中國考古工作中的一件大事。我國考古發掘工作開始較晚，過去一個時期，只知道有仰韶文化和龍山文化，仰韶在前，龍山在後。但我國有九百六十多萬方公里的疆域，比整個歐洲畧爲小一些，在遠古時代哪能只有一種文化呢？現在知道龍山文化實際上是在大汶口文化的基礎上發展起來的，黄河下游的大汶口文化，黄河上中游的仰韶文化和長江下游的青蓮岡文化等，都是很古老的文化。亞洲東部的黎明時期，中國古代文化的主流，應該是大汶口文化。

一九五九年在山東省泰安縣南大汶口車站附近發現的大汶口文化遺址，〔一〕包括泰安縣的大汶口和寧陽縣的堡頭村，曾發掘過 133 座墓葬。這是我們發現大汶口文化的开始。遺址在大汶河的兩岸，是大汶河南北兩源的交匯處，〔二〕現存面積約八十二萬五千方公尺，已經發掘的墓葬區爲五千四百方公尺。墓葬區的使用年代相當長，有些舊墓被後來新墓所打破，大概要有三四百年吧！可以分爲早中晚三個時期，但文化上的差異不很大。墓葬可以分爲大中小三類，最大的長四公尺多，但只有三個；三公尺以上的有七個，大都是晚期的。一般的在兩三公尺之間。小型的在兩公尺以内。最小的一個只有一公尺，那裏是一個屈肢葬式的骨架。大汶口墓葬中的屍體大多數是仰身直肢的，少數是側身葬，俯身葬和屈肢葬都只有一例。從埋葬習慣來看，這種特殊的葬法，可以説明死者本來不是這個地區的人。〔三〕

大汶口文化中出現了木槨墓，這是十分突出的現象。有這類葬具的共十四個墓，早晚期各佔一半。最簡單的辦法是在屍體上用原木來做一個蓋；此外有長方形像後世的棺，也有俯視起來像井形，接近後來的木槨。用這種木槨製的大都是大墓，也有未成年的和兒童的屍體，采用這種葬制，説明死者屬於尊和貴的等級，而那些卑賤者死後只挖一個小坑來埋了，可見這時已經是有階級的社會。

這羣墓葬裏有八座合葬墓，其中四座經鑒定都是成年男女，除了一座是二次葬外，還有一座在女屍旁有女孩的屍骨。

葬法都是男左女右，隨葬品大都安放在男的一方，説明女性在從屬的地位，當時已經是父系社會了。

大汶口墓葬羣裏隨葬物品很多，共有兩千多件，一些大墓隨葬品很多，最多的一個墓有一百八十多件，而一些小墓則極少，甚至一無所有，可見當時貧富之間距離很遠。

在隨葬物品中有九十六個猪頭骨，發現於四十三座墓葬中，一般的只有一個猪頭，九個墓有兩個猪頭，六個墓都有三個，而有四個五個猪頭的一共只有五個。最突出的是十三號大墓，屬於早期，卻有十四個猪頭排成一行。這説明在這個地區内養猪事業已經有鉅大發展。猪在當時是代表財富的，所以隨葬時有没有猪頭，猪頭的多少，也意味着貧富之間的差距。

隨葬器物中單是陶器就有一千多件。早期的墓裏陶器還比較少，但如五十四號墓就已有二十九件，到了晚期，十號大墓竟至九十三件。陶的種類，有：紅陶與灰陶，黑陶已經興起，白陶更較珍貴；畫彩後再燒製的彩陶，數量較少，一共只有三十二件。陶器的取土、造型和燒製等技術，都已很進步，顯然已經是手工業作坊中的產品了。器物品種極豐富。中期的九號墓有造型優美的紅陶獸尊，是一件工藝美術的精品。七十五號墓的一個灰陶背壺上有一個用紅色書寫的文字。

有用玉、石、骨、角、牙、蚌等等工具，還有陶質的紡輪，主要用於家庭的副業生産而不是工、農、牧業等的主要生産。當然，像石鏟之類按裝長把就可以作爲武器，但如珍貴的玉鏟則只是裝飾品罷了，有些人是把石箭鏃也認爲是裝飾品的；[四]像取食的骨匕則只是生活用具了。這些器物的一部分，可能是家庭中某個人在閑暇時自製的，但一些磨製費時以及像針尾穿孔之類專門的技術，也應該是作坊中所製的。

用象牙和玉來做的日用品和裝飾品，像兩件象牙梳和十件象牙雕筒、七件象牙琮，以及玉笄、玉臂環、玉指環，都是十分貴重的，可以看到墓主人的豪奢。就是骨雕筒而鑲嵌緑松石以及類似玉的美石所作的飾物，也不是尋常家庭中所有的。至於龜甲和鰐魚鱗甲之類屬於珍寶一類的收藏，更明顯是富有階級的事了。

大汶口遺址首先是以它的遺物如此之多，品種的豐富與工藝的精美震驚於我國考古界的。它給人們的印象是：貧富如此懸殊，等級如此分明，顯然已經不是原始社會和野蠻時代。猪的繁殖和手工業的如此發達，可以看到農業、畜牧業和手工業早已分工，而各種手工業之間的分工已經出現了很多專業作坊。各種遠方來的珍貴物品可以看到交通已經很發達，作爲貨物流通渠道的商業，也已經發展。這些事實，都説明當時已經存在着奴隸制國家了。

十幾年來，我們對於大汶口文化的認識，更加深入了。有些遺址是早就被發現的，有些遺址是隨後陸續發現，現在知道大汶口文化的遺址分布極廣，已經發掘或查明的，如：山東省泰安的龍門口，曲阜的西夏侯、尼山、東魏莊、大果莊和白村，兖州的王因，鄒縣的野店，濟寧的琵琶山，滕縣的崗上，濰縣的魯家口，蓬萊的紫荆山，福山的丘家莊，栖霞的楊家圈，安丘的景芝鎮，諸城的前寨，膠縣的三里河，莒縣的陵陽河，日照的東海峪，臨沂的大范莊，郯城的清堂寺等；江蘇省邳縣的劉林、大墩子和東小墩，東海的蕻湖，新沂的花廳，贛榆的蘇青墩，泗洪的菱角張等；河南省除偃師的滑城和平頂山市外，東部還有一些遺址；安徽省除蕭縣的曹莊外，也還有很多遺址。這樣廣闊的區域，其面積至少要有十幾萬平方公里。

以上許多遺址，有許多共同點，但既有時代早晚，又有地區差別，也就各有特點。現在所知，兖州的王因遺址可能是最早的，分三層，下層隨葬品最少，每墓有兩三件陶器，有釜形鼎；中層有三足高柄杯等；上層隨葬品多至十餘件，有缽形鼎及彩陶，和骨、牙、玉、石等佩飾。在上中兩層裏有二十七座合葬墓和七十四座二次葬墓。合葬墓中只有一座男女兩人合葬墓，此外均爲同性。但既有男女合葬，就不可能還是母系社會時期，應屬於父系社會的早期，還保存若干母系社會的遺俗。〔五〕

鄒縣野店早期和邳縣劉林早期，應晚於王因而早於大汶口遺址，它們都有釜形鼎、三足高柄杯和缽形鼎，和王因遺址相似。野店遺址範圍約五萬六千平方公尺，一九七一年只試掘了二十平方公尺，就發現十五座墓葬，可見人口已很繁密。十五號墓是合葬墓，在最下面，隨葬器物約五十件。陶器以紅陶爲主，但這個墓有兩件彩陶和十一件黑陶。〔六〕劉林遺址在一九六〇年和一九六四年曾兩次發掘，清理了一百九十七個墓，有八個合葬墓，有的是兩個小孩，也有成人帶小孩，有一個男女合葬墓，女左男右，可能還有尊重母權的舊俗。用狗殉葬，有六具。在灰溝裏有猪下顎骨二十個放在一起，似是一種祭祀方式。陶器在早期墓葬裏都用慢輪修整，没有輪製器，有平底杯而無高柄杯；晚期則泥質陶器已以輪製爲主，並且有數量不多的薄如蛋殼的黑陶了。在文化層内出土的陶器均較大，墓葬中陶器卻以小型爲主，似是明器。〔七〕

邳縣大墩子遺址有三層，下層可能是青蓮崗文化，其時代應與劉林早期大致相等。所出木炭，經放射性碳素測定爲公元前三八三五年±一〇五年，樹輪校正後爲公元前四四九四年±二〇〇年。〔八〕中層與劉林晚期相當，有二十七座墓葬，隨葬品多的一個墓有五十三件，而有些墓一無所有。其上層與新沂花廳時代相當，有十五座墓葬，其中大鏤孔豆、罐形鼎、背壺、高柄杯、實足鬶等，與大汶口遺址相似。〔九〕

曲阜西夏侯曾發掘墓葬十一座，分兩層，下層五墓，上層六墓，再上已擾亂，中有龍山文化遺物。隨葬品最多的有一百二十四件，最少的也還有二十六件。有三個墓都隨葬公猪的猪頭一個，都已超過畜養和食用的一般年齡。在六號墓裹，把猪頭放在淺盤的大陶豆上，説這種用猪頭來隨葬是埋葬禮儀之一。它的陶器，也有一部分象徵性的明器。〔一〇〕

滕縣崗上只發掘了八座墓葬，五號墓最大，有殘存葬具，似是木槨。隨葬品達二十件，陶器有組合，有八個豆、三個杯、三個壺、一個鼎等。有的陶器底部劃有記號。有些陶器很小，非實用器，似專用於隨葬。有黑皮陶，沒有典型的黑陶。在四個墓裹各有猪下顎骨一具隨葬，也還有兼用猪蹄骨或猪脊椎骨。〔一一〕

臨沂大范莊出土的陶器，以灰陶和黑陶爲主，紅陶很少見，并且出現了蛋殼陶，有的已接近於濰坊市姚官莊典型的龍山文化的式樣。背壺的形式已到最後的階段。〔一一甲〕

大汶口文化的最後年代，龍山文化就將跟着出現了。曲阜的西夏侯、東魏莊都已看到這種現象。最近發表的濰縣魯家口兩個經過木炭測定的數據，大汶口文化型遺址是公元前一九六〇年±九五，龍山型遺址是公元前一七〇五年±九五；樹輪校正後，前者爲公元前二三四〇年±一四五，後者爲公元前二〇三五年±一一五。〔一二〕新發現的膠縣三里河遺址也是兩層，下層屬於大汶口文化型，上層爲龍山文化型。下層裹出土房屋四座，保存較完整的一座是儲藏粟的倉廪；貯藏物品的窖穴三十多個，墓葬六十多座。有些墓裹用猪的下顎隨葬，最多的一個墓有三十多具。陶器已開始使用輪製。鬹和高柄黑陶杯已經常見。紅陶較少見。有兩個灰陶獸尊，一個象狗形，一個象猪形，與大汶口遺址中的紅陶獸尊相似，只是把背上的管狀流變成侈口作喇叭形罷了。此外，屍體口中有含玉，是過去所未見的。經放射性碳素測定下層堆積的年代是公元前一七一五年，樹輪校正後是公元前二〇四〇年。〔一三〕比魯家口遺址還要晚三百年。而和魯家口的龍山遺址相等。

大汶口文化的時代很長，如果簡單地根據大墩子下層到三里河下層兩個數據，從公元前四四九四年到公元前二〇四〇，就要有兩千四百五十多年，但還需要作具體分析。邳縣大墩子遺址的下層屬於青蓮港文化型，但它的中層的劉林型文化，卻只與劉林遺址中的晚期相當，在大墩子遺址並未見劉林型的早期文化，那末，大墩子遺址下層文化的時代，大約與鄒店早期和劉林早期相當，王因遺址的文化還應在其前，就得遠在公元前四千五百年以前了。大汶口文化應以泰安、寧陽、曲阜、兗州、鄒縣一帶爲中心，過去就有人提出過，這一類型的遺址，雖分布在山東全省各地，在曲阜及其附近的汶泗流域是比較多的。〔一四〕兗州王因遺址的發現，找到了大汶口文化的早期階段，可以爲這種看法增加有力的證據。因此，我們可以設想，當這個文化向南發展而爲邳縣劉林所接受時，附近的大墩子還停留在青蓮岡型的文化階段；而當大墩子也傳播大汶口文化時，已相當於劉林方面的晚期了。另一方面，關於大汶口文化的下限應在什麼時候呢？按照濰縣魯家口的數據公元前二三四〇年，已經比遼寧旅大地區雙砣子的龍山文化數據公元前二四六五年還要晚一百多年；河南的龍山文化有三個數據，陝縣廟底溝屬於龍山早期爲公元前二七八〇年更晚了四百多年，洛陽王灣的公元前二三九〇較接近，安陽後崗的公元前二三四〇年正好是同時；與安陽接近的河北省磁縣上潘莊爲公元前二一五一五年，也晚了一百七十多年，〔一五〕這都是什麼原因呢？尤其是膠縣的三里河，比魯家口還要晚三百年，又由於什麼呢？我認爲唯一的解釋是各地區發展的不平衡和文化傳播的有早有晚，在龍山文化傳播得較晚的地區，它保留的大汶口文化也比較晚。根據這樣的看法，我認爲汶泗流域的大汶口文化至少可以三個文化階段，即王因型、野店型與大汶口型，很可能還有第四階段。曲阜的西夏侯和東魏莊都有龍山文化的遺物，但過渡階段不明顯。大汶口遺址晚期儘管已有黑陶高足杯，但還不象劉林遺址晚期和大范莊那樣有薄如蛋殼的黑陶，這裏很少輪製，並且還有很多紅陶，而不像晚期的以灰陶黑陶爲主；這裏有彩陶，而不像劉林、大墩子那樣只有彩繪陶。説明到龍山文化還應該有一個相當長的過渡階段，這有待於更多的新發現，但無論如何，大汶口文化的下限，在這個發源地區裏總要比幾百里外的濰縣魯家口早得多，這是可以斷言的。

（二）大汶口陶器文字

在大汶口文化中的陶器上，出現了我國最古的文字，是一個驚人的重要發現。一九五九年在大汶口遺址的發掘中發現的一個灰陶背壺上，用紅色寫的一個「㚔」字，屬於這個遺址的中期，當時未被注意。在文化大革命期間，在莒縣的陵陽河遺址中出土了四件陶缸，在口沿下外邊各刻有一個文字，一個是「戌」字，一個是「斤」字，一個是「⿱炅山」字，還有一個是「炅」字，就是前一字的簡體。又在諸城的前寨遺址中發現的陶缸殘片上，也有一個「⿱炅山」字，字體筆畫與莒縣的完全相同，在字的筆畫裏填紅色。一九七三年于省吾先生和我都曾就「戌」、「⿱炅山」兩字在刊物上發表過意見。〔一六〕

六個文字裏除一個寫在背壺的肩部外，均刻於缸的口部。字均極大，寫在背壺上的高廣均有八厘米多，刻在缸上的「⿱炅山」字，高約五厘米，廣不足四厘米。刻法均以綫條代替筆畫，凡筆畫肥大處，均用綫條鉤出輪廓，如畫日（太陽）字，即只刻成一個圓圈，這是商周古文字都還沿用的方法。

這六個字都是古代的意符文字，和商周甲骨、銅器、陶器、玉器等上的文字一脉相承，所以只要對我國古文字有過研究的人，都能一望即知其爲文字，無庸置疑的。它們既不是圖案，也不是繪畫；筆畫很多，結構複雜，當然不是簡單的記號。有人説它們都是個別存在的，没有聯綴幾個在一起，不能定爲文字，不知道從商代銅器一直到戰國時代的陶器銘刻常常只有單獨一個字。而它們在器物的部位，以及在筆畫裏塗紅色，正都可以證明它們確是文字。

我國古代文字是由意符文字發展爲形聲文字的，形聲文字的起源很晚，殷商時期（約公元前十四世紀至前十一世紀），已經有很多形聲字，但還很不完備，一直到秦漢時期才基本完成（約公元前三世紀到公元初）。從文字發展的歷史來看，形聲文字的開始可能在公元前二十世紀左右，在這以前還只有意符文字，現在，大汶口陶器文字和陝西臨潼縣姜寨陶器文字的發現，〔一七〕這種看法已經得到實物的證明了。

我國意符文字是用繪畫的方法來表達民族語言的，表達的方法有兩種，一種是語言裏的實物，如：日、月之類可以畫出它的形象，使同一民族的人一見就能呼出它的名字的，在文字學裏稱爲象形，象形可分爲四類：一是象物，即自然界的各種物體；一是象人，即人和人身的各部分；一是象工，即人類利用自然而創造的各種工具；一是象用，即人類由於生活上的需要而製作的用器。另一種方法是象意，凡語言裏所指的不僅僅是物體而還要表達其它意義的，或者用象形字變換其部分的畫法，或者增加一些記號，或者用兩個以上的象形字彙合起來以表示語意。除了象形、象意兩種文字外，爲了配合語言，還有應用文字的兩種方法，首先是引申，就是把從文字所代表的本來語義延展到其它語義，例如「大」字，原來代表大人（成年的人），但可以引申爲大小的大，應用到大山、大河、大風、大雨等等。如果用這個方法還是表達不出來時，就只借用這種文字的語音，例如「我」字在文字裏原來只是一種兵器，現在借來代表自己的代名詞了。有了這兩種使用方法後，古代意符文字就可以完全適應這個民族語言了。我國的意符文字階段，應該是相當長的，一直到生產力高度發展，古代經濟與文化十分繁榮的時候，文字不夠用了，才出現一種新的文字，就是形聲。由於我國語言的特點，單音節語多，儘管區分了聲調，同音的語彙還是很多，我國文字的發展，就沿着自己的道路，用轉注的方法，既用聲來注形，也用形來注聲，就產生了形聲字，就是意符文字時代的許多複體象意字，也大都自然而然地依照聲化的規律而變成形聲字了，這個形聲字的時代，又大約經歷了四千年，直到今天，而就是現代，有些國家所謂之學者，還在大談其中國殷虚文字與蘇美爾要相象得多。〔一八〕可見世界上總是有痴人的，而這類痴人每天總是在説夢話。

六個陶器文字，實際上只有四個不同的字，但它們反映了很多重要事實。 𠦪字音忽，和華字古代作𠌶是一個字，華和花是由於語音變化而分歧作兩字的。 𠦪字應象六個瓣的花朵，中間圓點是花心，但在書寫時已不大象繪畫了。〔一九〕戊字是安長柄的有孔斧，在石器裏，一般把它稱爲石鏟，而在銅器裏稱爲鉞。 其實鏟是青銅時代農具的「錢」的轉音，與此不同；鉞本作戉，也作戉，是圓刃，而戌是方刃，也不同； 只是後來，戊字被借爲戊己的戊，戌字被借爲戌亥的戌，它們原來的意義都已隱晦，一般才只稱爲鉞了。 陶缸上的戊字畫出它的形制，和甲骨金文中的癸字裏所反映的殺人大斧，完全相同。〔二〇〕斤是工具，後來稱爲錛。 斧鉞的刃和木柄是一致的，錛則和鋤頭差不多，刃是横的，并向内傾。 從兵字原來是兩手捧斤看，最早也可以作爲兵器。 陶文畫的形制與甲骨文相同，周代銅器銘文，初期還接近，後來就變得不同了。〔二一〕以上三字都是象形字，𠦪字屬於象物，戊斤兩字則是象工。

⿱日⿱火山字是象意字，上面是太陽，即日字，中間是火字，下面是五個山峯的山字，⿱日⿱火山字在甲骨金文裏都没有見到過，但它的三個組成部分則是完全一樣的。 炅字只畫出日下火，是⿱日⿱火山字的簡體，戰國秦漢古書均把炅字當熱字，〔二二〕那末⿱日⿱火山應是爇的本字，象烈日之下山林焚燒之意，引申爲冷熱的熱。《説文》：「炅，見也，从火日聲。」〔二三〕日與熱爲雙聲，那末，⿱日⿱火山字既簡化爲炅，在形聲字流行以後，又隨着象意字聲化的通例而成爲从火日聲。

這六個字發現於三個地區，一個在大汶口遺址，四個在莒縣的陵陽河遺址，還有一個在諸城縣的前寨遺址。 由大汶口到莒縣約一百五六十公里，由莒縣向東北到諸城，約六七十公里，可見這種文字在大汶口文化遺址内傳布已很廣，決不是剛剛出現的文字了。 尤其值得重視的，就是那個⿱日⿱火山字，出於莒縣諸城兩處而筆畫結構基本相同，可見這種文字已經有一定的規範。 而且同在陵陽河遺址又還出現一個炅字，已經是簡體。 根據這些事實，我們可以斷定，大汶口陶器文字是已經很進步的文字，并且在當時是已經廣泛傳布的文字。

從這些陶缸來看，形制一律，在一定的部位刻有文字，還有用紅色塗在字裏的情况，應該是用於某種祭祀儀式的，而這種祭祀屬於上層階級，文字這一工具也正被這個階級所佔有。

大汶口遺址中那個寫有𠦪字的背壺，屬於中期，但即使大汶口遺址的晚期，也不晚於公元前三千年，那末，把大汶口陶器文字估計爲距今五千多年，決非過早。〔二四〕大汶口陶器文字顯然不是原始的文字，這説明我國文字至少要有約六千年的歷史，它經歷了多次的重大變革，但一脉相承，從未間斷，生命之長，是世界上罕見的奇迹。

（三）大汶口文化是初期奴隸制社會的文化

《共産黨宣言》指出：「到目前爲止的一切社會的歷史都是階級鬥爭的歷史。」在一八八八年的英文版上恩格斯加注説：「確切地説，這是指有文字記載的歷史。」這就是説有文字可考的歷史時期，都是有階級鬥爭的，都是有階級的社會。文字是進入文明社會的標尺，在原始社會裏可能出現文字的萌芽狀態，圖畫或個人所作的記號，還有一些類似文字的東西，如結繩或刻契，[二五]但只有進入奴隸制時代，農業與手工業大規模分工，文化極其繁榮後，才能出現真正的民族文字，在一個民族内各地普遍使用的文字。文字决不是孤立地發現的，是和社會發展緊密地聯繫在一起。有些强大的民族，如匈奴，並没有自己創造的文字。有過自己的民族文字的民族，就一定有過一段很光榮的文明史。因此，僅僅從大汶口文化的陶器上出現了古代意符文字這一點，就足以證明這個文化是奴隸制社會的文化。

大汶口文化已經是父系的社會，這時，奴隸制早已發明了。恩格斯在講到「隨着畜羣和其他新的財富的出現，在家庭中便發生了革命」時，男子掌握了支配財産的大權，「牲畜是屬於他們的，用牲畜换來的商品和奴隸，也是屬於他們的。」[二六]顯然，在父系家庭中已經有奴隸而且作爲其財産的一部分。恩格斯又説：「對於低級階段的野蠻人來説，奴隸是没有用處的」，「隨着牧畜、金屬加工、紡織以及田間耕作的采用，情況就改變了」。[二七]奴隸首先是用於看管牲畜、耕種土地等目的的，過去經常殺戮戰俘，現在是要充分利用這些戰俘來作爲生産奴隸，那就出現了奴隸制。

「在成文歷史的最初期，我們就已經到處都可以看到畜羣乃是一家之長的特殊財産。」[二八]大汶口文化時期，養猪事業已經十分發展是很清楚的。要知道，馴養家畜是有一個長期過程的，首先要使它們的野性馴服，要喂它們糧食，猪就得習慣於在猪圈中生活，其次要它們能夠繁殖。在大汶口文化裏已經馴服了狗和猪。狗是獵人的重要工具，它能守衛，在某些區域内還幫助拉犂耕田，[二九]而養猪則單純地爲了吃肉，豐富人們的生活。猪的繁殖比較快，用猪來交换别的商品是發家致富的一條捷徑，所以可以用養猪的多少來衡量一個家庭的財富。大汶口文化裏用猪頭隨葬，是舉行葬禮時的一種儀式，是臨葬前宰殺的。大汶口遺址中一個早期的大墓就隨葬了十四個猪頭，而晚於大汶口的三里河遺址中有一個墓，竟隨葬三十多具猪下顎。這些養猪的家庭如此豪富，能没有看管牲畜的牧猪奴嗎？

在這時期内，農業早就分工了，没有足夠的糧食生産，就無法養活那些不耕而食的人，也不能豢養很多的豬和狗。在三里河遺址裏發現了一個藏粟（即小米）的倉廩，説明當時的主要農作物是粟。這所房屋面積約八平方公尺，貯粟的窖穴，容積約爲4.8公尺，可見農業的發展，富人們能儲積糧食了。大汶口文化中常見各種樣式的杯子，我們還不知道那時有了用麴櫱所釀的酒没有，但必定已經有用穀物來做的飲料，像漿飲、酏飲之類，[三〇]這也反映了糧食的富裕。

從大汶口文化中甚爲豐富的遺物，可以看到手工業已經獨立發展，而且各個工種的分工已經很細。紡織大概已成爲女子的專業。遺物中有很多紡專，即紡輪，最先是石製的，後來發展爲陶製，是紡績絲或麻作細綫以至繩的工具，大部分都隨葬在女性方面。遺物中還有很多釣鈎，而釣鈎需要繫絲繩的。遺物中還有很多骨針，最小的粗細不過一毫米，但尾端有鼻，顯然只能穿細的絲綫。遺物中有骨製的梭，那是用織麻布或絲綢（帛）的工具。[三一]大汶口文化中的陶器底部常常印有布紋，是在製作泥坯時墊在坯下的。一些粗布在一平方釐米中約有六根到八根經緯綫，較細的布則有十根經緯綫。

在三里河遺址裏出土四座房屋，在報告裏没有提到木結構的痕迹。[三二]大墩子第二次發掘中的花廳期墓葬中發現了幾個陶製房屋模型，顯然是明器。房屋有方的和圓的，方的房屋屋頂是尖的，有四阿，即四面作斜坡形，有簷，前有門，兩側有窗，後壁上有通孔，大概是用木結構的屋架再加上土牆和頂。墓葬中的木槨則是仿照那些較古的用原木來作墻壁，四角交叉，作井形，當已有類似榫卯的方法。總之，當時已經有專門搞建築的匠人。

製陶工業早就專業化了，從紅陶而灰陶而黑陶而白陶，燒窑的方法不斷改變；從泥質、夾砂、澄泥而使用坩子土；從捏塑、模製、慢輪修正而輪製，從加紅衣、彩繪而組成各種美麗的圖案；從劃綫條、壓印而鏤孔，取材、成型、裝飾等方面不斷發展；器的種類不斷增多。如果没有陶器作坊，没有衆多的陶器工人，是不能取得這許多進步的。

玉石工業，骨角工業，也都各各獨立發展了，尤其值得重視的是金屬工業。目前，大汶口文化中還没有發現銅器，只有大汶口遺址的晚期墓葬出土一個骨鑿，孔雀綠色，經鑒定係含銅物質污染所致。但這時期應該有銅器，例如遺址中的骨針尾端的鼻，小的僅能穿過細綫，如果没有銅錐，怎麽能穿這樣的孔呢？還有龜甲上的八個鑽孔，六個業已穿通，大小一致，圓滑工整，據説「已經使用較爲鋭利的堅硬工具」，[三三]難道不是銅工具麽？還有那個十六齒的象牙梳，梳身鏤有8形的花紋；透雕的象牙筒，周身雕有花瓣紋的透孔，要不是金屬工具，能雕刻得這樣精美細緻嗎？當然，銅工具在那個時代還很少，很貴重，不是每一地區都有，更不能每一個家庭都有，即使有了，也不願意輕易丟失，尤其不肯用作殉葬品，所以在考古發掘中很少發現。有些地區的同時代遺址内發現了銅，卻由於慎重而不敢發表，〔三四〕至於龍山文化中有銅，則已普遍承認了。〔三五〕最近三里河遺址的上層發現了兩件銅錐形器，〔三六〕也是相當於龍山文化期的；其下層就是大汶口文化的晚期，那末，這種銅工具就應該承襲於大汶口文化，而不可能在龍山文化時期突然出現。這個時代既然有銅工具，就必然已經有冶金工業和采礦工業。

手工業的這樣大規模的分工，使得每一種手工業成爲專業化，在科學技術上越來越發展與成熟，這只有進入了奴隸制社會才是可能的。但在廣大區域裏發展是不平衡的，地理上的、物産品種方面的、技術高低方面的各種條件的不同，使得各個家庭之間、氏族之間、地區之間必須互相交易，以其所有易其所無，這就出現了商業。有些商人走得很遠，西方的美玉，可以運到東方；南方的象牙，可以運到北方；使得都市日益繁榮，因而出現了都市與鄉村的對立。在大汶口文化裏，不但有玉、緑松石和象牙等，還有鰐魚的鱗甲，這都是遠方的貨物。

在大汶口文化裏，貧富的懸殊，是十分明顯的事實。當然，在私有制開始萌芽時，有的人的工具和生活用具比別人多一些，這種差別還不能産生階級。但到了貧富懸殊，而説還没有階級對立，這怎麽講得通呢？大汶口墓葬裏的隨葬品以陶器爲最多，各種用途的器物應有盡有，而且有些器物，常成組出現，和商以後的隨葬青銅彝器各種組合十分類似。尤其突出的是大汶口遺址的晚期，同一墓内，完全同一形式的器物常常超過十件，例如：灰陶瓶有 26 件，黑陶瓶有 38 件，白陶背壺有 13 件和 15 件，白陶高柄杯有 11 件和 14 件，白陶筒形豆有 10 件等，這種諸多鬥富的現象，可以和最近青海省樂都縣柳灣遺址中的 564 號墓所出彩陶罐 91 個相比，如果僅僅摹擬一個人的生活，就決不需要這麽多的瓶瓶罐罐的。人類利用自然物，把石、骨、草、木等作爲種種工具和用具，陶器的製造是一個大發明。原始人「汙尊而抔飲」，把地刨成一個坑就可以盛，要喝水就把兩手捧起來，没有陶器。製造陶器有一系列的技術問題，尤其是燒窑，決不是一個人所能辨得到。在氏族社會裏，用集體的力量，可以燒製陶器了，但不是每個氏族都會燒，更不可能都燒得很好，因此，在氏族之間，陶器早已作爲交換用的商品了。到了奴隸制時代，有了專業作坊，陶器製造越來越進步，但那些好的陶器，費工多，價值高，並不是每個奴隸主家庭所能使用的。只有富有的家庭才能保有很多陶器，所以我國古代的寶字就寫作⿱宀缶，是屋子下面有缶，缶就是陶器。以玉爲寶，比以陶爲寶爲晚，以貝爲寶更晚，就有了寶字和寊字，表示屋内有玉或有貝，再後把這三個字合併爲繁體的寶字，屋内既有陶器，還有玉和貝，但所代表的語言，聲音還和缶一樣，所以在形聲字時代，還讀作缶聲。從這個字的歷史，就可以知道在奴隸制社會的初期，富有的奴隸主還只以陶器爲寶，寶和保同音，出於一個語源，所以要寶藏，就是永遠保有，無怪在墓葬裏也要反映出來了。

在大汶口文化裏，已經開始以玉和美石作爲珍貴之物了，大汶口遺址中有極精美的碧玉鏟，此外有玉笄、玉環、玉臂環、玉指環等，還用大理石和緑松石的裝飾品。在三里河遺址裏，甚至已有含玉，其時代之晚可見。但這時還不用貝，富人們以龜爲寶，所謂「古者寶龜而貨貝」，寶龜是對的，但也寶貝，不過時代較晚罷了。另一方面，這時還没有用龜作占卜吉凶的用途。至於把鰐魚鱗甲保存起來，説明商人們已經把長江流域的珍奇運來北方了。

遠方貴重物品還有象牙，大汶口遺址中象牙製品很多，有：象牙梳兩個，象牙雕筒十個，象牙肩飾（原稱琮）七個，以及象牙珠和管筆。《爾雅・釋地》説：「南方之美者有梁山之犀象焉。」《韓非子・解老》説：「人希見生象也，而得死象之骨，案其圖以想其生也，故諸人之所以意想者皆謂之象也。」可見象牙、象骨運到北方的很多。羅振玉等説古代黄河流域有象，[三七]並非事實，「紂爲象箸而箕子唏」，是説他開始奢侈了，在大汶口時代，要比商紂時早兩千年，但即便是遺址中的早期，象牙這種奢侈品，竟已經在這裏盛行了。梳子和筒等雕刻的精美，都是很好的藝術品。享用這種藝術品的家庭，能夠是階級還未出現時的氏族人員嗎？

奢侈是表現在各方面的，木槨葬，十四個猪頭的隨葬，九十三件的陶器，尤其是最時行的黑陶器或用坩子土燒的最貴重的白陶器，塑造精美的紅陶獸尊，碧緑無瑕的玉鉞，龜甲和鰐魚的鱗，雕刻精工的象牙梳和象牙筒，嵌有緑松石的骨雕筩等等，雖然文化發展的程度不同，但在奢侈的情況，和安陽的殷虚文化，的確有某些共同之處。説明這裏所看到的不僅不是氏族社會末期正在進入階級社會的所謂過渡時期，就是在初期奴隸制社會裏也已經過相當長的發展而進入於繁榮時期了。

具體的考古資料是需要進行具體的分析的。同樣是大汶口文化的地區，由於所在的不同，就有種種不同的情況，文化的中心地區和受影響的地區是有區别的，接近都市的地區和鄉村的地區是有區别的。大汶口遺址出土的遺物較豐富，有些人認爲是晚期，實際不如此，只是這個遺址比較靠近文化中心的都市，文化比較繁榮罷了。一種文化在向前發展的時期，總還留有許多落後面，在初期奴隸制社會裏，除了都城以外，許多地區還存在着氏族組織，還存在着原始社會的遺風舊俗，那就必須看到先進的方面而不要被一些落後的現象所迷惑。殷虚文化裏早已使用青銅工具了，但也還有大批的石鐮，過去有些人就誤認爲殷代儘管大批鑄造青銅彝器而工具只用石器，後來的發現已經駁斥了這種保守思想。這樣的經驗是值得我們深思的。

當然，大汶口文化和安陽小屯文化還有所不同。小屯文化遺址，已經證明是殷商後期的王都，有宮殿遺址，有大大小小的墳墓，有數以千萬計的龜甲獸骨，有陶器、銅器、玉石等無數遺物，有慘酷的殺殉坑，是典型的遺址。大汶口文化中的大汶口遺址和西夏侯遺址，儘管已經接近文化中心，但還不夠典型，沒有揭示出這個文化的全貌，這就有待於將來的繼續發現了。

（四）大汶口文化是少昊時代的文化

大汶口文化是少昊文化，這是不用懷疑的。少昊時代是初期奴隸制時代裏的最後一個階段，奴隸制文化已經有一定程度的發展，很快就要進入中期奴隸制社會了。

少昊國家的第一個英雄人物是蚩尤。《逸周書・嘗麥解》說：

> 昔天之初，誕作二后。乃設建典，命赤帝分正二卿，命蚩尤宇於少昊，以臨四方。司□□上天未成之慶。蚩尤乃逐帝，爭於涿鹿之河（阿），九隅無遺。赤帝大懾，乃説於黃帝，執蚩尤，殺之於中冀，以甲兵釋怒。

這段記載，由於中間有斷缺，不大容易講清楚。但在歷史的開始（即所謂天之初），有兩個后（即君長），赤帝和蚩尤，而蚩尤住在少昊的地方，經過涿鹿之役而蚩尤被黃帝所殺，都是很清楚的。少昊的舊都，在今山東曲阜縣，而曲阜的西夏侯、尼山、東魏莊、大果莊和白村等地正都是大汶口文化的遺址。蚩尤雖被殺，少昊國家還存在，蚩尤仍受崇仰，一直到戰國時代，齊地的八神，除了天主、地主之外，第三就是兵主，祠蚩尤，還凌駕於陰、陽、月、日和四時的五個主之上，蚩尤祠和蚩尤冢在今山東省汶上縣西南，汶上縣在寧陽縣西，兖州的西北，相距都不過三四十公里，寧陽的堡頭，即大汶口遺址，兖州有王因遺址，也都是大汶口文化的遺址。

在黃帝國家衰微下去時，少昊國家在少昊清，即少皞摯（與質同）的統治下又興旺起來了，它的職官是用鳥的名稱的，二十四官之一的爽鳩氏，所住的地方是周王朝時齊國國都臨淄，現在山東省的臨淄縣，距東面的濰縣，東南的安丘，都有一百多公里，而濰縣的魯家口，安丘的景芝鎮，也都是大汶口文化遺址。

少皞摯的後裔嬴姓，《説文》：「嬴，少昊氏之姓。」嬴又作盈，聲近通用。在帝舜時代，有伯益，又作伯翳。〔三八〕商代末年有奄國，就住在少昊故都，武王伐紂後，由於幫助武庚叛周，周公東征，踐奄，把這地方封給伯禽，爲魯國。伯禽封魯國之初，徐國和淮夷都曾侵犯魯國，還作過戰，徐國也是少昊後裔，所以説「周有徐、奄」，那時的徐國，應該和曲阜鄰近。〔三九〕《逸周書・作雒解》講周公東征時，「凡所征熊盈族十有七國」，熊盈就是盈姓，〔四〇〕那末，武王死後叛周時，少昊後裔很多參加了。春秋時，少昊後裔的郯子曾追述少昊氏代的官制，郯國在今山東省郯城縣，北面離臨沂約四五十公里，南面離江蘇省的新沂不過一二十公里，而郯城的清堂寺，臨沂的大范莊，新沂的花廳，都是大汶口文化的遺址。《漢書・地理志》在城陽國莒縣下説「故國，盈姓，……少昊後」，這是春秋時的莒國，在今莒縣，這個縣的陵陽河，也正是大汶口文化的遺址，在這裏發現了四個陶缸，上面都有意符文字。

《史記・秦本紀》：「秦之先爲嬴姓。其後分封，以國爲姓，有徐氏、郯氏、莒氏、終黎氏、運奄氏、菟裘氏、將梁氏、黄氏、江氏、脩魚氏、白冥氏、蜚廉氏、秦氏。然秦以其先造父封趙城，爲趙氏。」這裏的徐、郯、莒三氏，在上面都已講過了。運奄氏可能就是奄國。終黎氏，《世本》作鍾離，在漢代九江郡的鍾離縣，今安徽省的鳳陽縣，就一直到淮河以南了。菟裘在春秋時爲魯國的別邑，在今泗水縣，在曲阜以東不遠。黄和江在今河南省東南部的潢川縣和正陽縣一帶，也在淮水上游。趙國在今山西，秦國在今陝西，則都是它的分支了。〔三六〕

少昊國家和少昊後裔國家的所在地與大汶口文化遺址的如此吻合，決非偶然。這些地區中的一部分後世被稱爲夷，《尚書・禹貢》青州有嵎夷和萊夷，嵎夷又見《堯典》，是迎日出的地方，應該在山東半島的最東部分；萊夷就是春秋時代的萊國，漢代的東萊郡，包括現今的掖縣、黄縣、萊陽、文登各地；在這地區内的蓬萊縣紫荊山，福山縣的丘家莊，棲霞縣的楊家圈等，都發現過大汶口文化遺址。《禹貢》在冀州説「鳥夷皮服」，徐州説「淮夷蠙珠暨魚」，揚州説「鳥夷卉服」，淮字从隹，也是鳥，都和少昊氏的以鳥名氏族和以鳥名官有關。少昊時代的二十四官中除了爽鳩氏外，還有一個玄鳥氏。商王朝的老祖母有娀氏，據説就是吞了玄鳥（即燕）的卵而生契的，所以《詩・玄鳥》説「天命玄鳥，降而生商」，而殷代甲骨文的商字有从鳥旁寫作⿰商鳥字的。那末，商代可能是玄鳥氏的後裔了。〔三六〕《史記・秦本紀》説：秦國的老祖母女脩也是吞玄鳥卵而生大業，大業的兒子叫大費，那就是伯翳；大費的兒子叫大廉，是鳥俗氏；大廉的玄孫叫孟戲和中衍，又説是鳥身

人言，正因爲秦國是少昊後裔，所以處處離不開鳥的神話。〔三六〕

從大汶口文化來説，也確有一些特殊風俗，如：死者都還埋在氏族的公共墓地裏，頭一般向東，用一對猪牙聯綴成簪用來束髮，〔三六〕手裏大都拿着獐牙，大概是作爲工具的。尤其是不論男女，都有拔牙和使頭骨變形的習慣。他們應該屬於同一民族，正是後來所謂夷族。

在綿長的年代裏，稱昊的民族和稱帝的民族逐漸同化了，但是少昊民族中還有一部分比較落後和保守，他們或者由於地處僻遠，不容易進步；或者由於不願意改變舊俗而被迫遷移到邊遠地方，而這些人就被稱爲「夷」。

夷和夏這兩個名稱是相對的，《説文》「夷，東方之人也」，「夏，中國之人也。」其實，夏本應該指西方，春秋時代陳國的公子少西，字夏；鄭國的公孫夏，字西。當時，人的名和字相應，可證。那末，夷和夏是東方和西方的兩個民族和兩種文化。

對於夷的排斥，大概是中期奴隸制國家的末年才開始的，當時，陶唐氏進入冀方，以冀方爲中心，而這個地區稱爲大夏。〔三六〕《堯典》説「蠻夷猾夏」，蠻指西方和南方的民族而夷指東方的民族。〔三六〕猾是侵伐擾亂的意思。春秋末年，孔丘所説「裔不謀夏，夷不亂華」（見《左傳》定公十年），裔夷是指萊夷説的，華夏和裔夷就成爲自認爲文化高的大民族對待文化落後的少數民族的關係了。《孟子·公孫丑篇》説「我聞用夏變夷者，未聞變於夷者也」，就是從文化的角度來説了。

其實我國初期奴隸制國家的官制，正是靠東夷國家的郯子的叙述才流傳下來的，他所講的有五個氏是在顓頊之前的。由於他是講給姬姓國家聽的，所以首先講黄帝，其次講到姜姓的炎帝和共工，這都是稱帝的民族；再次講到太皞，最後講他的祖先少皞，則是稱昊的民族。如果按時代序列來講，則應是太皞、炎帝、黄帝、少皞和共工，這五者都先於顓頊。但是由於顓頊是繼承少昊而住在少昊國都空桑（又叫窮桑）的，所以有共工與顓頊爭帝的故事，戰國時代的陰陽五行學派，就把太皞、炎帝、黄帝、少皞和顓頊稱爲五帝。〔三六〕兩個昊都排在帝的行列中，和夏后氏本只稱后而和稱王的商周兩代並稱爲三王是一樣的。但是儒家所謂五帝是不一樣的，他們只用黄帝、顓頊、帝嚳、帝堯、帝舜爲五帝，而把少昊這個時代抹去了。〔三七〕他們捏造世系，把顓頊以下，一直到夏商周三王，都成爲黄帝的後裔，甚至於把少昊也説成是黄帝的後裔。〔三八〕主要是由於少昊本來是東夷，所以被排斥。

當然，從文獻上考察，在大汶口文化的區域内，少昊文化之前，還存在着太昊文化和炎帝以及共工的文化，在少昊之後，也還有帝顓頊以下各時代的文化。尤其是太昊，和少昊都是稱昊的民族，其文化特點總差不多，在大汶口文化前期裏是否包括着太昊文化呢？《左傳》説：「任、宿、須句、顓臾，風姓也，實司太皞與有濟之祀以服事諸夏。」任國在今濟寧縣，宿國和須句在今東平縣，顓臾國在今費縣，都在山東省西南，與許多大汶口文化遺址接近。它們是太皞之後，服事諸夏的東夷民族，那末，太昊和少昊，除了時代有先後之外，要仔細區分，恐怕是有困難的。但太昊時代，遠在有史以前，那時還未必出現文字，所以在大汶口文化的繁盛時期，就決非太昊時代了。至於那些時代較晚的地區，像魯家口、三里河之類，則可能已是奴隸制社會的中期，但這還是少昊文化的遺留則是無疑的。我深信新的地下資料陸續發現之後，將有助於進一步的探索。

因此，我推斷大汶口文化，是我國文獻上的少昊文化。

（五）中國古代文明的摇籃——論古代黄河下游與淮河流域之間的初期奴隸制國家

從文獻上考察，我國最早的奴隸制國家是太昊，其次是炎帝和少昊，太昊和炎帝的國都在現在河南省的淮陽縣一帶，少昊在今山東省的曲阜。少昊氏的蚩尤與黄帝同時，黄帝都於今河北省的涿鹿，在北京以西。這四個國家同在古代黄河的下游，直至淮河流域。《爾雅·釋水》説：「江、河、淮、濟爲四瀆，四瀆者發源注海者也。」按《禹貢》記所□的河流有九條，其中弱水和黑水在西方，中部地區，渭和洛是併入黄河的，漢水是併入長江的。黄河、長江發源於西部，東流入海，是最大的河流；濟水和淮水發源於中部地區，但也入海，是僅次於長江、黄河的大川了。濟水之南的曲阜是少昊故都，淮水之北的淮陽是太昊故都，相距約三百公里。濟水、淮水可認爲是東方的大河流，少昊、太昊是稱昊的民族，即後世所謂東夷。現在證實少昊文化就是最近發現的大汶口文化，就更值得注意。

孟軻一方面説「舜，生於諸馮，遷於負夏，卒於鳴條，東夷之人也」，可見東夷中有大人物。〔三九〕但另一方面却强調要「用夏變夷」，那是根據當時的情況，夷的文化已經落後了。一個先進的民族經過一個時期，由於某些條件而變爲落後，是常見的事。事實上，少昊文化在初期奴隸制社會裏是很進步的。從少昊時代的二十四官來看，工農業已經分工，并且分得很細。從蚩尤時已經發明了冶金術，並且用銅作兵器。所以少昊又稱金天氏，它的五個工業官中有金正、木正和水正。它已經有曆法，知道一年有兩個至日，即太陽光照最長和最短的日子和白天晚上一般長的兩個分日，也就知道太陽年的一年有多少天。它已經有商業，規定了每年什麼時候開關，容許商人往來，而什麼時候閉關。它有法律，有軍隊，還有一套度量的制度。從大汶口文化來看是符合這些歷史情況的，而尤其突出的是這個時代已經有了頗爲進步的文字。

我國古代有許多地區早已有很高的文化，只就新石器文化中的後期，已經用銅或接近用銅，而已經有木炭測定並經樹輪校正的數據在公元前四千年以上的，就目前所知，已有九處，除了江蘇邳縣大墩子下層以外，中部地區的河南登封雙廟有三個數據，爲公元前五〇七〇、五〇四〇和四五六〇年；陝西西安半坡也有三個數據，爲公元前四六一〇、四五五〇和四二九〇年；河南省安陽後崗有兩個數據，爲公元前四三九〇和四一八五年；這都屬於仰韶文化。河北省陽原縣的蔣家梁有一個數據是公元前四六七〇年，這裏離黃帝故都涿鹿，只有一百來公里，同處於黃河下流以北的桑乾河上，是值得重視的，據説這個遺址有細石器和彩繪陶，可惜其材料尚未發表。另外，長江南岸還有浙江省餘姚縣的河姆渡的兩個數據，爲公元前五〇〇五與四七七〇年，吴興縣邱城的一個數據是公元前四七九六年；江蘇省吴縣草鞋山有三個數據，爲公元前四三二五、四〇六五和四〇五八年，青浦縣崧澤的一個數據是公元前四〇三五年。〔四〇〕從這些數據中可以看到除了大汶口文化以外，至少還有三處或四處最古老的文化，並且可能有些地方還没有科學測定年代的數據。但我們特別重視大汶口文化，這裏有兩個原因：第一，在這個地區内有三個文明古國，特別是少昊文化，是有文獻依據的；第二，在這裏發現了我國文字的遠祖，已經很進步的意符文字。〔四一〕

我國古代文字是研究古代社會歷史的寶庫。我國文字大約有六千年左右的歷史，我國文字儘管經過許多重大變革，但一直活到現在，經歷了奴隸制社會、封建制社會、資本主義社會，就是進入社會主義社會，也將三十年了。它到現在還是活文字，它基本上跟我們的語言（古代的雅言，即華夏語言，近代所謂漢語）聯繫在一起，而它的最早時代即意符文字時代，是用圖畫來表示意義的。古代人看圖識字，我們現在也可以從圖畫來探索它所代表的語言的本意，探索這種意符文字時代的各種事物，人們的工作、生活習慣和思想動態。因此，我國不但有古代遺留下來的用文字記載的歷史，而且，意符文字的本身也就是一種最直接的歷史記載。

在大汶口文化地區内發現了大約在五千多年前的我國最早的意符文字，這種文字已經規格整齊，仿佛後代的楷書一樣，楷書就是由於有一定寫法可以作爲楷範而得名的，文字發展到這樣是要經過很長一段時間的。這種文字還有了簡體。總之，是很進步的文字，離文字草創的初期已經很遠了。從這種情況，我們推想這個地區就是我國文字的老家，我國文字就是在這裏發生和成長的。

把東方之人稱爲夷，夷字《説文》从大从弓，但這只是後世的同音假借字。〔四一〕對於東夷，商代稱爲人方，東方是人方，西方是鬼方，人和鬼是相對的。周代稱爲尸，寫作，像人蹲踞之形。尸讀如夷，鄭玄《周禮・凌人》注就説「夷之言尸也」，所以後來借用夷字。人寫作，象側身而立，尸字是由人字略作變異而成的意符字。人或讀爲寅（in），現在山東人語音還如此，把尾音（n）遺失了，就讀成夷（i）了。人本作爲萬物之靈的人的總稱，商代的人方，應是這個東方國家的原稱，東方人自稱爲人，那末，包括人字在內的我國文字，其起源應在東方。

大字象人正面而立，立字就象人立在地上。大字本來表示大人的形象，由於地位高，總是南面而立，和側身而立的普通人不一樣。立字古代常當位字用，大人所立的地方，就稱爲位，表示這人是有地位的。大字而畫出他的頭，那是天字，天就是頭的意思，頭是人身上最高的，最高的是天，因此就用人頭的天來稱呼天空的天。把人的頭畫成一個太陽，是昊字，昊象太陽神。〔四三〕古代把天叫做昊天，那是由於日、月、星、辰、風、雨等等一切天神中，太陽神是最尊貴的，那時還没有上帝的崇拜，只有無數的大小神靈在天空中往來罷了。所以太昊、少昊稱昊，是當時最大的君主。到了炎帝、黄帝才稱帝，帝並不代表那一種物體，而比所有的神都高，是統率一切天神的，但卻没有專爲它造一個字，而只是假借束（朿）字的語音，〔四四〕比只稱昊的時代進步了。由此，可以推知我國文字誕生於稱昊的民族。

大汶口文化和其後繼的龍山文化裏都有蚌鐮，是仰韶文化所没有的。蚌在古代稱爲蜃，郭沫若同志説辰就是蜃，這是對的，一直到周代銅器銘文裏，有些辰字還反映出蚌殼的形狀。〔四五〕《淮南子・氾論訓》説「古者剡耜而耕，摩（磨）蜃而耨」，用蚌鐮除草就是耨，淮南王劉安都壽春，就是現在安徽省壽縣，地在淮河中游，是能知道這個地區的舊情況的。最早的農業很簡單，土地肥沃，還不需要耕犁，只要播種長苗以後，經常除草就行了，所以用蚌鐮除草，在當時是主要的農活。所以農字就用辰字作爲主要部分，最複雜的寫法是手裏拿辰在田間除草，最簡單的是晨字，从田从辰，隸書變爲農。有關農業的字大都从辰，如：耨字是薅（音蒿）草的工具，而薅字是薅草；蓐字是陳草復生；晨字是早上，兩手拿了農具上田間，隸書變作晨；農字是房星，房星、心星和尾星合起來稱爲大辰，農民是用這星來作爲田間工作開始的時候。〔四六〕那末，創造這種文字的地區正是使用蚌鐮的大汶口文化地區。炎帝是神農氏，是發展農業的國家，故都在今河南省淮陽；《淮南・天文訓》「東方，其星房、心、尾」，《左傳・昭公元年》説「遷閼伯於商丘，主辰」，周代是宋國的都城，《漢書・地理志》説「宋地，房心之分野也」，在今河南商丘縣，離淮陽也不遠。那末，這種文字的開始，應遠在少昊之前，可能在神農黄帝之間，所以現在所發現的大汶口陶器文字，已經是頗爲進步的文字了。

大汶口文化地區，養猪業極發達，仰韶文化雖然也有猪和狗，但爲數不多。黄河上游的齊家文化，如甘肅永靖縣的大何莊和秦魏家墓葬也有較多的猪顎隨葬，但時代較晚了。在大汶口文化裏用養猪多少來分別財富多少，在我國古代語言的，代表財富的是家，有財的稱爲有家，即有家當；在古文字裏，家字正畫出屋内有猪，有時清楚地畫出是公猪，殷虚甲骨文字裏，還有寫成屋裏有兩頭猪的。養猪事業發展後，這種財産爲男子所占有，他們就成爲個體家庭的主宰了。這是馬克思主義關於家庭起源的又一個絶好的例證。在西周銅器銘文裏賞賜臣若干家、鬲若干夫，臣是有財産的高級奴隸，所以用家來計數，而鬲是普通的奴隸，一無所有，只是匹夫而已。〔四七〕在父系社會裏，男子娶妻是取女，女子嫁夫是女有家，也説明財産是屬於男子的。《説文》把家字解釋爲「从宀，豭省聲」，在過去文字學家中有過爭論，有人説家是猪圈，引申爲人的住處，最爲封建文人所攻擊。〔四八〕其實，家字裏所畫的是公猪，就是𣅀字，本是象形字，變爲形聲字才是豭字，説成从豭省聲是不很正確的。至於家裏養猪，在過去是很平常的事，富人的家庭，還常把猪圈作厠所，據説周文王就是生在猪圈裏的。〔四九〕值得注意的是家這個語言是和𣅀（即豭）同音的，就是用公猪表示財富而不是母猪。在我國古文字裏，只有象公猪形的𣅀字是象形字，其它牲畜就只把生殖器畫在一旁，如牡和𦍋，以表示它是公的，可見當時人對公猪特別重視。這主要是爲的繁殖。《左傳·定公十四年》的宋國野人之歌説「既定爾婁猪，盍歸我艾豭」，你們的求子的母猪已安定下來了，把我們的老公猪歸還了吧。可見育種的公猪是長期豢養着的。在古文字裏，關於猪的意符文字特別多，例如彘字是用矢（箭）射中的豕，那是野猪，説明創造文字時，馴養家猪已經很久了，但在語言裏，彘和豕還經常混淆，説明它們是同種。豕和亥本是一個字，在十二個月名裏把亥借用爲最後一個月名，而這在十干和十二支的二十二個字裏是唯一的牲畜的名稱。屯字（即豘字，或作肫）是小猪，只見頭腹和尾；而豚字是肥猪，在豕身畫了一塊肉；但屯字後來被借作春字用了。彝字是兩只手捧一頭反綁着的猪來祭祀，後來卻成爲青銅彝器的總稱；由於牛羊蕃育，後代的犧牲以牛羊爲主，牛是太牢，羊是少牢，彝的原來意義就完全被忘卻。關於猪的意符文字還有許多，牛羊遠不能比，可見這種文字是在首先發展養猪事業的地區裏創造出來的。

大汶口人用猪牙作簪，在其它地區裏没有見到這種習俗。古文字裏簪作，象頭上的簪。《説文》作先：「首笄也，从人，匕象簪形。簪，俗先，从竹，从替。」後世笄和簪常混稱，其實笄是直的，夫字頭上的一横畫，即象笄，是插在髮上的，大

汶口遺址裏也出土了三十件笄；而簪是有兩股的，用以籠髮，後世也名爲釵，象樹木的有枝杈。戰國末，荀卿作《箴賦》説「簪以爲父，管以爲母」，注説「簪形似箴而大」，就已把笄當作簪了。用簪是大汶口文化的習俗，也可見我國古文字是由大汶口地區創始的。

從大汶口文化和我國古文字的關係來看，我們認爲我國文字出於東方，即大汶口文化地區，而我們在大汶口陶器上已經發現了最古的意符文字，也説明這一點。戰國末年，盛傳倉頡作書，據説倉頡是黄帝的史官，也有人説成是蒼帝，以爲就是太昊。當然，我國文字不可能由某一個人所能創造，因爲這種自然發生的意符文字跟受外來影響的聲符文字或拼音文字是不同的，象日本那樣的聲符文字，西方那樣的拼音文字，都是在别國已經有文字的情況下借用一些符號來代表自己的語音的；而從没有文字而産生文字，就不可能一下子創造很多文字，而是在一個民族文化發展到相當高的時候，這個人創造一些，那個人用同樣的方法也創造一些，經過相當長的時間才基本完成的，就是完成以後，遇到新的事物，還隨時可以增加新的文字。但是到了一定階段，例如一個國家强盛的時候，可以有某些人來整理一下，像秦始皇時李斯等的整理秦篆那樣的。所以，像大汶口那樣已傳有整齊規矩的陶器文字，離開文字誕生的時期，大概已經遠了。

凡是自無而有，總要經過無數困難的，請想一想我國古代人鑽木取火那樣的困難吧！我國的古代文明，不是一口氣就能呵成的。怎麽可能夏王朝剛剛建立起奴隸制國家，頓時就建立了《禹貢》九州，一二百萬平方公里的疆域呢？又怎麽可能從夏初到商高宗時代，只經過六七百年的時間，就出現像最近發現的后辛（即婦好）墓那樣的高度文明呢？我國歷史上有五帝和三王，是不應該撇開五帝而只承認三王的。大汶口文化的發現的重要意義，就是使我們重新返回到過去的史學家那裏，重新認識我們的老祖宗在五六千年前所建立的奴隸制國家，這些國家建立在古代黄河的下游直到淮水流域這一片廣大的土地上。這是我國古代文明的摇籃。

文字不是憑空地發生的，它必須有物質基礎和社會基礎。大汶口文化中的製陶工業，已經遠離日用目的的角度而傾向於高級陶器，黑陶的産生，一直發展到龍山文化時期薄如蛋殼的陶器，決不是爲了實用的；白陶的興起是瓷器的遠祖，不但在當時是貴重的，就是一兩千後的殷王朝，還是只有貴族中的最高層才能使用。紅陶已經使用陶衣，從陶衣中發展出來的釉，與燒製白陶的瓷土結合就成爲原始瓷器了，這是我國的重大發明之一。我國另一個重要産品是絲綢，蠶絲正是這個文化區域的産物。曲阜稱爲空桑，或窮桑，是少昊的都城。在後來的《禹貢》裏，禹平水土以後，黄河濟水之間的兖州是「桑土既蠶」了。兖州貢漆、絲，青州的岱畎，即泰山的山谷貢絲、枲，萊夷有檿絲，那是野蠶絲，這都是産絲的故鄉罷！枲就是麻，而産麻的也只有青州和豫州。青州貢鹽、絺，豫州貢漆、枲、絺、紵，絺是葛布，紵是苧麻，也可以織布。布帛菽粟是人的生活必需品，糧食不消説了，織綢的絲，織布的麻、紵和葛，這些重要原料，一直到虞夏之際，還以這個地區爲主要生産區，那末，我國古代文明，首先在這裏迅速發展，一點也不奇怪了。

在歷史上，少昊前期的蚩尤，至少與炎帝末年同時；少昊後期的摯是承黄帝時代之後的；少昊衰落以後，顓頊興起，但少昊時代的習俗還可以延續一個時期。因此，少昊文化的時代是很長的。大汶口文化，從現在所知的數據，前後將有兩千年，是符合這種歷史情况的。我們從少昊的歷史，可以追溯到太昊，可以看到我國初期奴隸制國家的一部分情况。

我們初步的結論是：

大汶口文化是少昊文化；

太昊、少昊、炎帝、黄帝是我國初期的奴隸制國家；

古代黄河下游到淮河流域是我國古代文明的摇籃；

我國有六千年以上的文明史。

隨着我國的四個現代化，社會主義革命與建設的迅猛發展，地下新材料將不斷發現，我深信我國古代奴隸制國家的歷史是完全可以重寫的。

附件一

中華民族史研究

堯典

黎民於變時雍。四岳　歲二月東巡守至於岱宗　五月南巡守至於南岳（《封禪書》衡山）　八月西巡守至於西岳（《封

禪書》華山)十有一月朔巡守至於北岳

肇十有二州　咨十有二牧

流共工於出州，放驩兜于崇山，竄三苗於三危，殛鯀于羽山。按堯時驩兜舉共工，四岳舉鯀，舜攝政後流放四兇，才把他們排斥了。

蠻夷猾夏。《史記》集解引《周禮·司刑》疏鄭玄注：「猾夏侵亂中國也。」據此稱中國爲夏，並非由於夏王朝之故。

分北三苗。《韓詩外傳》：「當舜之時，有苗不服。其不服者，衡山在南，岐山在北，左洞庭之陂，右彭澤之水，由此險也。以其不服，禹請伐之，而舜不許，曰：『吾喻教猶未竭也，久喻教而有苗民請服。』」事見《淮南子》、《鹽鐵論》、《説苑》。《吕氏春秋》「召類舜卻有苗」，《淮南·兵畧》「舜伐有苗」，《修務訓》「舜南征三苗，道死蒼梧」注：「三苗之國在彭蠡，舜時不服，故往征之。」《檀弓》「舜葬於蒼梧之野」鄭注：「舜征有苗而死，因葬焉。《書》説舜曰：『陟方乃死。』蒼梧，於周南越之地，今爲郡。」

咎繇謨

何憂乎驩兜，何遷乎有苗？按共工、驩兜(見《山海經》)、有苗均國名。鯀稱爲有崇伯，鯀似是有崇氏，可見所謂四兇故，是國與國間的衝突，到夏王朝前段後是有窮氏，夏王朝實際上是兩個王朝。

光天之下至於海隅蒼生

萬邦黎獻共惟帝臣

無若丹朱傲，惟慢遊是好，傲虐是作。罔晝夜頟頟，罔水行舟，朋淫於家，用殄厥世。此當即奡盪舟事，從此可見帝丹朱也和后羿一樣是不得善終的。

娶于塗山。《左·哀七傳》「禹會諸侯於塗山」塗山(有會稽、當塗二説)　按皋陶爲舒族，也在安徽。

禹貢

冀州既載壺口治梁及岐既修太原至於岳陽覃懷厎績至於衡漳　恒衛既從大陸既作島(鳥？)夷皮服夾右碣石入于河

按冀州蓋今山西河北等地，東至碣石，西至梁岐則已入陝西境，如説梁岐是雍州山恐非本意。(《吕氏春秋·有始覽》兩河間曰冀州，專指晉地　可考慮)。《左·哀六傳》引《夏書》自彼陶唐有此冀方。則是唐虞夏以此一帶爲基地。

是降丘宅土……作十有三載乃同　《河渠書》引《夏書》禹抑鴻水十三年過家不入門　看來禹治水主要在兗州

青州嵎夷既畧　萊夷作牧

徐州淮夷蠙珠暨魚

揚州島(鳥?)夷卉服

荆州惟箘簵楛三邦底貢厥名

華陽黑水惟梁州

和夷底績

織皮西傾因桓是來

雍州三危既宅三苗丕敘

織皮昆侖析支渠搜西戎即敘

西傾朱圉鳥鼠至于太華

導河積石,至于龍門南至于華陰東至于砥柱

導黑水至于三危入于南海　華陽黑水惟梁州　黑水西河惟雍州

中邦(國)錫土姓祗台德先不距朕行

五百里甸服:百里賦納揔,二百里納銍,三百里納秸服,四百里粟,五百里米。五百里侯服:百里采二百里男邦三百里諸侯。五百里綏服……五百里要服:三百里夷二百里蔡。五百里荒服:三百里蠻,二百里流。

甘誓

有扈氏

湯誓

有夏多罪

牧誓

逖矣西土之人　及庸蜀羌髳微盧彭濮人

康誥

用肇造我區夏越我一二邦以修我西土

召誥

相古先民有夏　我不可不監于有夏　有夏服天命惟有厥年　至若有夏曆年

多士

有夏不適　夏弗克庸　乃命爾先祖成湯革夏俊民甸四方

君奭

惟文王尚克修和我有夏

多方

惟帝降格有夏有夏誕厥逸　亦惟有夏之民叨懫日欽劓割夏邑　刑殄有夏　惟夏之恭　代夏作民主　乃惟有夏圖厥政　天惟五年須暇之子孫

立政

古之人迪惟有夏　帝欽罰之乃伻我有夏式商受命奄甸萬姓　夷微盧烝三亳阪尹

黄誓

徂兹淮夷徐戎並興　甲戌我惟征徐戎

呂刑

若古有訓蚩尤唯始作亂　苗民弗用靈制以刑（參考《墨子・尚同中》《緇衣》引甫刑　《墨子・兼愛》引《禹誓》曰蠢兹有苗用天之罰若予既率爾羣對諸羣以征有苗）皇帝哀矜庶戮之不辜遏絶苗民無世在下乃命重黎絶地天通罔有降格（參考《墨子・尚賢中》）羣后之逮在下者　皇帝清問下民鰥寡有辭于苗　乃命三后恤功于民伯夷降典析民唯刑禹平水土主名山川稷降播種農殖嘉穀三后成功惟殷于民　非時伯夷播刑之迪　惟時苗民匪察於獄之麗　上帝不蠲降咎于苗苗民無辭于罰乃絶厥世。

書序

太康失邦兄弟五人須于洛汭　《楚語》堯有丹朱舜有商均啓有五觀　《左昭元傳》夏有觀扈商有姺邳周有徐奄　《周書・嘗麥解》其在殷之五子忘伯禹之命假國無正用胥興作亂遂凶厥國。皇天哀禹賜（夏）以彭壽思正夏略。離騷啓九辯與九歌兮夏康娛以自縱不顧難以圖後兮五子用失乎家巷　《墨子・非樂篇》武觀

伊尹去亳適夏既醜有夏復歸于亳

湯既勝夏欲遷其社不可作夏社

升自陑　戰于鳴條之野

夏師敗績湯遂從之遂伐三朡

湯歸自夏至於大坰《墨子・非命上》引《仲虺之告》曰我聞于夏人矯天命布命于下帝伐之惡龔喪厥師。又見《非命中》

古禹皋陶久勞於外其有功乎民民乃有安東（？）爲江北爲濟西爲河南爲淮四瀆已修萬民乃有居后稷降播農殖百穀三公咸有功于民故後有立昔蚩尤與其大夫作亂百姓帝乃弗予有狀《史記・殷本紀》

尹躬天見于西邑夏《禮記・緇衣》

附件二　陳翰笙書信三封

一

唐蘭同志：

您那天在我處談青銅器時代的研究，實在非常令人鼓舞。

曾您答應寫一本十萬字内的書來説明中國奴隸社會的始末，我們衷心感謝。

我意爲説動出版社通過這本書，最好先在雜誌上《歷史研究》刊出一篇文章。是否可懇請您抽暇執筆闡明我國奴隸社會的起源、繁盛和没落的過程，並測定這三個時期的年份。

專此奉懇，並致敬禮。

陳翰笙手啓

二月二十七日。

埃及的奴隸社會大約自紀元前三一〇〇年開始，至紀元前一六〇〇完結。

又及。

二

唐蘭同志：

今日上午寄出一信，想已收閲。我信中問及大汶口文化是否在仰韶文化以前；回憶讀了尊著《中國奴隸制社會開始時期》即知仰韶（太昊）在先，而大汶口在後（少昊）。那麽，奴隸制國家是否在太昊時代就形成了呢？太昊是從那一年大約到那一年？

尊著第十五頁中將奴隸制國家的時代分爲前、中、後三期。希望您在重新寫的文章中將每一時期的大概的起訖年代估計一下，告訴讀者。

尊著第九頁中倒數第七行説：「商代早期文化和銅器只在解放以後才發現。」但我在一九三七年初，在加拿大多倫多博物館中就看見商朝的銅器數件。據説這些銅器是加拿大商人在天津購到商代遺物而運回多倫多的。不知那些銅器是商代什麽時候製成的。

順祝刻安，並致敬禮。

陳翰笙手啓

三月二十二日下午

三

唐蘭同志：

在細讀尊著《中國古代的奴隸制國家》一文時，想提出二十三處問題，是否可請您看看？

此文有一萬五千字，是否可將其約縮至八千五百字光景？我意有些事實盡可不講，我擬了一個綱目，將此文分爲五段來寫。每段中只説明有關的事實，説明其發生和發展的過程。當然要用文字和古物來説明才算有根據，但不必要的東西就不提了。

兹將所擬的綱目附上，敬祈俯閲，以資參考。改日再面談如何？

專此敬上，順祝　日佳。

陳翰笙敬啓

七七年四月廿日

整理説明：

一九七七年二月始，唐蘭應中國社會科學院世界歷史研究所名譽所長陳翰笙之邀，着手寫《中國古代的奴隸制國家》一書，歷時近一年，凡五易其稿，於一九七七年十二月寫成《中國古代的奴隸制國家》和《大汶口文化是少昊文化》兩章的正文部分，約六萬餘字。附録《論中華民族的起源》僅作了一些文獻上的摘録準備，並未着筆撰寫。其中第一章文内列注一六〇條，文末實際注釋僅五十八條；第二章文内列注六十一條，文末未見注釋。文内原列插圖若干，亦未見。

此次整理除全文公布該書核心兩章内容之外，尚列附件一《中華民族史研究》；附件二《陳翰笙書信三封》，以見此書撰寫的大致過程。

（劉　雲）

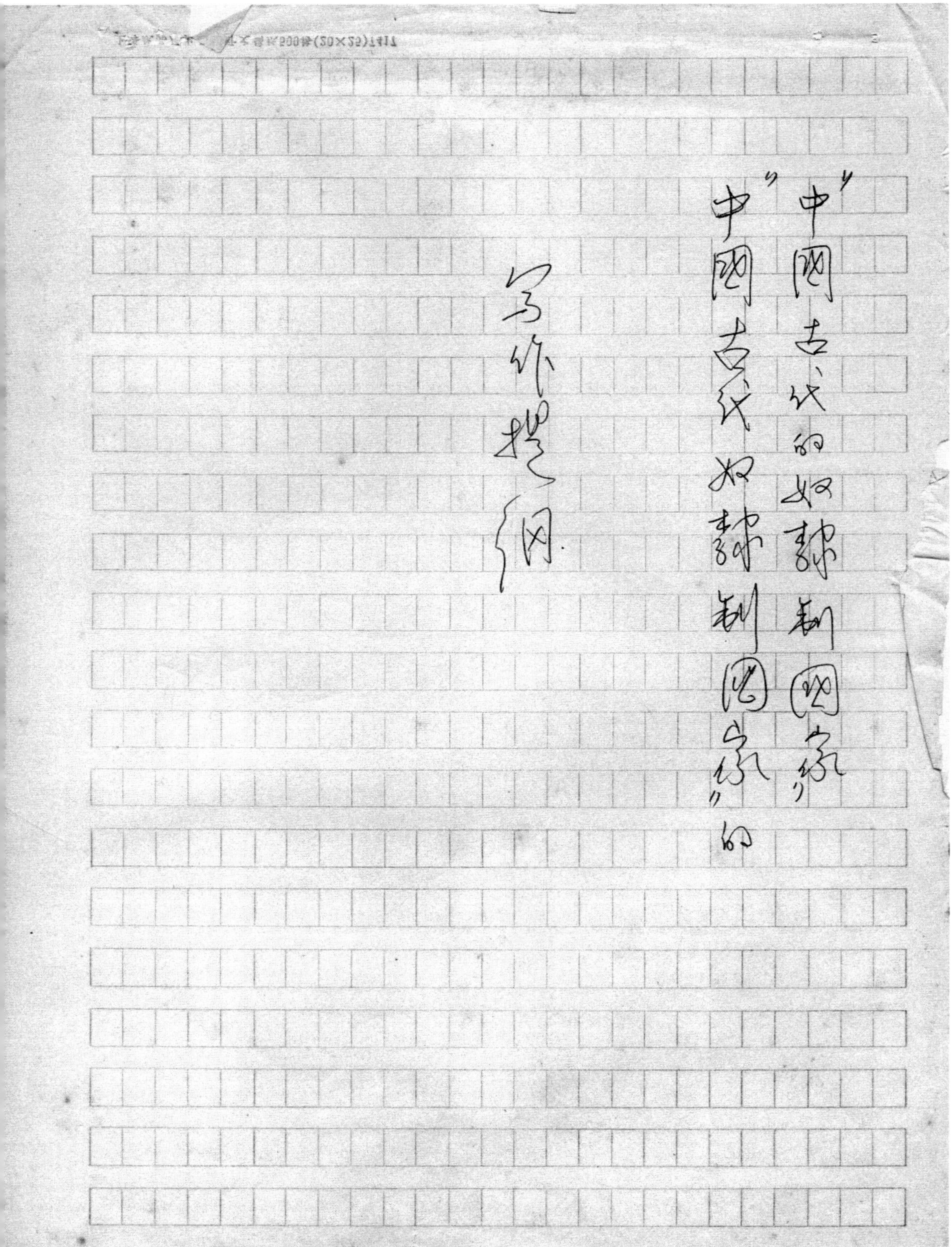
“中国古代的奴隶制国家”
“中国古代奴隶制国家”的
写作提纲

原稿樣張一

1. “这种批判是充分说理的，有分析的，有说服力的”。

2. 掌握大量经过审查过的资料，力图运用历史唯物主义观点。

3. 改正过去的一些错误说法。

4. 把中国的奴隶制社会开始时期推早一千年左右。

5. 奴隶制经济的灭亡是东周初年。

6. 春秋时代是奴隶制转向封建制的过渡时期

这是由于

7. ① 春秋时代的社会基础已经是封建制（①小农经济 ②土地私有 ③士农工商四民）

8. ② 春秋时代的上层建筑和一小部分的农业经济还是奴隶制（1. 奴隶主的统治 2. 政治法律文化等正在发展变化）

7. 春秋战国都是诸侯割据的封建社会，但前者是由奴隶制向封建制过渡来，随少数几个大国争霸的时代，而后者则是奴隶制已经崩溃，只剩七个大国争雄的时代。

8. 整个春秋时代也是在不断发展变化的。尽管初期封建制社会是属于封建制经济上升阶段，但从各国具体情况来看，奴隶制政权正在崩溃，所以从各个旧政权看来，春秋末期已经是无可奈何花落去的时候了。

捌 簡帛類

蘇秦事蹟攷

① 蘇秦謂陳軫。

帛書二十二《史記·田齊世家》作蘇代，今按帛書「今者秦立於門」，明是蘇秦，非蘇代。

帛書説「齊宋攻魏，楚回(圍)翁(雍)是(氏)，秦敗屈丐」。事在赧王三年。(公元前三一二)

文中蘇秦稱陳軫爲公，可見是陳軫後輩。張儀死於赧王六年，可見蘇秦也是張儀後輩。所以孟軻時還只説到張儀公孫衍，可見當時蘇秦尚未被人所知。《史記》把蘇秦説成與張儀同時，顯然是錯的。正由於這個原因，所以《田齊世家》硬把他改爲蘇代。

假定這一年蘇秦爲三十歲左右，經過二十八年，齊閔王亡國時，他應該是六十歲左右。

② 蘇秦爲楚合縱説韓王。《韓策一》

按文中説「乃欲西面事秦，稱東藩築帝宫」，是赧王二十七年秦稱西帝以後事。此爲蘇秦語，似可信。在秦帝之後乎？

③ 韓人攻宋，蘇秦爲韓説秦王。《韓策三》

按蘇説「韓珉之攻宋，所以爲王也」，韓珉即㬥，與蘇秦事合。在何年當攷。詳後九葉。

④ 蘇厲爲周最謂蘇秦曰：「君不如令王聽最，以地合於魏，趙故必怒，合於齊。」《東周策》

按與蘇秦事合。

⑤ 蘇秦始將連横説秦惠王。《秦策一》

按文中説可以并諸侯吞天下稱帝而治，如放在秦昭王時還勉強可以，文中又説蘇秦相趙似非事實。此文應連在《趙策》説李兑後，所謂「黑貂之裘弊，黄金百斤盡」即是李兑所送的，但李兑殺主父，秦惠王死已十六年了。既然李兑不用他，他才去秦國，怎麼能轉眼之間他又去説趙王呢？這是由於這些文章的作者，只知道蘇秦和李兑有關，又要和張儀連在一起，所以就弄了很多矛盾。

蘇秦封武安君大概是真的，什麽時候封，應研究。

⑥ 秦惠王謂寒泉子，蘇秦欺寡人。《秦策一》

按秦惠王不與武安子（白起）同時，和白起同時的是秦昭王，但又不與張儀同時，所以這一條也不可信。

⑦ 甘茂亡秦且之齊，出關遇蘇子……蘇代曰……蘇秦僞謂王曰《秦策二》

《史記·甘茂傳》把蘇秦也改爲蘇代。

按事在秦昭王元年（公元前三〇六）齊宣王一三年。（《國策》注一本作「齊湣王」，當誤）此時燕昭王已六年，可能蘇秦已由燕趙去齊。

⑧ 蘇秦爲趙合縱説齊宣王。《齊策一》

⑨ 秦攻趙長平（一本無「長平」二字），趙無以食，請粟於齊，而齊不聽，蘇秦謂齊王曰：「不如聽之，以卻秦兵。」（列在齊王建六年）《齊策二》

《史記·田齊世家》作「周子」，索隱曰：「蓋齊之謀臣，史失名也。《戰國策》以周子爲蘇秦，而楚字皆作燕，然此時蘇秦死已久矣。」

按文中説「且趙之於燕齊隱蔽也，齒之有唇也，唇亡則齒寒」，似以齊燕爲是。此似非長平之役時事（長平之役在王建七年），蘇秦當不誤。

⑩ 楚王死，太子在齊質，蘇秦謂薛公。《齊策三》

按此在齊閔王四（元？）年燕昭王五十六（三？）年〔公元前二九六（九？）〕

高誘注説「薛公，田嬰也，田文之父」是錯的，此薛公是孟嘗君薛文。

⑪ 孟嘗君將入秦……蘇秦欲止之。《齊策三》

按此條與《趙策》説李兑幾全同，疑《趙策》即襲此。

⑫ 蘇秦自燕之齊，見於華章南門。《齊策四》

《史記・田齊世家》作蘇代。章華東門，查《韓非子》。

公元前二八八，齊閔十二年。

此已計伐宋。

⑬ 蘇秦説齊閔王。《齊策五》

此在齊滅宋前，當是五國攻秦而齊不動時説的。

⑭ 蘇秦爲趙合縱説楚威王。《楚策一》

⑮ 蘇秦之楚三日，乃得見乎王……寡人聞先生若聞古人，今先生乃不遠千里而臨寡人。《楚策三》

⑯ 蘇秦説李兑。《趙策一》

此似僞作。

⑰ 趙收天下將以伐齊，蘇秦爲齊上書説趙王。趙策一　帛書　史記

⑱ 蘇秦爲趙王使於秦。《趙策一》

此條何時？

⑲ 蘇秦從燕之趙，始合縱説趙王。《趙策二》

「奉陽君妬大王不得任事」、「今奉陽君捐館舍」，此奉陽君似指趙成，非李兑。此篇似真，而《秦策》據此僞造，但據《趙策四》則合縱攻秦的奉陽君即李兑，疑後封。

「乃封蘇秦爲武安君」，武安，趙地，見《秦策》注。

⑳ 爲齊獻書趙王。《趙策四》

此雖無名，似是蘇秦，目的是聯齊趙。

㉑ 齊欲攻宋，秦令起賈禁之條。《趙策四》

「之齊謂齊王曰」，此「之齊」者當是蘇秦，另詳。

㉒ 齊將攻宋，而秦、楚禁之。齊因欲與趙，趙不聽，齊乃會公孫衍説李兑以攻宋而定封焉。李兑乃謂齊王曰：「臣之所以堅三晉以攻秦者，非以爲齊得利秦之毀也，欲以使攻宋也……　《趙策四》

臣爲足下使公孫衍説奉陽君曰：「君之身老矣，封不可不早定也。爲君慮封，莫若於宋，他國莫可。夫秦人貪，韓、魏危，燕、楚辟，中山之地薄，莫如於陰。失今之時，不可復得已。宋之罪重，齊之怒深，殘亂宋，得大齊，定身封，此百代之一時也。（△此與《楚策三》、《秦策三》均是一事，《秦策》説是説穰侯就錯了。）

按此自「臣爲足下使公孫衍説奉陽君」以下是蘇秦語。説「使公孫衍説奉陽君」，可見這個臣既不是公孫衍，又不是奉陽君。説「封不可不早定也」與上節「乃令公孫衍説李兑以攻宋而定封」完全相同，可見這裏的奉陽君即是李兑。

「臣願足下之大發攻宋之舉，而無庸致兵，姑待已耕，以觀奉陽君之應足下也。縣陰以甘之，循有燕以臨之，而臣待忠之封，事必大成。」

由「縣陰以甘之，循有燕以臨之」，只從這兩句看，此爲蘇秦無疑。「縣陰以甘之」，可與帛書一四正合

㉓　五國伐秦無功，罷於成皋。趙欲搆於秦，楚與魏、韓將應之，秦弗欲。蘇代謂齊王曰……《趙策四》

臣以（已）爲足下見奉陽君矣。臣謂奉陽君曰：「天下散而事秦，秦必據宋。魏冉必妬君之有陰也。……君無搆，齊必攻宋。齊攻宋，則楚必攻宋，魏必攻宋，燕趙助之。五國據宋，不至一二月陰必得矣。……若不得已而必搆，則願五國復堅約。願得趙……齊王必無召呡（韓珉）也，使臣守約，若與有倍約者，以四國攻之，無倍約者，而秦侵約，五國復堅而賓之。今韓魏與齊相疑也，若復不堅約而講，臣恐與國之大亂也。……而君終不得陰，一矣。天下爭秦，秦王内韓呡於齊，内成陽君於韓，相衛懷於衛，復合（令）衍（術）交兩王，王賁、韓他之曹皆起而行事……天下爭秦，秦堅燕趙之交以伐齊收楚，與韓呡而攻魏。……天下爭秦，秦按爲義，存亡繼絶，扶弱，定無罪之君，必起中山與勝（勝＝平原君？）也。秦起中山與勝，而趙宋同命，何暇言陰？……故曰君必無講，則陰必得矣。」奉陽君曰：「善。」乃絶和於秦，而收齊、魏以成取陰。

按此必蘇秦無疑。

㉔　蘇子爲趙合縱説魏王。《魏策一》

「稱東藩，築帝宮」，似是。

㉕　張儀爲秦連横説魏王。《魏策一》

合縱者，一天下、約爲兄弟、刑白馬以盟於洹水之上以相堅……欲恃詐僞反覆蘇秦之餘謀，其不可以成亦明矣。

請稱東藩，築帝宮，受冠帶，祠春秋，效河外。

如據此，則此張儀遠在蘇秦之後。

㉖　蘇秦拘於魏，欲走而之韓，魏氏閉關而不通。齊使蘇厲爲之謂魏王曰：「齊請以宋地封涇陽君，而秦不受也。……不信齊王與蘇秦也……齊秦合而涇陽君有宋地，則非魏之利也。故王不如復與蘇秦……伐齊成，則地廣矣。」

此是齊滅宋後五國伐齊前　宋王是死在魏國的，魏納安邑及河内於秦均在滅宋這一年（公元前二八六年），可見蘇秦當滅宋時正在魏，魏是由於齊滅宋而連秦準備伐齊的。

㉗　蘇代爲田需説魏王曰：「臣請問文之爲魏，孰與其爲齊也？……衍之爲魏，孰與其爲韓也？」……而蘇代曰：「衍將右韓而左魏，文將右齊而左魏。」

此蘇代疑亦是蘇秦，此時蘇秦在魏。上「犀首見梁君」條説「召文子而相之魏，身相於韓」，即此事。田文相魏當在赧王二十九年（公元前二八六），齊滅宋之前公元前二九四（田甲劫王田文出走）之後。

㉘　五國伐秦，無功而還。其後，齊欲伐宋，而秦禁之。齊令宋郭之秦，請合而以伐宋。秦王許之。魏王畏齊、秦之合也，欲講於秦。謂魏王曰……《魏策二》

這個人也一定是蘇秦。

「故爲王計，太上伐秦，其次賓秦，其次堅約而詳講，與國無相離也。秦、齊合，國不可爲也已。」

此見帛書一二自勺獻書於齊王：「遂明攻秦，太上破之，其次賓之，其下完交而□講，與國毋相離也。」這是齊閔王的約。

「燕，齊讎國也；秦，兄弟之交也。合讎國以伐婚姻，臣爲之苦矣。……以燕伐秦，黄帝之所難也，而臣以（已）致燕甲而起齊兵矣。臣又偏事三晉之吏，奉陽君、孟嘗君、韓呡、周最、周、韓餘爲徒從而下之，恐其伐秦之疑也。又身自醜於秦，扮之請焚天下之秦符者，臣也；次傳焚符之約者，臣也；欲使五國約閉秦關者，臣也。奉陽君、韓餘爲既和矣，蘇脩、朱嬰既皆陰在邯鄲，臣又説齊王而往敗之。天下共講，因使蘇脩游天下之語，而以齊爲上交。兵請伐魏，臣又爭之以死，而果西因蘇脩重報。臣非不知秦勸之重也，然而所以爲之者，爲足下也。」

從這些事情看非蘇秦不可。

㉙　田需貴於魏王……田需死，昭魚謂蘇代曰：「田需死，吾恐張儀、薛公、犀首之有一人相魏者。」《魏策二》

張儀相魏，必右秦而左魏； 薛公相魏，必右齊而左魏； 犀首相魏，必右韓而左魏。

此亦蘇秦。

㉚ 秦召魏相信安君，信安君不欲往，蘇代爲説秦王。《魏策二》

當亦蘇秦。

（③補原第一頁）韓人攻宋，秦王大怒，曰：「吾愛宋，與新城、陽晉同也。韓珉與我交，而攻我所甚愛，何也？」蘇秦爲韓説秦王曰：「韓珉之攻宋，所以爲王也。以韓之強，輔之以宋，楚魏必恐。恐，必西面事秦。王不折一兵，不殺一人，無事而割安邑，此韓珉之所以禱於秦也。」秦王曰：「吾固患韓之難知，一縱一橫，此其説何也？」對曰：「天下固令韓可知也。韓固已攻宋矣，其西面事秦，以萬乘自輔；不西事秦，則宋地不安矣。中國白頭游敖之士，皆積智欲離秦、韓之交。伏軾結靷西馳者，未有一人言善韓者也。伏軾結靷西[一]馳者，未有一人言善秦者也。皆不欲韓、秦之合者何也？則晉、楚智而韓、秦愚也。晉、楚合，必伺韓、秦；韓、秦合，必圖晉、楚。請以決事。」秦王曰：「善。」

此文除三處提到韓珉外，所有十二個「韓」字均是「齊」字之誤（《史記・田齊世家》不誤，蘇秦作蘇代，韓珉作韓聶，正列在齊伐滅宋前），因「齊」字誤「韓」，遂編入《韓策》，可見劉向對戰國時幾全無所知。此實是秦昭王二十一年齊湣王十四年（公元前二八六）齊滅宋時事。韓無攻宋事，攻宋只是齊人，一證也。韓珉此時相齊，二證也。「無事而割安邑」，據《六國表》，此年「魏納安邑及河内」，三證也。欲離秦齊之交，東馳不説善秦，西馳不説善齊，如果是韓説不到東馳了，四證也。「晉楚智而齊秦愚」，如果是韓就包括在晉内了，五證也。蘇秦不會爲韓説秦王，五證也。《秦策一》泠向謂秦王曰「向欲以齊事王，使攻宋也。宋破，晉國危，安邑王之有也……」也提到安邑，可證是同時事。《魏策二》説「齊令宋郭之秦，請合而伐宋，秦王許之也」，是同時事。

㉛ 蘇秦將爲縱，北説燕文侯。《燕策一》

此篇虛構。

㉜ 奉陽君李兑甚不取於蘇秦，蘇秦在燕，李兑因爲蘇秦謂奉陽君曰……《燕策一》

且燕亡國之餘也。

這篇是真的，但「奉陽君李兑」的「李兑」兩字是錯的。這時奉陽君是公子成。

㉝ 燕文公時，秦惠王以其女爲燕太子婦。文公卒，易王立。齊宣王因燕喪攻之，取十城。武安君蘇秦爲燕説齊王。《燕策一》

此事可能是真，但敘述多誤。①説是文公時是錯的。②燕昭王爲公子時可能是秦惠王的女婿。③齊宣王因燕文公喪攻燕取十城，可能是齊宣王伐燕的事的誤傳。齊宣王伐燕當爲宣王五年、秦惠王十一年（公元前三一四）。而《史記》把伐燕時放在齊閔王十年是錯的。

㉞ 人有惡蘇秦於燕王者曰：「武安君，天下不信人也。王以萬乘下之，尊之於廷，示天下與小人羣也。」武安君自齊來，而燕王不館也。謂燕王曰：「臣東周之鄙人也，見足下身無咫尺之功，而足下迎臣於郊，顯臣於廷。今臣爲足下使，利得十城，功存危燕……何肯揚燕秦之威於齊，而取大功乎哉！《燕策一》 帛書五

且臣有老母於周。

㉟ 蘇秦死，其弟蘇代欲繼之，乃北見燕王噲曰：「臣東周之鄙人也，竊聞王義甚高甚順……至於邯鄲，所聞於邯鄲者，又高於所聞。」《燕策一》

王曰：「……我有深怨積怒於齊，而欲報之二年矣。齊者，我讎國也……子能以燕敵齊，則寡人奉國而委之。」

這篇許多錯誤，蘇代應是蘇秦，王噲應是昭王。如果是王噲怎麼有深怨積怒呢？

「夫齊王，長主也，而自用也。南攻楚五年，稸積散；西困秦三年，民憔瘁、士罷弊；北與燕戰，覆三軍、獲二將；而又以其餘兵南面而舉五千乘之勁宋，而包十二諸侯。」（此似指齊宣王？待攷。與秦擊楚，宣王十七年；與魏韓擊秦，閔王二年）

㊱ 燕王噲既立，蘇秦死於齊。蘇秦之在燕也，與其相子之爲婚，而蘇代與子之交。及蘇秦死，而齊宣王復用蘇代。燕噲三年，與楚、三晉攻秦，不勝而還。子之相燕，貴重主斷。蘇代爲齊使於燕。《燕策一》

此條似最荒誕。

「初，蘇秦弟厲因燕質子而求見齊王。齊王怨蘇秦，欲因厲，燕質子爲謝乃已，遂委質爲臣。燕相子之與蘇代婚，而欲得燕權，乃使蘇代持質子於齊……燕立昭王，而蘇代、厲遂不敢入燕，皆終歸齊，齊善待之。」

㊲　蘇代過魏，魏爲燕執代，齊使人謂魏王曰……於是出蘇伐之宋宋善待之。《燕策一》

此與前㉖《魏策》一事傳聞之異，《魏策》作「蘇秦」。

㊳　齊伐宋，宋急，蘇代乃遺燕昭王書曰。《燕策一》

帛書二十。

「蘇代」應是「蘇秦」之誤。

「燕昭王善其書曰：『先人嘗有德蘇氏，子之之亂，而蘇氏去燕。燕欲報仇於齊，非蘇氏莫可。』乃召蘇氏，復善待之。」

此一段似非事實。

㊴　蘇代謂燕昭王曰。《燕策一》

帛書五　前作「蘇秦」，文畧不同。

「今王有東嚮伐齊之心，而愚臣知之。」

「吾請拜子爲上卿，奉子車百乘，子以此爲寡人東遊於齊何如？」

㊵　燕王謂蘇代曰：「寡人甚不喜訑者言也。」《燕策一》

㊶　秦召燕王，燕王欲往，蘇代約燕王曰：「楚得枳而國亡，齊得宋而國亡……」《燕策二》

「燕昭王不行，蘇代復重於燕。燕反約諸侯從親，如蘇秦時，或從或不，而天下由此宗蘇氏之從約。代、厲皆以壽死，名顯諸侯。」

「秦欲攻安邑，恐齊救之，則以宋委於齊曰：『宋王無道……王苟能破而有之，寡人如自得之。』已得安邑，塞女戟，因以破宋爲齊罪。秦欲攻齊，恐天下救之，則以齊委於天下曰：『齊王四與寡人約，四欺寡人，必率天下以攻寡人者三……。』已得宜陽、少曲，致藺、石，因以破齊爲天下罪。」

此確是滅齊以後，可能蘇秦確已死了。

㊷　蘇代爲奉陽君説燕於趙以伐齊，奉陽君不聽。乃入齊惡趙，令齊絶於趙，齊已絶於趙，因之燕，謂昭王曰：「韓爲謂臣曰：『人告奉陽君曰：使齊不信趙者，蘇子也；今齊王召蜀子使不伐宋，蘇子也；與齊王謀道取秦以謀趙者，蘇子也；令齊守趙之質子以甲者，又蘇子也。請告子以請齊，果以守趙之質子以甲，吾必守子以甲。』其言惡矣。雖然，王勿患

也。臣故知入齊之有趙累也。出爲之以成所欲，臣死而齊大惡於趙，臣猶生也。令齊趙絶，可大紛已。持臣非張孟談也，使臣也如張孟談也，齊趙必有爲智伯者矣。」《燕策二》

這是很重要的一篇，決是蘇秦無疑。

㊸ 奉陽君告朱讙與趙足曰：「齊王使公玉曰（丹）命説曰，必不反韓珉，今召之矣。必不任蘇子以事，今封而封之。令不合燕，今以燕爲上交。吾所恃者順也，今其言變有甚於其父。順始與蘇子爲讎。見之知無厲，今賢之兩之，已矣，吾無齊矣。」奉陽君之怒甚矣。爲齊王王⃝之不信趙，而小人奉陽君也，因是而倍之。不以今時大紛之，解而復合，則後不可奈何也。故齊、趙之合苟可循也，死不足以爲臣患，逃不足以爲臣恥；爲諸侯，不足以爲臣榮；被髮自漆爲厲，不足以爲臣辱。然而臣有患也，臣死而齊、趙不循，惡交分於臣也，而後相效，是臣之患也。若臣死而必相攻也，臣必勉之而求死焉。堯舜之賢而死，禹湯之知而死，孟賁之勇而死，烏獲之力而死，生之物固有不死者乎？在必然之物以成所欲，王何疑焉？臣以爲不若逃而去之。臣以韓、魏循自齊，而爲之而爲之〔二〕取秦，深結趙以勁之。如是則近於相攻。臣雖爲之累燕，奉陽君告朱讙曰：「蘇子怒於燕王之不以吾故，弗予相，又不予卿也，殆無燕矣。」其疑至於此，故臣雖爲之不累燕，又不欲王……故舉大事，逃不足以爲辱矣。

卒絶齊於趙，趙合於燕以敗之。

這和上面是一篇，原誤斷。

㊹ 蘇代爲燕説齊，未見齊王，先説淳于髡……齊王大説蘇子。《燕策二》

這也應是蘇秦。與淳于髡是否同時，待攷。

㊺ 蘇代自齊，使人謂燕昭王曰：「臣聞離齊、趙，齊、趙已孤矣。王何不出兵以攻齊，臣請爲王弱之。」

這條看來是假的，蘇氏弟兄怎麽會將兵呢？

㊻ 蘇代自齊獻書於燕王。《燕策二》

《帛書》四帛書很長是原作，近七百五十字。此僅二百六十三字。係節録。

㊼ 客謂燕王曰：「齊南破楚，西屈秦，用韓、魏之兵，燕、趙之衆，猶鞭筴也……」燕王曰：「假寡人五年，寡人得其志矣。」蘇子曰：「請假王十年。」燕王説，奉蘇子車五十乘，南使於齊。謂齊王曰：「齊南破楚……今宋王射天笞地……」齊

王曰：「善。」遂興兵伐宋，三覆宋，宋遂舉。燕王聞之，絕交於齊，率天下之兵以伐齊，大戰一，小戰再，頓其國，成其名。《燕策二》

這段太簡括了。

㊽ 趙且伐燕，蘇代爲燕謂惠王曰：「……臣恐強秦之爲漁父也。」《燕策二》

何年待攷。

㊾ 齊、魏爭燕，齊謂燕王曰：「吾得趙矣……」蘇子謂燕相曰……《燕策二》

㊿ 宋與楚爲兄弟，齊攻宋，楚王言救宋。宋因賣楚重以求講於齊，齊不聽。蘇秦爲宋謂齊相曰：「不如與之，以明宋之賣楚重於齊也。楚怒，必絕於宋而事齊，齊、楚合則攻宋易矣。」《宋策》

〔一〕整理者按：「西」，應作「東」。

〔二〕整理者按：後「而爲之」乃衍文，當删。

整理說明：

該手稿用圓珠筆寫於四百字稿紙上，共十七頁。

作者在一九四一年就發表了《蘇秦考》一文，對蘇秦早有研究。一九七三年十二月出土馬王堆漢墓帛書，記有蘇秦事跡，一九七五年八月作者發表了《關於帛書〈戰國策〉中蘇秦書信若干年代問題的商榷》，一九七六年三月作者寫成了《司馬遷所沒有見過的珍貴史料》，後兩文寫作時顯然參考了本稿所做的資料準備，因而估計本稿寫於一九七四年至一九七五年八月之間。

（劉　雲）

①

苏秦事迹考

① 苏秦谓陈轸　帛书二十二　史记田齐世家作苏代，今据帛书"今者秦立於门"，明是苏秦，非苏代。

帛书说"齐宋攻魏，楚回(围)翁(雍)是(氏)，秦败屈丐。事在赧王三年。（公元前312）

文中苏秦称陈轸为公，可见是陈轸后辈。张仪死于赧王六年，可见苏秦也是张仪后辈。所以孟轲时还只说到张仪公孙衍，可见当时苏秦尚未被人所知。史记把苏秦说成与张仪同时，显然是错的。正由於这个原因，所以田齐世家才把他改为苏代。

假定这一年苏秦为三十岁左右，经过二十八年，齐闵王亡国时，他应该是六十岁左右。

② 苏秦为楚合从说韩王　韩策一

据文中说"乃欲西面事秦，称东藩筑帝宫"是赧王二十七年秦称西帝以后事。此为苏秦语，似可信。　在秦帝之后年七

③ 韩人攻宋，苏秦为韩说秦王　韩策三

北京市电車公司印刷厂出品　七二·一

③ 按鲍注"韩珉之攻宋，所以为王也"，韩珉即吴，与苏秦事合。在何年当考。详后9叶

④ 苏厉为周最谓苏秦曰：君不如令王听最以地合于魏赵故必怒合于齐　东周策

按与苏秦事合

⑤ 苏秦始将连横说秦惠王　秦策一

按文中说可以并诸侯吞天下称帝而治，这放在秦昭王时还勉强可以，文中又说苏秦相赵似非事实。此文应连在赵策说李兑后，所谓"黑貂之裘弊黄金百斤尽"即是李兑所送的，但李兑杀主父，秦惠王死已十六年了。既然李兑不用他，他才去秦国，怎么转眼之间他又去说秦王呢？这是由于这些文章的作者，只知道苏秦和李兑有关，又要和张仪连在一起，所以就弄了很多矛盾。

苏秦封武安君大概是真的，什么时候封，应研究。

⑥ 秦惠王谓寒泉子，苏秦欺寡人　秦策一

按秦惠王不与武安子（白起）同时，和白起同时的是秦昭王，但又不与张仪同时，所以

蘇秦年表

前三一二 周赧三 秦惠後十三 齊宣八 楚懷十七	齊宋攻魏楚圍雍氏秦殺屈丐 趙召公子職於韓立以爲燕王使樂池送之	蘇秦謂陳軫『今者秦立於門』	帛書二十二田齊世家作蘇代
前三一一 齊宣九 燕昭元			
前三〇九 秦武二 齊宣十一 燕昭三	燕昭禮郭隗	蘇子聞之從周歸燕	説苑君道
前三〇六 秦昭元 齊宣十四 燕昭六 趙武靈二十	甘茂亡秦且之齊蘇秦爲齊使秦 人有惡蘇秦於燕王者……武安君自齊來而燕王不館也 趙使樓緩之秦仇液之韓王賁之楚富丁之魏趙爵之齊趙世家	出關遇蘇子『今臣困而君方使秦而當路矣』 臣爲足下使利得十城功存危燕 史記載蘇秦事時代是錯的但蘇秦因侍燕質子而去齊後來説齊王而委質爲臣大概是可信的	秦策二共三處説蘇子一處説蘇代一處説蘇秦 甘茂傳作蘇代 帛書五 燕策一兩段前段蘇秦但只説燕王後段説昭王又誤爲蘇代 史記蘇秦傳

續表

前三〇一 秦昭六 齊宣十九	秦韓魏齊擊楚 此時齊秦結合		
前三〇〇 秦昭七 齊湣元	魏冉相 涇陽君質齊 孟嘗君欲入秦	蘇秦止之	齊策二
前二九九 秦昭八 齊湣二	秦留楚懷王 楚王死太子質在齊 按此楚人詐赴於齊見楚世家 涇陽君歸秦 薛文相秦 趙武靈王傳位王子何自稱主父	蘇秦謂薛公曰君何不留楚太子以市其下東國	齊策三
前二九八 秦昭九 齊湣三 趙惠文元 楚頃襄元	薛文以金受免樓緩爲丞相 趙結秦連宋之交令仇赫相宋樓緩相秦 按這是秦趙宋的結合是主父和李兑策劃的 相周最於魏 孟嘗君歸相齊 齊魏韓擊秦於函谷 按這是齊魏韓的結合是孟嘗君策劃的		
前二九六 秦昭十一 齊湣五	齊魏韓擊秦 秦與韓武遂和 按孟嘗君攻秦止此 帛書八所説伐楚九歲攻秦三年即指此		

續表

前二九五 秦昭十二 齊湣六 趙惠文四 魏昭元 魏策三謂魏王曰王嘗身濟漳朝邯鄲抱葛孽陰成以爲趙養邑 趙策四謂魏王曰：……且王嘗濟於漳而身朝於邯鄲抱陰成負葛孽以爲趙蔽當均即此事	樓緩免魏冉相 齊助趙滅中山 按樓緩免相秦趙決裂所以齊趙結合了 李兑圍殺主父 薛文身衛梁王與成陽君北面而朝奉陽君於邯鄲見帛書八		
前二九四 秦昭十三 齊湣七	田甲劫王薛文走		
		今夫齊王長主也而自用也南攻楚五年稸積散西困秦三年民憔瘁士罷弊北與燕戰覆三軍獲二將而又以其餘兵南面而舉五千乘之勁宋而包十二諸侯 按攻楚困秦均在薛文在齊時與燕戰不知何時姑附此 客謂燕王曰齊南破楚西屈秦用韓魏之兵燕趙之衆猶鞭策也……燕王曰假寡人五年寡人得其志矣蘇子曰請假王十年燕王說奉蘇子車五十乘南使於齊謂齊王曰……今宋王射天笞地鑄諸侯之象使侍屏	燕策一作蘇代史記蘇秦傳作蘇代說燕王均次在燕王噲時今按其事實在昭王時 燕策二

匽展其臂彈其鼻此天下之無道不義而王不伐王名終不成……與其得百里於燕不如得十里於宋……齊王曰善遂興師伐宋三覆宋宋遂舉

按所説三覆宋是三次攻宋。第一次攻宋當在前二九〇年前後第二次當在兵罷成皋之後第三次滅宋在前二八六年

蘇秦説齊閔王齊策五當在此

奉陽君李兑甚不取於蘇秦蘇秦在燕李兑(此二字誤)因爲蘇秦謂奉陽君曰齊燕離則趙重齊燕合則趙輕今君□(此脱一字)之齊非趙之利也……夫制於燕者蘇子也而燕弱國也東不如齊西不如趙豈能東無齊西無趙哉而君甚不善蘇秦蘇秦能抱弱燕而孤於天下哉是驅燕而使合於齊也且燕亡國之餘也其以權立以重外以事貴故爲君計善蘇秦則取不善亦取之以疑燕齊燕齊疑則趙重矣齊王疑蘇秦則君多資奉陽君曰善乃使使與蘇秦結交

此事應在蘇秦入齊而重新回燕的時候

韓曩對蘇秦説：傷齊者必趙也秦雖強終不敢出塞涑河絶中國而攻齊楚越遠宋魯弱燕人承韓梁有秦患傷齊者必趙趙氏終不可得已爲

燕策一

續表

續表

	韓⿱日貝爲齊相（⿱日貝戰國策和史記作珉或呡） 韓⿱日貝是親秦的趙策四説秦王内韓珉於齊可證大概薛文出走齊已從親韓魏轉而爲親秦了	之若何蘇秦説：請劫之子以齊大重秦秦將以燕事齊齊燕爲一韓粱必從趙悍則伐之應則執而攻宋⿱日貝以爲善 此可能在下一兩年	見帛書八
前二九三 秦昭十四	秦敗韓魏伊闕斬首二十四萬虜將喜爲周最謂李兑		
前二九二 秦昭十五 齊湣九 秦攻魏取垣攻韓取宛 按帛書四可能寫於前二八七那末蘇秦任齊交可能要到下一年前二九一殺張庫也應推後一年	秦魏冉免相客卿壽燭爲相 趙迎婦秦六國表 據此似秦趙復合蘇秦以百五十乘入齊韓⿱日貝逆於高閭親御以入見帛書八，這就是帛書九所説以諸侯御臣。 按帛書四蘇秦自齊獻書燕王説到齊趙遇平阿約攻秦去帝當在齊閔王十三年（前二八八），這封信又説『臣受命任齊交五年』向上推五年是蘇秦此次入齊當在齊閔王九年	蘇秦謂齊王曰始也燕纍臣以求質臣爲是未欲來亦未可爲王爲也今南方之事齊者多故矣是王有憂也臣何可以不亟來南方之事者欲得燕與天下之師而入之秦與宋以謀齊臣爭之於燕王燕王必弗聽矣臣有幸則大大夫之謀齊者大懈矣……王誠重御臣則天下必曰燕不應天下以師又使蘇……可以百五十乘王以諸侯御臣若不欲□□□請以五十乘來請貴重之	帛書九
前二九一 秦昭十六 齊湣十	秦燭免冉復相乃封魏冉於穰號曰穰侯（見穰侯傳） 秦攻魏取軹攻韓取鄧秦封公子市於宛公子悝於鄧 齊攻宋燕王使張魁將燕兵以從焉齊王殺之見呂氏春秋行論帛書四作張庫按此當是齊初次攻宋，時間應在此年前後	蘇秦自齊獻書燕王 齊殺張庫臣請屬事辭爲臣於齊王使慶謂臣不之齊危國臣以死之圍治齊燕之交……庫之死也王辱之襄安君之不歸哭也王苦之齊改葬其後而召臣臣欲毋往使齊棄臣王曰齊王之多不忍也殺妻逐子不以其罪何可怨也故強臣之齊	帛書四

前二九〇
秦昭十七
齊湣十一
魏昭六
趙惠文九

秦魏擊齊
齊趙攻韓

秦策四薛公入魏而出齊女韓春謂秦王曰何不取爲妻以齊秦劫魏則上黨秦之有也齊秦合而立負蒭負蒭立其母在秦則魏秦之縣也已呡欲以齊秦劫魏而困薛公佐欲定其弟臣請爲王因呡與佐也魏懼而復之負蒭必以魏没世事秦齊女入魏而怨薛公終以齊奉事王矣

齊策四齊王謂孟嘗君曰寡人不敢以先王之臣爲臣孟嘗君就國於薛……梁王虚上位以故相爲上將軍遣使者黄金千斤車百乘往聘孟嘗君……梁使三反孟嘗君固辭不往也……齊王聞之君臣恐懼……書謝孟嘗君曰寡人不祥被於宗廟之祟沉於諂諛之臣開罪於君寡人不足爲也願君顧先王之宗廟姑反國統萬人乎

魏入秦河東四百里韓與秦武遂地方二百里

芒卯爲魏司徒獻秦長羊王屋洛林之地請下兵東擊齊……芒卯并將秦魏之兵以東擊齊啓地二十二縣(見魏策三)

趙梁將與齊合軍攻韓至魯關下(見趙世家)

據此是韓魏與秦合(此應在後),齊與趙合(此應在前)。

薛文相魏

按孟嘗君出齊先在薛後來才去魏今姑列此年秦魏伐齊似與孟嘗有關史記孟嘗君傳説『齊湣王滅宋益驕欲去孟嘗君孟嘗君恐乃如魏魏昭王以爲相』所説滅宋應是攻宋之誤前人已據趙策四辯明魏相薛公在滅宋前,但認爲田甲劫王(前二九四)時就已去魏則又錯了。

前二八九
秦昭十八
齊湣十二
魏昭七
趙惠文十

陘山之事趙且與秦伐齊齊懼令田章以陽武合於趙而以順子爲質趙王喜乃案兵告於秦曰齊以陽武賜弊邑而納順子欲以解伐敢告下吏秦王使公子他之趙謂趙王曰齊與大國救魏而倍約不可信恃大國不義以告弊邑而賜之二社之地以奉祭祀今又案兵且欲合齊而受其地非使臣之所知也請益甲四萬大國裁之蘇代爲齊獻書穰侯曰臣聞往來者之言曰秦且益趙甲四萬人以伐齊臣竊必之弊邑之王曰秦王明而熟於計穰侯智而習於事必不益趙甲四萬人以伐齊是何也夫三晉相結秦之深讎也三晉百背秦百欺秦不爲不信不爲不行今破齊以肥趙〻秦之深讎不利於秦一也秦之謀者必曰破齊弊晉而後制晉楚之勝夫齊罷國也以天下擊之譬猶以千鈞之弩潰癰也秦王安能制晉楚哉二也秦少出兵則晉楚不信多出兵則晉楚爲制於秦齊恐則必不走於秦且走晉楚三也齊割地以實晉楚則晉楚安齊舉兵而爲之頓劍則秦反受兵四也是晉楚以秦破齊以齊破秦何晉楚之智而齊秦之愚五

秦客卿錯擊魏至軹取城大小六十一

秦聯趙使趙合諸國攻齊王信田代繰去□之言攻齊使齊大戒而不信燕臣秦拜辭事王怒而不敢強趙疑燕而不攻齊王使襄安君東以便事也臣豈敢強王哉(見帛書四)

按此書作於前二八八年所説是追述過去的事燕策二作『今王信田伐與參去疾之言且攻齊使齊犬馬駿而不言燕』文多誤漏但多一今字好象是當前的事是不對的。這時秦魏趙合謀攻齊趙約燕參加，因趙還疑燕所以没有攻齊。

周最入齊韓珉去楚東周策謂周最曰魏王以國與先生貴合於秦以伐齊薛公故主輕忘其薛不顧先君之丘墓而公獨脩虚信爲茂行明羣臣據故主不與伐齊者産以忿強秦不可公不如謂魏王薛公曰請爲王入齊天下不能傷齊而有變臣請爲救之無變王遂伐之且臣爲齊奴也如累王之交於天下不可王爲臣賜厚矣臣入齊則王亦無齊之累也　又，爲周最謂魏王曰秦知趙之難與齊戰也將恐齊趙之合也必陰勁之趙不敢戰恐秦不已收也先合於齊秦趙爭齊而王無人焉不可王不去周最合與收齊而以兵之急則伐齊無因事也。

後薛公韓徐爲與王約攻齊奉陽君鬻臣歸罪於燕，以定其封於齊。公玉丹之趙致蒙奉陽君受之王憂之故強臣之齊臣之齊惡齊趙之交使毋予蒙而通宋使(見帛書四)

蘇秦自梁獻書燕王曰齊使宋竅侯謂臣曰寡人與子謀攻宋寡人恃燕趙也今燕王與羣臣謀破齊於宋而攻齊甚急兵衛有子循而不知寡人得地於宋亦以八月歸兵不得地亦以八月歸兵今又告薛公之使者田林薛公以告臣而不欲其從已聞也願王之陰知之而毋有告也王告人天下之欲傷燕者與羣臣之欲害臣者將成之臣請疾之齊觀之而以報王毋憂齊雖欲攻燕未能未敢燕南方之交完臣將令陳臣許翦以韓梁問之齊足下雖怒於齊請養之以便事不然臣之苦齊王也不樂生矣

按此似未立兩帝也未合從攻秦時事齊停止伐宋則當在蘇秦止趙之前

蘇厲爲周最謂蘇秦曰君不如令王聽最以地合於魏，趙必恐合於齊是君以合齊與強楚吏産子君若欲因最之事則合齊者君也割地者最也

東周策

此可能當在入齊之前

帛書六

也秦得安邑善齊以安之亦必無患矣秦有安邑則韓魏必無上黨哉夫取三晉之腸胃與出兵而懼其不反也孰利故臣竊必之弊邑之王曰秦王明而熟於計穰侯智而習於事必不益趙甲四萬人以伐齊矣秦策二

此事應列前二八五年魏納安邑之後陘山之事未詳或因秦攻魏陘山而魏效安邑邪　改入六十一頁

魏策四　周最入齊秦王怒令姚賈(當作起賈)讓魏王魏王爲之謂秦王曰魏之所以爲王通天下者以周最也今周最遁寡人入齊齊無通於天下矣敝邑之事王亦無齊累矣大國欲急兵則趣趙而已

按周最當時爲魏相而親齊。秦魏將合趙攻齊，周最去魏入齊爲觀望，如天下不攻齊，即以魏合齊如天下攻齊也可以使魏免於有通齊的嫌疑但穰侯與周君竇屢奉陽君有貿首之仇所以周最入齊而秦王怒

或爲周最謂金投曰秦以周最之齊疑天下而又知趙之難子齊人戰恐齊韓之合必先合於秦(齊?)秦齊合則公之國虛矣公不如救齊因佐秦而伐韓魏，上黨長子趙之有已公東收寶於秦(齊?)南取地於韓魏因以因徐爲爲之東則有合矣周最謂金投曰

公負令秦與強齊戰=勝秦且收齊而封之使無多割而聽天下之戰不勝國大傷不得不聽秦秦盡韓魏之上黨太原西止秦之有已秦地天下之半也制齊楚三晉之命復國且身危何計之道也

按金投趙人這是聯齊趙不讓齊秦聯合周最入齊時韓珉似已不在齊國是後來重新回來的

前二八八
秦昭十九
齊湣十三
魏昭八
趙惠文十一
燕昭二十四

燕策二　蘇代爲奉陽君説燕於趙以伐齊奉陽君不聽乃入齊惡趙令齊絶於趙齊已絶於趙因之燕謂昭王曰韓爲謂臣曰人告奉陽君曰使齊不信趙者蘇子也今齊王召蜀子使不伐宋蘇子也與齊王謀道取秦以謀趙者蘇子也令齊守趙質子以甲者又蘇子也請告子以請齊果以(已)守趙之質子以甲吾必守子以甲其言惡矣

此即帛書二徐爲之與臣言甚惡奉陽君告朱讙與趙足曰齊王使公玉丹(王曰×)命説曰必不反韓珉今召之矣必不任蘇子以事今封而相之令不合燕今以燕爲上交吾所恃者順也今其言變有甚於其父順始與蘇子爲讐見之知無厲今賢之兩之已矣吾無齊矣……奉陽君告朱讙曰蘇子怒於燕王之不吾以故弗予相又不予卿也殆無燕矣

此均當在止趙時

趙策四　齊欲攻宋秦令起賈禁之齊乃捄趙以伐宋秦王怒屬怨於趙李兑約五國以伐秦　趙策四

按李兑約五國伐秦是由於秦約五國伐趙。下文蘇秦『謂魏王曰三晉皆有秦患，今之攻秦也爲趙也五國伐趙趙必亡矣。秦逐李兑李兑必死，今之伐秦也以救李子之死也』可證。

且五國之主嘗合横謀伐趙疎分趙壤著之盤盂屬之祀譜五國之兵出有日矣齊乃西師以唫強秦使秦廢令疎服而聽反温軹高平於魏反王公符逾於趙此天下所明知也　見帛書二十一　又戰國策趙策一史記趙世家作蘇厲

按由此可知先有五國爲横伐趙之謀才有合從伐秦之舉如説五國伐趙是爲了報復李兑約五國攻秦就把事實顛倒過來了。

蘇秦使盛慶獻書燕王……謂雖未攻齊事必泰者以齊之任臣已不攻宋欲從韓梁取亲以歡趙趙已用薛公徐爲之……相倍也今齊王使宋竅謂臣曰奉陽君使周納告寡人曰燕王請毋任蘇秦以事，信……奉陽君使周納言之曰欲謀齊寡人弗信也周納言燕趙循善矣皆不任子以事奉陽[君]□□□丹若得也曰笥毋任子講請以齊爲上交天下有謀齊者請攻之蘇脩在齊……中齊趙矣今齊王使宋竅詔臣曰吾□與子執(?)有謀也……不攻齊全於所見於薛公徐爲其攻齊益疾王必趙之攻齊若以天下……外齊於和必不合齊秦以謀燕則臣請爲免於齊而歸矣爲趙擇……必趙之不合齊秦以謀燕也齊王雖歸臣臣將不歸諸可以惡齊趙……以惡可也以薼可也以與趙爲大讎可也今王曰必善趙利於國臣與不知其故……趙止臣而它人取齊必害於燕。

帛書三

蘇秦使韓山獻書燕王臣使慶報之後徐爲之與臣言甚惡……王之賜使使孫與弘來甚善已言臣之後奉陽君徐爲之視臣益善有遺臣之語矣今齊王使李終之趙怒於趙之止臣也且告奉陽君相撟於宋與宋通關奉陽君甚怒於齊使趙足問之臣

帛書二

續表

對以弗知也臣之所患齊趙之惡日益奉陽君盡以爲臣罪恐久而後不可□救也齊王之言臣反不如已願王之使人反復言臣必毋使臣久於趙也

蘇秦自趙獻書燕王曰始臣甚惡事恐趙足……臣之所惡也故謂趙而欲説丹與得……今奉陽君……封秦也任秦也比燕於趙令秦與茞……齊必不信趙矣……今與臣約五和入秦使(?)＝齊韓梁……約，御軍之日，無伐齊外齊焉事之上齊趙大惡，中五和不外燕，下趙循合齊秦以謀燕。今臣欲以齊大(惡趙)而去趙謂齊王趙之禾也陰外齊謀齊趙必大惡矣奉陽君徐爲不信臣甚不欲臣之之齊也又不欲臣之之韓梁也……臣甚患趙之不出臣也……願王之爲臣故此也使田伐若使使孫疾召臣自辤於臣也爲予趙甲因在梁者

《帛書》一

從這三封信裏看，是蘇秦到了齊國惡齊趙之交使毋予蒙而通宋使以後才去趙國的帛書二所説『齊趙之惡日益奉陽君盡以爲臣罪』，即帛書四所説「奉陽君鬻臣歸罪於燕以定其封於齊之事。而帛書三和帛書一都説到丹和得兩人，丹即公玉丹，得大概是强得。公玉丹即之趙致蒙於奉

續表

續表

帛書四説『臣止於趙王謂韓徐爲止某不道猶免寡人之冠也以振臣之死』可見燕王爲他很出力

秦昭王十月爲西帝十二月復爲王
齊爲東帝二月復爲王

陽君的人，蘇秦去齊，使齊不給蒙，又通宋使，所以他到趙國去就被留住不遣了。但由於燕王派人去説，比較緩和了，到第三封信裏所説『封秦也任秦也比燕於趙令秦與莌(兑)……』等話就是準備封蘇秦讓他和李兑一起去搞合從攻秦的事，所以説五和，是合齊燕和三晉，還没有楚。

史記孟嘗君傳：秦亡將吕禮相齊欲困蘇代代乃謂孟嘗君曰周最於齊至厚也而齊王逐之而聽親弗相吕禮者欲取秦也齊秦合則親弗與吕禮重矣有用齊秦必輕君君不如急北兵趨趙以和秦魏收周最以厚行且反齊王之信又禁天下之變齊無秦則天下集齐親弗必走則齊王孰與爲其國也

按東周策兩條畧同而親弗作祝弗蘇代應作蘇秦

按齊逐周最，吕禮相齊，是齊秦合，蘇秦那時大概在魏，所以替孟嘗君劃策叫他急北兵趨趙這就逼迫趙國使她與齊合了。

據穰侯傳在昭王十三年但秦紀把吕禮歸秦放在去帝與滅宋之間，那末吕禮相齊大概在此年齊秦稱帝之前

蘇秦自燕之齊見於章華南門齊王曰嘻子之來也秦使魏冉致帝子以

戰國策齊策四　史記田敬仲完世家作蘇代

五國伐秦魏欲和凡爲伐秦者楚也楚策三可見以楚王爲從長是另一事

帛書四説『以求卿與封不中意王爲臣有之兩臣舉天下使臣之封不塹』似蘇秦之封武安君，燕昭王曾出過力的

韓策一五國約而攻秦楚王爲從長不能傷秦兵而留於成皋魏順謂市丘君

楚策一張儀爲秦破從連横説楚王曰……凡天下所信約從親堅者蘇秦封爲武安君而相燕即陰與燕謀破齊共分其地乃佯有罪出走入齊齊王因受而相之居二年而覺齊王大怒車裂蘇秦於市

爲何如對曰……不如聽之以卒秦也勿庸稱也以爲天下秦稱之天下聽之王亦稱之先後之事帝名爲無傷也秦稱之而天下不聽王因勿稱其於以收天下此大資也　蘇秦謂齊王曰齊秦立爲兩帝王以天下爲尊秦乎且尊齊乎王曰尊秦釋帝則天下愛齊乎且愛秦乎王曰愛齊而憎秦兩帝立約伐趙孰與伐宋之利也對曰夫約然與秦爲帝而天下獨尊秦而輕齊齊釋帝則天下愛齊而憎秦伐趙不如伐宋之利故臣願王明釋帝以就天下倍約儐秦勿使爭重而王以其間舉宋

　據此則秦約齊爲兩帝而攻趙，蘇秦的計劃是去帝以就天下而以其間舉宋

齊趙遇於阿王憂之臣與於遇約攻秦去帝雖費毋齊趙之患除羣臣之聰(見帛書四

　按此當是按蘇秦的計劃行事

蘇秦從燕之趙始合從説趙王乃封蘇秦爲武安君飾車百乘黄金千鎰白璧百雙錦繡千純以約諸侯

　按此篇分析當時各國形勢建議六國從親以儐畔秦以及所作從約大都是符合當時形勢的。但在歷史事實上很多錯誤(一)『今奉陽君捐館舍』奉陽君是李兑當時並没有死而且合從攻秦是由

趙策二　史記蘇秦傳作説趙肅侯誤如是肅侯即不能稱王了

續表

	此作僞最明顯 又趙策二張儀 凡大王之所信以爲從者恃蘇秦之計熒惑諸侯以是爲非以非爲是欲反覆齊國而不能自令車裂於齊之市 應依史記列魏前 蘇秦合從最可信的資料 魏策二五國伐秦無功而還章燕齊讎國也秦兄弟之交也合讎國以伐婚姻臣爲之苦矣……以燕伐秦黄帝之所難也而臣以致燕甲而起齊兵矣臣又偏事三晉之吏奉陽君孟嘗君韓呡周最周韓餘爲徒從而下之恐其伐秦之疑也又身自醜於秦扮之請焚天下之秦符者臣也次傳焚符之約者臣也欲使五國約閉秦關者臣也……	李兑和蘇秦薛公聯合搞的(二) 『趙王曰寡人年少莅國之日淺』按此爲趙惠文十一年也似不合事實此疑後人擬作或根據部份材料而加以改竄所以不可盡信。但封蘇秦爲武安君讓他去合從是可信的帛書一所謂『封秦也任秦也比燕於趙令秦與兑』等話可證 蘇秦爲楚(趙)合從説韓王曰乃欲西面事秦稱東藩築帝宫受冠帶祠春秋交臂而服焉 蘇子爲趙合從説魏王今乃有意西面而事秦稱東藩築帝宫受冠帶祠春秋臣竊爲大王媿之……故弊邑趙王使『臣獻愚計奉明約 按説韓魏都提到稱東藩築帝宫顯然是在秦稱西帝之後了史記因把時代移前所以把這些話删掉了 蘇秦爲趙合從説齊宣王 蘇秦爲趙合從説楚威王 按蘇秦合從是有事實的但國策史記所載六篇非原辭,蘇秦本代表燕齊,合從本出李兑,需要特説的只是韓魏罷了。而且實際只是五國楚國並未參加國策史記説他爲從先説燕文侯文侯怎麼稱爲燕王呢。由燕文侯齎蘇秦車馬金帛以至趙那時蘇秦還没有封爲武安君	魏策一　史記蘇秦傳作説魏襄王 按實在魏昭王八年 韓策一　史記蘇秦傳作 説韓宣惠王實是韓釐王戰國策作爲楚當誤史記説「今主君詔以趙王之教」是對的 齊策一　史記蘇秦傳實際此時是齊湣王 楚策一　史記蘇秦傳 楚此時爲襄王

		可是燕王已經稱他爲主君了。這類矛盾都是很明顯的。但是這些作品的時代都在齊湣燕昭時則是無疑的，把它們提前到燕文侯時並不是這些文章的本意	
前二八七 齊湣十四 燕昭二十五 趙惠文十二 魏昭九	奉陽君約魏=王將封其子謂魏王曰王嘗身濟漳朝邯鄲抱葛薛陰成以爲趙養邑而趙無爲王有也王能又封其子問陽姑衣乎臣爲王不取也魏王乃止　魏策三 且王嘗濟於漳而身朝於邯鄲抱陰成負蒿葛薛以爲趙蔽而趙無爲王行也今又以何陽姑密封其子　趙策四 秦取趙梗陽拔魏新垣曲陽之城 趙董叔與魏氏伐宋得河陽於魏 　按趙世家三事均在秦爲西帝的下一年所以列此年 齊湣王告奉陽君 寡人之所爲攻秦者爲梁爲多梁氏留齊兵於觀數月不逆寡人失望一擇齊兵於熒陽成皋數月不從而攻宋再寡人之叫攻宋也請於梁閉關於宋而不許寡人已舉宋講矣乃來爭得三今燕趙之兵皆至矣愈疾攻菑四　見帛書十二 　按齊湣王所説「擇齊兵於熒陽成皋數月不從而攻宋」就指李兑約五國以伐秦無功留天下之兵於成皋以及趙董叔與魏氏伐宋等事	蘇秦自齊獻書於燕王 　按書中説到「齊趙遇於阿臣與遇，約攻秦去帝」又説「之後，秦受兵矣齊趙皆嘗謀」應列此年。但書中未説到合從事未知何故待攷 又按合從似與帛書一相關豈蘇秦被拘在趙，一直到要合從才遣走。但秦使吕禮相齊時蘇秦似應在魏所以能説薛公 又按此書後段言齊王有過辭又説燕王要另用所善似與後奉陽君所説不任蘇秦事也（此在前）待攷 （蘇秦）之齊謂齊王曰臣爲足下謂魏王曰三晉皆有秦患今之攻秦也爲趙也五國伐趙=必亡矣秦逐李兑李兑必死今之伐秦也以救李子之死也今趙留天下之甲於成皋而陰鬻之於秦已講則令秦攻魏以成其私封……王若用所以事趙之半收齊天下有敢謀王者乎……齊爲王之故	帛書四 趙策四　原無人名

續表

續表

以後秦受兵矣齊趙皆嘗謀　見帛書四

按此與趙策一帛二所說「昔者五國之王嘗合橫而謀伐趙參分趙國壤地著之盤盂屬之讎柞五國之兵有日矣齊乃西師以禁秦國使帝廢帝請服反温軹高平於魏反巠分先俞於趙」。可參看即攻秦之役齊國確先出兵燕趙後至加上韓魏即所謂五國伐秦留天下之兵於成皋了。

李兑約五國以伐秦無功，留天下之兵於成皋而陰搆於秦又欲與秦攻魏以解其怨而取封焉魏王不說虛國於燕趙之前用兵於二千里之外故攻城野戰未嘗不爲王先被矢石也得二都割河東盡効之於王自是之後秦攻魏齊甲未嘗不歲至於王之境也……韓呡處於楚去齊三千里王以此疑齊曰有秦陰今王又挾故薛公以爲相善韓徐以爲上交尊虞商以爲大客王固可以反疑齊乎於魏王聽此言也甚詘其欲事王也甚循(其怨於趙)臣請爲王推其怨於趙願王之陰重趙而無使秦之見王之重趙也秦見之且亦重趙……臣故欲王之偏劫天下而皆私甘之也王使臣以韓魏與燕劫趙使丹也甘之以趙劫韓魏使臣也甘之以三晉劫秦使順也甘之以天下劫楚使呡也甘之則天下皆偪秦以事王而不敢相私也交定然後王擇焉

這裏所說魏疑齊有秦陰一說與帛書十二所說「梁氏不恃寡人樹寡人曰齊道楚取秦蘇脩在齊矣」可參看。事實上是兵罷成皋後齊趙魏都在和秦講齊確是經過在楚的韓呡而與秦訂密約的說「之齊謂齊王曰臣爲足下說魏王曰」可見蘇秦先在魏後去齊的

續表

	齊將攻宋而秦陰禁之齊因欲與趙=不聽齊乃令公孫衍說李兑以攻宋而定封焉李兑乃謂齊王曰臣之所以堅三晉以攻秦者非以爲齊得利秦之毀也欲以使攻宋也而宋置太子以爲王下親其上而守堅臣是以欲足下之速歸休士民也今太子走諸善太子者皆有死心若復攻之其國必有亂而太子在外此亦舉宋之時也	臣爲足下使公孫衍說奉陽君曰君之身老矣封不可不早定也爲君慮封莫若於宋他國莫可夫秦人貪韓魏危燕楚辟中山之地薄莫如於陰失今之時不可復得已宋之罪重齊之怒深殘亂宋得大齊定身封此百代之一時也以奉陽君甚食（貪？）之唯得大封齊無大異臣願足下之大發攻宋之舉而無庸致兵姑待已耕以觀奉陽君之應足下也縣陰以甘之循有燕以臨之而臣待忠之封事必大成臣又願足下有地效於襄安君以資臣也足下果殘宋此兩地之時也足下何愛也若足下不得志於宋與國何敢望也足下以此資臣也臣循燕觀趙則足下擊潰而決天下矣	趙策四　原接李兑乃謂齊王曰一章下無人名誤 趙策一齊攻宋奉陽君不欲客謂奉陽君曰君之春秋高矣而封地不定不可不熟圖也秦之貪韓魏危衛楚正中山之地薄宋罪重齊怒深殘伐亂宋定身封德強齊此百代之一時也 與此同 秦策三謂穰侯曰爲君慮封若於除（陰）宋罪重齊怒須殘伐亂宋德強齊定身封此亦百世之時也已 此即上事之誤
	五國伐秦無功罷於成皋趙欲構於秦楚與魏韓將應之秦弗欲	蘇代（秦）謂齊王曰臣以（已）爲足下見奉陽君矣臣謂奉陽君曰天下散而事秦秦必據宋魏冉必妬君之有陰也秦王貪魏冉妬則陰不可得已矣君無構齊必攻宋齊攻宋則楚必攻宋魏必攻宋燕趙助之五國據宋不至一二月陰必得矣得陰而構秦雖有變則君無患矣若不得已而必構則願五國復堅約願得趙足下雄飛與韓氏大吏東免齊王必無召眠也使臣守約若與有倍約者以四國攻之無倍約者而秦侵侵約五國復堅而賓之今韓魏與	趙策四　作蘇代誤

韓㒸獻書於齊曰
秦悔不聽王以先事而後名今秦王請待王以三四年齊不收秦秦焉𠂕(?)晉國齊秦復合使㒸反且復故事秦卬曲盡聽王齊取宋請令楚梁毋敢有尺地於宋盡以爲齊秦取梁之上黨韓梁從以攻趙秦取趙之上地齊取河東趙從秦取韓之上地齊取燕之陽地三晉大破而以(攻)楚取鄢田雲夢齊取東國下蔡使從親之國如帶而絶齊秦雖立百帝天下孰能禁之　帛書十三

齊相疑也若復不堅約而講臣恐與國之大亂也齊秦非復合也必有踦重者矣後合與踦重者皆非趙之利也且天下散而事秦是秦制天下也秦制天下將何以天下爲臣願君之蚤計也天下爭秦有六舉皆不利趙矣……故曰君必無講則陰必得矣奉陽君曰善乃絶和於秦而收齊魏以成取陰

帛書十二

蘇秦自趙獻書齊王曰
臣以令告奉陽君曰寡人之所以有講慮者又寡人之所爲攻秦者爲梁爲多梁氏留齊兵於觀……故天下汹汹然曰寡人將反㒸也寡人無之乃㒸固於齊使人於齊大夫之所而俞語則有之寡人不見使者□大對也寡人有反㒸之慮必先與君謀之寡人入兩使陰成於秦且君嘗曰吾縣免於梁氏□□處已雖韓亦然寡人恐梁氏之棄與國而獨取秦也是以有講慮今曰不與韋非約曰若與楚遇獨□韓梁四遇以約攻秦若楚不遇將與梁王復遇於圍地收秦等遂明攻秦太上破之其次賓之其下完交而□講與國毋相離也此寡人之約也韋非以梁王之令欲以平陵蛇薛以陶封君平陵唯城而已其鄙盡入梁氏矣寡人許之已臣以□奉陽君奉陽君甚悅

此應在帛書十一後詳後

續表

曰王又使周濕長駟重命挩挩也敬受命奉陽君答臣曰荼有私議與國不先反而天下有攻之者雖知不利必據之與國有先反者雖知不利必怨之今齊趙燕循相善也王不棄與國而先取秦不棄荼而反量也王何患於不得所欲梁氏先反齊趙攻梁齊必取大梁以東趙必取河内秦案不約而應王何

患於梁梁韓无變三晉與燕爲王攻秦以便王之攻宋也王何不利焉今王棄三晉而收秦反量也是王破三晉而覆臣天下也天下將入地與重質於秦而獨爲秦臣以怨王臣以爲不利足下願王之完三晉之交與燕也講亦以是疾以取之

蘇秦自趙獻書於齊王

臣既從燕之梁矣臣至趙所聞於韓梁之攻秦無變志矣以雨未得速也

臣之所得於奉陽君者韓梁合趙氏將悉上黨以攻秦奉陽君謂臣楚无秦事不敢與齊遇齊楚果遇是王收秦已其不欲甚欲王之赦梁王而復見之趙氏之慮以爲齊秦復合必爲兩帝以攻趙若出一口若楚遇不必雖必不爲功願王之以毋遇喜奉陽君也臣以足下所與臣約者告燕王臣已好處於齊齊王終臣之身不謀燕臣得用於燕終臣之身不謀齊燕王甚悅其於齊循善事卬曲盡從王王堅三晉亦從

帛書十一

續表

王王取秦楚亦從王然而燕王亦有苦天下惡燕而王信之以齊之事齊也爲盡矣先爲王絶秦質子宧二萬甲自食以攻宋二萬甲自食以攻秦韓梁豈能得此於燕哉盡以爲齊王猶聽惡燕者燕王甚苦之願王之爲臣甚安燕王之心也燕齊循善爲王何患無天下

按此書應在帛書十二前帛書十二所告奉陽君的即此書奉陽君所提出的

蘇秦謂齊王

燕王□於王之不信

已也則有之若慮大惡焉則无之燕大變臣必以死爭之不能必令王先知之必毋聽天下之惡燕交者以臣所……(宋)魯甚惡□臣大□□息士民毋庸發怒於宋魯也爲王不能則完天下之交復與梁王遇□(攻宋)之事士民苟可復用臣必王之无外患也若燕臣必以死必之臣以燕重事齊天下必无敢東涓□□况臣能以天下攻秦疾與秦相萃也而不解王欲復攻宋而復之不而舍之王爲制矣

按此當在帛書十二之後。齊王表示不攻宋之後，合從攻秦大概又積極一下蘇秦從趙國回到齊國時説的。

帛書十

前二八六
秦昭二十一
齊湣十五
燕昭二十六

齊南割楚之淮北西侵三晉欲以并周室爲天子泗上諸侯鄒魯之君皆稱臣諸侯恐懼

齊滅宋宋王偃死於魏温
魏納安邑及河内於秦秦敗韓兵於夏山
趙韓徐攻齊

韓策三　韓珉相齊令吏逐公疇豎大怒於周之留成陽君也謂韓珉曰公以二人者爲賢人也所入之國因用之乎則不如其處小國何也成陽君爲秦去韓公疇豎楚王善之今公因逐之二人者必入秦楚必爲公患且明公之不善於天下天下之不善公者與欲有求於齊者且收之以臨齊而市公

秦策三　五國罷成皋秦王欲爲成陽君求相韓魏韓魏弗聽秦太后爲魏冉謂秦王曰成陽君以王之故窮而居於齊今王見其達而收之亦能翕其心乎王曰未也太后曰窮而不收達而報之恐不爲王用且收成陽君失韓魏之道也

按秦太后説成陽君窮而居於齊而秦昭王要在五國兵罷成皋爲他求相韓魏趙策四説天下爭秦秦王内韓珉於齊内成陽君於魏内魏懷於魏而魏策四説成陽君欲以韓魏聽秦魏王弗利导則成陽君已經做韓相了韓珉大怒於周之留成陽君可能是韓珉入齊時由齊逐出去的。

魏策三　五國伐秦無功而還其後齊欲伐宋而秦禁之齊令宋郭之秦請合而以伐宋秦王許之魏王畏齊秦之合也欲講於秦

（蘇秦）謂魏王曰秦王謂宋郭曰分宋之城服宋之強者六國也乘宋之敝而與王爭得者楚魏也請爲王毋禁楚之伐魏也而王獨舉宋王之伐宋也請剛柔而皆用之如宋者欺之不爲逆者殺之不爲讎者也王無與之講以取地既已得地矣又以力攻之期於啗宋而已矣臣聞此言而竊爲王悲秦且必用此於王矣又必且曰王以求地既已得地又且以力攻王又必謂王曰使王輕齊齊魏之交已醜又且收齊以更索於王秦嘗用此於楚矣又嘗用此於韓矣願王之深計之也秦善魏不可知也已故爲王計大上伐秦其次賓秦其次堅約而詳講與國無相離也秦齊合國不可爲也已王其聽臣必無與講……燕齊讎國也……欲使五國約閉秦至者臣也奉陽君韓餘爲既和矣蘇脩朱嬰既皆陰在邯鄲矣臣又説齊王而往敗之天下共講因使蘇脩游天下之語而以齊爲上交兵請伐魏臣又爭之以死而果西因蘇脩重報臣非不知秦勸之重也然而所以爲之者爲足下也

後文
帛書二十應先於此

續表

秦策一　冷向謂秦王曰向欲以齊事王使攻宋也宋破晉國危安邑王之有也燕趙惡齊秦之合必割地以交於王矣齊必重於王則向之攻宋也且以恐齊而重王
王何惡向之攻宋乎向以王之明爲先知之故不言

按燕策二「秦召燕王章秦欲攻安邑恐齊救之則以宋委於齊曰宋王無道爲木人以寫寡人射其面寡人地絶兵遠不能攻也王苟能破宋有之寡人如自得之已得安邑塞女戟因以破宋爲齊罪」與此可參看

韓策三

韓（齊）人攻宋秦王大怒曰吾愛宋與新城陽晉同也韓珉與我交而攻我甚所愛何也蘇秦爲韓（齊）説秦王曰韓珉之攻宋所以爲王也以韓之強輔之以宋楚魏必恐恐必西面事秦王不折一兵不殺一人無事而割安邑此韓珉之所以禱於秦也秦王曰吾固患韓（齊）之難知一從一横此其説何也對曰天下固令韓（齊）可知也韓（齊）故已攻宋矣其西面事秦以萬乘自輔不西事秦則宋地不安矣中國白頭游敖之士皆積智欲離秦韓（齊）之交伏軾結靷西馳者未有一人言善韓（齊）者也伏軾結靷東馳者未有一人言善秦者也皆不欲韓（齊）秦之合者何也則晉楚智而韓（齊）秦愚也晉楚合必伺韓（齊）秦韓（齊）秦合必圖晉楚請以決事秦王曰善

按此韓字均爲齊史記田敬仲完世家不誤但改爲蘇代

按齊秦合與楚有關魏因怕楚攻魏所以納安邑河内於秦

續表

蘇秦謂齊王曰

臣恐楚王之勤賢之死也王不可以不故辭之臣使蘇厲告楚王曰豎之死非齊之令也泏子之私也殺人之母而不爲其子禮豎之罪固當死宋以淮北與齊講王劫之轂趙信齊不以爲怨反爲王誅趙信以其無禮於王之邊吏也王必毋以豎之私怨敗齊之德前事願王之盡加之於豎也毋與他人矣以安夫薛公之心王尚告臣言曰薛公已就事臣甚善之今爽也強得也皆言王之不信薛公薛公甚懼此不便於事非薛公之信莫能合三晉以攻秦願王之甘之也臣負齊燕以伺薛公薛公必不敢反王薛公有變臣必絶之臣請終事而與王勿計願王之固爲終事也攻秦之事成三晉之交完於齊齊事從橫盡利講而歸亦利圍而勿舍亦利歸息士民而復之使如中山亦利攻秦之事敗三晉之約散而静秦事卬曲盡害是故臣以王令曰薛公驕敬三晉勸之爲一以疾攻秦必破之不然則賓之不則與齊共講欲而復之三晉以王爲愛己忠己今攻秦之兵方始合王又欲得兵以攻平陵是害攻秦也天下之兵皆去秦而反齊爭宋地此其爲朴不難矣願王之毋以此畏三晉也獨以甘楚楚雖毋伐宋宋必聽王已和三晉伐秦=必不敢言救宋

帛書十四

續表

續表

此篇應在《魏策・二一七》前

□弱宋服則王事速決矣夏后堅欲爲先薛公得平陵願王之勿聽也臣欲王以平陵與薛公然而不欲王之无事予之也欲王之縣陰(陶)平陵於薛公奉陽君之上以勉之終事然後予之則王多資矣御事者必曰三晉相堅也而傷秦必以其餘驕王願王之勿聽也三晉伐秦未至舌而王已盡宋息民矣臣保燕而循事王三晉必无變三晉若愿乎王遂役之三晉若不愿乎王收秦而齊其後三晉豈敢爲王驕若三晉相堅也以攻秦案以負王而取秦則臣必先知之王收燕循楚而啗秦以晉國三晉必破是故臣在事中三晉必不敢反臣之所以備患者百餘王苟爲臣安燕王之心而毋聽傷事者之言請毋至三月而王不見王天下之業臣請死臣之出死以要事也非獨以爲王也亦自爲也王以不謀燕爲臣賜臣有以德燕王矣王舉霸王之業而以臣爲三公臣有以矜於世矣是故事苟成臣雖死不醜

(蘇秦)謂燕王曰列在萬乘寄質於齊名卑而權輕奉萬乘助齊伐宋民勞而實費夫以宋加之淮北強萬乘之國也而齊兼之是益齊也九夷方一百里加以魯衛強萬乘之國也而齊兼之是益二齊也夫一齊之強燕猶弗能支今以三齊臨燕其禍必大雖然夫知者之□事因禍而爲福轉敗

帛書二十

而爲功今王若欲因禍而爲福轉敗而爲功則莫若招霸齊而莫之使盟周室而焚秦符曰大上破秦其次必長毖之秦藏毖以待破秦王必患之秦五世伐諸侯今爲齊下秦王之心苟得窮齊不難以國壹棲然則王何不使辯士以若說說秦王曰燕趙破宋肥齊尊之爲之下者燕趙非利之也燕趙弗利而勢爲者以不信秦王也然則王何不使可信者接收燕趙如涇陽君如高陵君先於燕趙曰秦有變因以爲質則燕趙信秦秦爲西帝燕爲北帝趙爲中帝立三帝以令於天下韓魏不聽則秦伐齊不聽則燕趙伐天下孰敢不聽天下服聽因迫韓魏以伐齊曰必反宋歸[illegible]淮北反宋歸楚淮北燕趙之所利也並立三王燕趙之所願也夫實得所利尊得所願燕趙之棄齊釋沙也今不收燕趙齊伯必成諸侯贊齊而王弗從是國伐也諸侯伐齊而王從之是名卑也今收燕趙國安名尊不收燕趙國危而名卑夫去尊安取卑危知者弗爲秦王聞若說必如剌也然則王何不使辯士以如說秦必取齊必伐矣

夫取秦上交也伐齊正利也尊上交務正利聖王之事也

前二八五
秦昭二十二
齊湣十六
燕昭二十七

秦將蒙武攻齊河東拔列城九
秦與趙會中陽。與楚會宛結和親
趙國樂毅將趙秦韓魏燕攻齊取靈丘

(蘇秦)謂齊王曰薛公相齊也伐楚九歲攻秦三年欲以殘宋取淮北宋不殘淮北不得以齊封奉陽君使梁韓皆效地欲以取趙氏趙氏不得身率梁王與成陽君北面而朝奉陽君於邯鄲而趙氏不得王棄薛公身斷事立帝帝立伐秦秦伐謀取趙=得攻宋宋殘是則王之明也雖然願王之察之也是無他故臣之以燕事王循也量謂臣曰……猶量不知變事以攻宋也不然量之所與臣前約者善矣今三晉之敢據薛公與不敢據臣未之識雖使據之臣保燕而事王三晉必不敢變齊燕爲一三晉有變事乃時爲也是故當今之時臣之爲王守燕百他日之節雖然成臣之事者在王之循甘燕也王雖疑燕亦甘之不疑亦甘之王明視天下以有燕而臣不能使王得志於三晉臣亦不足事也(蘇秦)自梁獻書燕王曰

薛公未得所欲於晉國欲齊之先變以謀晉國也臣故令遂恐齊王曰天下不能攻秦□□齊人取秦□□□懼而欲

先天下慮從楚取秦慮反韓量又慮從趙取秦今梁趙韓……薛公徐爲有辭言勸晉國變矣齊先鬻趙以取秦後賣秦以取趙而攻宋今又鬻天下以取秦如是而薛公徐爲不能以天下爲其所欲則天下故不能謀齊

帛書八
西周策史記作蘇代韓慶爲西周謂薛公曰君以齊爲韓魏攻楚九年而取宛葉以北以強韓魏今又攻秦以益之

帛書七

續表

戰國策秦策二
陘山之事章
趙且與秦伐齊齊懼
令田章以陽武合於趙而以順子
爲質
秦益趙甲四萬人以伐齊
蘇代爲齊獻書穰侯當作蘇秦
此當在魏納安邑之後秦將蒙武攻
齊之前
誤抄在十二頁
未滅宋之前已而燕王獻策滅宋之
後蘇秦先寫信給燕王説薛公徐爲
要變隨後從魏跑出來回齊國當時
攻齊以秦趙爲首蘇秦獻書趙王，又
獻書穰侯還派人説起賈都阻止他
們伐齊而秦趙的攻齊也是不很堅
決的燕國最後出面結果長驅直入
則是燕國但燕國敢長驅直入也是
出秦趙的意外的

□□謂起賈曰私心以公爲天下伐齊共約而不同慮齊秦相伐利在晉國齊晉相伐重在秦是以晉國之慮奉秦以重虞秦破齊秦不妒得晉之上也秦食晉以齊毀晉□餘齊不足以爲晉國主矣晉國不敢倍秦伐齊又不敢倍秦收齊秦兩縣齊晉以持大重秦之上也是以秦晉皆俠若計以相伺也……賢者能以重終察以見反故能制天下願御史之孰慮之也且使燕盡陽地以河爲竟秦齊毋敢難矣以燕王之賢伐齊足以刷先王之恥利擅河山之間勢無齊患交以趙爲死友地不與秦壤界燕畢□□之事難聽尊矣趙取濟西以方河東燕趙共相二國爲一與全以臨齊則秦不能與燕趙爭□□□□亡宋得南陽傷於魯北地歸於燕濟西破於趙餘齊弱於晉國爲齊計者不踰強……不合莫尊秦矣魏亡晉國猶重秦也與之攻齊攻齊已魏爲□國……重不在梁西矣一九生於趙毀齊不敢怒魏魏公之魏已楚割淮北以爲下蔡啓所得雖近越實必利郢天下且攻齊且屬從爲傳棼之約終齊事備患於秦是秦重攻齊也國

矣願王之使趙弘急守徐爲令田賢急守薛公非是毋有使於薛公徐之所它人將非之以敗臣毋與奉陽君言事非於齊一言毋舍也事必□□南方強燕毋首又慎毋非令羣臣衆議攻齊齊王以燕爲必待其敝而攻齊未可解也言者以臣□賤而邈於王矣

魏策一　蘇秦拘於魏欲走而之韓魏氏閉關而不通齊使蘇厲爲之謂魏王曰齊請以宋地封涇陽君而秦不受也夫秦非不利有齊而得宋地也然其所以不受者不信齊王與蘇秦也今秦見齊魏之不合也如此其甚也則齊必不欺秦而秦信齊矣齊秦合而涇陽君有宋地則非魏之利也故王不如復東蘇秦秦必疑齊而不聽也夫齊秦不合天下無憂伐齊成則地廣矣

（蘇秦）獻書趙王臣聞甘露降時雨至禾穀豐盈衆人喜之賢君惡之今足下功力非數加於秦也怨竺積怒非深於齊下吏皆以秦爲憂趙而憎齊臣竊觀之秦豈憂趙而憎齊哉欲以亡韓呻兩周故以齊餌天下恐事之不成故出兵以割革趙魏恐天下之疑計故出質以爲信聲德與國實伐鄭韓以秦之計必出於此且說士之計皆曰韓亡參（三）川魏亡晉國市朝未罷禍及於趙且物固有勢異而患同者昔者楚久伐中山亡今燕

燕策一　蘇代過魏魏爲燕執代齊使人謂魏王
末作齊秦不合天下無變伐齊之形成矣於是出蘇代之宋宋善待之

帛書二十一

續表

李向，或是李兑之誤

必慮意齊敗未當於秦心也慮齊齊而從(？)事於□□□與天下交長秦無禍矣天下齊齊不待憂(夏？)近慮周=必半歲上黨寧陽非一舉之事也然則韓一年有餘矣天下休秦兵適敉秦有慮矣非是猶不倍齊也畏齊太甚也公孫鞅之欺魏卬也公孫鞅之罪也身在於秦請以其母質襄疵弗受也魏至今然者襄子之過也今事來矣此齊之以母質之時也而武安君之棄禍存身之夬也

燕策二秦召燕王章説

秦欲攻齊恐天下救之則以齊委於天下曰齊王四與寡人約四欺寡人必率天下以攻寡人者三有齊無秦無齊有秦必伐之必亡之已得宜陽少曲致藺石因以破齊爲天下罪

齊策二　權之難齊燕戰秦使魏冉之趙出兵助燕擊齊薛公使魏處之趙謂李向曰君助燕擊齊齊必急=必以地和於燕而身與趙戰矣然則是君自爲燕東兵爲燕取地也故爲君計者不如按兵勿出齊必緩=必復與燕戰戰而勝兵罷弊趙可取唐曲逆戰而不勝命縣於趙然則吾中立而割窮齊與疲燕也兩國之權歸於君矣

　按權之難三字似誤燕策一的權之難在文公噲子時當時還無魏冉事此當在齊湣王時事

盡齊之河南距沙丘鉅鹿之圉三百里距麇闔北至于□□者千五百里秦盡韓魏之上黨則地與王布屬壤界者七百里秦以強弩坐羊腸之道則地去邯鄲者百二十里秦以三軍攻王之上黨而圍其北則注之西非王之有也今增注茬恒山而守三百里過燕陽曲逆此代馬胡駒不東崙山之玉不出此三寶者或非王之有也今從強秦久伐齊臣恐其禍出於此也且五國之主嘗合衡謀伐趙踈分趙壤箸之盤盂屬之祀譜五國之兵出有日矣齊乃西師以唫強秦使秦廢令踈服而聽，反温軹高平於魏反王公符逾於趙此天下所明知也夫齊之事趙宜正爲上交乃以抵罪取伐臣恐後事王者不敢自必也今王收齊天下必以王爲義矣齊保社稷事王天下必重王然則齊義王以天下就之齊逆王以天下□之是一世之命制於王也臣願王與下吏詳計某言而熟慮之也

續表

秦昭二十三
齊閔十七
燕昭二十八

秦王與魏王會宜陽與韓王會新城
秦尉斯離與三晉燕伐齊破之濟西
燕昭王去趙見趙王趙與韓魏秦共擊齊齊王敗走燕獨深入取臨菑

帛書德論　昔者齊人與燕人戰於北地齊人石勝北地斷而爲燕戰於濟外齊人不勝濟外斷而爲天下戰於邦蒿齊人不勝邦蒿□□不得有大吕鄭勞豈直不得有其大吕鄭勞耳哉不得有其王后豈直不得有其王后耳哉不得其身。

按據此樂毅伐齊經過三個戰役，首先是戰於北地那就是燕策所説晉的一役和陽城及貍的一役燕策二説齊之信燕也至於虛北地行其兵(見帛書五)又燕策一燕王噲既立條説「王因令章子將五都之兵以因北地之衆以伐燕」可見北地是齊的北境黄河以北地區與燕接界的地方。燕兵攻齊北地實際是疑兵，主要決戰地區是在濟外燕和秦趙韓魏的兵都在那裏是主要的一戰齊兵在這裏打敗後秦和三晉的兵就不前進了只有燕軍乘勝長驅直入一直攻破臨菑齊閔王逃去隨後被淖齒所殺因而齊國就一敗塗地幾至亡國

呂氏春秋權勳　昌國君將五國之兵以攻齊齊使觸子將以迎天下之兵於濟上齊王欲戰使人赴觸子恥

蘇代自齊使人謂燕昭王曰臣聞離齊趙齊趙已孤矣王何不出兵以攻齊臣請爲王弱之燕乃伐齊攻晉令人謂閔王曰燕之攻齊也欲以復振古地也燕兵在晉而不進則是兵弱而計疑也王何不令蘇子將而應燕乎夫以蘇子之賢將而應弱燕燕破必矣燕破則趙不敢不聽是王破燕而服趙也閔王曰善乃謂蘇子曰燕兵在晉今寡人發兵應之願子爲寡人爲之將對曰臣之於兵何足以當之王其改舉王使臣也是敗王之兵而以臣遺燕也戰不勝不可振也王曰行寡人知子矣蘇子遂將而與燕人戰於晉下齊軍敗燕得甲首二萬人蘇子收其餘兵以守陽城而報於閔王曰王過舉令臣應燕今軍敗亡二萬人臣有斧質之罪請自歸於吏以戮閔王曰此寡人之過也子無以爲罪明日又使燕攻陽城及貍又使人謂閔王曰日者齊不勝於晉下此非兵之過齊不幸而燕有天幸也今燕又攻陽城及貍是以天幸自爲功也王復使蘇子應之蘇子先敗王之兵其後務以勝報王矣王曰善乃復使蘇子蘇子固辭王不聽遂將以與燕戰於陽城燕人大勝得首三萬齊君臣不親百姓離心燕因使樂毅大起兵伐齊破之

按蘇代當作蘇秦，蘇秦是否曾將

燕策二

續表

續表

而皆之曰不戰必剗若類掘若壟觸子苦之欲齊軍之敗於是以天下兵戰戰合擊金而卻之卒北天下兵乘之觸子因以一乘去莫知其所不聞其聲達子又帥其餘卒以軍於秦周無以賞使人請金於齊王齊王怒曰若殘豎子之類惡能給若金與燕人戰大敗達子死齊王走吕燕人逐北入國相與爭金於美唐甚多

吕氏春秋先識覽

夫五割而與趙悉起而距軍乎濟上未有益也

按五割而與趙是中山的事悉起而距軍乎濟上是齊事。

齊王因爲驕所以要速戰燕軍先示弱這時已經合五國之兵進攻濟西而齊國也已經起全國之兵所以一戰敗就不可收拾了高誘注秦周齊城門名這就是帛書所説戰於邦蒿，蒿讀爲郭秦周當是外郭的城門所以秦周敗後齊王還能以身免

齊策六　齊負郭之民有孤狐咺者正議閔王斮之枟衢百姓不附齊孫室子陳舉直言殺之宗族離心司馬穰苴爲政者也殺之大臣不親以故燕舉兵使昌國君將而擊之齊使向子將而應之齊軍破向子以輿一乘亡達子收餘卒復振與燕戰求所以償者閔王不肯與軍破走王奔莒淖齒數之曰……於是殺閔王於鼓里

此與吕氏春秋畧同僅觸子作向子

過兵是有疑問的但齊燕在北地之戰當是事實説「燕兵在晉而不進則是兵弱而計疑也」可見燕兵是故意示弱的齊閔王因爲破宋而驕一味主戰所以失敗

燕噲立爲王其後齊大夫多與蘇秦爭寵者而使人刺蘇秦不死殊而走齊王使人求賊不得蘇秦且死乃謂齊王曰臣即死車裂臣以徇於市曰蘇秦爲燕作亂於齊如此則臣之賊必得矣於是如其言而殺蘇秦者果自出齊王因而誅之燕聞之曰甚矣齊之爲蘇生報仇也蘇秦既死其事大泄齊後聞之乃恨怒燕燕甚恐

史記蘇秦傳

凡天下所信約從親堅者蘇秦封爲武安君而相燕即陰與燕王謀破齊共分其地乃佯有罪出走入齊齊王因受而相之居二年而覺齊王大怒車裂蘇秦於市夫以一詐僞反覆之蘇秦而欲經營天下混一諸侯其不可成也亦明矣

戰國策楚策一　史記張儀傳

凡大王之所信以爲從者恃蘇秦之計熒惑諸侯以是爲非以非爲是欲反覆齊國而不能自令車裂於齊之市

戰國策趙策二　史記張儀傳

資治通鑑卷四　樂毅并將秦魏韓趙之兵以伐齊齊湣王悉國中之衆以拒之戰於濟西齊師大敗樂毅還秦韓之師分魏師以畧宋地部趙師以收河間身率燕師長驅逐北劇辛曰齊大而燕小賴諸侯之助以破其軍宜及時取其邊城以自益此長久之利也今過而不攻以深入爲名無損於齊無益於燕而結深怨後必悔之樂毅曰齊王伐功矜能謀不逮下廢黜賢良信任諂諛政令戾虐百姓怨懟今軍皆破亡若因而乘之其民必叛禍亂内作則齊可圖也若不遂乘之待彼悔前之非改過恤下而撫其民則難慮也遂進軍深入齊人果大亂失度湣王出走

燕策二樂毅報燕惠王書

臣對曰夫齊霸國之餘教也而驟勝之遺事也閑於兵甲習於戰攻王若欲攻之則必舉天下而圖之舉天下而圖之莫徑於結趙矣且又淮北宋地楚魏之所同願也趙若許約楚魏宋(秦)盡力四國攻之齊可大破也先王曰善臣乃口受令具符節南使臣於趙顧反命起兵隨而攻齊以天之道先王之靈河北之地隨先王舉而有之於濟上濟上之軍奉令擊大勝之輕卒鋭兵長驅至國齊王逃遁走莒僅以身免(史記畧同)

據此也是先攻河北次攻濟西再長驅直入

整理説明：

該稿用圓珠筆寫於五百字稿紙上，每頁横向以紀年，竪向以紀年、記事、考證等，分上下四欄，共七十三頁，裝訂成上下兩册。

從内容上看，本稿也是爲全面研究蘇秦生平所作的資料準備。本稿可能與《蘇秦事蹟考》寫作時間接近，也應寫於一九七四年至一九七五年之間。

（劉　雲）

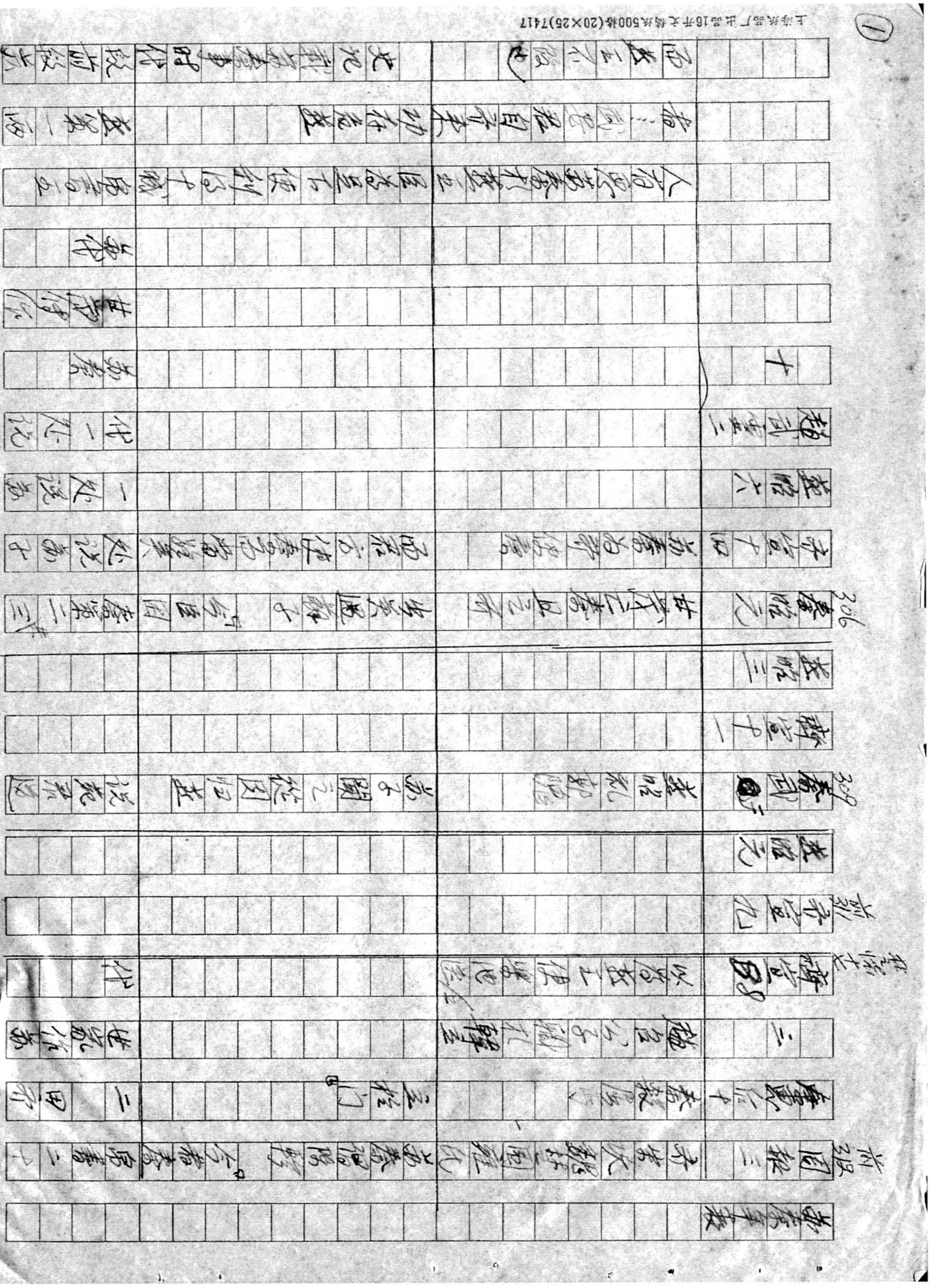

原稿様張一

也是錯的但蘇秦因秦但亡說些
侍趙質子而去齊王後故說他
后来说齐王而秦王又误为苏
质为臣大概是可代
信的 史記蘇秦傳

趙使樓緩之秦仇液
三韓王貴之楚富丁
三魏趙爵之齊 趙
世家

301 秦昭六 秦韓魏齊擊楚
齊宣十九 此時齊秦結合
300 秦昭七 魏冉相
齊湣元 涇陽君質齊
孟嘗君欲入秦 蘇秦止之 齊策三
299 秦昭八 秦留楚懷王
齊湣二 楚王死太子質在齊蘇秦謂薛公曰君何 齊策三
據此楚人猶執扎不出楚太子以市其
齊見楚世家 下東國
涇陽君歸秦
薛文相秦

關於帛書蘇秦書等史料定名的最後意見

此書定名迄有爭論，我意終覺仍叫《戰國策》，是埋没了如此重要資料，殊爲可惜。因爲如故仍用此名，讀者一望名字，就以爲就是劉向所編《戰國策》而不知道這是驚人的鉅大發現了。我所以建議過很多名稱，就由於力圖避免這種印象。

劉向《戰國策書録》説過「所校中《戰國策》書」，這是用他自己所定《戰國策》這個書名而强加於這一類資料。劉向書録的體例有兩種：一種是：

所校中《戰國策》書（見「《戰國策》書録」）

所校讎中《管子》書（「《管子》書録」）

所校讎中《孫卿》書（「《孫卿》書録」）

所校讎中《鄧析》書（「《鄧析》書録」）

所校讎中《子華》書（「《子華》書録，此或是後人依託）

所校讎中《易傳古五子》書（《初學記》二十一引）

又一種是：

所校中書《晏子》（《晏子》書録）

所校中書《列子》（「《列子》書録」）

所校中書《説苑雜事》及臣向書（「《説苑》書録」）

所校中秘書《關尹子》（「《關尹子》書録，此疑依託）

所校讎中《易傳淮南九師道訓》（《初學記》二十一引）

從這兩種體例看來,「中《戰國策》書」一語即是「中書《戰國策》」,劉向本意,並没有《戰國策書》這樣一個公名,如果認爲「戰國策書」可作這一類書的總稱,恐怕是誤會。

「戰國策書」這個名稱恐怕不太合適,凡只有人名的書,而不稱爲「子」的,不妨後面加一個書字,如:《商君書》、《蘇秦書》、《氾勝之書》等,現在既稱爲《戰國策》了,就不應再加「書」字了。而且「策書」在後來是册命之書的專名,可以被誤解爲戰國時的「策書」。第三,這樣就依舊用劉向的名稱《戰國策》,换湯不换藥,反不如不加上這個「書」字,以免誤會。

我已提過很多名稱了,只要有一個更好的名稱,我決不堅執己見(我認爲叫《蘇秦書》是最恰當的,但服從多數,已放棄這個提法)。如果真不能解決,我想不如只用《國策》這個名稱。這個名稱也不大妥當,因爲一則這本書並不分國,二則習慣上大家都把《戰國策》叫做《國策》了。但也有好處,是這是戰國時舊名,表示我們不襲用劉向的名稱。還有,如果冠上帛書兩字,《帛書國策》就更易區别。我想這也許是大家容易接受的吧!

(劉　雲)

整理説明:

此稿用圓珠筆寫於四百字稿紙,共三頁,寫作時間不詳。

关于帛书苏秦书等史料定名的最后意見

此书定名还有争论，我总觉得仍叫《战国策》，是埋没了这些重要资料，殊为可惜。因为如故仍用此名，读者一望名字，就以为就是刘向所编战国策而不知道这是惊人的伟大发現了。我所以建议过很多名称，就由于力图避免这种印象。

刘向《战国策书録》说过"所校中《战国策》书"，这是用他自己所定《战国策》这个书名而险加于这一类资料。刘向书録的体例有两种。一种是：

所校中《战国策》书（见"《战国策》书録"）

所校雠中《管子》书（"《管子》书録"）

所校雠中《孙卿》书（"《孙卿》书録"）

中《邓析》书（"《邓析》书録）

所校雠中《子华》书（"《子华》书録）（此或是后人综记。）

所校雠中《易传古五子》书（《初学记》二十一引）

又一种是：

所校中书《晏子》（《晏子》书録）

北京市电车公司印刷厂出品 七五·八

(1221) 20×20=400

所校中书《列子》（"《列子》书录"）

所校中书《说苑杂事》及臣向书（"《说苑》书录"）

所校中秘书《关尹子》（"《关尹子》书录"，此疑依托）

所校雠中《易传淮南九师道训》（《初学记》二十一引）

从这两种体例看来，"中《战国策》书"一语即是"中书《战国策》"，刘向本意，并没有《战国策书》这样一个公名，如果认为"战国策书"可作这一类书的总称，恐怕是误会。

"战国策书"这个名称恐怕不太合适，凡只有人名的书，而不标为"子"的，不妨后面加一个书字，如：《商君书》、《苏秦书》、《氾胜之书》等，现在既称为《战国策》了，就不应再加"书"字了。而且"策书"在後来是册命之书的专名，可以被误认为战国时的"策书"。第三，这样称依旧用刘向的名称《战国策》，读者不熟悉，反不如不加上这个"书"字，以免误会。

我已提过很多名称了，只要有一个更好的

春秋集語釋文及注釋

一　殺里克章〔一〕

□□□□□殺里克〔二〕，□□曰〔三〕：「君□□□□□□□□□□□□□□□□□□一□□□晉將无□〔四〕□□□者□□□□□□□□□□□□□□□□□□□□二□□□无解，舍□□□幾其後者也。今殺里克，□□□□□□□□□□□三□□□者死，忠者□□□疾之，幾或□之乎？是塞□□□□□□□□□□四□□□□□□□□於□□路（賂）弗予（與），□□□□□□□□□□□□□□五□□□□□□□□□□韓間午（忤）秦〔五〕□□今君將先□。」

〔一〕《春秋》僖公十年（公元前六五〇年）夏，「晉殺其大夫里克」。此章所記當時人的議論，別的古書没有記載過。

〔二〕據《左傳》，晉獻公死於魯僖公九年，當時公子重耳（文公）和夷吾（惠公）都逃亡在外。荀息立公子奚齊，里克把奚齊殺了。荀息又立公子卓，里克把公子卓和荀息都殺了。公子夷吾許給秦國河東五城，許給里克田一百萬畝，丕鄭田七十萬畝，才回到晉國，被立爲晉侯。《晉語》三説「惠公入而背外内之賂」，外指秦國，内指里克、丕鄭，因此以里克殺兩君一大夫爲理由而殺里克。

〔三〕「曰」字上所缺，當是議論此事的人名。

〔四〕「无□」，一説應作「先至」。

〔五〕韓間，人名。《左傳》僖公十五年（即晉惠公六年，前六四五年），晉國和秦國在韓交戰，「晉侯逆秦師，使韓簡視師」。杜預注：「韓萬之孫。」當是晉國的大夫，簡與間通用。

二　燕大夫章〔一〕

燕大夫子□衛（率）帀（師）以御〈禦〉晉人，勝之〔二〕。歸而飲至，而樂〔三〕。其弟子車曰：「□則樂矣，非先王□七勝之樂也。昔者【文王軍】宗，能取而弗威（滅）〔四〕，以申其德也。武王勝殷，登□□□□□□□八□□□□□□□□□□□□□□□□□□□□□□□□□□□□□九□□□非盜夫何以貳□。以小勝大而□□□□□□□□□□□□□□□十□□□生，樂則芒（荒），芒（荒）則□□□憂□□□爲起民之曁也。燕以使人迵（通）言□□□十一□□敗而怒其反惡□□□寇屬惌（怨）之勝憂，□在后□□□而□□□□□□十二□□□君之憂。」処十一月〔五〕，晉人□燕南，大敗【燕人】。

〔一〕此章所記的事，在別的古書里没有記載過。

〔二〕春秋時有兩個燕國：北燕國姬姓，在今北京市附近；南燕國姞姓，在今河南省延津縣東。此處不知指那一個燕國。

〔三〕「飲至」是周代奴隸主貴族帶兵打了勝仗後，回國，在他們祖宗的廟裏舉行的飲酒典禮。《左傳》隱公五年：「三年而治兵，入而振旅，歸而飲至。」

〔四〕宗字與崇字通用。此處指周文王伐崇事。《左傳》僖公十九年説：「文王聞崇德亂而伐之，軍三旬而不降，退修教而復伐之，因壘而降。」

〔五〕処，停留。

三　韓魏章〔一〕

□□□韓魏以□□□□□□陽〔二〕深□□□□□□□□□□□□□□□□□□十四□赫曰〔三〕：「□君□□□□而用之，猶尚莫敢不用，□□□□□□肖（趙）氏□□□□□十五亡，二家之憂也。今□波而報，君弗見，是辱二主□□□□□□子恐兵之環之〔四〕十六而佴（恥）爲人臣，臣恐□□□□□也。今在□□之鄉□□□□□□曰□□□□□十七□□□□弗隨□□□□□□□□□□□□□□□□□□□□□□□□□十八処一於此，難胃（謂）不敢。」韓□□□□□□□，三家爲一，以反知□〔五〕。十九

〔一〕三家反知伯事在周貞定王十六年（公元前四五三年），已是戰國初期。但春秋與戰國斷限，各書不同，如《左傳》和《國語》都一直叙到三家反知伯事。此書所記春秋時事也以此章爲最晚。此所載□赫的議論，也是別的古書没有記載過的。

〔二〕此処當即《戰國策·趙策一》所説「智伯從韓魏兵以攻趙，圍晉陽」事。

〔三〕「赫」字上似是「智」字，所説未詳。「二家」與「二主」均指韓、魏。

〔四〕《帛書》此章十四、十五、十六三行下端「肖氏」等九字與下章二四、二五兩行「以召人」等十三字，是依文義與殘帛形式復原的。

〔五〕知伯本與韓魏圍晉陽，趙襄子使張孟談陰約韓魏，反擊知伯，見《戰國策・趙策一》。

四　魯文公卒章〔一〕

魯文公卒，叔中（仲）惠伯□□□佐之〔二〕。東門襄中（仲）殺適（嫡）而羊（佯）以【君】令（命）召惠【伯】〔三〕，□□□□，二十【其】宰公襄目人〔四〕曰：「入必死。」【惠伯】曰：「入死，死者君令（命）也，其□□〔五〕。」【公】襄負人曰：「□□□二一□□□□劫於禍而□□□能无患，其次□□□□□□□□□□□□□□□二二□□□□□□□也□□□□□□何聽〔六〕。□□□□□□□□□□□□□二三□□之□□□也，非君令（命）也，有子之所以去也。初□□□□□以召人，今禍澫矣〔七〕，二四不與君者，顧賓君令（命）以召子〔八〕，其事惡矣，而□□□□□无□初失備以二五□君，今其謀□□□□□□□□□□□□□□□□□□□□□□□□二六入，東門襄【仲】殺而貍（埋）□□□□中〔九〕。二七

〔一〕此章事見《左傳》文公十八年（公元前六〇九年）和《史記・魯世家》，但較詳。

〔二〕叔仲惠伯是魯國宗族，魯桓公的曾孫。魯文公死後，東門襄仲要立宣公，叔仲惠伯不同意，立文公嫡子惡而佐之。

〔三〕東門襄仲是魯莊公的兒子。據《左傳》，他在取得齊國同意後，「殺惡及視而立宣公」。又説：「仲以君命召惠伯。」此章説「佯以君命」，當指假託叔仲所立的君的命。

〔四〕《左傳》作「其宰公冉務人止之」，此作「公襄目人」，後文「目」作「負」，「目」、「負」與「務」並音近。

〔五〕《左傳》作「叔仲曰：『死君命，可也。』」

〔六〕《左傳》作「公冉務人曰：『若君命，可死。非君命，何聽。』」只有十個字。此書所記公襄負人的話較詳，當有一百五六十字。

〔七〕「澫」疑是「滿」字。

〔八〕「賓」疑是「寘」的誤字。此處當利用講。

〔九〕從足旁的字似是「路」字。《左傳》此處作「弗聽。乃入。殺而埋之馬矢之中」。

五　晉獻公欲得隋會章〔一〕

・晉獻公欲得隨會也〔二〕，魏州餘請召之〔三〕。乃令君羊（佯）囚己，斬桎堬（踰）□□□□□□□〔四〕。二八曉朝曰〔五〕：「魏

州餘來也，台（殆）□□隨會也，君弗□也〔六〕。」𥞍（魏）【州】餘果與隨會出〔七〕，曉朝鏳〈贈〉之以【策】〔八〕，二九曰：「□□吾鏳（贈）子，子毋以秦□□人，吾謀實不用〔九〕□□□□吏□□聞之【曰】〔一〇〕：「□□三十□□□贈□□□□□□□□□□魏州餘□□□□□□□□□三一□□□□□□□□矣果□不□□是以二【子】弗知畏難而□□□晉邦□□三二□□謀而曉朝得之，椁其心也〔一一〕。二子畏其後事，必謀危之。」□□會〔一二〕果使偞（諜）𩴾（讒）之曰：三三「是知餘事，將因我于晉。」秦大夫信之，君殺曉朝〔一三〕。三四

〔一〕此章事見《左傳》文公十三年（公元前六一四年），此所記有些不同。評論者的話是別書所没有的。

〔二〕此在晉靈公七年，作晉獻公，誤。據《左傳》，隨會在晉靈公元年奔秦。由於秦國用隨會，晉國人覺得不安，此時六卿相見，提出這個問題，並不由於晉君。此時晉靈公也還年幼。當是傳聞之異。隨會即士會，後來又叫范武子。

〔三〕州餘是魏邑的大夫。《左傳》作「魏壽餘」，《史記・秦本紀》作「魏讎餘」，州、壽和讎，並音近通用。據《左傳》是郤缺向趙盾提出召回隨會，「乃使魏壽餘僞以魏叛者，以誘士會」。此説「魏州餘請召之」，也不同。

〔四〕桎是拘束兩足的刑具，此處文有殘缺，當是弄斷脚上的刑具，踰墻逃走的意思。《左傳》作「執其帑於晉，使夜逸，請自歸於秦，秦伯許之」。

〔五〕《左傳》作「繞朝」，曉與繞俱從堯聲，通用。

〔六〕《左傳》没有記繞朝反對的話。

〔七〕《左傳》所記較詳，附録於下：

履士會之足於朝。秦伯師於河，魏人在東。壽餘曰：「請東人之能與夫二三有司言者，吾與之先。」使士會。士會辭曰：「晉人虎狼也，若背其言，臣死，妻子爲戮，無益於君，不可悔也。」秦伯曰：「若背其言，所不歸爾帑者，有如河。」乃行。

〔八〕《説文》「策，馬箠也」，帶刺的馬鞭子。

〔九〕《左傳》作「曰：『子無謂秦無人，吾謀適不用也。』」此下，《左傳》還有「既濟，魏人譟而還，秦人歸其帑」等話。

〔一〇〕「聞之」上當是評論者之名。

〔一一〕椁，忖度。

〔一二〕上面説「二子」，這裏應兼指州餘和隨會。

〔一三〕這一段是《左傳》沒有的。《韓非子·説難》説：「故繞朝之言當矣，其爲聖人於晉而爲戮於秦也。」與此合。有人以爲《左傳》本於晉史而《韓非子》本於秦史。

六　伯有章〔一〕

□□伯有□□□□□□□□□□□□□□□□□□□□□三五是殺我也。遂弗聽〔二〕。伯有亦弗芒〔三〕，自歸其□，□有閉室，縣（懸）鐘而長飲酉（酒）〔四〕。閔子【辛聞之】三六曰：【伯】有必及矣。吾聞之，□□事君无罪，禮下无窓（怨），議賢讓能，同立（位）之人，弗與□□三七德守也。其次明備以候適（敵），□□□有窓（怨）而使公子往，是以同立（位）之人鮮〈解〉邦惡也。□⿰犭曾□三八□□□也。令有不行而□□□咎君□□□□□□□□□□□□□縣（懸）鐘而長三九飲酉（酒），是怒其心而楷（藉）之間〔五〕，非□也。三者皆失而弗知畏，□□□□□□□□□□【伯】四十有，而使【子】産相〔六〕。四一

〔一〕此章事見《左傳》襄公二十九年及三十年（公元前五四四年及次年），此記事比《左傳》簡而有閔子辛的議論。

〔二〕伯有是鄭國的大夫良霄，鄭穆公的曾孫，此時是鄭國的執政。此章第一行殘缺，《左傳》襄公二十九年所記較詳，附録於下：

鄭伯有使公孫黑如楚。辭曰：「楚鄭方惡而使余往，是殺余也。」伯有曰：「世行也。」子皙（即公孫黑）曰：「可則往，難則已，何世之有。」伯有將強使之。子皙怒，將伐伯有氏，大夫和之。十二月己巳，鄭大夫盟於伯有氏。

〔三〕「芒」疑當讀爲「⿰亡攵」，《説文》：「撫也。」是説伯有不安撫公孫黑。一説：「芒」即「茫」，《方言》二「遽也」，「不芒」是不慌不忙的意思。

〔四〕此文較簡。《左傳》襄公三十年説：

鄭伯有耆酒，爲窟室而夜飲酒，擊鐘焉。朝至，未已。朝者曰：「公焉在？」曰：「吾公在壑谷。」皆自朝布路而罷。既而朝，則又將使子皙如楚。歸而飲酒。

〔五〕藉通借。間，可乘之間隙。「藉之間」是給人以機會。

〔六〕子産即公孫僑，鄭穆公之孫。據《左傳》，子晳伐伯有，伯有奔許，由許反攻鄭國，死於羊肆。這時子皮執政，授子産政。

七　齊桓公與蔡夫人乘舟章〔一〕

·齊亘（桓）公與蔡夫人乘周（舟），夫人湯（盪）周（舟），禁之，不可，怒而歸之，未之絶，蔡人嫁之〔二〕。士説曰：「蔡其亡乎。四二 夫女制不逆夫，天之道也。事大不報怒，小之利也。説之□小邦□大邦之□亡將□□四三 □則□□□是故養之以□好，申之以子□，重以□□□□□□□□□□□□四四 □□今蔡之女齊也〔三〕，爲□以爲此，今聽女辭而嫁之，以絶齊，是□惌（怨）以□也。□□□□四五 □惡角矣。而力□□□□乎。」亘（桓）公衛（率）帀（師）以侵蔡，蔡人遂潰〔四〕。四六

〔一〕此章事見《左傳》僖公三年及四年（公元前六五七年及次年）。《左傳》只有敘事，没有士説的議論。

〔二〕《左傳》僖公三年説：

齊侯與蔡姬乘舟於囿，蕩公。公懼，變色，禁之，不可。公怒，歸之，未之絶也。蔡人嫁之。

此作「夫人蕩公」，與《韓非子·外儲説》左上所記同。

〔三〕「女齊」，把女兒嫁到齊國去。

〔四〕《左傳》僖公四年作「齊侯以諸侯之師侵蔡，蔡潰」。

八　晉獻公欲襲虢章〔一〕

·晉獻公欲襲郭（虢）〔二〕，□叔□【曰】〔三〕：「君胡【不以】屈産之乘與垂革璧假道於虞〔四〕。」公曰：「是吾保（寶）【也】四七 且宮之柯在焉，何益〔五〕。」對曰：□□□□□□□□□□宮之柯卑□□□□□□□□四八 且少長於君前，其埶（勢）有（又）庳（卑）。夫立（位）下而心需（懦）□□□也不敢盡而□□□□□□□□四九 □其達不見薦言，是不見亡之在一邦之後，而卷（眷）在耳目之前〔六〕，夫□□□□□□□□□五十 果以假道焉。宮之柯□曰：「不可。夫晉之使者敝（幣）重而辭庳（卑）〔七〕，□□□□□□□□□五一 □□□□有□□□□。」【弗】聽，遂受其□而假之道〔八〕。獻公之帀（師）襲郭

（虢）環（還），遂□【虞】[九]。五二

[一]此章事見《左傳》、《公羊傳》和《穀梁傳》的僖公二年（公元前六五八年）。但文與《穀梁傳》最相近。

[二]郭與虢音近通用。《公羊傳》作「郭」，與此同。《左傳》、《穀梁傳》均作「虢」。

[三]「叔」上一字當是「荀」字，荀叔即荀息，見《左傳》僖公九年。此假道於虞一事的策劃者，各書均作「荀息」。

[四]屈乘，屈地所産的馬四匹。垂革，地名，革通棘，各書均作垂棘之璧。

[五]宮之柯，虞國大夫。柯，各書均作「奇」，兩字均從可聲，通也。此節《左傳》作「公曰：『是吾寶也。』對曰：『若得道於虞，猶外府也。』公曰：『宮之奇存焉。』」。

[六]卷通眷，眷戀。此節帛書殘缺。《穀梁傳》説：「荀息曰：『宮之奇之爲人也，達心而愞（懦），又少長於君。達心則其言略；愞（懦）則不能彊諫；少長於君則君輕之。且夫玩好在耳目之前而患在一國之後，此中知以上乃能慮之。臣料虞君，中知以下也。』」清王引之《經義述聞》説《穀梁傳》「之後」二字是衍文，「蓋後人增之，不可通」。據此書則二字並非衍文，王説是錯誤的。

[七]《穀梁傳》作「宮之奇諫曰：『晉國之使者，其辭卑而幣重，必不便於虞。』」

[八]《穀梁傳》作「虞公弗聽，遂受其幣而借之道」。

[九]《左傳》説，曾兩次假道，與此書及《公羊傳》、《穀梁傳》均不同。

九　衛獻公出亡章[一]

·衛獻公出亡[二]，公子浮□□[三]【寧】召子在立（位）[四]。獻公使公子段胃（謂）寧召子[五]，曰：「后（苟）入我，□正（政）必【寧】五三氏之門出，蔡（祭）則我也[六]。」右□□曰[七]：「不可。夫子失德以亡，□亡而不茈（改），其德惡矣。惡德者五四難以責。吾子試□□，且□□以義也。聞路（賂）而起之，雖入不爲德。是權近斂以幾五五遠福[八]，福有不必，難而不義，□爲勉者，復將惡之。且□所鄉□□□將□□□□五六其心逆矣。知者弗親，仁者弗貞，負路（賂）以塞後憂□之□□□□□□□□五七功大矣而不賞，卒必畏之。亡者欲傳美，將以疑君；居者疾其功，必傷以傅君。□五八入而勒正，能反邦者弗與治，是以勞著惡也，必有後患[九]。」寧召子弗聽[一〇]，遂伐□五九□□君浮，而入□□[一一]□□□□□餘伐【寧】召子而伓之朝[一二]。公曰：大（太）叔儀□□六十□□□□不貳，以爲【卿】[一三]六一

〔一〕此章事見《左傳》襄公二十六年及二十七年（公元前五四七年及次年），此所記議論較詳。
〔二〕衛獻公出亡事見《左傳》襄公十四年（公元前五五九年）。
〔三〕《左傳》襄公十四年作「衛人立公孫剽」。《漢書・古今人表》作「衛殤公焱」（當作猋），剽及猋並與浮（讀如殍）音同。《史記・衛世家》作「秋」，亦音近通用。《史記・十二諸侯年表》作「狄」，當是「秋」字之誤。《吕氏春秋・慎小》誤作「公子黚」。
〔四〕寧召子即甯喜，此時在衛國當權。召，《左傳》作「悼」，音近通用。
〔五〕公子段，《左傳》和《公羊傳》作「公子鱄」，《穀梁傳》作「專」，段與鱄、專並音近通用。
〔六〕《左傳》作「以公命與甯喜言曰：『苟反，政由甯氏，祭則寡人。』」。
〔七〕據《左傳》是右宰穀。
〔八〕幾，祈求。
〔九〕《左傳》作「告右宰穀。右宰穀曰：『不可，獲罪於兩君，天下誰畜之。』悼子曰：『吾受命於先人，不可以貳。』穀曰：『我請使焉而觀之。』遂見公于夷儀。反，曰：『君淹恤在外，十二年矣，而無憂色，亦無寬言，猶夫人也。若不已，死無日矣。』」。
〔一〇〕《左傳》作「悼子曰：『雖然，弗可以已。』」。
〔一一〕「而入」下疑當有「獻公」二字。《左傳》作「二月庚寅，甯喜、右宰穀伐孫氏，不克。伯國傷。甯子出舍於郊。伯國死，孫氏夜哭，國人召甯子。甯子復攻孫氏，克之。辛卯，殺子叔及太子角。……甲午，衛侯入。」子叔即君浮。
〔一二〕據《左傳》伐甯喜的是公孫免餘。俆當讀如尸，《左傳》作「殺甯喜及右宰穀，尸諸朝」。
〔一三〕《左傳》記獻公使公孫免餘爲卿，「辭曰：『太叔儀不貳，能贊大事，君其命之。』乃使文子爲卿」。

十　吴人會諸侯章〔一〕

【吴】人會諸侯，衛〈衛〉君【後】，□吴人止之。子贛見大（太）寧〈宰〉喜，語及衛〈衛〉故〔二〕。大（太）寧〈宰〉喜曰：「其來後，六二是以止之。」子贛（貢）曰：「衛〈衛〉君之【來】，必謀其大夫，或欲，或不欲，是以後。欲其來者子之黨也，不六三欲其來者子之壽（讎）也。今止【衛】君，是隨（墮）黨而禀（崇）壽（讎）也。且會諸【侯】而止衛〈衛〉君，誰則六四不思（懼），隨（墮）黨禀（崇）壽（讎），以思（懼）諸侯，難以霸矣〔三〕。」吴人乃□之〔四〕。六五

〔一〕此章事見《左傳》哀公十二年（公元前四八三年）。

〔二〕太宰，官名。據《左傳》，是子服景伯使子貢去見太宰嚭。《論衡·逢遇》説「伍員、帛喜俱事夫差」，帛（伯）喜即太宰嚭，與此書合。

〔三〕《左傳》作「子貢曰：『衛君之來，必謀於其衆。其衆或欲或否，是以緩來。其欲來者，子之黨也；其不欲來者，子之讎也。若執衛君，是墮黨而崇讎也。夫墮子者得其志矣。且合諸侯而執衛君，誰敢不懼。墮黨崇讎而懼諸侯，或者難以霸乎』」。

〔四〕《左傳》作「太宰嚭説，乃舍衛侯」。

十一　魯桓公少章〔一〕

·魯亘（桓）公少，隱公立以奉孤〔二〕。公子筆〔三〕胃（謂）隱公曰：「胡不代之。」隱公弗聽，亦弗罪〔四〕。閔六六子辛聞之曰：「□□隱公。夫奉孤以君令者，百圖之召也。長將畏其威，次職其□。六七其□有□□□□□□□夫奉孤者□素以暴忠□伐以□□□愢（懼）□六八□□□有姦心而□□□正也害君耳聞□□心不怒□志也。事□□□疾□六九□性而素不匡，非備也。□□□之，其能久作人命，卒必雋（詐）之。」亘（桓）公長，公【子筆】果以其七十言雋（詐）之。公使人戏（攻）隱公□□蚤〔五〕。七一

〔一〕此章事見《左傳》隱公初及隱公十一年（公元前七一二年），也見《公羊傳》隱公四年。但閔子辛的評論爲各書所無。

〔二〕孤指年幼無父。《左傳》在隱公元年前説：魯惠公的夫人仲子，「生桓公而惠公薨，是以隱公立而奉之」。正義引賈逵注：「隱立桓爲太子，奉以爲君。」

〔三〕筆，《左傳》、《公羊傳》和《穀梁傳》均作「翬」，《史記·魯世家》作「揮」，並同音通用。翬又名羽父。

〔四〕《左傳》説：「羽父請殺桓公，將以求太宰。公曰：『爲其少故也，吾將授之矣。使營菟裘，吾將老焉。』」

〔五〕蚤音父，疑是社圃之圃的同音通用字。《左傳》説：「羽父懼，反譖公於桓公而請弒之。……十一月，公祭鍾巫，齊（齋）于社圃，館于寫氏。壬辰，羽父使賊弒公于寫氏。」寫氏是住在社圃一帶的奴隸主貴族。

十二　長萬宋之第士章〔一〕

·長萬宋之第士也〔二〕。君吏（使）爲□。及魯宋戰，長【萬】□止焉〔三〕。君使人請之來而戲之〔四〕，【曰：「始】七二吾敬子，今子魯之囚也，吾不敬子矣〔五〕。」長萬病之。因田□□〔六〕□□□□□曰〔七〕：「□□□□□□七三夫君者臣之所爲容也。朝夕自孱〔八〕，日以有幾也。是故君人者，刑之所不及，弗昔（措）於心；【伐之】七四所未加，弗見於色；故刑伐已加而亂心

不生。今罪而弗誅，恥而近之，是絶其幾而臽（陷）之深七五□□□何□丘之聞之也。□□□□□□□於君，君鮮不害矣。」

〔一〕・魯亘公少隱公立以奉孤七六公子筆胃隱公曰胡不□□公弗聽亦弗罪閔子辛聞〔九〕七七

〔一〕此章事見《左傳》莊公十一年及十二年（公元前六八三年及次年），也見《公羊傳》。或人的評論爲各書所無。

〔二〕茀字疑與夷字通，夷士是平常的士。《穀梁傳》說：「宋萬，宋之卑者也。」

〔三〕止，被拘。《公羊傳》說：「萬嘗與莊公戰，獲乎莊公。莊公歸，散舍諸宮中。」

〔四〕《左傳》作「宋公靳之」，杜預注：「戲而相愧。」

〔五〕《左傳》畧同。《公羊傳》說：「歸反，爲大夫於宋。與閔公博，婦人皆在側。萬曰：『甚矣，魯侯之淑，魯侯之美也。天下諸侯宜爲君者唯魯侯爾。』閔公矜此婦人，妒其言，顧曰：『此虜也。爾虜也故。魯侯之美惡乎至。』」

〔六〕《左傳》在莊公十一年說「病之」，十二年說：「宋萬弑閔公于蒙澤。」是戲言在前，殺公在後，非同時事，此書當同。《公羊傳》則是閔公妒長萬的話而對他侮辱，所以接着就說「萬怒，搏閔公，絶其脰」。《史記・宋世家》說：「十一年秋，湣（閔）公與南宮萬獵，因博爭行，湣公怒，辱之，曰：『始吾敬若，今若魯虜也。』萬有力，病此言，遂以局殺湣公于蒙澤。」並與此書畧有不同。

〔七〕此下當是評論者的話。

〔八〕孱音柴，謹愼。

〔九〕此處是抄書者誤重抄十一章。

十三　宋荆戰泓水之上章〔一〕

宋荆戰弘（泓）水之上〔二〕，宋人□□陳（陣）矣，荆人未濟〔三〕。宋司馬請曰〔四〕：「宋人寡而荆人衆，及未濟，七八擊之，可破也。」宋君曰：「吾聞【之】，君子不擊不成之列，不童（重）傷，不禽（擒）二毛〔五〕。」士匽爲魯君七九槀（犒）師，曰：「宋必敗。吾聞之，兵□三，用不當名則不克。邦治適（敵）亂，兵之所迹〈迹〉也。小邦□八十大邦，邪以勢之〔六〕兵之所□也。諸侯失禮，天子誅之，兵□□也。故□□□□□□□八一於百姓，上下無卻〔七〕然後可以濟。伐，深入多殺者爲上，所以除害也。今宋用兵而不□，八二見間而弗從，非德伐回〔八〕，陳（陣）何爲。且宋君不佴（恥）不全宋人之腹脛（頸），而佴（恥）不全荆陳（陣）八三之義〔九〕，逆矣。以逆使民，其何以濟之。」戰而宋人果大敗。八四

〔一〕此章事見《左傳》僖公二十二年（公元前六三八年），也見《公羊傳》和《穀梁傳》，但士匽的評論爲各書所無。
〔二〕荆即楚。泓水在今河南省柘城縣境。
〔三〕《左傳》作「宋公及楚人戰於泓，宋人既成列，楚人未既濟」。
〔四〕《左傳》作「大司馬固」。按《國語・晉語》四説：「公子重耳過宋，與司馬公孫固相善。」韋昭注：「固，宋莊公之孫大司馬固也。」後宋成公時，公孫固是宋國執政。《穀梁傳》作「司馬子反」，當有誤字。《韓非子・外儲説左上》作「右司馬購」，固、購音近，《史記・宋世家》誤作「目夷」。按公子目夷官左師，不官司馬。
〔五〕《左傳》作：「司馬曰：『彼衆我寡，及其未既濟也，請擊之。』公曰：『不可。』既濟而未成列，又以告。公曰：『未可。』既陳而後擊之。宋師敗績，公傷股，門官殲焉。國人皆咎公。公曰：『君子不重傷，不禽二毛。古之爲軍也，不以阻隘也。寡人雖亡國之餘，不鼓不成列。』」
〔六〕蒡，割裂。
〔七〕郤與隙字通，間隙。
〔八〕回，邪。不正。
〔九〕《韓非子・外儲説》：「襄公曰：『寡人聞君子曰：不重傷，不擒二毛，不推人於險，不迫人於阨，不鼓不成列。今楚未濟而擊之，害義。請使楚人畢涉成陳而後鼓士進之。』右司馬曰：『君不愛宋民腹心不完，特爲義耳。』」與此書畧同。

十四　吳伐越章〔一〕

吳伐越，復其民。以歸，弗復□□刑之，使守布周（舟）〔二〕。紀譆曰〔三〕：「刑不咎〔四〕，使守布周（舟），游（留）其八五禍也。刑人佴（恥）刑而哀不辜，□窓（怨）以司（伺）間，千萬，必有幸矣。」吳子餘蔡觀周（舟），閩（閽）人殺之〔五〕。八六

〔一〕此章事見《左傳》襄公二十九年（公元前五四四年）。《左傳》無評論。
〔二〕布，排列。《左傳》作「吳人伐越，獲俘焉。以爲閽，使守舟。」
〔三〕譆音曹，見《集韻》。紀譆，人名，未詳。
〔四〕咎疑與𢍰（㷠）字同，讀如慎，《説文》慎，古文作「昚」。刑不慎，是用刑不當。
〔五〕閽，守門人。《左傳》作「吳子餘祭觀舟，閽以刀弒之」。

十五　魯莊公有疾章〔一〕

魯壯（莊）公有疾，訊公子牙曰：「吾將誰以？」□子對曰：「慶父財（才）〔二〕。」訊公子侑〔三〕，對曰：「臣以死奉煩也〔四〕。」五月，八七公薨〔五〕，子煩即立（位），公子慶父殺子煩而立公子啓方〔六〕。君召，公子侑俱入〔七〕。閔子辛聞之，曰：「君以八八逆德入，怠（殆）有後患。夫共中（仲）䭾（圉）人騅〔八〕旅其秩〈抶〉〔九〕以犯尚民之衆，殺子煩而立君，除君惌（怨）也。今【召】八九而公子侑俱人〈入〉，不惌（怨）也。若不惌（怨）惌（怨）則德无事矣。爲其親則德爲柰矣。二子之襲失量於九十君□於諸毋（悔）德雋惌（怨），何叚（瑕）之不圖。」処二年，共中（仲）使卜奇賊閔公于武諱〔一〇〕。九一

〔一〕此章事見《左傳》莊公三十二年至閔公二年（公元前六六二—前六六〇年）。閔子辛的評論，爲各書所無。

〔二〕公子牙是莊公弟叔牙。「以」字和「與」字通用，説莊公死後將由誰繼承。《左傳》作「公疾，問後於叔牙，對曰：『慶父材。』」，慶父是莊公次弟，叔牙兄。

〔三〕公子侑，《左傳》作「季友」，是莊公最小的弟。

〔四〕煩，《左傳》作「般」，《史記・魯世家》作「斑」，並音近通用。

〔五〕《左傳》作「八月癸亥，公薨于路寢」。

〔六〕《經典釋文・春秋左氏音義》説：「閔公名啓方。」《漢書・古今人表》作「魯閔公啓」，脱「方」字。《史記・魯世家》作「開」，《索隱》説是避漢景帝諱。

〔七〕據《左傳》，子般（煩）被殺後，季友奔陳。同時，「公子慶父如齊」（見《春秋》）。《左傳》閔公元年秋八月：「公及齊侯盟於落姑，請復季友也。齊侯許之。使召諸陳，公次于郎以待之。」《春秋》則在「季子來歸」後，説：「冬，齊仲孫來。」《公羊傳》説：「齊仲孫者何？公子慶父也。」《穀梁傳》畧同。此書説「君召，公子侑俱入」，即指把慶父和公子侑都召還魯國。《左傳》説齊仲孫是齊國派仲孫湫到魯國省難，與此不同。

〔八〕共仲就是慶父。圉人是養馬的奴隸。騅是圉人的名，《左傳》作「犖」。《公羊傳》作「鄧扈樂」，鄧應是姓，圉和扈聲近，犖和樂、騅也聲近，並通用。據《左傳》，圉人犖在莊公時曾因調戲女公子而爲子般（煩）所鞭，所以慶父使他去殺子般。「共仲」下似有脱字。

〔九〕旅與慮通，懷念。抶，《説文》：「笞擊也。」此處指圉人騅因被鞭笞而懷恨。

〔一〇〕《左傳》閔公二年「秋八月辛丑，共仲使卜齮賊公于武闈」。奇與齮，諱與闈，並同音通用。

十六　魯桓公與文姜會齊侯于樂章〔一〕

魯亘（桓）公與文羌（姜）會齊侯于樂〔二〕。文羌（姜）迵（通）于齊侯，亘（桓）公以訾文羌（姜），文羌（姜）以告齊侯。齊侯

使公子彭九二生載，公薨於車〔三〕。醫寧曰〔四〕：「吾聞之，賢者死忠以辱尤而百姓愚焉〔五〕。知（智）者痯李（理）長【慮】九三而身得比（庇）馬（焉）〔六〕。今彭生近君，□无盡言，容行阿君〔七〕，使吾失親戚之〔八〕，有（又）勒（力）成吾君之過，以九四□二邦之惡，彭生其不免【乎】，禍李（理）屬焉。君以怒遂禍，不畏惡也。親間容昏生□九五无匿（慝）也〔九〕。幾（豈）【及】彭生而能貞（正）之乎。魯若有誅，彭生必爲說。魯人請曰：「寡君來勒〈勤〉【舊】九六好，禮成而不反（返），惡【於】諸侯，无所歸窓（怨）。」齊侯果殺彭生以說（悅）魯〔一〇〕。九七

〔一〕此章事見《左傳》桓公十八年（公元前六五四年）及《管子·大匡》。醫寧評論語與《管子》畧同。

〔二〕《左傳》作「公會齊侯于濼，遂及文姜如齊」。濼即濼水，即今山東省濟南市北的小清河。

〔三〕訾，譴責。《管子》作「文姜通於齊侯，桓公聞，責文姜，文姜告齊侯。齊侯怒，饗公，使公子彭生乘魯侯脅之，公薨於車」，是把肋骨弄折致死。

〔四〕醫寧當是齊國人，《管子》作「豎曼」。

〔五〕辱尤，《管子》作「振疑」。

〔六〕痯通置，樹立。痯理，根據理。《管子》作「究理」。

〔七〕容行，隨人行動。《管子》作「詇行」。

〔八〕《管子》作「使我君失親戚之禮命」，此書「之」字下有脱畧。

〔九〕《管子》作「親聞容昏生無醜也」。

〔一〇〕歸怨，《管子》誤作「歸死」。《左傳》作「魯人告於齊，曰：『寡君畏君之威，不敢寧居，來修舊好。禮成而不反，無所歸咎，惡於諸侯，請以彭生除之。』齊人殺彭生」。

整理說明：

此稿用圓珠筆寫於四百字稿紙上，其内容與《文物》一九七七年第一期發表的《馬王堆漢墓帛書（叁）·春秋事語釋文》基本相同。此稿應寫於一九七六年下半年。

（劉　雲）

春秋事語釋文及注釋　定稿

一　殺里克章〔注一〕

□□□□□殺里克〔注二〕，□□曰〔注三〕：「君□□□□□□□□□□□□□□□□□一□□□晉將无□〔注四□□者□□□□□□□□□□□□□□□□□□□二□□□无解，告□□□綫其後者也。今殺里克，□□□□□□□□□□□三□□□□者死，忠者□□□疾之，綫，戉□之乎？是塞□□□□□□□□□四□□□□□□□□於□□路（賂）弗予（與），□□□□□□□□□□□□□□□五□□□□□□□□□□韓簡午（忤）秦〔注五〕□□今君將先□。」

注一　《春秋》僖公十年（公元前六五〇年）「夏，晉殺其大夫里克。」此章所記當時人的議論，別的古書沒有記載過。

注二　据《左傳》晉獻公死于魯僖公九年，當時公子重耳（文公）和夷吾（惠公）都逃亡在外。荀息立公子奚齊，里克把奚齊殺了。荀息又立公子卓，里克把公子卓和荀息都殺了。公子夷吾許給秦国河東五城，許給里克田一百事说，至郑国七十多岁，才回到晋国，被立为晋侯。《晋语》三说："惠公入而背外内之赂。"外指秦国，内指里克、丕郑，因此以里克被杀的那一大夫，为理由而杀里克。

注三　曰字上所载，当是议论此事的人。

注四　无口，一说应作无正。

注五　韩简人名。《左传》僖公十五年（即晋惠公六年，前六四五年），晋国和秦国在韩交战，"晋侯步秦师，使韩简视师。"杜预注："韩，晋之韩。"当是晋国的大夫，韩与简通用。

9

原稿样张二

馬王堆三號墓出土西漢初寫本「德論」説明

長沙馬王堆出土的漢初抄本《德論》，原來没有標題，寫在墓中出土的帛書《老子》甲本（注）後面，共爲一卷。此書久已失傳，文獻記載上無可查考，由於它的内容主要講的是德，所以姑定名爲《德論》。《老子》又稱《道德經》，這個墓裏所出兩本，都把德經放在前面，跟《韓非子》所引《老子》一樣，這本《德論》實際上是儒家著作，但由於它講的也是德，而且在最後部分説「謂之玄同」，玄同兩字就襲用《老子》裏面的術語。抄書的人大概認爲和德經有關，所以就抄在後面，合爲一個長卷。

這本書卷在一塊竹片上面，《老子》在前，卷在外面，這個《德論》在後，卷在裏面，所以保存得較好。共二百九十四行，每行三十字左右，將近九千字。其内容主要有三個方面：

1. 論德和善　這一部份最長，共一百九十四行，將近六千字。從第一行到第四十五行像是正文，從四十六行到一百八十一行是把正文的論點加以發揮。從二百八十二行到二百九十四行，又重新加以發揮。

2. 伊尹論九主　大概是從伊尹這部書裏抄來的，從一百八十二行到二百三十三行，共五十二行，約有一千五六百字。

3. 論君道　實際上講的只是攻戰守禦，共三段，從二百三十四行到二百八十一行，共四十八行，約一千五百字。

這本書的中心思想，屬於儒家的子思、孟軻一派。《荀子・非十二子篇》批評子思孟子「案往舊造説謂之五行」，過去不知道五行究竟是什麽，有人推測它就是陰陽五行。這本書裏講五行的地方很多，例如説「德之行五，和謂之德，四行和謂之善」等，對於儒家這套荒謬理論，可以搞清楚了。尤其明顯的是繼承孟軻的學説而加以系統的發揮。主張性善説人性好仁義。孟軻所説的「集大成者金聲而玉振之也」和「始條理者智之事也，終條理者聖之事也」，以及「貴貴」、「尊賢」等等，都發展成爲理論。甚至在詞句上也都套用孟軻的話，如「見其生不食其死也」、「仁覆四海，義擴天下」之類也很多，可見作者是孟軻的門人後學。

這本書的成書年代，在孟軻之後。孟軻勸齊宣王伐燕，齊宣王死在公元前三〇二年，而這本書裏講的「昔者齊人與燕人戰」，是公元前二八四年五國伐齊的事，樂毅把齊國的樂器大吕俘獲了。既然説「昔者」，至少總在一二十年以後了。這本書裏説到世子，世子是世碩，主張人性有善有惡，做過一篇《養書》，但孟軻和告子論性的時候，没有提到世子，世子的論點顯然是出現在孟軻之後的。但這本書裏對秦滅東西周没有反映。那末，它的成書可能在公元前二六〇年左右。《韓非子・顯學篇》説「儒分爲八」，最後兩家是孫氏之儒和樂正氏之儒，孫氏就是孫卿，即荀子，樂正氏大概是孟軻的門徒樂正克，和荀卿同時而略晚，和這本書的時代正相當，那末，這本書很可能就是樂正克所寫的。

當時是戰國末期，是秦朝統一六國的前夕，是諸侯割據的初期，封建社會將近結束的大動盪時期，這本書的作者卻鑽在子思、孟軻之學的死胡同裏大開倒車，要慎獨，就是要閉門修養。在講攻戰守禦時也還大講其仁義。這是最落後最反動的一個學派。它的唯心主義體系，比孟軻還要完整，在儒家中確實可以自成一派。在研究儒法鬥爭歷史時，這是很重要的反面資料。

但更重要的是它抄録的伊尹論九主一段，這是早已失傳的古書。《史記・殷本紀》説伊尹「從湯言素王及九主之事」，集解引劉向《别録》曰：「九主者有法君、專君、授君、勞君、等君、寄君、破君、國君、三歲社君，凡九品，圖畫其形。」只有這三十個字，此外就没有一點兒材料。唐代司馬貞的《史記索隱》就把九主亂講一起，不知道是怎麽一回事。在這裏抄録的幾乎是完整的全文，這是很重要的發現。當然，伊尹的書是戰國時人假託的。《漢書・藝文志》把伊尹五十一篇列入道家，這和管子被列入道家一樣，實際是法家。寫這本「德論」的人是因爲它講君道，所以抄進去的，但是卻保存了法家這一很重要的文獻資料。從這篇九主來看，劉向所見的，恐怕已經不是全文，因此有很多錯誤。例如原書説「專授之君二」，劉向就誤分爲「專君」和「授君」，實際，原書所説「專授失道之君」和「專授之臣」一樣，並不是主的名稱，兩個專授之君，大概是「得主」和「用主」。還有「破邦之主二」，劉向就誤分爲「破君」和「國君」，國字是由於避劉邦的諱而改的，這種分法就很可笑了。還有「滅社之君二」錯成了「三歲社君」，儘管原書因有缺字，有些地方還不明晰，但可以糾正劉向的錯誤，已經是很明顯的了。這篇無名氏的著作，在兩千年後的重新發現，對研究戰國時期的法家思想是一個很重要的資料。

除此之外，這本書由於是先秦古籍，對研究古代文獻和古代語言文字，也有很多用處，例如它所引的《詩經》就和今本出入很大，有一處還是三百篇裏所没有的，有參攷價值。

唐蘭　一九七四・七・二三

注　馬王堆三號墓出土《老子》寫本兩種，甲本不避漢高祖劉邦諱，字體近小篆，應是高祖末年到吕后時期的寫本（約公元前二〇〇—前一八〇），乙本避邦字諱，隸書，是文帝初年寫本（約公元前一七九—前一七〇）。

整理説明：

該稿用圓珠筆寫於文物出版社三百字稿紙上，共八頁。自題完稿於一九七四年七月二十三日。

（劉　雲）

原稿様張一

初稿

德论说明

長沙馬王堆三号墓出土的汉初抄本德论，它在墓中帛书老子甲本后面，和老子共为一卷。本来没有標题。此书久已失传，文献记载上没有有关资料。老子又叫道德经，汉初的老子都把德经写在前面，而这卷书虽是儒家著作，但讲的主要是德，它的標题可能和德有关，最后部分讲制德，说"谓之……"，就借用老子德经中的術语。所以抄书的人就把它和老子合写为一卷了。现在姑且把它定名为德论。

这本书共二百九十四行，约八千字，首尾還有残缺。它的内容主要有三个方面

一、论善和德　共一百九十四行。从第一行到第四十五行，有些像战国时诸子裡的经，從四十六行到一百八十一行是把前面的论点再加以发挥的。从二百八十二行到二百九十四行，又重新加以发挥。

二、伊尹论九主　从一百八十二行到二百三十三行，共五十二行，大概是从道家伊尹这本书裡抄来的。

三、论做国君的道，但主要讲的是攻战和守御。　从二百三十四行到二百八十一行，共四十七行。

这本书的中心思想，是儒家的子思孟轲一派的。荀子·非十二子篇说子思孟子"案往旧造说谓之五行"，过去不知道五行是什么，有人把它当做阴阳五行是错的。在这里可以看到"德之行五和谓之德"，

（一）

40×15=600

第　页

"四行和谓之善"等等。它主张"慎独"，跟《礼记》的《大学》有关。但尤其明显的是继承孟轲的学说，主张性善，说人性是好仁义。又发挥孟轲的"集大成者金声而玉振之也"和"始条理者智之事也，终条理者圣之事也"，和贵贵之尊贤学说，甚至在词句上也常常袭用孟子上的话，如"见其生，不食其死也"，"仁覆四海，义盖天下也"，"充其不欲害人之心"等等都是，可见作者是孟轲的门人後学。

從成书的时代来看，也在孟轲之后。孟轲是劝齐宣王伐燕的，而这卷书讲的是后来的乐毅伐齐，乐毅掠齐国的"宗器"、"大吕"，这里也讲到了，但是说"昔者齐人与燕人战"，可见已在乐毅之后，已在战国末年。这本书里还两次引到世子，世子是世硕，主张人性有善有恶，做过一篇书，但孟轲没有见到。也可说明在战国末年。乐毅伐齐在公元前二八四年，那末，这本书的写作大约在公元前二六〇年左右。

从内容看，它总还是儒家的书。韩非所说"儒分为八"，最后两个是孙氏之儒和乐正氏之儒，孙氏就是荀卿，乐正氏应该是孟轲的门徒乐正克。和这本书的时代正相当，那末这本书很可能就是乐正克或者他的门徒们所写的。

当时是封建社会初期的大动荡的时代，这本书却钻在子思孟子之学的死胡同里，大谈其仁义，用门径义，它的唯心主义的反动体系比孟轲还更完整，在儒家中确实可以自成一派。就是讲做国君之道，讲攻战守御的时候也还要大讲其仁义，在当时应是最落后最反动的一派。在研究儒法斗争的历史时，这是一个反面的资料。

黄帝内經？外經？釋文

足泰陽温出外踝宀　女中(△)上貫膊出於郤(郤、郄)枝之下　其直者貫
上於　枝顔下之　其直者貫目内漬之鼻
其病=足小指廢膊痛胎䜌脾痟産寺要痛夾脊痛□項痛手痽
穷　顔骨(？)　聲(産聾)目痛迣　汨數瘨疾·諸病此物者皆久泰陽温
·足少陽温出於踝前枝於骨間上貫膝外兼出於股外兼出脅枝之肩溥
其直者貫腋出於項耳出腄　出目外漬
其病=足小指次廢胻外兼痛胻寒膝外兼痛股外兼痛脾外兼痛脅痛□
痛産馬(爲)缺盆痛癰聾(？)腂痛耳前痛目外漬痛脅外穜·諸此物者皆
久少陽温
·足陽明温循胻中上貫膝中出股夾少腹上出乳内兼( )膉夾口以上之鼻
其病=足中指廢胻痛膝中穜腹穜乳内兼痛□外穜頯痛迣　汨數
熱汗出脞瘦頁宀·諸病此物者皆久陽明温
·足少陰温出内踝宀　女中上貫膊入郄出股入腹循脊　兼出肝入胸轂于
其病=足趱膊内痛股内痛腹街脊内兼痛肝痛疒乙痛□煩心汨
后(？)輅　旦尚彔□數(？)曷牧(？)=耆臥以欠·病此物□□□足少陰
·足泰陰温出大指内兼骨蔂出内　上兼揗胻内□□膝内兼出股内兼

其(？˙)＝病＝足大指廢胻内兼痛股内痛腹痛腹張復[glyph]不耆食善意心
善[glyph]・諸病此物者皆久足泰陰温
・足帣陰温循大指間以上出胻内兼上八于交泰陰温　股内上入脞間
其病＝脞瘦多弱耆歓足柎種疾畀・諸病此物者□帣陰温
皆有此五病者有煩心死三陰之病乳字(字？)不過十日死揗温如三人(？√)參(？√)春不
過三日死温絶如食指∧(頃)不過三日死煩心有腹張死不得臥有煩心死[glyph][glyph]
恒出死三陰病雜以陽病可治陽病化如流湯[glyph](死？)陽病[glyph](折)骨絶筋而无陰病
不死
臂臂泰陰温循筋上兼以奏(奏？)臑内出夜内兼之心・其病心痛心煩而意(？)・諸病
此物者皆久臂泰陰温
・臂少陰温循筋下兼出臑内下兼出夜奏(奏)脅・其病脅痛・諸病物者皆□
臂少陰□
・臂泰陽温出小指循骨下兼出臑下兼出肩外兼出　　漬
臂外兼痛・諸病此物者皆久臂泰陽温
・臂少陽温出中指循臂上骨下兼奏(奏)耳・其病産聾
久臂少陽之温
・臂陽明温出中指間循骨上兼出臑　［上奏𦜕之口］
病此物者皆久臂陽明温

[glyph]如　此爲足麽是鉅陽眺(脈)

彊疒(瘧)北痛要痛尻痛胕肣痛腨痛□(大)□□□□□□□□二病
少陽眺(脈)毄於外踝之前廉　出魚(?)股之□□(大空)□□□□是動則病□□□□
不可以反積(?)甚則无膏足外反此爲陽□□(乃炊)□□□□治其所産□□□□
頸痛脅痛瘧汗出節盡痛脾廉痛▨□□□□□□□□痛振寒□□
踝爲十二病
陽明眺(脈)毄于(於)骭骨外廉循骭而上穿臏出□□□□□□穿乳穿□□□□
廉環□□是動則病洒(?)=病寒喜龍婁吹顔(?)
木音則瘱然驚心腸欲獨閉户牖而處病甚則欲□□□□□衣而走是(?)□
骭廞是陽明眺(胍、脈)主治其所産病顔痛鼻肒(?)領痛□□□□心與胠痛
腹外種陽痛卻(?)跳付(付)　爲十病
肩眺(脈)起於耳後下肩出月□□出而□乘手北是□□□□□□□□□不可以顧肩
以脱臑以拆是肩眺(胍)主治　　領痛矦□□□□□痛爲四病
耳眺(脈)起於手北出臂外兩骨之間上□下廉□□□入耳中是動則病耳聾
煇=𥈅=嗌種是耳胱主治其所産病目外漬痛頰痛耳聾爲三病
齒眺(脈)起於次指與大指上出臂上廉入肘中乘臑穿頰入齒中」夾鼻是□
則病齒痛」朏種」是齒眺(脈)主治其所産病齒痛朏種目黄口乾臑痛爲五□
大陰眺(脈)是胃眺(脈)殳彼胃□怢出魚股陰下廉腨上廉出内踝(?)之上廉是勭則病上□
走心使復張善意食欲歐得後(?)與氣則怢(恍)然衰是鉅陰眺(脈)主治其所□
□豊(?)心(?)煩死心痛與　(復)張死不能食不能臥強吹三者同則死唐(善)泄死□□
閉同則死□(爲)□□
麽陰眺(脈)起於足大指菆毛之上乘足□□□去内踝一寸上□五寸而□□□

上出魚股□□觸少腹下順(？)旁是動則□□夫則
不可以卬甚則嗌乾面疵是蹷陰眺主治其所産病熱中
旨(？)而心煩死勿治殹有陽眺(脈)與之ㅗ病可治殹
少陰脈轂於内腂外廉穿腨出胎□□央上穿脊(？)之　廉　於腎夾□
卩＝如耑坐而起則目瞑如毋(？)見心如絶病飢氣□足善怒心腸恐
不欲食面黭若䶂色欬則有衃(血)此爲骨蹷是少陰眺主其所産
合柝嗌乾上氣饐嗌中痛癉(？)耆臥欬音爲十病少陰之眺
被髮大丈重履而壽久幾息則病已矣
臂鉅陰脈在於手掌中出内陰兩骨之間上骨下廉筋之上出臂
是動則病心滂＝如痛缺盆痛甚則交兩手而戰此爲臂蹷
陰眺所産病胸痛瘛痛四宋(末)痛臂(？)爲五病
臂少陰脈起於臂兩骨之間之間之下骨上廉筋之下出臑内陰
　渴欲歓此爲臂蹷是臂少陰脈主治其所産　爲
凡脈　於　下脈亦聽人之所貴殹氣殹者到下
焉聽人(上？)　(寒)頭而焫(煨)足治病者取有餘而益不足殹□□□不
温治(？)之　環而久之病甚賜(？)上於(？)環二寸而益　久氣出胳與肘□□而
啓(？)脈者必如式隹穜有盍(？)則秭(稱)其小大　之
温□不還一害(？)□輚示犯(？)㡿(？)胃之殷二尹(害)胐大　而大
　而若大胃之涺脈者　臭灸攻四害　臣殹
者采　千　至　膃(膿)山　此
虚則主病　脈　盯(？)　主(？)脈

之少阝臂之大陰少陰汗　　則　此

䀇之顆畫（?）而　學之季子（?）□之東學□□乎見於馬（爲）入（人）□之

言不可不察殹

凡三陽　氣　其病唯折骨列膚　　三陰　氣　䀇殹而病　　則

（過）十日而死三陰俏　煉陽而主殺□□五死虛反入盈則肉　（先死）

表　骨先死　　目環視衺則氣先死汗（汗）　　𥘅傅而不流則血先　水去（?）指（掫）棄𢍰（絭）

先死五者扁存則不沽矣

整理説明：

該手稿用圓珠筆寫於六百字稿紙，共六頁。内容與《文物》一九七五年第六期發表的《馬王堆漢墓出土醫書釋文（一）》相對應，估計寫於一九七四年至一九七五年六月之間。

（劉　雲）

寄

足泰陽温出外踝□中上貫膞出於郄枝之下 其直者貫
上於 枝顛下之 其直者貫目內漬之鼻
其病：足小指廢膞痛胎攣脾痛產寺要痛夾脊痛□ 項痛手痛
顏？寒 聾目痛沭涓數瘨疾・諸病此物者皆久泰陽温
・足少陽温出於踝前枝於骨間上貫厀外兼出於股外兼出脅枝之肩薄
其直者貫腋出於項耳出脞出目外漬
其病：足小指次指廢胻外兼痛胻寒厀外兼痛股外兼痛脾外兼痛脅痛□
痛產馬缺盆痛瘻聾？脞痛耳前痛目外漬痛脅外種・諸此物者皆
久少陽温
・足陽明温循胻中上貫厀中出股夾少腹上出乳內兼出脞夾口以上之鼻
其病：足中指廢胻痛厀中種腹種乳內兼痛□外種頯痛沭洎數
熱汗出脞瘦顏寒・諸病此物者皆久陽明温
・足少陰温出內踝女中上貫膞入郄出股入腹循脊內兼出肝入胠繫舌
其病：足熱膞內痛股內痛腹街脊內兼痛肝痛□ 煩心洎
舌？輅 旦尚戾口數暍？牧？：耆卧以欠・病此物□□□足少陰

原稿様張二

·足泰陰温出大指内兼骨蔈出内　上兼揗胕内口口郄内兼出股内兼

其〻病〻足大指廢胕内兼痛股内痛腹痛腹張複　不耆食善意心

養吋·諸病此物者皆久足泰陰温

·足帣陰温循大指間　以上出胕内兼上八寸交泰陰温　股内上入脞間

其病〻脞瘦多弱者欲足柎種疾畀·諸病此物者口帣陰温

皆有此五病者有煩心死三陰之病乳〔〕不過十日死揗温如三人參舂不

過三日死温絶如食揗　不過三日死煩心有腹張死不得臥有煩心死唐〻

恒出死三陰病雜以陽病可治陽病北如流湯亓陽病訞骨絶筋而无陰病

不死

臂泰陰温循筋上兼以奏臑内出夜内兼之心·其病心痛心煩而意·諸病

此物者皆久臂泰陰温

·臂少陰温循筋下兼出臑内下兼出夜奏脅·其病脅痛·諸病物者皆口

臂少陰口

·臂泰陽温出小指循骨下兼出臑下兼出肩外兼出

臂外兼痛·諸病此物者皆久臂泰陽温

淡

戰國佚策釋文定本

一　蘇秦自趙獻書燕王〔一〕

自趙獻書燕王曰：「始臣甚惡事，恐趙足〔二〕□□□□□□□□□□□□□□□□□□□□□□□□一臣之所惡也，故冒〔三〕趙而欲説丹與得〔四〕，事非□□□□□□臣也。今奉陽【君】〔五〕□□□□□□□□□□□□二封秦也，任秦也，比燕於趙〔六〕。令秦與芫(兑)〔七〕□□□□□□宋不可信，若□□□□□(持？)我其從徐□□□□□□三制事，齊必不信趙矣。王毋夏(憂)事，務自樂也。臣聞王之不安，臣甚願□□□□□之中重齊□□(欲如？)□□□四齊秦毋惡燕、粱(梁)以自特(恃)也〔七甲〕。今與臣約，五和〔八〕，入秦使，使齊、韓、粱(梁)□□□□□□□約御(卻)軍之日，無伐齊、外齊焉。五事之上，齊趙大惡；中，五和，不外燕；下，趙循合齊、秦以謀燕。今臣欲以齊大【惡趙】而去趙，胃(謂)齊王，趙之禾(和)也，陰六外齊、謀齊，齊趙必大惡矣。奉陽君、徐爲不信臣〔九〕，甚不欲臣之之齊也，有(又)不欲臣之之韓、粱(梁)也。燕事小大之諍(爭)七必且美矣。臣甚患趙之不出臣也。知(智)能免國，未能免身，願王之爲臣故，此也。使田伐若使使孫疾召八臣〔一〇〕，自辤於臣也。爲予趙甲因在粱(梁)者〔一一〕。」

二　蘇秦使韓山獻書燕王〔一〕

•使韓山獻書燕王曰：「臣使慶報之後〔二〕，徐爲之與臣言甚惡〔三〕，死亦九大物已〔三甲〕，不快於心而死，臣甚難之。故臣使辛謁大之〔四〕。王使慶謂臣：『不利於國，且我夏(憂)之。』臣爲此无敢去之〔四甲〕。十王之賜使使孫與弘來〔五〕，甚善矣(已)。言臣之後，奉陽君、徐爲之視臣益善，有遺臣之語矣〔五甲〕。今齊王使李終之十一勹(趙)〔六〕怒於勹(趙)之止臣也。且告奉陽君，相橋於宋〔七〕，與宋通關〔八〕。奉陽君甚怒於齊，使勹(趙)足問之臣〔八甲〕，臣對以弗知十二也。臣之所患，齊勹(趙)

之惡日益，奉陽君盡以爲臣罪，恐久而後不可□救也。齊王之言臣，反不如已。願十三王之使人反覆言臣，必毋使臣久於勺（趙）也。」

三　蘇秦使盛慶獻書於燕王〔一〕

•使盛慶獻書於【燕王曰】：「□□□□雖未功（攻）齊，事十四必□（美？）者〔二〕，以齊之任臣，以不功（攻）宋，欲從韓、粱（梁）取秦以謹〈謀〉勺（趙）〔三〕。勺（趙）以（已）用薛公、徐爲之〔四〕□□□□□□（謀謹齊故齊【趙】）十五相□（背？）也。今齊王使宋竅謂臣曰〔五〕：『奉陽君使周納告寡人曰〔六〕：「燕王請毋任蘇秦以事，」信□□□十六奉陽君使周納言之，曰：「欲謀齊」，寡人弗信也。周納言：燕勺（趙）循善矣，皆不任子以事。奉陽【君】□□十七丹若得也，曰：笱〈苟〉毋任子講，請以齊爲上交。天下有謀齊者請功（攻）之。』蘇脩在齊〔七〕，使□□□□十八□□□□中（予？）齊、勺（趙）矣。今【齊】王使宋竅詔臣曰〔八〕：『魚（吾）□與子□有謀也〔九〕。』臣之所□□□□□□□□（少一）十九不功（攻）齊，全於介（界）〔九甲〕，所見於薛公、徐爲，其功（攻）齊益疾。王必勺（趙）之功（攻）齊，若以天下□□□□□□二十焉。外齊於禾（和），必不合齊、秦以謀燕，則臣請爲免於齊而歸矣〔九乙〕。爲趙擇□□□□□□二一必趙之不合齊、秦以謀燕也，齊王雖歸臣，臣將不歸〔九丙〕。諸可以惡齊勺（趙）【者】將□□之。以□（惡？）可【也】〔一〇〕，以薵（辱）可也，以與勺（趙）爲大讎可也。今王曰：『必善勺（趙），利於國。』臣與不知其故。奉陽君之所欲，循【善】齊、秦二三以定其封，此其上計也。次循善齊以安其國。齊勺（趙）循善，燕之大過（禍）。【將】養勺（趙）而美之齊乎，害於燕，惡之齊乎，奉陽君怨臣，臣將何處焉〔一一甲〕。臣以齊善勺（趙），必容焉，以爲不利國故也。勺（趙）非可與功（攻）齊二五也，無所用。勺（趙）毋惡於齊爲上。齊勺（趙）不惡，國不可得而安，功不可得而成也。齊趙之惡從已，二六願王之定慮而羽鑽臣也〔一一〕。勺（趙）止臣而它人取齊，必害於燕。臣止於勺（趙）而侍（待）其魚肉，臣□不利於二七身。」

四　蘇秦自齊獻書於燕王〔一〕

•自齊獻書於燕王曰：「燕齊之惡也久矣。臣處於燕齊之交，固知必將不信。臣之計曰：齊二八必爲燕大患。臣循用於齊，大者可以使齊毋謀燕，次可以惡齊勺（趙）之交，以便王之大事，是二九王之所與臣期也〔二〕。臣受教任齊交五年〔三〕，齊兵數出，未嘗謀燕。齊勺（趙）之交，壹美壹三十惡〔三甲〕，壹合壹離。燕非與齊謀勺（趙），則與趙謀齊。齊之信燕也，虛北地□（？）【行】其甲〔三乙〕。王信田代〈伐〉、繰〈參〉去疾之三一言功（攻）齊，使齊大戒而不信燕〔四〕。臣秦捧（拜）辭事，王怒而不敢强〔四甲〕。勺（趙）疑燕而不功（攻）齊，王使襄安君東，三二以便事也，臣豈敢強王戈（哉）〔五〕。齊勺（趙）遇于阿〔六〕，王憂之。臣與於遇，約功（攻）秦去帝〔七〕。雖費，毋齊、趙之患，除三三羣臣之醜（恥）〔八〕。齊殺張庳〔九〕，臣請屬事辭爲臣於齊。王使慶謂臣〔一〇〕：『不之齊，危國。』臣以死之三四圍〔一一〕，治齊燕之交〔一二〕。後薛公、乾（韓）徐爲與王約功（攻）齊〔一三〕，奉陽君鬻臣〔一四〕，歸罪於燕，以定其封於齊。公三五玉丹之勺（趙）致蒙〔一五〕，奉陽君受之。王憂之，故強臣之齊。臣之齊，惡齊勺（趙）之交，使毋予蒙而通宋使〔一六〕。故王能三六材（裁）之。臣以死任事〔一六甲〕。之後，秦受兵矣〔一七〕。齊勺（趙）皆嘗謀。齊勺（趙）未嘗謀燕，而俱諍（爭）王於天下。臣三七雖無大功，自以爲免於罪矣。今齊有過辭〔一八〕，王不諭（喻）齊王多不忠也，而以爲臣罪，臣甚懼〔一九〕。庳之死三八也，王辱之。襄安君之不歸哭也，王苦之〔二〇〕。齊改葬其後而召臣，臣欲毋往，使齊棄臣〔二〇甲〕。王曰：『齊王之多三九不忠也，殺妻逐子，不以其罪，何可怨也。』故強臣之齊〔二〇乙〕。二者大物也，而王以赦臣，臣受賜矣〔二〇丙〕。臣之行也，四十固知必將有口〔二一〕，故獻御書而行。曰：『臣貴於齊，燕大夫將不信臣。臣賤，將輕臣。臣用，將多望於臣。齊四一有不善，將歸罪於臣。天下不功（攻）齊，將曰善爲齊謀。天下功（攻）齊，將與齊兼棄臣〔二二〕。臣之所處者重卵也〔二三〕。』王謂臣曰：『魚（吾）必不聽衆口與造言〔二四〕，魚（吾）信若迺（猶）齕也〔二五〕。大，可以得用於齊；次，可以得信；下，笱（苟）毋死，若無四三不爲也〔二六〕。以奴（孥）自信，可〔二七〕；與言去燕之齊，可〔二八〕；甚者，與謀燕，可〔二八甲〕。期於成事而已。』臣恃之詔，是故無不以口齊四四王而得用焉〔二八乙〕。今王以衆口與造言罪臣，臣甚懼〔二九〕。王之於臣也，賤而貴之，蓐（辱）而顯之，臣未有以報王。以求卿四五與封，不中意，王爲臣有之兩，臣舉天下使臣之封不塹（慚）〔三〇〕。臣止於勺（趙），王謂韓徐爲：『止某不道〔三一〕，迺（猶）免寡人之冠也。』以四六振臣之死〔三二〕。臣之德王，突（深）於骨隨（髓），臣甘死，（？）蓐（辱），可以報王，願爲之。今王使慶令（命）臣曰：〔三三〕『魚（吾）欲用所善。』王笱（苟）有所善四七而欲用之，臣請爲王事之〔三四〕。王若欲剸舍臣而槫任所善〔三五〕，臣請歸，擇（釋）事，句（苟）得時見，盈願矣〔三六〕。」

五　蘇秦謂燕王〔一〕

・謂燕王四八曰：「今日願耤（藉）於王前〔二〕。叚（假）臣孝如增（曾）參〔三〕，信如尾星（生）〔四〕，廉如相〈伯〉夷〔五〕，節

(即)有惡臣者,可毋擊(慚)乎?」王曰:「可矣。」「臣有三資[四九]者以事王,足乎?」王曰:「足矣。」「王足之,臣不事王矣。孝如增(曾)參,乃不離親,不足而益國。信如尾星(生),乃不延(誕)〔六〕,不足而益國。[五十]廉如相〈伯〉夷,乃不竊,不足以益國。臣以信不與仁(人)俱徹,義不與王皆立〔七〕。」王曰:「然則仁義不可爲與〔七甲〕?」對曰:「胡爲不[五一]可。人無信則不徹,國無義則不王。仁義所以自爲也,非所以爲人也〔七乙〕。自復之術,非進取之道也〔七丙〕。三王代立,五相〈伯〉蛇[五二]正(政)〔八〕,皆以不復其掌(常)。若以復其掌(常)爲可王,治官之主,自復之術也,非進取之路也。臣進取之臣也,不事無爲之主。[五三]臣願辤而之周,負籠操臿〔九〕,毋辱大王之廷。」王曰:「自復不足乎〔九甲〕?」對曰:「自復而足,楚將不出雎(沮)、章(漳)〔一〇〕,秦將不出[五四]商閹(於)〔一一〕,齊不出呂遂(隧)〔一二〕,燕將不出屋、注〔一三〕,晉將不萮(踰)泰(太)行〔一四〕,此皆以不復其常爲進者。」

六　蘇秦自梁獻書於燕王〔一〕

·自梁(梁)獻書於燕王曰:「齊使[五五]宋竅、侯濡謂臣曰〔二〕:『寡人與子謀功(攻)宋,寡人恃燕、勺(趙)也〔三〕今燕王與羣臣謀破齊於宋而功(攻)齊,甚急,兵衛[五六]有子循〔四〕而不知寡人得地於宋,亦以八月歸兵,不得地,亦以八月歸兵。』今有(又)告薛公之使者田林,薛公以告臣,而[五七]不欲其從已聞也。願王之陰知之而毋有告也。王告人,天下之欲傷燕者與羣臣之欲害臣者將成[五八]之。臣請疾之齊觀之而以報。王毋憂。齊雖欲功(攻)燕,未能,未敢。燕南方之交完〔五〕,臣將令陳臣、許翦以[五九]韓、粱(梁)問之齊〔六〕。足下雖怒於齊,請養之以便事。不然,臣之苦齊王也,不樂生矣。」

七　蘇秦自梁獻書於燕王〔一〕

·自梁(梁)獻書於燕王曰:「薛[六十]公未得所欲於晉國〔一甲〕,欲齊之先變以謀晉國也。臣故令遂恐齊王曰〔二〕:『天下不能功(攻)秦,□□齊以取秦。』【齊[六一]王】甚懼而欲先天下,慮從楚取秦,慮反(返)乾(韓)量〔三〕,有(又)慮從勺(趙)取秦。今粱(梁)、勺(趙)、韓□□□□□□[六二]薛公、徐爲有辤,言勸晉國變矣〔四〕。齊先鬻勺(趙)以取秦,後賣秦以取勺(趙)而功(攻)宋,今有(又)鬻天下以取秦〔四甲〕,[六三]如是而薛公、徐爲不能以天下爲其所欲,則天下故(固)不能謀齊矣。願王之使趙弘急守徐爲,令田賢急□[六四]薛公〔五〕非是毋有使於薛公、徐之所,它人將非之以敗臣。毋與奉陽君言事,非於齊,一言毋舍也。事必□□六五南方強，燕毋首。有（又）慎毋非令羣臣衆義（議）功（攻）齊〔六〕。齊王以燕爲必侍（待）其獘（弊）而攻齊，未可解也。言者以臣□六六賤而邈於王矣。」

八　蘇秦謂齊王〔一〕

•謂齊王曰：「薛公相靑〈齊〉也，伐楚九歲〔二〕，攻秦三年〔三〕。欲以殘宋、取進（淮）北〔四〕，宋不殘、進〈淮〉北不得。以齊封六七奉陽君，使粱（梁）、乾（韓）皆效地〔五〕，欲以取勺（趙），勺（趙）是（氏）不得。身衛（率）粱（梁）王與成陽君北面而朝奉陽君於邯鄲〔六〕，而勺（趙）氏不六八得。王棄薛公，身斷事〔七〕。立帝，帝立。伐秦，秦伐。謀取勺（趙），得。功（攻）宋，宋殘〔七甲〕。是則王之明也。雖然，願王之察之也。是无六九它故，臣之以燕事王循也。曩謂臣曰〔八〕：『傷齊者必勺（趙）也。秦雖強，終不敢出塞流河，絕中國而功（攻）齊〔九〕。楚、越七十遠，宋、魯弱，燕人承〔一〇〕，乾（韓）粱（梁）有秦患，傷齊者必勺（趙）。勺（趙）氏終不可得已，爲之若何？』臣謂曩曰：『請劫之〔一一〕。子以齊七一大重秦，秦將以燕事齊〔一二〕。齊燕爲一，乾（韓）、粱（梁）必從。勺（趙）悍則伐之，愿則摯而攻宋〔一三〕。』曩以爲善。臣以車百五十乘七二入齊，曩逆於高閭〔一四〕，身御臣以入。事曲當臣之言〔一五〕，是則王之教也。然臣亦見其必可也。猶曩不知變事七三以攻宋也。不然，曩之所與臣前約者善矣〔一六〕。今三晉之敢據薛公與不敢據〔一七〕，臣未之識。雖使據之，臣保燕而事王，七四三晉必不敢變。齊燕爲一，三晉有變，事乃時爲也〔一八〕。是故當今之時，臣之爲王守燕，百它日之節。雖然，成七五王之事者，在王之循甘燕也〔一九〕。王雖疑燕，亦甘之；不疑，亦甘之。王明視（示）天下以有燕，而臣不能使王得志於三七六晉，臣亦不足事也。」

九　蘇秦謂齊王〔一〕

•謂齊王曰：「始也，燕纍臣以求摯（質）〔二〕，臣爲是未欲來，亦未可爲王爲也。今南方之事齊者七七多故矣〔三〕，是王有憂也，臣何可以不亟來。南方之事齊者，欲得燕與天下之師而入之秦與宋以謀齊，臣諍之於燕七八王，燕王必弗聽矣。臣有（又）來，則大夫之謀齊者大解矣。臣爲是，雖无燕〔四〕，必將來。綰（管）子之請貴循也，非以自爲也〔五〕。□【桓】七九公聽之。臣賢王於桓【公】，臣不敢忘（妄）請□□□王誠重御臣〔六〕，則天下必曰：燕不應天下以師，有（又）使蘇□八十□□□大貴□□□□□□□□□□□□□□□□□□□齊□曩之□□□□之車也〔六甲〕。王□□□□八一□□□請以百五十乘，王以諸侯御臣。若不欲□□□請以五【十】乘來〔七〕。請貴重之□□□□□□□□□□八二高賢足下〔七甲〕，故敢以聞也。」

十　蘇秦謂齊王〔一〕

·謂齊王：「燕王難於王之不信己也則有之，若慮大惡○則无之。燕大惡，八三臣必以死諍之；不能，必令王先知之。必毋聽天下之惡燕交者。以臣所□□□魯甚□□臣大□□八四息士民，毋庸發怒於宋魯也〔二〕。爲王不能，則完天下之交，復與粱（梁）王遇，□□宋之事〔三〕，士民句（苟）可復用，臣必八五王之无外患也。若燕，臣必以死必之。臣以燕重事齊，天下必无敢東□□□〔四〕，兄（況）臣能以天下功（攻）秦，疾與八六秦相萃也而不解〔五〕，王欲復功（攻）宋而復之，不而舍之，王爲制矣。」

十一　蘇秦自趙獻書於齊王〔一〕

·自勺（趙）獻書於齊王曰：臣暨（既）從燕之粱（梁）矣。八七臣至勺（趙），所聞於乾（韓）、粱（梁）之功（攻）秦，无變志矣。以雨，未得遬（速）也。臣之所得於奉陽君者，乾（韓）、粱（梁）合〔二〕，勺（趙）氏將八八悉上黨以功（攻）秦〔三〕。奉陽君謂臣：『楚无秦事，不敢與齊遇。齊楚果遇，是王收秦已〔四〕。』其不欲甚。八九欲王之赦粱（梁）王而復見之〔五〕。勺（趙）氏之慮，以爲齊秦復合，必爲兩啻（敵）以功（攻）勺（趙）〔六〕，若出一口。若楚遇不必；雖九十必，不爲功，願王之以毋遇喜奉陽君也。臣以足下之所與臣約者告燕王：『臣以（已）好處於齊，齊王九一終臣之身不謀燕燕〔七〕；臣得用於燕，終臣之身不謀齊。』燕王甚兑（悦），其於齊循善。事卬曲盡從九二王〔八〕，王堅三晉亦從王，王取秦楚亦從王。然而燕王亦有苦。天下惡燕而王信之。以燕之事齊也爲盡矣。九三先爲王絕秦摯（質）子宧二萬甲自食以功（攻）宋〔九〕，二萬甲自食以功（攻）秦，乾（韓）、粱（梁）豈能得此於燕戋（哉）。盡以爲齊，王猶（猶）聽九四惡燕者，宋再寡人之吸攻宋也請於粱閉關於宋而不許寡人已舉宋講矣乃來諍得三今燕勺九五之兵皆至矣俞疾攻菑四寡人有聞粱〔九甲〕燕王甚苦之。願王之爲臣甚安燕王之心也。燕齊循善，爲九六王何患无天下。」

十二　蘇秦自趙獻書於齊王〔一〕

·自勺（趙）獻書於齊王曰：「臣以令告奉陽君曰：寡人之所以有講慮者有〔二〕寡人之所爲功（攻）九七秦者，爲梁（梁）爲多〔三〕。梁（梁）氏留齊兵於觀〔四〕數月不逆，寡人失望，一。擇（釋）齊兵於熒陽、成皋，數月不從，而功（攻）【宋，再〔五〕。寡人之仍（仍）攻宋也〔六〕，請於梁（梁）閉關於宋而不許。寡人已舉宋，講矣，乃來諍（爭）得〔七〕，三。今燕、勺（趙）之兵皆至矣〔八〕，俞（愈）疾功（攻）菑〔九〕，四。寡人有（又）聞梁（梁）】〔九甲〕【入兩使陰成於秦。且君嘗曰：吾縣免於梁（梁）是（氏），不能辤已。雖乾（韓）亦然。〔一〇〕。」寡人恐梁（梁）氏之棄與國而獨取秦也，是以有溝（講）慮。今曰不】〔一甲〕女（如）□九八之，疾之，請從。功（攻）秦，寡人之上計；講最寡人之大（太）下也〔一一〕。梁（梁）氏不恃（待）寡人，樹寡人曰〔一二〕：「齊道楚取秦，蘇脩在齊矣〔一三〕。」九九使天下洶洶然，曰：寡人將反（返）量也〔一四〕。寡人无之。乃量固於齊〔一五〕，使人於齊大夫之所而俞（偷）語則有之。寡人不見使□一百□大對也。寡人有反（返）量之慮，必先與君謀之。寡人

入兩使陰成於秦且君嘗曰吾縣免於梁是不能一百一辤已雖乾亦然寡人恐梁氏之棄與國而獨取秦也是以有溝慮今曰不

〔一五甲〕與韋非約曰〔一六〕：『若與楚遇，將與一百二乾（韓）梁（梁）四遇〔一七〕，以約功（攻）秦。若楚不遇，將與梁（梁）王復遇於圍地〔一八〕，收秦等〔一九〕，遂（遂）明（盟）功（攻）秦。大（太）上破之，其【次】賓（擯）之，其下完交而□一百三講，與國毋相離也〔二〇〕。』此寡人之約也。韋非以梁（梁）王之令（命），欲以平陵蛇（虵）薛，以陰〈陶〉封君〔二一〕。平陵雖（唯）成（城）而已，其鄙（鄙）盡一百四入梁（梁）氏矣〔二二〕。寡人許之已。』臣以【告】奉陽君，奉陽君甚兑（悦）。曰：『王有（又）使周濕、長駟重令（命）挩（兑）〔二三〕，挩（兑）也敬受令（命）。』奉陽君合（答）臣曰〔二四〕：『粲一百五有私義（議）〔二五〕，與國不先反而天下有功（攻）之者，雖知不利，必據之。與國有先反者，雖知不利，必怨之。』今齊、勺（趙）、燕一百六循相善也〔二六〕。王不棄與國而先取秦，不棄粲而反（返）量也〔二七〕，王何患於不得所欲。梁（梁）氏先反，齊、勺（趙）攻梁（梁），齊一百七必取大梁（梁）以東〔二八〕，勺（趙）必取河内，秦案不約而應〔二九〕，王何患於梁（梁）。梁（梁）、乾（韓）无變，三晉與燕爲王功（攻）秦，以便王之功（攻）一百八宋也，王何不利焉。今王棄三晉而收秦反（返）量也，是王破三晉而復臣天下也〔二九甲〕。【天】下將入地與重摯（質）於秦，而獨爲一百九秦臣以怨王。臣以爲不利於足不下〔三〇〕，願王之完三晉之交，與燕也，講亦以是。疾以□止。」

十三　韓⿱曰黄獻書於齊〔一〕

·乾(韓)⿱曰黄獻書於齊曰：「秦悔一百十不聽王以先事而後名。今秦王請侍(待)王以三、四年。齊不收秦，秦焉□晉國。齊秦復合，使⿱曰黄反(返)，且復故事，秦一一一印曲盡聽王。齊取宋，請令楚、粱(梁)毋敢有尺地於宋，盡以爲齊〔二〕。秦取粱(梁)之上黨〔三〕。乾(韓)、粱(梁)從，以功(攻)勺(趙)，秦取一一二勺(趙)之上地〔四〕，齊取河東。勺(趙)從，秦取乾(韓)之上地〔五〕，齊取燕之陽地〔六〕。三晉大破，而【攻楚】，秦取鄢，田雲夢〔七〕，齊取東國、下一一三蔡〔八〕。使從(縱)親之國，如帶而已〔九〕。齊、秦雖立百帝，天下孰能禁之。」

十四　蘇秦謂齊王〔一〕

·謂齊王曰：「臣恐楚王之勤豎之死也〔二〕。一一四王不可以不故解之〔三〕。臣使蘇厲告楚王曰：『豎之死也，非齊之令(命)也，泧子之私也。殺人之母而不爲其子禮，豎一一五之罪◯固當死。宋以淮北與齊講，王功(攻)之〔四〕，毄(擊)勺(趙)信。齊不以爲怨，反爲王誅勺(趙)信，以其无禮於王之邊吏一一六也。王必毋以豎之私怨敗齊之德。』前事願王之盡加之於豎也，毋與它人矣，以安无(撫)薛公之心〔五〕。王◯尚(嘗)與一一七臣言，甘薛公以就事，臣甚善之。今爽也，強得也〔五甲〕，皆言王之不信薛公，薛公甚懼，此不便於事。非薛公之信一一八，莫能合三晉以功(攻)秦〔六〕，願王之甘之◯也。臣負齊、燕以司(伺)薛公，薛公必不敢反王。薛公有變，臣必絶之。臣請終事一一九而與王勿計，願王之固爲終事也〔七〕。功(攻)秦之事成，三晉之交完於齊，齊事從(縱)横盡利：講而歸，亦利；圍而一百二十勿舍，亦利；歸息士民而復之，使如中山，亦利〔八〕。功(攻)秦之事敗，三晉之約散，而静(爭)秦〔九〕，事印曲盡害。是故臣以王一二一令(命)甘薛公，驕(矯)敬(檠)三晉〔一〇〕，勸之爲一，以疾功(攻)秦，必破之。不然則賓(擯)之，不則與齊共講，欲而復之〔一一〕。三晉以王爲愛己、一二二忠己。今功(攻)秦之兵方始合，王有(又)欲得兵以功(攻)平陵，是害功(攻)秦也。天下之兵皆去秦而與齊静(爭)宋地，此其爲一二三禍不難矣〔一二〕。願王之毋以此畏三晉也。獨以甘楚。楚雖毋伐宋，宋必聽。王以(已)和三晉伐秦，秦必不敢言救宋。□一二四弱宋服，則王事遫(速)夬(決)矣。夏后堅欲爲先薛公得平陵〔一三〕，願王之勿聽也。臣欲王以平陵予薛公，然而不欲王一二五之无事予之也。欲王之縣(懸)陶、平陵於薛公、奉陽君之上以勉之，終事然後予之，則王多資矣〔一四〕。御〈御〉事者必曰〔一四甲〕：『三晉相豎〈堅〉也而傷秦，必以其餘驕王。』願王之勿聽也。三晉伐秦，秦未至十日而王已盡宋息民矣〔一五〕。臣保燕一二七而循事王，三晉必无變。三晉若愿乎，王遾（遂）役（役）之。三晉若不愿乎，王收秦而齊（劑）其後〔一六〕，三晉豈敢爲王驕。若三晉相豎〈堅〉也一二八以功（攻）秦，案以負王而取秦〔一七〕，則臣必先智（知）之。王收燕、循楚而啗秦以晉國，三晉必破。是故臣在事中，三晉必不敢反。一二九臣之所以備患者百餘。王句（苟）爲臣安燕王之心而毋聽傷事者之言，請毋至三月而王不見王天下之業，臣請一百三十死。臣之出死以要事也，非獨以爲王也，亦自爲也。王以不謀燕爲臣賜，臣有以德燕王矣。王舉霸王之業而以臣爲三公，臣一三一有以矜於世矣。是故事句（苟）成，臣雖死不醜。」

十五　須賈説穰侯〔一〕

・華軍，秦戰勝魏〔二〕，走孟卯〔三〕，攻大粱（梁）〔三甲〕。須賈説穰侯〔四〕曰：「臣聞魏長一三二吏胃（謂）魏王〔四甲〕曰：『初時者，惠王伐趙，戰勝三粱（梁）〔四乙〕，拔邯戰〈鄲〉，趙氏不割而邯戰〈鄲〉復歸〔五〕。齊人攻燕，拔故國，殺子之，一三三燕人不割而故國復反（返）〔六〕。燕、趙之所以國大兵強而地兼諸侯者〔六甲〕，以其能忍難而重出地也。宋、中山數伐一三四數割，而國隋（隨）以亡〔七〕。臣以爲燕、趙可法，而宋、中山可毋爲也。秦，貪戾之國也，而无親，蠶食魏氏，盡晉一三五國〔八〕，勝暴子〔九〕，割八縣〔一〇〕，地未○畢入而兵復出矣。夫秦何厭（饜）之有戈（哉）。今有（又）走孟卯，入北宅〔一一〕，此非敢一三六粱（梁）也〔一二〕，且劫王以多割，王必勿聽也。今王循楚、趙而講〔一三〕，楚、趙怒而與王爭秦〔一三甲〕，秦必受之。秦挾楚、趙一三七之兵以復攻，則國求毋亡〔一四〕不可得已。願王之必毋講也。王若欲講，必小（少）割而有質，不然必欺〔一四甲〕。』此臣一三八之所聞於魏也，願君之以氏（是）慮事也。《周書》曰：『唯命不爲常〔一五〕。』此言幸之不可數也。夫戰勝暴子，割八縣之一三九地，此非兵力之請（精）也，非計慮之攻（工）也，夫天幸爲多。今有（又）走孟卯，入北宅，以攻大粱（梁），是以天幸自爲常也。一百四十知（智）者不然。臣聞魏氏悉其百縣勝甲以上〔一六〕，以戍大粱（梁），臣以爲不下卅萬。以卅萬之衆，守七仞之城〔一六甲〕，臣以爲湯、武一四一復生，弗易〈易〉攻也。夫輕信楚、趙之兵〔一六乙〕，陵七刃（仞）之城，犯卅萬之衆〔一六丙〕，而志必舉之，臣以爲自天地始分以至于今一四二未之嘗有也〔一六丁〕。攻而弗拔，秦兵必罷（疲），陶必亡〔一六戊〕，則前功有必棄矣。今魏方疑，可以小（少）割而收也。願君一四三遝（逮）楚、趙之兵未至於粱（梁）也〔一六己〕，亟以小（少）割收魏，魏方疑而得以小（少）割爲和〔一六庚〕，必欲之，則君得所欲矣。○○楚、趙一四四怒於魏之先己也，必爭事秦，從（縱）已散〔一六辛〕，而君后（後）擇焉。且君之得地也，豈必以兵戈（哉）。【割】晉國也〔一七〕，秦兵不功（攻）〔一七甲〕一四五而魏效降（絳）、安邑〔一八〕，有（又）爲陶啓兩幾盡故宋〔一九〕，而衛〈衛〉效蟲尤〔二〇〕。秦兵笱（苟）全而君制之，何索而不得〔二一〕，奚爲【而一四六不成。】願君之孰（熟）慮之而毋行危也。」君曰〔二一甲〕：「善。」乃罷粱（梁）圍。　·五百七十

十六　朱己謂魏王〔一〕

·謂魏王曰：「秦與戎〈戎〉翟同俗，有【虎狼一四七之】心，貪戾好利，无親，不試（識）禮義德行。笱（苟）有利焉，不顧親戚弟兄，若禽守（獸）耳。此天下之所試（識）也。非【所施】一四八厚積德也。故大（太）后，母也，而以憂死。穰侯，咎（舅）也，功莫多焉，而諒（竟）逐之。兩弟無罪而再挩（奪）之國〔二〕。此於【親】一四九戚若此而兄（況）仇讎之國乎。今王與秦共伐韓而近秦患，臣甚惑之。而王弗試（識）則不明，羣臣莫以【聞】一百五十則不忠〔二甲〕。今韓氏以一女子奉一弱主〔三〕，内有大亂（亂），外支秦、魏之兵，王以爲不亡乎。韓亡，秦有【鄭】一五一地〔四〕，與大粱粼（鄰），王以爲安乎。王欲得故地而今負強秦之禍〔四甲〕，王以爲利乎。秦非无事之國也，韓亡之後，一五二必將更事〔四乙〕。更事，必就易〈易〉與利，就易〈易〉與利，必不伐楚與趙矣。是何也？夫【越山與河，絶】韓上黨而〇攻強趙，一五三氏（是）復閼輿之事也〔五〕，秦必弗爲也。若道河内，倍（背）鄴、朝歌，絶漳、鋪（滏）【水，與趙兵決於】邯鄲之郜（郊）〔六〕，氏（是）知伯之一五四過（禍）也〔七〕，秦有（又）不敢。伐楚，道涉谷〔八〕，行三千里而攻冥戹之塞〔九〕，所行甚遠，所攻甚難，秦有（又弗爲也。若道河□一五五外〔九甲〕，倍（背）大粱（梁），右蔡、召，與楚兵夬（決）於陳郜（郊）〔一〇〕，秦有（又）不敢。故曰：秦必不伐楚與趙矣。有（又）不攻燕與齊矣〔一甲〕。韓亡之後一五六兵出之日，非魏无攻已。秦固有壞（懷）、茅、荆（邢）丘，城垝津〔一一〕，以臨河内，河内共、墓必危〔一二〕。有鄭地，得垣瘫〈雍〉，決熒〇澤，大粱（梁）一五七必亡〔一三〕。王之使者大（太）過〔一四〕，而惡安陵是（氏）於秦。秦之欲許久矣〔一五〕。秦有葉、昆陽，與舞陽鄰〔一五甲〕，聽使者之惡，隨安陵是（氏）而亡一五八之〔一六〕。繚舞陽之北以東臨許，南國必危，國先害已〔一七〕。夫增（憎）韓，不愛安陵氏，可也。夫不患秦，不愛南國，非也〔一七甲〕。異日者，秦一五九在河西，晉國去粱（梁）千里〔一八〕，有河山以闌之，有周、韓而間之。從林軍以至於今，秦七攻魏，五入囿中〔一九〕，櫋（邊）城盡拔，支臺一百六十隨（墮），垂都然（燃）〔二〇〕，林木伐，麋鹿盡，而國續以圍〔二〇甲〕。有（又）長毆（驅）粱（梁）北，東至虖（乎）陶、衛之【郊，北至乎】監〔二一〕。所亡秦者，山南、山北，河一六一外、河内〔二二〕，大縣數十，名部數百〔二二甲〕。秦乃在河西，晉國去粱（梁）千里而過（禍）若是矣。

【又況於使】秦无韓，有鄭地，无【河】一六二山而闌之，无周、韓而間之，去粱（梁）百里，【禍】必百此矣〔二二乙〕。異日者，從（縱）之不【成也，楚、】魏疑而韓不【可得也。】一六三今韓受兵三年〔二三〕，秦撓之以講，識亡不聽，投質於趙，請爲天【下鴈】行頓【刃〔二四〕，楚、趙】□疾□〔二四甲〕。【皆】識秦【之欲无一六四】躬（窮）也。非盡亡天下之兵而臣海内，必不休〔二四乙〕。是故臣願以從（縱）事王，王□□□□偃韓之質〔二五〕，以存韓而一六五求故地，韓必效之。此士民不勞而故地盡反（返）矣〔二五甲〕。其功多於與秦共伐韓，【而】必无與强秦鄰（鄰）之禍。一六六夫存韓、安魏而利天下，此亦王之大時已〔二五乙〕。通韓上黨於共寧〔二六〕，使道安成之□，出入賦之〔二六甲〕，是魏重質一六七韓以其上黨也。合有其賦，足以富國〔二六乙〕。韓必德魏、重魏、畏魏，韓必不敢反魏。是韓，魏之縣也〔二六丙〕。魏一六八得韓以爲縣，以衛〈衛〉大粱（梁），河北必安矣。今不存韓，貳（二）周、安陵必貤（弛）〔二七〕，楚、趙大破，燕、齊甚卑，天下西舟（輈）而馳一六九秦，而入朝爲臣不久矣〔二八〕。」 ·八百五

十八

十七　謂起賈〔一〕

·胃（謂）〇起賈〔二〕曰：「私心以公爲爲天下伐齊〔三〕，共約而不同慮。齊秦相伐一百七十利在晉國。齊晉相伐，重在秦。是以晉國之慮，奉秦以重虞秦〔四〕。破齊，秦不妬得，晉之上也。秦食一七一晉以齊，齊毀，晉敝，餘齊不足以爲晉國主矣。晉國不敢倍（背）秦伐齊，有（又）不敢倍（背）秦收齊，秦兩縣（懸）齊、晉一七二以持大重，秦之上也。是以秦、晉皆倲若計以相笥（伺）也〔五〕。古之爲利者養人□□立重〔五甲〕。立重者畜人，以一七三利，重立而爲利者卑，利成而立重者輕。故古之人患利，重之□奪□□□，唯賢者能以重終〔六〕。察一七四於見反，故能制天下〔七〕。願御史之孰（熟）慮之也〔八〕。且使燕盡陽地，以河爲竟（境）〔九〕，燕齊無□難矣〔九甲〕。以燕王之賢，一七五伐齊，足以㓨（刷）先王之餌（恥）〔一〇〕利擯〈擅〉河山之間，執（勢）无齊患，交以趙爲死〇友，地不與秦攘（壤）介（界），燕畢□□一七六之事，難聽尊矣。趙取濟西，以方河東〔一一〕，燕趙共相〔一一甲〕，二國爲一，兵全以臨齊，則秦不能與燕、趙爭。□□□一七七□□宋得，南陽傷於魯，北地歸於燕，濟西破於趙，餘齊弱於晉國矣〔一二〕。爲齊計者，不踰强晉□□□□一七八□秦，秦【齊】不合，莫尊秦矣〔一二甲〕，魏亡晉國，猷（猶）重秦也〔一三〕，與之攻齊，攻齊已，魏爲□國，重楚，爲□□重□一七九重不在粱（梁）西矣〔一三甲〕一死生於趙，毀齊，不敢怨魏。魏，公之魏已〔一四〕。楚割淮北，以爲下蔡〇啓□得一百八十雖近越，實必利郢〔一五〕。天下〇且功（攻）齊，且屬從（縱），爲傳棼（焚）之

約[一六]。終齊事，備患於秦，□一八一是秦重攻齊也，國必慮[一六甲]。意齊毀未當於秦心也。盧（慮）齊（劑）齊而生事於□□□與天下交長[一六乙]，秦夫□一八二過矣[一七]。天下齊（劑）齊不侍（待）夏，近慮周，周必半歲，上黨、寧陽，非一舉之事也。然則韓□一年有餘矣。天下休一八三秦兵適敝，秦有慮矣[一八]。非是猶不倍（背）齊也，畏齊大（太）甚也[一八甲]。公孫鞅之欺魏卬也，公孫鞅之罪也[一九]。身在一八四於秦，請以其母質，襄疪弗受也[二〇]。魏至今然者，襄子之過也[二一]。今事來矣，此齊之以母質之時也，而武一八五安君之棄禍存身之夬（訣）也[二二]。」

·五百六十三

十八　觸龍見趙太后[一]

·趙大（太）后規用事[二]，秦急攻之[三]，求救於齊。齊曰：「必【以】大（太）后一八六少子長安君來質[四]，兵乃出。」大（太）后不肯，大臣强之[五]。大（太）后明胃（謂）左右曰：「有復言令長安君質者，老婦一八七必○唾其面。」左師觸龍言[六]願見，大（太）后盛氣而胥之[七]。入而徐趨，至而自謝[八]曰：「老臣病足，曾不能疾走。一八八不得見久矣。竊自赦老輿，恐玉體（體）之有所郄（郤）也[九]，故願望見大（太）后。」曰：「老婦持（恃）連（輦）而睘[一〇]。」曰：「食歙（飲）得一八九毋衰乎？」曰：「侍（恃）鬻鬻（粥）耳[一一甲]。」曰：「老臣間者殊不欲食，乃自强步，日三、四里，少益耆（嗜）食，朁於身[一一]。」曰：「老婦不一百九十能。」大（太）后之色少解。左師觸龍[一二]曰：「老臣賤息部旗寂少[一三]，不宵（肖），而衰竊愛憐之[一三甲]。願令得補黑衣之數一九一以衛〈衛〉王宮，昧死以聞[一四]。」大（太）后曰：「敬若（諾）。年○幾何矣？」曰：「十五歲矣。雖少，願及未寘（填）叡（壑）谷而託之[一五]。」曰：「丈夫一九二亦愛憐少子乎？」曰：「甚於婦人。」曰：「婦人異甚。」曰：「老臣竊以爲媼之愛燕后賢長安君[一六]。」曰：「君過矣，一九三不若長安君甚。」左師觸龍曰：「父母愛子則爲之計深遠。媼之送燕后也，攀其踵（踵）[一七]，爲之泣，念其遠一九四也，亦哀矣。已行，非弗思也。祭祀則祝之曰：『必勿使反（返）。』豈（豈）非計長久，子孫相繼爲王也戈（哉）。」大（太）后曰：一九五「然。」左師觸龍曰：「今三世以前，至於趙之爲趙，趙主之子侯者[一八]，其繼有在者乎？」曰：「無有。」曰：「微獨趙，諸侯有一九六在者乎？」曰：「老婦弗聞。」曰：「此其近者，禍及其身，遠者及其孫。豈（豈）人主之子侯則必不善戈（哉）[一九]，位尊而无功，奉一九七厚而无勞，而挾重器多也[二〇]。今媼尊長安之位，而封之膏腴之地[二〇甲]，多予之重器，而不汲（及）今令有功於國，一九八山陵堋（崩）[二一]，長安君何以自託於趙？老臣以媼爲長安君計之短也。故以爲其愛也不若燕后。」大（太）后曰：「若（諾）。次（恣）一九九君之所使之。」於氏（是）爲長安君約車百乘[二二]，質於齊，兵乃出。子義聞之曰〔二三〕：「人主子也，骨肉之親也，猷（猶）不能持（恃）无二百功之尊，不勞之奉，而守金玉之重也，然兄（況）人臣乎。」　·五百六十九

十九　秦客卿造謂穰侯〔一〕

·胃（謂）穰侯：「秦封君以陶，假君天下數二百一年矣〔二〕。攻齊之事成〔三〕，陶爲萬乘，長小國，衛（率）以朝〔四〕，天下必聽，五伯之事也。攻齊不成，陶爲廉監而莫【之】二百二據〔五〕。故攻齊之於陶也，存亡之幾（機）〇也。君欲成之，侯（何）不使人謂燕相國曰〔六〕：『聖人不能爲時，時至亦弗失也。舜二百三雖賢，非適禺（遇）堯，不王也〔七〕。湯、武雖賢，不當桀、紂，不王天下〔八〕。三王者皆賢矣，不曹（遭）時不王〔九〕。今天下攻齊〔一〇〕，二百四此君之大時也。因天下之力，伐讎國之齊，報惠王之䰠（恥）〔一一〕，成昭襄王之功〔一二〕，除萬世之害，此燕之利也，而二百五君之大名也。《詩》曰：「樹德者莫如兹（滋），除害者莫如盡〔一三〕。」吴不亡越，越故亡吴〔一四〕；齊不亡燕，燕故亡齊〔一五〕。吴亡於越，齊亡二百六於燕，余（除）疾不盡也。非以此時也〔一六〕，成君之功，除萬世之害〔一七〕，秦有它事而從齊，齊趙親，其讎君必深矣〔一八〕。挾二百七君之讎以於燕〔一九〕，後雖悔之，不可得已。君悉燕兵而疾贊之〔二〇〕，天下之從於君也，如報父子之仇。誠爲粼（鄰）〔二一〕，世世二百八无患。願君之剸（專）志於攻齊而毋有它慮也。』」　·三百　·大凡二千八百七十〔二二〕

二十　謂燕王〔一〕

·胃（謂）燕王曰：「列在萬乘，奇（寄）質二百九於齊〔二〕，名卑而權輕。奉萬乘助齊伐宋，民勞而實費〔三〕。夫以宋加之淮北，强萬乘之國也〔四〕，而齊二百十兼之，是益齊也〔五〕。九夷方一百里，加以魯、衛，强萬乘之國也〔六〕，而齊兼之，是益二齊也。夫一齊之强二一一，燕猶弗能支，今以三齊臨燕，其過（禍）必大。雖然，夫知（智）者之【舉】事，因過（禍）【而爲】福，轉敗而爲功〔七〕。齊紫，敗二一二素也，賈（價）十倍〔八〕。句淺棲會稽〔九〕，其後殘吴，霸天下〔一〇〕。此皆因過（禍）爲福，轉敗而爲功。今王若欲因過（禍）而爲福二一三，轉敗而爲功，則莫若招霸齊而尊之〔一一〕，使明（盟）周室而棼（焚）秦符〔一二〕，曰：『大（太）上破秦，其次必長𢘑（擯）之〔一三〕。』秦□𢘑（擯）二一四以侍（待）破〔一三甲〕，秦王必患之。秦五世伐諸侯〔一四〕，今爲齊下，秦王之心笱（苟）得窮齊，不難以國壹棲（接）〔一五〕，然則王何二一五不使辯士以若説説秦王〔一六〕曰：『燕、趙破宋肥齊，尊之，爲之下者，

燕、趙非利之也。燕、趙弗利而埶（勢）爲者，以不[二一六]信秦王也。然則王何不使可信者棲（接）收燕、趙，如經（涇）陽君，如高陵君〔一七〕，先於燕、趙曰：『秦又（有）變〔一八〕。』[二一七]因以爲質。則燕、趙信秦。秦爲西帝，燕爲北帝，趙爲中帝，立三帝以令於天下〔一九〕。韓、魏不聽則秦伐，[二一八]齊不聽則燕、趙伐，天下孰敢不聽。天下服聽，因迿（驅）韓、魏以伐齊，曰：『必反（返）宋，歸楚淮北〔二〇〕。』反（返）宋，歸楚淮北，燕、趙[二一九]之所利也。並立三王，燕、趙之所願也。夫實得所利，尊得所願，燕、趙之棄齊，説（脱）沙（屣）也〔二一〕。今不收燕、趙，齊伯[二百二十]必成。諸侯贊齊而王弗從〔二二〕，是國伐也。諸侯伐齊而王從之〔二二甲〕，是名卑也。今收燕、趙，國安名尊；不收燕、[二二一]趙，國危而名卑〔二二乙〕。夫去尊、安，取卑、危〔二二丙〕知（智）者弗爲。秦王聞若説，必如諫（刺）心。然則【王】何不使辯士以如説【説】[二二二]秦〔二三〕，秦必取，齊必伐矣〔二三甲〕。夫取秦，上交也〔二三乙〕；伐齊，正利也。尊上交，務正利，聖王之事也。」

二十一　蘇秦獻書趙王〔一〕

·獻書趙王：「臣聞[二二三]【甘】洛（露）降〔二〕，時雨至，禾穀絳（豐）盈〔二甲〕，衆人喜之，賢君惡之〔三〕。今足下功力非數加於秦也，怨竺（毒）積怒，非深於齊〔四〕，下吏[二二四]皆以秦爲夏（憂）趙而曾（憎）齊〔五〕。臣竊以事觀之，秦幾（豈）夏（憂）趙而曾（憎）齊𢦏（哉）。欲以亡韓、呻（吞）兩周，故以齊餌天下〔六〕。[二二五]恐事之不○誠（成），故出兵以割革趙、魏〔七〕。恐天下之疑己，故出摯（質）以爲信〔八〕。聲德與國，實伐鄭韓〔九〕。【臣】[二二六]以秦之計，必出於此〔九甲〕。且説士之計，皆曰：『韓亡參（三）川，魏亡晉國〔一〇〕，市○○朝未罷，過（禍）及於趙〔一一〕。』且物固【有勢】[二二七]異而患同者〔一二〕。昔者楚久伐，中山亡〔一三〕。今燕盡齊之河南，距莎丘、巨鹿之囿三百里〔一三甲〕，距麇關，北至于【榆中】[二二八]者千五百里〔一四〕。秦盡韓、魏之上黨，則地與王布屬壤芥（界）者七百里〔一五〕。秦以强弩坐羊腸之道，則地去[二二九]邯鄲百廿里〔一六〕。秦以三軍功（攻）王之上常（黨）而包其北，則注之西非王之有也〔一七〕。今增注、茬恒山而守三百里〔一八〕，[二百三十]過燕陽曲逆〔一九〕，此代馬、胡狗不東，綸（崙）山之玉不出，此三葆（寶）者或非王之有也〔二〇〕。今從强秦久伐[二三一]齊，臣恐其過（禍）出於此也〔二〇甲〕。且五國之主嘗合衡（横）謀伐趙〔二一〕，疎分趙壤〔二二〕，箸之鈑（盤）竽（盂），屬之祝譜（籍）〔二三〕。五國之○[二三二]兵出有日矣〔二三甲〕。齊乃西師以唫（禁）强秦〔二四〕。史（使）秦廢令，疎服而聽〔二五〕，反（返）温、軹、高平於魏〔二六〕，反（返）王公，符逾於趙〔二七〕，此[二三三]天下所明知也〔二七甲〕。夫齊之事趙，宜正爲上交，乃以柢（抵）罪取伐，臣恐後事王者不敢自必也〔二七乙〕。今王收[二三四]齊，天下必以王爲義矣〔二七丙〕。齊𡭗(保)社稷事王，天下必重王〔二八〕。然則齊義，王以天下就之〔二八甲〕；齊逆，王以天下□二三五之〔二九〕。是一世之命制於王也〔二九甲〕。臣願王與下吏羊(詳)計某言而竺(熟)慮之也〔三〇〕。」

二十二　蘇秦謂陳軫〔一〕

・齊、宋攻魏，楚回(圍)翁(雍)是(氏)，秦敗屈二三六匄〔二〕。胃(謂)陳軫曰〔三〕：「願有謁於公〔三甲〕，其爲事甚完，便楚利公。成則爲福，不成則爲福。今者秦立於二三七門〔四〕，客有言曰：『魏王胃(謂)韓倗(佣)、張義(儀)〔四甲〕：「煮棘(棗)將榆〔五〕，齊兵有(又)進，子來救【寡】人可也，不救寡人，寡人弗二三八能枝(支)〔五甲〕。」榑(轉)辤也〔五乙〕。秦、韓之兵毋東，旬餘，魏是(氏)榑(轉)，韓是(氏)從，秦逐張義(儀)，交臂而事楚〔五丙〕，此公事成也。」二三九陳軫曰：「若何史(使)毋東？」合(答)曰：「韓倗(佣)之救魏之辤，必不胃(謂)鄭王曰：『倗(佣)以爲魏。』必將曰：『倗(佣)將〔五丁〕榑(摶)三國二百四十之兵，乘屈匄之敝，南割於楚，故地必盡〔五戊〕。』張義(儀)之救魏之辤，必【不】胃(謂)秦王曰：『義(儀)以爲魏。』【必將】二四一曰：『義(儀)且以韓、秦之兵東巨(拒)齊、宋，義(儀)【將】榑(摶)三國之兵，乘屈匄之敝，【南割於】楚，名存亡【國，實伐二四二三川】而歸〔六〕，此王業也。』公令楚【王與韓氏地，使】秦制和。胃(謂)秦曰：【請與韓地而王以】施三二四三【川〔七〕，韓】是(氏)之兵不用而得地【於楚】，□□□□□□□□□□□□□□□二四四□魏〔七甲〕，魏是(氏)不敢不聽〔七乙〕。韓欲地而兵案〔七丙〕，聲威發於魏，魏是□□□□□□□〔七丁〕魏是(氏)【轉】二四五秦、韓爭事齊，楚王欲毋予地〔七戊〕。公令秦、韓之兵不【用而得地，有一大】德。秦、韓之二四六王劫於韓倗(佣)、張義(儀)而東兵以服魏，公常操【左】芥(契)而責於秦〔八〕【韓，此其善於】公而【惡張】二四七義(儀)多資矣〔八甲〕。」

二十三　虞卿謂春申君〔一〕

・胃(謂)春申君〔二〕曰：「臣聞之：『於安思危，危則慮安〔三〕。』今楚王之春秋高矣，【君之封】二四八地不可不蚤(早)定。爲君慮封，莫若遠楚。秦孝王死，公孫鞅殺〔四〕；惠王死，襄子殺〔五〕。公孫二四九央(鞅)功臣也，襄子親因(姻)也，皆不免，封近故也〔五甲〕。大(太)公望封齊，召公奭封於燕〔六〕，欲遠王室二百五十也。今燕之罪大，趙之怒深〔七〕，君不如北兵以德趙，淺(踐)亂(亂)燕國，以定身封〔八〕，此百世一時也。」「所二五一道攻燕，非齊則魏，齊、魏新惡楚，唯(雖)欲攻燕，將何道戈

(哉)?」對曰:「請令魏王可。」君曰:二五二「何?」曰:「臣至魏,便所以言之〔九〕。」乃胃(謂)魏王曰〔九甲〕:「今胃(謂)馬多力,則有。言曰:勝千鈞,則不然者,何二五三也〔一〇〕?千鈞非馬之任也。今胃(謂)楚强大則有矣,若夫越趙、魏,鬬甲於燕〔一一〕,幾(豈)楚之任戈(哉)。二五四非楚之任而爲之,是敝楚也。敝楚,强楚,其於王孰便〔一二〕?」

二十四　公仲倗謂韓王〔一〕

·秦韓戰於蜀潢〔二〕,韓是(氏)急。二五五公中(仲)傰(倗)胃(謂)韓王曰〔三〕:「治(與)國非可持(恃)也〔四〕。今秦之心欲伐楚〔四甲〕,王不若因張義(儀)而和於二五六秦〔四乙〕,洛(賂)之以一名縣〔四丙〕,與之南伐楚,此以一爲二之計也〔五〕。」韓王曰:「善。」乃譤(警)公中(仲)傰(倗)〔五甲〕,將使二五七西講於秦。楚王聞之,大恐。召陳軫而告之。陳軫曰:「夫秦之欲伐王久矣。今或二五八得韓一名縣具甲〔六〕,秦、韓並兵南鄉(向)楚,此秦之所廟祀而求也〔七〕。今已得之,楚二五九國必伐。王聽臣之爲之,譤(警)四竟(境)之内,興師救韓〔七甲〕,名(命)戰車,盈夏路〔八〕;發信【臣,多】二百六十其車,重其敝(幣),史(使)信王之救己也。韓爲不能聽我〔八甲〕,韓之德王也,必不爲逆以來〔九〕,是【秦】二六一韓不和也。【兵雖】至楚,國不大病矣。爲能聽我,絶和於秦,【秦】必大怒〔一〇〕,以厚怨韓。韓南二六二【交楚】〔一甲〕,必輕秦,輕秦,其應必不敬矣〔一乙〕。是我困秦、韓之兵,免楚國楚國之患也〔一一〕。」楚二六三之〈王〉若(諾)〔一一甲〕。乃譤(警)四竟(境)之内,興師,言救韓〔一一乙〕,發信臣,多車,厚其敝(幣)。使之韓〔一一丙〕。胃(謂)韓二六四王曰:「不穀唯(雖)小,已悉起之矣〔一二〕。願大國肄(肆)意於秦,不穀將以楚□韓〔一三〕。」【韓王】二六五説(悦),止公中(仲)之行〔一三甲〕。公中(仲)曰:「不可。夫以實苦我者秦也〔一四〕,以虚名救【我】者楚也。【恃】二六六楚之虚名,輕絶强秦之適(敵),天下必芯〈笑〉王〔一四甲〕。且楚、韓非兄弟之國也,有(又)非素二六七謀伐秦也〔一四乙〕。已伐刑(形),因興師言救韓〔一五〕,此必陳軫之謀也〔一五甲〕。夫輕絶强秦而强信二六八楚之謀臣〔一六〕,王必悔之。」韓王弗聽,遂絶和於秦。秦因大怒,益師〔一七〕與韓是(氏)戰於岸二六九門。楚救不至,韓是(氏)大敗。故韓是(氏)之兵非弱也,其民非愚蒙也,兵爲秦禽(擒),知(智)二百七十爲楚笑者,過聽於陳軫,失計韓傰(倗)〔一八〕。故曰:「計聽知順逆,唯(雖)王可〔一九〕。」

二十五　李園謂辛梧〔一〕

·秦使辛二七一梧據粱(梁),合秦、粱(梁)而攻楚〔二〕,李園憂之〔三〕。兵未出,謂辛梧:「以秦之强,有粱(梁)之勁,東面而伐二七二楚。於臣也〔四〕，楚不待伐，割摯（縶）馬免而西走〔五〕，秦餘（與）楚爲上交，秦禍案環（還）中梁（梁）矣〔六〕。二七三將軍必逐於梁（梁），恐誅於秦。將軍不見井忌乎。爲秦據趙而攻燕，拔二城〔七〕。燕使蔡二七四鳥股符胠璧，姦（間）趙入秦〔八〕，以河間十城封秦相文信侯〔九〕。文信侯弗敢受，曰：『我无功。』蔡鳥明日見，帶長劍，案（按）其劍，舉其末〔一〇〕，視文信侯曰：『君曰：「我无功。」君无功，胡不解君之璽以二七六佩蒙敖、王齮也〔一一〕。秦王以君爲賢〔一二〕，故加君二人之上。今燕獻地，此非秦之地也，君弗二七七受，不忠。』文信侯敬若（諾）。言之秦王，秦王令受之〔一二甲〕。餘（與）燕爲上交，秦禍案環（還）歸於趙矣。秦二七八大舉兵東面而齎（劑）趙〔一三〕言毋攻燕。以秦之强，有燕之怒，割勺（趙）必深。趙不能聽，逐井忌，誅於二七九秦。今臣竊爲將軍私計，不如少案（按）之，毋庸出兵。秦未得志於楚，必重梁（梁）；梁（梁）二百八十未得志於楚，必重秦。是將軍兩重。天下人無不死者，久者壽。願將軍之察二八一之也。梁（梁）兵未出，楚見梁（梁）之未出兵也，走秦必緩。秦王怒於楚之緩也，惌（怨）必深。二八二是將軍有（又）重矣。」梁（梁）兵果六月乃出。

二十六　見田併於梁南〔一〕

•見田併於梁（梁）南〔二〕，曰：「秦攻鄢陵幾拔矣〔三〕。梁（梁）二八三計將奈何？」田併曰：「在楚之救梁（梁）。」對曰：「不然。在梁（梁）之計，必有以自恃也。无自恃計，二八四傳（專）恃楚之救，則梁（梁）必危矣。」田併曰：「爲自恃計奈何？」曰：「梁（梁）之東地，尚方五二八五百餘里，而與梁（梁）〔四〕，千丈之城，萬家之邑，大縣十七，小縣有市者卅有餘〔五〕。將軍二八六皆令縣急急爲守備，譔（選）擇賢者，令之堅守，將以救亡。令梁（梁）中都尉〔六〕□□二八七大將，其有親戚父母妻子，皆令從梁（梁）王葆（保）之東地單父〔七〕，善爲守備。」田併【曰】：二八八「梁（梁）之羣臣皆曰：『梁（梁）守百萬，秦人無奈梁（梁）何也。』梁（梁）王出，顧危。」對曰：「梁（梁）之羣二八九臣必大過矣，國必大危矣。梁（梁）王自守，一舉而地畢，固秦之上計也。今梁（梁）王居二百九十東地，其危何也？秦必不倍（背）梁（梁）而東，是何也？多之則危，少則傷。所説謀者爲之二九一而秦无所關其計矣〔八〕。危弗能安，亡弗能存，則奚貴於智矣。願將軍之察二九二也。梁（梁）王出梁（梁），秦必不攻梁（梁），必歸休兵，則是非以危爲安，以亡爲存耶，是計一得二九三也。若秦拔鄢陵，必不能棓（背）梁（梁）、黄、濟陽陰，睢陽而攻單父〔九〕，是計二得也。若欲出楚二九四地而東攻單父〔一〇〕，則可以轉禍爲福矣，是計三得也。若秦拔鄢陵而不能東攻二九五單父，欲攻梁（梁），此梁（梁）、楚、齊之大福已〔一甲〕。梁（梁）王在單父，以萬丈之城，百萬之守，五年之二九六食，以梁（梁）餌秦，以東地之兵爲齊、楚爲前行〔一一〕，出之必死，擊其不意，萬必勝。齊、楚見二九七亡，不叚爲梁(梁)賜矣〔一二〕。將軍必聽臣，必破秦於梁(梁)下矣。臣請爲將軍言秦之可二九八可破之理〔一二甲〕，願將軍察聽之【也】。今者秦之攻梁(梁)□□□將□以□□行幾二千里，至，二九九與楚、梁(梁)大戰長社，楚、梁(梁)不勝，秦攻鄢陵〔一三〕。秦兵之□□死傷也，天下之□□□見也。三百秦兵戰勝，必收地千里，今戰勝不能倍(背)鄢陵而攻梁(梁)者少也。鄢陵之□□守，【城百】丈，卒三百一一萬。今梁(梁)守，城萬丈，卒百萬。臣聞之也，兵者弗什弗圍，弗【百弗】□軍。今梁(梁)守百萬，梁(梁)三百二王有(又)出居單父，秦拔鄢陵，必歸休兵。若不休兵，而攻虛梁(梁)，守必堅〔一四〕。是【何】也？王三百三在外，大臣則有爲守，士卒則有爲死，東地民有爲勉，諸侯有爲救梁(梁)，秦必可三百四破梁(梁)下矣。若梁(梁)王不出梁(梁)，秦拔鄢陵，必攻梁(梁)，必急〔一五〕，將卒必□□□守必不三百五固，是何也？之王，則不能自植士卒〔一六〕；之將，則以王在梁(梁)中也，必輕，之武，則□□□□如不□三百六梁(梁)中必盬(亂)；之東地，則死王更有大慮〔一七〕；之諸侯，則兩心□□□无□□□地；之三百七梁(梁)將，則死王有兩心，无以出死救梁(梁)，无以救東地而□□□□□□□王不出三百八梁(梁)之禍也。」田併曰：「請使宜信君載先生見〔一八〕□□□□□□□□□□不責三百九於臣，不自處危。今王之東地尚方五百餘里，□□□□□□□□□□□責於臣。三百十若王□□秦必攻梁(梁)，是梁(梁)无東地憂而王□□□□□□□□□□□□三一一梁(梁)中不出□□攻梁(梁)必急。王出，則秦之攻梁(梁)必□□□□□□□□□□□□□三一二□□□□則秦□□□□大破□□□□□□□□□□□□□□□□□〔一九〕三一三□□□□臣來獻□□□□□王弗用臣，則□□□□〔二〇〕。」

二十七　廱皮對邯鄲君〔一〕

【·】□□□□【邯】鄲〔二〕□□□□□□□□三一四未將令(命)也。工(江)君奚洫〔三〕曰：「子之來也，□將請師耶〔三甲〕？彼將□□□重此□□北兼邯鄲，南必〔四〕□□□□□三一五□□□城必危，楚國必弱，然則吾將悉興以救邯【鄲】，吾非敢以爲邯鄲賜也，吾將以救吾□□。」〔五〕【廱】三一六皮曰：「主君若有賜，興□兵以救敝邑，則使臣赤(亦)敢請其日以復於□君乎〔六〕？」工(江)君奚洫曰：「大(太)緩救邯鄲，邯鄲□□□三一七鄲，進兵於楚，非國之利也。子擇其日歸而已矣，師今從子之後〔七〕。」廱(廱)皮歸〔八〕，復令(命)於邯鄲君〔九〕曰：□□□□□三一八和於魏，楚兵不足侍(恃)也。」邯鄲君曰：「子使，未將令(命)也。人許子兵甚俞〔一〇〕，何爲而不足侍(恃)【也】？」廱(廱)皮曰：「臣之□□【不足】三一九侍(恃)者以其俞也。彼其應臣甚辨，文

〈大〉似有理。彼非卒(猝)然之應也。彼笥(伺)齊□□□□□守其□□□□矣[一一]。□□□[三百二十]兵之日不肯告臣。類然進其左耳而後其右耳[一二]，台乎其所後者[一三]，必其心與□□□□□□許我兵，我必列(裂)地以和[三二一]於魏，魏必不敝，得地於趙，非楚之利也。故俞許我兵者，所勁吾國，吾國勁而魏氏敝，【楚】人然後舉兵兼承吾[三二二]國之敝。主君何爲亡邯鄲以敝魏氏，而兼爲楚人禽(擒)戈(哉)。故蔞(數)和爲可矣[一四]。邯鄲君榣於楚人之許己兵[三二三]而不肯和[一四甲]。三年，邯鄲僂[一五]。楚人然後舉兵，兼爲正乎兩國[一六]。若由是觀之，楚國之口雖急乎，其實未也。故[三二四]□□應。且曾聞其音以知其心。夫類然見於左耳，⿱辟耳(⿱辟耳)皮已計之矣[一七]。[三二五]

整理説明：

該手稿用圓珠筆寫於四百字稿紙上，共四十七頁。稿紙框外有「北京市電車公司印刷廠出品七五・七」字樣。該稿内容與《馬王堆漢墓帛書・戰國縱横家書》對應，該書完成於一九七六年三月，説明此稿可能寫於七五年七月至七六年三月之間。

（劉　雲）

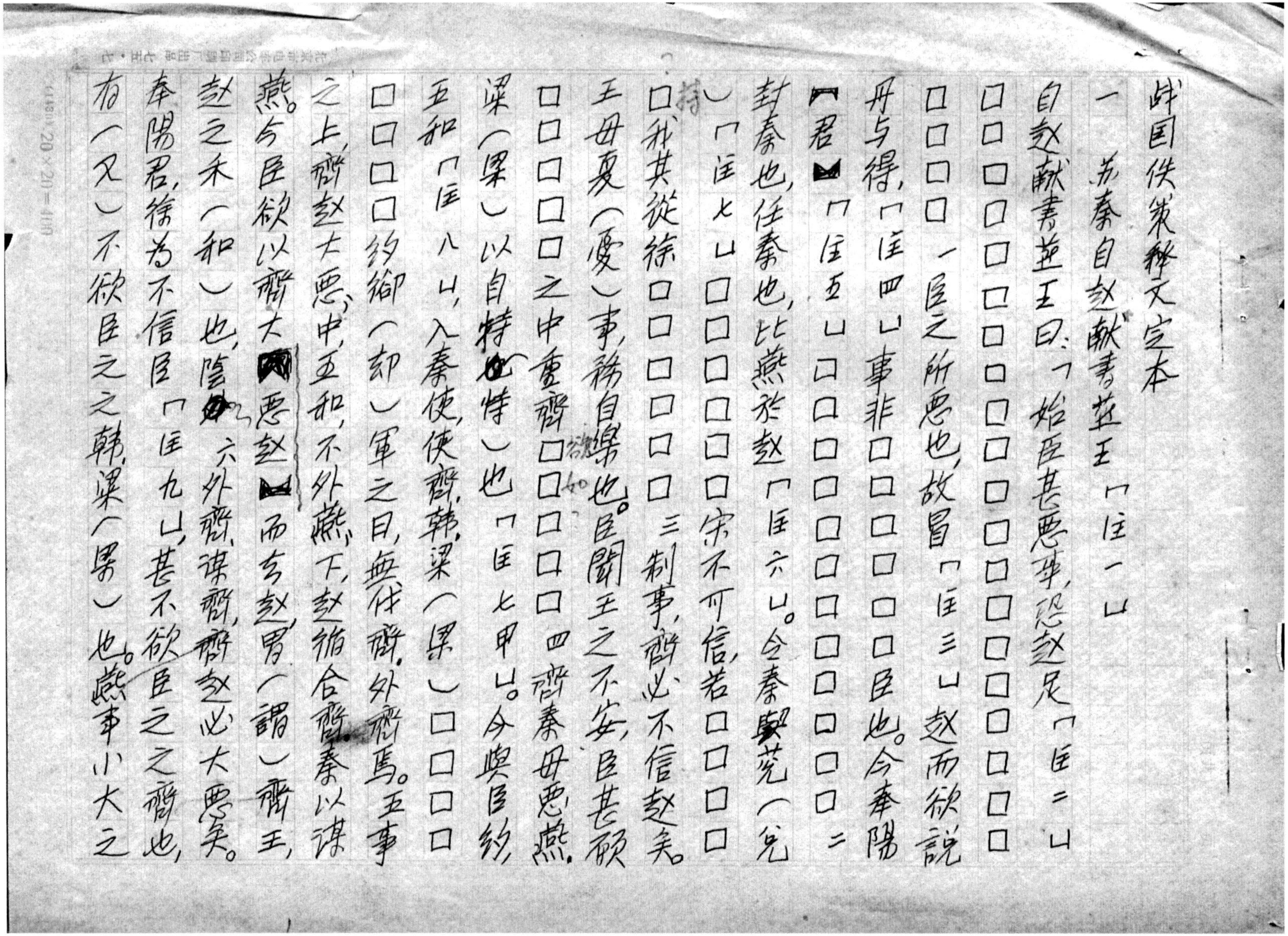

战国佚策释文定本
一　苏秦自赵献书燕王〔注一〕
自赵献书燕王曰："始臣甚恶事，恐赵足〔注二〕
口口口口口口口口口口口口口口口口口口口口
口口口口一臣之所恶也，故冒〔注三〕赵而欲说
丹与得，〔注四〕事非口口口口口臣也。今奉阳
【君】〔注五〕口口口口口口口口口口口口口口二
封秦也，任秦也，比燕于赵〔注六〕。今秦受兑（兑
）〔注七〕口口口口口口口口宋不可信，若口口口
口，我其从徐口口口口口口口三制事，齐必不信赵矣。
王毋夏（忧）事，务自乐也。臣闻王之不安，臣甚愿
口口口口口之中重齐口口口口口四齐秦毋恶燕，
梁（梁）以自持（恃）也〔注七甲〕。今与臣约，
五和〔注八〕，入秦使使齐韩梁（梁）口口口口
口口口口约御（却）军之日，无伐齐，外齐焉。五事
之上，齐赵大恶，中，五和，不外燕，下，赵循合齐秦以谋
燕。今臣欲以齐大【恶赵】而去赵，胃（谓）齐王，
赵之禾（和）也，阴 六外齐，谋齐，齐赵必大恶矣。
奉阳君，徐为不信臣〔注九〕，甚不欲臣之之齐也，
有（又）不欲臣之之韩梁（梁）也。燕事小大之

原稿樣張一

诤（争）七，必且美矣。臣甚患赵之不出臣也。知（智）能免国，未能免身，愿王之为臣故，此也。使田伐若使使孙疾召臣［注十］，自辞于臣也。为予赵甲因在粱（梁）者［注十一］。」

二　苏秦使韩山献书燕王［注一］

·使韩山献书燕王曰：「臣使庆报之后［注二］，徐为之与臣言甚恶［注三乙］，死亦大物已［注三甲］，不快于心而死，臣甚难之。故臣使辛谒大之［注四］。王使庆谓臣：『不利于国，且我夏（忧）之。』臣为此无敢去之［注四甲］。王之赐使使孙与弘来［注五］，甚善已。言臣之后，奉阳君、徐为之视臣益善，有遣臣之语矣［注五甲］。今齐王使李终之、十一勺（赵）［注六］，怒于勺（赵）之止臣也。且告奉阳君，相桥于宋［注七］，与宋通关臣［注八］。奉阳君甚怒于齐，使勺（赵）足问之臣［注八甲］，臣对以弗知也。臣之所患，齐勺（赵）之恶日益，奉阳君尽以为臣罪，恐久而后不可□救也。齐王之言臣，反不如已。愿王之使人反复言臣，必毋使臣久于勺（赵）也。」

三　苏秦使盛庆献书于燕王［注一］

馬王堆三號墓竹簡釋文

馬王堆三號墓竹簡

與人訟書其名直履中

5. 善泣涂墝上方五尺

4. 七尺姑婦善斱塗户方五尺嬰兒

3. 門左右方五尺」多惡(惡)夏塗牀下方

1. 又犬善皋於亶與門塗井上十五尺」夫

2. 妻相惡(惡)塗户柘方五尺欲微貴人塗

取其左麋直酒中歓之必得之

取雄〓左蚤四小女子左蚤四以鍪熬并

取兩雌〓尾燔治(治)自歓之微矣

取東西鄉犬頭燔治歓夫妻相惡(惡)

治傅人得矣

・黄神問於左神曰陰陽九竅十二節俱産而(而)獨先死何也左神曰力事弗使哀樂弗以歓食弗右其居甚陰而不見陽萃而暴用不寺其莊不刃兩熱是故亟傷諱其名匿其體至多暴事而毋禮是故與身俱生而獨先死

・怒而而不大者肌不至也大而不堅者筋不至也堅而不熱者氣不至也肌不至而用則

遏氣不至而用則避（？）三者皆至此胃三脂

·天下至道談

如水沬浧如春秋氣往者弗見吾得其功來者弗堵吾鄉其賞於虖謨才神明之事

在於所閉審操王閉神明將至凡彼治身務在積精＝羸（羸）必舍」精夬（史）必布＝舍之時精

夬爲之＝＝合坐闕尻畀口各當其時物往物來至精將失吾奚以止之虖實有常謨用勿忘

勿困勿窮筋骨浚強嬞以王（玉）泉食以粢放微出微入侍盈是常三和氣至堅勁以強

將欲治之必害其身嬞以玉閉可以壹遷壹勤耳目蔥明再嬞聲音章三嬞皮革光四

嬞脊骨強五嬞尻脾方六嬞水道行七嬞致堅以強八嬞志驕以陽九嬞順彼天蓋十嬞産神明

·氣有八益有＝七孫不能用八益去七孫則行年卌而陰氣自半也五十而起居衰六十而耳

目不蔥明才下枯上涚陰氣不用渫泣留出令之復壯有道去七孫以㕟（振）其病用八益以

貳其氣是故老者復壯＝不衰君子居処安樂飲食次欲皮奏曼密氣血充羸身體

輕利疾使內不能道産病出汗椯息中煩氣亂弗能治産內熱歓藥約灸以致其氣服司以輔

其外強用之不能道」産痤穜橐氣血充羸九譤不通上下不用産痤雎故善用八益去七孫

五病者不作

·八益一曰治氣二曰致浅（沬）三曰智時四曰畜氣五曰和沬六曰竊氣七曰寺羸八曰定頃

·七孫一曰閉二曰泄三曰渴四曰勿五曰煩六曰絶七曰費

·治八益旦起＝坐直脊開尻翕州印下之曰治氣歓食垂尻直脊翕周通氣焉曰致沬」先戲兩

樂交欲爲之曰智時爲而耎脊翕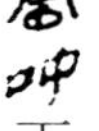下之曰蓄氣爲而物亟勿數出入和治曰和沬」出臥

令人起之怒擇之曰積氣幾已內脊毋嬞翕氣印下之静身須之曰侍羸已而汨之怒而

舍之曰定頃此謂八益

·七孫爲之而疾痛曰內閉爲之出汗曰外泄」爲之不已曰楬秦欲之而不能曰帣爲之椯息中

乳曰煩弗欲強之曰絶」爲之秦疾曰費此謂七孫故善用八益去七孫耳目蔥明身體輕利陰

氣益強延年益壽居処樂長

•人產而所不學者二⌞一曰息二曰食非此二者無非學與服故貳生者食也孫生者色也是以聖人合男女必有則也故

•一曰虎流二曰蟬付思外三曰尺打四曰困槼五曰黄柘⌞息内六曰爰居思外七曰瞻諸八曰兔務九曰青靈十曰魚族此謂十埶

•一曰致氣二曰定味三曰治節四曰勞(勞)實五曰必時六曰通下(才?)七曰微嶂八曰持盈九曰齊生十曰息刑此謂十脩

•一曰高之二曰下之三曰左之四曰右之五曰宎之六曰淺之七曰疾之八曰徐之此謂八道

•十脩既備十埶豫陳八道雜⌞椄刑以昏汗不及走遂氣血門翕因摇前過光利筋乃祭八嶂觀氣所存乃智五音孰後孰先

•八嶂一曰接手二曰信紂三曰平甬四曰直踵五曰交股六曰振銅七曰廁枸八曰上暴

•五音一曰徐息二曰檣息三曰纍哀四曰疢五曰誂審蔡五音以智其心審祭八嶂以智其所樂所通

•接手者欲腹之傅⌞信紂者欲上之麻且據也廁枸者旁欲麻也交股者刺大過也直踵者宎不及上暴者下不級心也平甬者欲淺振銅者至善也此謂八觀

•氣上面熱徐呴⌞乳堅鼻汗徐葆舌薄而滑徐傅下夕股濕徐操⌞嗌乾因唾徐緘此謂五微此謂五欲微備乃上

•怒而不大者膚不至也大而不堅者筋不至也堅而不熱者氣不至也三至乃入壹已清滑出再已而温(糗)如(和)氣氵三已而懆四已而膏五已而鄉六已而精如黍粱七已而第八已而肌九已而黎十已而濈(溼?)=而復滑朝氣乃出

•一曰笄光二曰封紀三曰調𦬩四曰鼠婦五曰穀實六曰麥齒七曰嬰女八曰反去九曰何寓十曰赤繳十一曰去毀十二曰磲石得之而物擇成死有薄走里毛(毛)置救心(毛)脣

盡日汗留至國已數以百
·入=有善者不失女人==有之善者獨能毋予毋治毋作毋疑必徐以久必微以持如已不已女
乃大台侯息下咸之陰光陽∟㷼息氣上相薄自宮(容)張㬹哀者尻彼疾而𢈈䟝
紀疢者鹽甘甚而養乃始𠟭者身振寒置已而久是以雄牡屬陽=者外也
雌牝屬爲陰=者内也凡牡之屬靡表凡牝之屬靡裏此謂陰陽之數∟牝牡之東(杲?)爲之
弗得過在數已努樂之要，務在屖久，句能進久女乃大喜親之弟兄愛之父母凡能
此道者命曰天士

·昏者男之精，將旦者女之精，責吾精以養女精筋脈皆勭
皮膚氣血皆作故能發閉通塞中府受輸而盈
·十勭始十次廿∟卅∟卌∟五十∟六十∟七十∟八十∟九十∟百出入而毋決一勭毋決耳
目葱明∟再而音聲章∟三而皮革光∟四而脊脅強∟五而尻脾方
六而水道行∟七而至堅以強∟八而奏理光∟九而通神明∟十而
爲身常此胃十勭
·十莭一曰虎游二曰蟬柎三曰庰蠖四曰囷桷五曰蝗磔六曰爰
捇七曰瞻諸八曰兔鶩九曰青令十曰魚嘬
·十脩一曰上之二曰下之三曰左之四曰右之五曰疾之六曰
徐之七曰希之八曰數之九曰淺之十曰深之
·八勭一曰接手二曰信村三曰直踵四曰側句五曰上句
六曰交股七曰平甬八振勭∟夫接手者欲腹之傅也信
村者欲上之攠且距也直踵者深不及也側句者旁
欲攠也上句者欲下攠也交股者夾大過也平甬者欲

淺也振動者欲入久持之也
・十已之徵一已而清涼出再已而臭如燔骨三已而澡四已
而膏五已而薌六已而滑七已而遲八已而脂九已而膠
十已而緛=已復滑清涼復出是胃大卒==之徵鼻汗
脣白手足皆作尻不傅席起而去(合)成死爲薄，當此
之時中極氣張精神入藏乃生神明
瘛息者内急也檒息者至美也絫瀸者玉莢入而養
乃始也瘖者鹽甘甚也齧者身振動欲入之久也
・凡將合陰陽之方握手出揗陽，揗村房，抵夜旁，上龟
内以致其氣=至深内而上撅之以抒其熱目復下反之毋使其
氣歇而女乃大喝然後熱十動接十莭築十脩接刑已没遂
氣宗門乃觀八動聽五音察十已之徵
・王期見秦昭王問道焉曰寡人聞客食陰以爲動強∟翕氣
以爲精明寡人何處而壽可長王期合曰必朝日月而翕其精光
食松柏飲走獸泉英可以卻老復莊曼澤有光夏三月去火以
日爂享則神慧而蔥明椄陰之道以静爲強∟平心如水靈路
内臧款以玉筴心毋秫⿺尢昜五音進合孰短孰長翕其神
稽歙夫天將致之五藏欲其深藏蠪息以晨氣刑乃剛襄
近水精氣淩楗久長神和内得云柏皇
五藏軲白玉色重光壽參日月爲天地英昭王曰善
綱抵領鄉循承匡覆周環下缺盆過醴諱陵渤海上常
山入玄門御交筋上欱精神乃能久視而與天地乎存

交筋者玄門中交脈也爲得操揗之使體皆樂養∟説澤以好雖欲勿爲作相呴相抱以次戲道==一曰氣上面熱徐呴二曰乳堅鼻汗徐抱三曰舌溥而滑徐も四曰下汐股濕徐操五曰嗌乾咽唾徐撼(撼)此胃五欲之徵∟備乃上=揕而勿系使則可以久也可以遠行故能壽長

・文執見齊威王==問道焉曰寡人聞子大夫之博於道也寡人已宗廟之祠不叚其聽欲聞道之要者∟二∟三言而止∟文執合曰臣爲道三百編而臥最爲首威王曰子澤之臥時食何氏有文執合曰淳酒毒韭威王曰子之長韭何邪∟文執合曰后稷半穮草千歲者唯韭故因而命之亓受天氣也蚤亓受地氣也葆∟故辟聶懃胠者食之恒張目不蔡者食之恒明∟耳不聞者食之恒蔥春三月食之苛疾不昌∟筋骨益強此胃百草之王威王曰善∟子之長酒何邪文執合曰酒者五穀之精氣也亓入中散溜∟亓入理也徹而周不胥臥而九理故以爲百藥繇威王曰善然有不如子言者夫春𧵍寫人人以韭者何其不與酒而恒與卵邪文執合曰亦乃夫雞者陽獸也發明聲蔥信頭羽張者也復陰三月與韭俱徹故道者食之∟威王曰善∟子之長臥何耶文執合曰夫臥非徒生民之事也舉鳧雁鵠蕭相蚖檀魚鼈耎動之徒胥食而生者也食者胥臥而成者也夫臥使食靡宵散藥以流刑者也辟臥於食如火於金故一昔不臥百日不復食不化必如杶鞠是生甘心密墨粯湯劓惑故道者敬臥威王曰善∟寡人恒善莫飲而連於夜苟毋苛虖∟文執合曰毋芳也辟如鳴獸蚤臥蚤起莫臥莫起∟天者受明∟地者受

晦道者九其事而止⌞夫食氣譖人而夥移夜半而
氣致之六極==堅精是以内實外平痤瘻弗處⌞癰壹不生此道之
王(主?)也威王曰善

·帝磐庚問於耇老曰問子椄陰以爲強翕天之精以爲壽長⌞吾將何
處而道可行耇老合曰君必貴夫與身俱生而先身老者弱者使之
強短者使長貧者使多量⌞亓事壹虚壹實治之有節一曰垂枝直
脊⌞橈尻二曰疏股勭陰縪州⌞三曰合疌毋聽翕氣以充膃⌞四曰含
亓五味歙夫泉英⌞五曰羣精皆上翕亓大明至五而止精神日抬耇老
妾陰食神氣之道

·禹問於師癸曰明耳目之智以治天下上均湛地⌞下因江水至會稽
之山⌞處水十年矣今四枝不用家大紊治之奈何⌞師癸合曰凡治
正之紀必自身始⌞血氣宜行而不行此胃款央⌞六極之宗也此氣血
之續也筋脈之族也不可廢忘也於膃也茈⌞於味也移⌞道之以志勭
之以事非味也无以充亓中而長亓節非志也无以智亓中虚與(興×)實
非事也无以勭亓四支而移去其疾故覺侵而引陰此胃練筋既信有詘
此胃練骨勭用必當精故泉出行此道也何泄不物⌞禹於是歙湩
以安后姚家乃復甯師癸治神氣之道

·王子巧父問彭祖曰人氣何是爲精虖彭祖合曰人氣莫如竣精竣氣
宛閉百脈生疾竣氣不成不能繁生⌞故壽盡在竣=之葆愛兼予
成駐是故道者發明唾手循辟⌞靡腹從陰從陽必先吐陳乃翕
竣氣與竣通息與竣歙食==完竣如養赤(亦)子==驕悍數起慎勿
寀而勿寫材將積⌞氣將褚行年百歲賢於往者舜之椄陰治氣之道

出入以脩奏理⌞軲白内成何病之有坡生有央⌞必亓陰精扁泄百脈宛
廢喜怒不時不明大道⌞生氣去之俗人芒生乃持巫醫行年未半
刑必夭貍頌事白殺⌞亦傷悲㦸⌞死生安在㒓士製之實下閉精
氣不扁泄⌞心製死生孰爲之敗⌞慎守勿失⌞長生絫迣＝＝安
樂長壽＝＝生於蓄積⌞坡生之多⌞尚察於天⌞下播於地⌞能者必神
故能刑解⌞明大道者亓行陵雲⌞上自麇榣水溜能遠，龔（龍）登能高，疾
不力　　巫成　　巫成柖以四時[illegible]⌞天地
爲經巫成柖與陰陽皆生陰陽不死巫成柖與柖視有道乚□□□□
·堯問於舜曰天下孰最貴⌞舜曰生最貴堯曰治生奈何舜曰
審夫陰陽堯曰人有九繳十二節皆設而居何故而陰與人具生而
先身去舜曰歓食弗以謀慮弗使諱亓名而匿亓體亓使甚多
而無寬禮故興身俱生而先身死堯曰治之奈何⌞舜曰必愛而
喜之教而謀之飲而食之使其題頏堅強而緩事之必盬之而勿予必樂
酒食五味以志治氣目明耳葱被革有光百脈充盈⌞陰乃　□
·黄帝問於容成曰民始滿淳溜刑何得而生溜刑成體何失而死何叟之
人也有惡有好有夭有壽欲聞民氣贏屈施張之故容成合曰君若
欲壽則順察天地之道天氣月盡月盈故能長生⌞地氣歲有寒暑
險易相取故地久而𤸶君必察天地之請而行之以身⌞有徵可智閒
雖聖人非其所能唯道者智之天地之至精生於无徵長於无刑
成於無體得者壽長失者夭死故善治氣槫精者以无徵爲積⌞精
神泉益翕甘潞以爲積歓榣泉靈尊以爲經去惡好俗神乃溜刑翕
氣之道必致之末精生而不厥尚下皆精塞温[illegible]生息必探而久新氣

昜守∟宿氣爲老新氣爲壽∟善治氣者使宿氣初散∟新氣朝冣以𢿰九徼而實六府食氣有禁春辟濯陽∟夏辟湯風秋辟霜潸∟冬辟淩隂必去四咎乃棎息以爲壽∟朝息之志亓出也湇合於天∟亓入也楑坡閵誧如臧於淵∟則陳氣日盡而新氣日盈則刑有云光以精爲充故能久長晝息之志虖吸祕微耳目蒽明隂=孳氣中不薈腐故身无苛央莫息之志深息長徐使耳勿聞且以安侵云=相(柏)安荆故能長生夜半之息也覺悟毋變侵刑探余去執∟六府皆發以長爲極將欲壽神必以奏理息治氣之精出死入生驩欣味㲄以此充刑此胃槫精∟治氣有經務在積精=盈必寫∟精出必補=寫之時於臥爲之

·黃帝問於曹熬曰民何失而死何得而生

而取其精∟侍坡合氣∟而微勤其刑∟能勤其刑以至五聲乃入其精虛者可使充盈壯者可使久榮老者可使長生==之稽慎用玉閉==時辟神明來積=必見章∟玉閉堅精∟必使玉泉毋頃∟則百疾弗嬰故能長生∟椄陰之道必心塞葆荆氣相葆故曰壹至勿星耳目蒽明∟再至勿星音氣高陽∟三至勿星被革有光四至勿星脊胠不陽∟五至勿星尻脾能方∟六至勿星百脈通行∟七至勿星冬身失央∟八至勿星可以壽長九至勿星通於神明曹熬之椄陰治神氣之道

·黃帝問於大成曰民何失而䨏色鹿貍∟黑而蒼民何得而奏理靡曼鮮白有光大成合曰君欲練色鮮白則察觀尺汙==之食∟方通於隂陽食蒼則蒼食黃則黃唯君所食以變五色∟君必食隂以爲當∟助以柏實盛食飲走獸泉英可以卻老復壯曼澤有光椄陰將衆𧖴以蜚虫春肘𦋐駘興坡鳴雄==有精誠能服此玉筴復生∟大上埶遇廱坡玉

竇盛乃從之貴騐送之若不埶遇置之以籟誠能服此可以起死⌞大成之起死食鳥精之道

・黄帝問於天師曰萬勿何得而行草木何得而長⌞日月何得而明天師曰璽察天之請陰陽爲正萬勿失之而不醯⌞得之而贏⌞食陰模陽稽於神明⌞食陰之道虛而五臧廣而三咎若弗能出榣食之貴静而神風⌞距而兩柎參築而毋遂神風乃生五聲乃匌⌞翕毋過五致之四枝之心四輔所貴⌞玄尊乃至歆毋過五⌞口必甘昧至之五臧荆乃極退摶而肌膚及夫臹末乇(毛)脈乃遂⌞陰水乃至淺坡陽炅堅蹇不(丁)死歆食實體此胃復奇之方通於神明天師之食神氣之道

整理説明：

該手稿用圓珠筆寫於六百字稿紙上，共十四頁。該釋文無標點和注釋，也没有注明文字的通假關係。寫作時間不詳，作者寫的其他幾篇有關馬王堆的文章大都在一九七四年至一九七六年之間，估計此篇也可能在此期間。

（劉　雲）

馬王堆三號墓竹簡

與人訟書其名直履中

5 善涖涂埒上方五尺

4 七尺姑婦善鬭埒戶方五尺嬰兒

3 門左右方五尺ㄥ多惡（惡）夢埒牀下方

1 又犬善皋於壹與門埒井上十五尺ㄥ夫

2 妻相惡（惡）埒戶枯方五尺欲微貴人埒

取其左麋直酒中歙之必得之

取雄＝左蚤四小女子左（左）蚤四以鍪熬并

取兩雌＝尾燔治（治）自歙之徵矣

取東西鄉犬頭燔治歙夫妻相惡（惡）

治傅人得矣

• 黄神問於左神曰陰陽九竅十二節俱產（而）獨先死何也左神曰力事弗使哀樂

弗以飲食弗右其隱甚陰而不見陽萃而暴用不寺其莊不刃兩熱是故（亟）傷謀其

名置其體至多暴事而毋禮是故與身俱生而獨先死

• 怒而不大者肌不至也大而不堅者筋不至也堅而不熱者氣不至也肌不至而用則

過氣不至而用則避？三者皆至此胃三脂

• 天下至道談

如水沶湿如春秋氣往者弗見君得其功來者弗睹吾（癃）餌其實於寧謹不神明之事

在於所閉審操玉閉神明將至凡彼治身務在積精〻羸必舍〻精夬（大）必布〻舍之時精

夬為之〻〻合坐闕尻畀口各當其時物往物來至精將失吾奚以止之虛實有常慎用勿忘

勿困勿窮筋骨淩強踵以玉（玉）泉食以粲致徵出徵入侍盈是常三和氣至堅勁以強

將欲治之必害其身踵以玉閉可以盡遷壹動耳目蔥明再動（踵）聲音章三動皮革光四

踵脊骨強五踵尻髀方六踵水道行七踵致堅以強八踵志驕以陽九踵順彼天英

十踵產神明

• 氣有八益有〻七孫不能用八益去七孫則行年卌而陰氣自半也五十而起居衰六十而耳

目不蔥明才下枯上涚陰氣不用課泣留出令之復壯有道去七孫以學（損）其病用八益以

40×15=600

2

對裘錫圭同志所擬前言的意見

1. 從文章來説，寫得很好，可以作爲百家爭鳴的論文，在刊物上發表。

2. 從前言的角度説，這是不合適的，理由詳後。

3. 前言有兩種：⑴是從權威的角度來寫的，例如：李希凡同志寫的紅樓夢的前言。這種前言，可以發表個人意見。（李希凡同志的論點，上海存不同看法。故宫編的曹寅史料，李希凡同志寫的前言，有關方面就不肯發表，曾經爲此扯皮，現在不知怎樣？）

⑵是集體寫的。按一般的規律，應先由集體討論，該寫什麽，不要寫什麽，有一個框框，由一人執筆，然後集體討論修改定稿。

4. 裘錫圭同志所擬的前言，如果是由個人負責的，即署作者名的文章（當然也可以署筆名），那是可以這樣寫的。如果要用小組的名義，作爲集體寫的，那就需要寫大家都同意了的觀點，而不要寫那些我們内部還有不同意見，必然會引起爭論的論點。例如：我主張乙本前面是《黄帝四經》，整個乙本帛書是「黄帝老子之書」。主張甲本後面是一部書，是儒家而受一些法家影響的。但我決不以我的論點強加於人。我可以發表論文，但並不主張把它寫進前言中去。有些是非，不是一時定得下來的，要有長期觀點，三年、五年、十年，是非總會定下來的。我們今天寫前言，只能「求同存異」，把可以説的説了，[一]而不要忙着把個别意見定下來。

5. 如果是作爲集體寫的，代表集體的意見，我作爲集體的一分子，就得對這意見負責。但是，我對此文中絕大部分，並且佔主要地位的論點，既不想「掠美」，也不想「負責」。

[一] 當然也可以采用兩説並存的辦法，即一説怎樣，一説怎樣。不過，最好不這樣做。

6. 裘錫圭同志認爲「黃老言」，也稱「道論」，未敢苟同。黃生儘管可能接近於法家，但並沒有證據説明他是法「黃老言」的。從司馬談的言論看，他所謂道家，就決不是「黃老」。

裘錫圭同志説「這一學派（指黃老）的正式名稱是道家」。這句話的根據何在？這個「正式名稱」是誰規定的？爲什麽蓋公言黃老，漢文帝宗黃老，竇太后好黃帝老子之書，以及司馬遷反覆説的黃老，反動的儒家集團要廢黜黃老，裘錫圭同志卻要給它規定一個「正式名稱」是「道家」呢？（以上見四頁）

7. 裘錫圭同志根據《漢書・藝文志》和司馬談的《六家要指》來替「道家」下定義，我不懂得在這「前言」裏有什麽用處。劉歆、班固是在「黃老」已被廢黜後來劃分所謂道家的，他們要把道家納入儒家的規範中去，是不足奇的。至於司馬談所説「道家」，也只是他所學的一派。他身及景帝和竇太后提倡「黃老」的時期，但是絕口不談「黃老」，等於《淮南子》也不談《黃老》，主要恐怕是思想上有抵觸*，我們總不能否定司馬談和劉安曾看到過這四篇古佚書的吧！怎麽能把司馬談對「道家」的看法跟戰國時早已存在的這四篇古佚書混作一談，從而引出「當時流行的道家思想已經吸收了不少陰陽、儒、墨、名、法等家的思想，雖然黃老這個名稱反映出當時的道家在表面上還很推崇老子，但是他們中間多數人的思想顯然已經跟老子有很大距離了」。而説這四篇佚書的思想，「正是西漢流行的那種道家思想」呢？究竟是戰國時代這四篇的思想在西漢前期（並不是整個西漢）曾經流行呢？還是西漢時道家中的多數人「已經跟老子有很大距離之後所流行的思想，會被吸收到戰國時期的四篇佚書裏去呢？這種邏輯是使人百思不得其解的。（以上五頁）

8. 裘錫圭同志説「形名之説是法家的申不害所提倡起來的」，因而説劉向《別録》中所説「鄧析好刑名」，「可能在申不害之前，名家已提出刑名之説，申不害是繼承名家之説而加以改造的」。這樣推測有什麽根據呢？首先，鄧析作竹刑，難道不能是法家而必須按照《漢書》歸入名家嗎？難道鄧析由於是名家而被駟歂所殺嗎？其次，我們不反對「申不害學刑名」（劉向語），是對刑名之術有所發展這種設想，但有什麽根據説鄧析所講是名家而經申不害改造成法家呢？就是裘錫圭同志自己不又引了司馬談把「控名責實，參伍不失」歸之名家嗎？那末，申不害又應是名家而不是法家了嗎？第三，裘

* 我想主要是這類道家對曾經也稱爲道家的黃老是擯斥爲異端的。因爲黃帝之爲僞託是很明顯的，它講的其實是法家而不是老子一派的道家，所以瞧不起它。儘管有時也不自覺的用了它裏面的一些論點，但是不肯承認它是淩駕於老子之上的黃帝之言。在《淮南子》裏是明確地提出來了。

錫圭同志爲什麽對司馬遷所説「申子之學本於黄老而主刑名，著書二篇，號曰《申子》」避而不談呢？太史公總是讀過《申子》的吧！總是瞭解什麽叫做黄老吧！論「刑名」而迴避《老莊申韓列傳》中有關申韓的重要資料，似乎不是科學的實事求是的態度。由於裘錫圭同志一心要把提倡刑名之功歸於申不害，因而再進一步説鄧析子的「劉向序録也可能是僞作，鄧析是否講過『形名』還是個問題」。其實，這是不必懷疑的。《荀子》在《非十二子》篇以及其它篇經常稱「惠施鄧析」的辯，兩人不都是名家嗎？裘錫圭同志又説「講『白馬非馬』的公孫龍一派名家，有時也稱『刑名之家』，他們講『刑名』的立場與申不害等法家不同」。他不知道「名家」即是「刑名之家」，並不是「有時也稱」。他也不知道「刑名」是春秋末年後哲學家們一個最大課題，是指形和名的關係，刑名家講，法家講，墨家講，反動的儒家也講。立場當然不一樣。唯物論者是形先於名，但是既有了名，就可以循名責實。唯心論者，卻要用「正名」來固定一切，不許變革。或者利用名來作概念的遊戲，即詭辯。並不是只爲了「君主應該通過審名責實的方法來控御臣下」，才提倡刑名之説的。

9．裘錫圭同志把司馬談論道家的話奉爲金科玉律，因而要在四篇佚書裏尋找儒墨的思想影響，可惜這種影響太少了。僅僅一兩條近於儒家思想，一兩條近於墨家思想，就可以證明它像司馬談所説「采儒墨之善」了嗎？就可以像作者所説「吸收了不少陰陽、儒、墨名法等家的思想」了嗎？這怎麽能説服人呢？但裘錫圭同志卻硬説「從以上的分析來看，這四篇佚書應該就是司馬談所説的『因陰陽之大順，采儒墨之善，撮名法之要』的那種道家的著作」。可是在他的分析裏卻根本看不到。本來在儒家之後的諸子百家受一些儒墨的影響，是不足爲怪的。就以法家的《慎子》來説，至少引過兩次孔丘的話，還講到詩書春秋。但這四篇佚書卻絲毫没有這些影響，又怎麽能説到「采儒墨之善」呢？

10．裘錫圭同志創造了一個「道法家」的新名稱，更是難以索解的。他先是説「黄老之言」的「正式名稱」是「道家」，然後再把「撮名法之要」的「道家」稱爲「道法家」，實際是想盡一切辦法把從相傳爲河上丈人傳授下來的，經過樂瑕公、樂臣公、蓋公、曹參等，而在文景時代大爲行時的「黄帝老子之書」（簡稱爲黄老）從名稱上消滅其蹤跡，如其不然，這已經沿用了兩千多年的「黄老」兩字，有什麽必要要改成换湯不换藥的很難理解的新名稱呢？漢朝人把這一派稱爲「黄老」，本就和單純稱「老子」是不同的。只要看《史記》裏從申韓到慎到、田駢、接子、環淵等人都是學黄老，而莊周卻是「然其要本歸於老子之言」，「以明老子之術」，這種區别，還不是很清楚嗎？老子一派，固然不能包括劉歆班固之流所説的道家，但是不能不説在戰國時就有絶大的影響，《莊子·天下篇》明明把關尹老聃放到最崇高的地位，《文子》顯然是屬於這一派的，楊朱和列禦寇，其書不傳，但楊朱與墨翟抗衡，儒墨楊秉，曾經是四大派别。就是漢代已經有很多傳説，嚴君平還作《道德指歸》，並不是像裘錫圭同志所説的直到魏晉，才有老莊一派的。從哲學思想來看，儒家是低能的。老子一派儘管是唯心主義的，但卻是有哲學體系的。黄老之學爲什麽要借重老子，要講的道，就是要借用他的哲學理論或方法來闡明法家觀點。黄老的重點在黄，即假託的黄帝之言，實際是法家著作（等於神農之言是農家著作），但是它的理論基礎是很受老子影響的，所以《韓非子》有《解老》、《喻老》等篇，儘管有人懷疑它們不是韓非子所作，但總不能排除申韓和老的關係吧！就是儒家，也不能排除這種影響，例如《周易》的《繫辭》就顯然受老子學派的影響很深。那末，黄老之學是法家的一個新的派别。四篇佚書顯然以法家和兵權謀家的論點爲主，爲什麽要歸入道家範圍而作爲道家的一個支派呢？司馬談所説的道家，是「因陰陽之大順，采儒墨之善，撮名法之要」。他是要把這種道家包羅萬象的。首先是講陰陽，對於儒墨，不過采其善而已，名法，不過撮其要而已。可見他所謂「道家」，實際有些類似《淮南子》，其時代也相當。《淮南子》不是以《原道訓》開場嗎？它不是把陰陽五行，儒墨名法都包括進去的嗎？至於佚書四篇，一開始就把法提得很明確的，何嘗是「撮名法之要」（撮並非吸收）呢？把一本極爲重要的法家著作，硬改成爲道家支派的道法家，這是我們的基本分歧之一。道家之中可以出現一個道法家，那末，講到兵權謀時就可以叫道兵家了，在儒家裏也可以産生儒道家、儒法家、儒兵家等等了。這難道是「方便」嗎？（十一頁）

11. 裘錫圭同志説「從它們兼采道、法、陰陽、儒、墨等家思想的情況來看，時代大概也不會很早，估計可能在戰國晚期」。如果按照這樣情況，這本書就應該是雜家，像《吕氏春秋》和《淮南子》，但這本書可惜不是這樣。這本書的主要的内容是法，是刑名，是權謀，這是屬於黄帝部份；它也講道，這是屬於老子部份，當然，還有所發展。此外，它從未引一本書，除黄帝故事外，也没有引過一段歷史，没有引過一個古人，這是很像老子的一個最大特點。至於陰陽，是當時的哲學範疇之一，説到陰陽，不等於是陰陽家的學説，《周易・繫辭》也講陰陽，能説是陰陽家嗎？《漢書・藝文志》陰陽家二十一家，試問跟那一家有關係。鄒衍的五德終始，是戰國中期陰陽家的主要内容，試問與此有何交涉，那末，説這書兼采陰陽家，不成了捕風捉影了嗎？至於找到一個「仁」字或找到「兼愛」兩字而就説這書兼采儒墨，更是天大的笑話，要采一家學説，只采一兩個字就能完成嗎？難道不是儒家的著作，必須把仁這個字彙都消滅嗎？難道不是墨家就不許有兼愛無私的思想嗎？這是由於先把司馬談的話定下了框子，然後望裏硬填，先有假設而後求證。並不是先有無數事實作爲證據歸納出來的。

12. 裘錫圭同志説「《隋書·經籍志》所説『其黄帝四篇，老子兩篇最得深旨』，黄帝四篇就是黄帝四經」是不錯的。而説「從《經籍志》的話看，這部書也應該是老子一派道家的著作」，既然這樣，爲什麽漢文帝宗黄老，竇太后好黄帝老子之言，而《史記》只説文帝好刑名之言呢？《漢書·藝文志》在《黄帝君臣》下注「與老子相似」，爲什麽作爲「經」的四篇，反而不注呢？如果説文帝所宗，竇姬所好的黄帝之言或者刑名之言，不是《藝文志》的《黄帝四經》，那末，爲什麽它又稱爲「經」，跟老子一樣，而班固把它列於這一類的開始呢？爲什麽文帝時代的這個抄本恰恰是「黄帝老子之言」而又恰恰是四篇呢？如果説：這不是「黄帝老子之言」，那末，爲什麽要寫到老子前面去，而且挨篇下去，好像是一部書呢？我並不要求把這四篇就肯定爲《黄帝四經》，但如果要把否定爲《黄帝四經》作爲集體意見，那就希望能提出更確切的有説服力的證據。（以上十三頁）

13.《吕氏春秋》和《説苑》所引伊尹之言與佚書有何關係，而要把它鈔下來。又有什麽必要而去研究那些書上的材料有儒家有關係，如果説儒家影響，那就應説是道儒家，不是道法家了。（十四頁）

14. 裘錫圭同志説《稱》篇有四段文字抄襲《慎子》。不知有什麽根據？慎到是齊宣王時的稷下先生，大概没有問題吧（公元前三一九—前三〇一）！裘錫圭同志先假定佚書四篇是戰國晚期，如果這個假定成立，那倒可能佚書抄《慎子》了。但司馬遷是既讀過黄帝老子之書，又見過《申子》的，他説《申子》是「本於黄老而主刑名」，那末，黄老的書應該在公元前四世紀的前半期，遠在慎到之前了。爲什麽不是慎子抄這本佚書呢？《史記》又明明説「慎到趙人，田駢、接子齊人，環淵楚人，皆學黄老道德之術」。那末，慎到曾學過黄帝老子之言，因而在著作時抄録一些黄帝之言中的段落是並不足奇的。司馬遷所見的《慎子》是十二論，《漢書·藝文志》的《慎子》四十二篇，是劉向所定，可能根據各種舊本有所增加。現已殘缺，只存五篇，唐魏徵《羣書治要》所引也只有七篇（當然還有一些他書所引佚文），但其中與佚書相同的已有四段，那末，司馬遷所説慎到學黄老，是信而有徵的了。我們既可以根據現存《慎子》殘本來證明慎到所學黄老，就是這本黄帝老子之書，更可以根據司馬遷的話來證明《慎子》這幾段是因襲黄帝之言的。司馬遷所舉本黄老、學黄老的共有六人，除申韓外，即慎到、田駢、接子、環淵。現在《韓非子》全書俱存，説他「喜刑名法術之學，而其歸本於黄老」是可以證明的了。此外就只有《慎子》還有殘本，而又可證明他確是學黄老的，那末，黄帝之言興於戰國中期之初，即公元前四世紀的上半段，不更可確定了嗎？當然，裘錫圭同志可以主觀地決定四篇佚書是像司馬談所説的道家是「因陰陽之大順，采儒墨之善，撮名法之要」的所謂「道法家」，還可以找出一兩字相同來説明這本佚書確實采過儒墨之善而把它定爲戰國晚年。但是我寧願相信在兩千多年前曾經讀過黄帝老子之書，也讀過申、韓、慎、田、捷、環等的全書的司馬遷所作的論斷，他們是「本黄老」、「學黄老」的。而新發現的四篇古佚書，又恰好可以證明它是黄帝之言，而又確爲《慎子》所引用過。我是寧願相信這種鐵的證據的。

古書裏與此佚書相同的文字是不少的，裘錫圭同志大都没有提到，如《管子》、《國語·越語》、《文子》、《鶡冠子》（順便説一下，十一頁説的《尉繚子》應是筆誤）等等，引用得最多。我跟裘錫圭同志早就有爭論，我認爲這些書都是直接或間接因襲黄帝之言的，而裘錫圭同志則認爲是這本書東抄西撮，湊集起來的。我總懷疑，寫這本書的人，如果是這樣的一個低能兒，不會自己寫文章，而只會東抄西撮，把別人的話據爲己有的文抄公，又怎麽能寫成這樣一本有完整體系的法家著作呢？我又懷疑，如果這本書如果真是成於戰國晚期，而又是到處抄書，那末，爲什麽没有反映出五德終始之論，堅白同異之辨，縱横長短之術，以及天官時日，陰陽向背之類的東西呢？現在證明了它確是前四世紀上半段的作品，這一切疑問就完全消失了。（以上十七頁）

15. 裘錫圭同志只看到《慎子》的殘篇佚文就説「幾乎從來不談那些比較玄妙的道家的理論」，他大概没有讀一下《莊子·天下篇》吧，那裏有關於彭蒙、田駢、慎到的大段文章。「……是故慎到棄知去己而緣不得已，泠汰於物以爲道理，……夫塊不失道。豪傑相與笑之曰：『慎到之道，非生人之行而至死人之理，適得怪焉。』」那末，司馬遷説他們「學黄老道德之術」並没有錯。他也大講其道，而且有他的獨立見解，但仍不失爲法家。看一本著作，要從它的主要方面來決定，「道法家」的名稱是不能成立的。

16. 裘錫圭同志找出「最早的道法家大概是與慎到有密切關係的田駢」，以及他根據《吕氏春秋》田駢以道術説齊王的一段話就大做文章，説「田駢可以算一個道法家」哪！説《管子》的《心術上》和《白心》「出自慎到、田駢後學中的道法家之手」哪！約有兩千來字。我根本不懂得在這個《前言》里要寫這些做什麽？我不能武斷它没有理由，但可以説這與這本書没有關係。裘錫圭同志可以另外寫文章專門討論這些問題吧！哲學史上的問題跟考據是兩回事，不是單考引證和比較所能解決問題的。我覺得我還没有資格來參與討論這些大問題，所以對於這個問題，以及建立在這個「道法家思想的源流」的基礎上來談它的「實質」部份，又是三四千字，只好謹謝不敏，以待高明了。我只有一個意見，就是這些只能單獨發表，不要和《引言》混起來，如果寫進「引言」去，那就變作對這本佚書的權威性的説明了。

整理説明：

該手稿用圓珠筆寫於三百字稿紙上，共二十一頁，篇題爲作者原定。

裘錫圭先生所擬前言應是爲馬王堆漢墓帛書《老子》乙本卷前古佚書而作，與其後出版的《馬王堆漢墓帛書・經法》和《馬王堆漢墓帛書（壹）》有關（兩書寫成於一九七五年五月和七月），唐先生文應該寫於一九七五年上半年前後。

（劉　雲）

对蔡铭生同志所拟前言的意见

唐　兰

1. 从文章来说，写得很好，可以作为百家争鸣的论文，在刊物上发表。

2. 从前言的角度说，这是不合适的；理由详后。

3. 前言有两种：1.是从权威的角度来写的，例如：李希凡同志写的红楼梦的前言。这种前言，可以发表个人意见。（李希凡同志的论点，上海有不同争论。故宫编的档案史料，李希凡同志写的前言，有关方面就不肯发表，曾经为此扯皮，现在不知怎样？）

2.是集体写的。按一般的规律，应先由集体讨论，该写什么，不要写什么，有一个框框，由一人执笔，然后集体讨论修改定稿。

4. 裘锡圭同志所拟的前言，如果是由个人负责的，即署作者名的文章（当然也可以署笔名），那是可以这样写的。

如果要用小组的名义，作为集体写的，那就需要写大家都同意了的观点，而不要写那些我们内部还有不同意见，必然会引起争论的论点。例如：我主张乙本前面是《黄帝四经》，整个乙本帛书是"黄帝老子之书"。主张甲本后面是一部书，是儒家而受一些法家影响的。但我决不以我的论点强加于人。我可以发表论文，但并不主张把它写进前言中去。有些是非，不是一时会得下来的，要有长期观点，三年、五年、十年，是非总会定下来的。我们今天写前言，只能"求同存异"（把可以说的说了*），而不要任意把个别意见定下来。

* 当然也可以采用两说并存的办法，即一说如何，一说如何。不过，最好不要这样做。

對徐朔方文的意見

此文主題思想不明確。

1. 如果説帛書與《史記》記蘇秦事有分歧，這是明擺着的，用不着説。

2. 如果作者是《史記》而非帛書就要有過硬的證據，僅僅推想司馬遷别有所據是不夠的。

3. 如果作者主張去僞存真，明擺着的《蘇秦列傳》中的許多疑點，作者已認爲『是後人虚構與假託』，爲什麽不去僞。作者認爲不但帛書與《史記》有分歧，就是《戰國策》本身也有分歧，甚至帛書内也有分歧(原因就在帛書二十篇也是假託)，這都很對。但爲什麽不分析孰真孰假。

4. 如果作者對蘇秦時代，要對近人提出對立面，就必須證實《史記》所謂蘇秦早於張儀是正確的，這部份史料是真的。但相反，作者只能證明其疑點很多，而説否定它的『理由與依據都不夠充足』。這是徘徊瞻望，不能成爲對立面。

5. 如果作者反對厚古薄今，就應做更多的調查研究和分析判斷。對古代遺留下來的資料，不能認爲帛書是古，《史記》《國策》是今。應該重視今人的研究成果。當然有些研究存在着嚴重缺點，但在蘇秦時代上畢竟勝於司馬遷。先斷定司馬遷一定見到更多的資料，這正是厚古薄今。

其實，作者過於相信《史記》蘇秦張儀等傳了。不知蘇張故事和合縱連横十四篇全部是假的。太史公的錯誤有三：首先，他把這段歷史年代(如齊宣齊閔等)搞亂了。其次，他上了十四篇漂亮的假文章的當，以此作爲蘇張行事的主體，附合他的歷史年代，因而把李兑五國攻秦與上次楚王爲從長的六國攻秦捏合到一起。其三則把史料中的蘇秦全改爲蘇代蘇厲以符合他定的時序。帛書的發現，最寶貴的一點，就是證實了他的錯誤。只要把當時的史料(帛書與《戰國策》)整個研究一下，這樁公案已經完全可以定下來了。

整理説明：

該手稿用圓珠筆寫於三百字稿紙上，共三頁，篇題爲作者原定。

徐先生文發表於《史漢論稿·帛書〈戰國策〉和〈史記·蘇秦列傳〉的分歧》（一九八四年），該文記完稿於一九七六年六月二十四日，推測唐先生文可能寫於一九七六年下半年。

（劉　雲）

对徐翔方文的意见　　　　　第 1 页

此文主题显然不明确。

1、如果说帛书与史记记苏秦事有分歧，这是明摆着的，用不着说。

2、如果作者是史记而非帛书就要有过硬的证据，仅仅推想司马迁别有所据是不够的。

3、如果作者主张去伪存真，明摆着的苏秦列传中的许多疑点，作者已认为"是后人窜拼与假托"，为什么不去伪。作者认为不但帛书与史记有分歧，就是战国策本身也有分歧，甚至帛书内也有分歧（原因就在帛书二十篇也是伪托），这都很对。但为什么不分析孰真孰假。

4、如果作者对苏秦时代，要对近人提出对立面，就必须证实史记所说苏秦早于张仪是正确的，这部分史料是真的。但相反，作者只能证明其疑点很多，而说否定它的"理由与依据都不够充足"。这是徘徊瞻望，不能成为对立面。

5、如果作者反对厚古薄今，就应做更多的调查研究和分析判断。对古代遗留下来的资料，不能认为帛书是古，史记国策是今。应该重视今人的研究成果。当然有些研究存在着严重缺点，但在苏秦时代上毕竟胜于司马迁。至断言司马迁一定见到更多的资料，这正是厚古薄今。

其实，作者过于相信史记苏秦张仪列传了。不知苏秦故事和合从连横十四篇全部是假的。太史公的错误有二：首先，他把这段历史年代（如齐宣齐闵等）搞乱了。其次，他上了十四篇漂亮的假文章的当，以此作为苏秦行事的主体，附合他的历史年代，因而把李兑五国攻秦

玖 文學類

一　黃鶯兒　九十六字　正宮　　宋　柳永　毛校本《樂章集》

園林晴晝春誰（一作「誰爲」）主均暖律潛催句幽谷暄和句黃鸝翩翩句乍遷芳樹叶觀露濕縷金衣句葉映（「映」天籟本改「隱」）如簧語叶曉來枝上緜蠻句似把芳心深意低訴叶　無據叶乍出暖煙來句又趁遊蜂去叶恣狂蹤迹（梅抄本「迹」上空一格，非）兩兩相呼句終朝（《草堂詩餘》作「黃昏」）霧吟風舞叶當上苑柳穠時句別館花深處叶此際海燕偏饒句都把韶光與叶

（萬氏謂：第二句當作「暖律潛吹幽谷」。「谷」以入聲「叶」主字，「催」爲「吹」字之誤，「暄和黃鸝」爲一句，又引晁無咎一首云：「兩兩三三，脩篁新筍出初齊，猗猗過簷侵户。」乃誤多一「出」字，「篁」爲「竹」字之誤，「竹」字「叶」。首句「暑」字「均」云云。按：萬説皆肊斷也，柳詞十六字自以分四句爲是。「暄和黃鸝」句不通也。晁詞宋本作「兩兩三三，脩篁新篁新出初齊，猗猗過簷侵户」，蓋「新篁」二字是衍文，本當作「兩兩三三，脩篁新出初齊，猗猗過簷侵户」十六字，與柳正同。僅爲四字一字六字兩句微異耳。毛刊本《琴趣外篇》妄改「篁」爲「筍」，又去一「新」字，不知上云「偏宜暑」，又何從「得新筍」邪？彼詞據宋本亦《東皋寓居》時作，故云「脩篁新出初齊」者，蓋新種之竹也，萬氏以爲竹至過牆，不宜言「新出」，但言「新筍初齊」爲是，亦非也。今並校正。）

二　玉女搖仙佩　一百三十九字　正宮　　宋　柳永　毛校本《樂章集》

飛瓊伴侶句偶（梅本脱「偶」字）別珠宮句未返神仙行綴均取次梳妝句尋常言語句有得幾（一作「許」）多姝麗叶擬把名花比叶恐旁人笑我句談何容易叶細思算豆奇葩艷卉句惟是深紅淺（一作「淡」）白而已叶爭如這多情句占得人間句千嬌百媚叶　須信畫（一作「華」，非）堂繡閣句皓月清風句忍把光陰輕棄叶自古及今句佳人才子句少得當年雙美叶且恁相偎倚叶未消得憐我多才

多藝叶但願取（本作「願嫿嫿」，依《詞律校勘記》及繆筱珊《樂章集校勘記》引宋本改，天籟本同）蘭心蕙性句枕前言下句表余深意叶爲盟誓叶今生斷不孤鴛被叶

三　雪梅香　九十四字　正宮

宋　柳永　毛校本《樂章集》

景蕭索句危樓獨立面晴空韻動悲秋情緒句當時宋玉應同叶漁市孤煙裊寒碧句水村殘葉舞愁紅楚天闊豆浪浸斜陽句千里溶溶叶臨風想佳麗句別後愁顔句鎮斂眉峯叶可惜當年句頓乖雨跡雲蹤叶雅態妍姿正歡洽句落花流水忽西東叶無憀意豆盡把相思句（本作「無憀恨，相思意盡」，依杜筱舫、繆筱珊引宋本改。曹君直謂「《梅苑》有無名氏用耆卿此韻」，畢曲云「賞南枝，倚闌凝望，時見征鴻」，亦不盡如宋本。按：七字句上三下四者，上三若爲平平仄，則下爲仄仄平平；上三若爲仄平平，則下爲平平仄仄。如此方發調。無名氏作上爲仄平平，故下爲平平平仄，而柳詞則上爲平平仄，下必當如宋本乃合，若如今本，則當讀爲「無憀恨相思意」爲句矣）分付征鴻叶

四　尾犯　九十四字　正宮

宋　柳永　毛校本《樂章集》

夜雨滴空階句孤館夢囬句情緒蕭索均一片閒愁句想（一本無想，非）丹青難貌叶秋漸老豆蛩聲正苦句夜將闌豆燈花旋落叶最無端處句總（詞律作「忍」，非）把良宵句只恁孤眠卻叶　佳人應怪我句別（《詞律》引《草堂》「別」上有「自」字。今按：不見所出）後寡信輕諾叶記得當初句剪香雲爲約叶甚時想豆幽閨深處句按新詞（「詞」毛刻本譌「調」）流霞共酌叶再同歡笑句肯把金玉珍珠博叶（《樂府指迷》謂：「古曲亦有拗者，今歌者亦以爲硋，如《尾犯》之用『金玉珠珍博』，『金』字当用去声。」是也）

五　早梅芳　一百五字　正宮

宋　柳永　毛校本《樂章集》

海煙紅句山煙翠均故都風景繁華地叶譙門畫戟句下臨萬井句金碧樓台相倚叶芰荷浦漵句楊柳汀洲句映虹橋倒影句蘭舟飛

棹句遊人聚散句一片湖光裏叶　漢元侯豆自從破虜征蠻句峻陟樞庭貴叶籌帷厭久句盛年晝錦句歸來吾鄉我里叶（繆小珊據宋本脱此十四字。《詞律拾遺》有）鈴齋少訟句宴館多歡句未周星句便恐皇家圖任勳賢句又作登庸計叶（《詞律》失收此調，《拾遺》補之，稱《早梅芳慢》，未知何據）

六　鬥百花　八十一字　正宮　亦名夏州

宋　柳永　毛校本《樂章集》

颯颯霜飄鴛瓦句翠幕輕寒微透借起韻，此蓋方音也。長門深鎖悄悄句滿庭秋色將晚叶眼看菊蕊句重陽淚落如珠句長是淹殘粉面叶鸞輅音塵遠叶　無限幽恨句寄情空殢紈扇叶應是帝王句當初怪妾辭輦叶陡頓今來句宮中第一妖嬈句卻道昭陽飛燕叶（萬氏云：楊誠齋有云：「詞須擇腔如《鬥百花》之無味。」是知此調當時而不以爲佳，故作者寥寥。又云：「第五句至第八句一四兩落，前後相同，對照爲結不宜，前尾拖一五字句，必係後段起句而誤移耳。」然傳之已久不敢遽改。）

七　送征衣　一百二十一字　中呂宮

宋　柳永　毛校本《樂章集》

過韶（毛刻誤「昭」）陽均璿樞電繞句華渚虹流句（本作「流虹」，據焦本改）運應千載會昌叶罄寰宇句薦殊祥叶吾皇叶誕彌月豆瑶圖纘慶句玉葉騰芳叶並景貺豆三靈眷祐句挺英哲句掩前王叶遇年年豆嘉節清和句頒率土稱觴叶　無閒要荒華夏句盡萬里走梯航叶彤庭舜張大樂句禹會羣方叶鵷行叶望（焦本作「趨」，誤）上國句山呼鼇抃句遥爇爐香叶竟就日豆瞻雲獻壽句指南山豆等無疆叶願巍巍豆寶曆鴻基句齊天地遥長叶

八　晝夜樂　九十八字　中呂宮

宋　柳永　毛校本《樂章集》

洞房記得初相遇均便只合豆長（「長」字本脱，依焦本補）相聚叶何期小會幽歡句變作離情別緒叶（毛刻誤作「別離情緒」）況值闌珊春色暮叶對滿目豆亂花狂絮叶直恐好風光句盡隨伊歸去叶一場宗寞憑誰訴叶算前言豆揔輕負叶早知恁地難拚句悔（一

無「悔」字，非）不當時（焦本作「初」）留住叶其奈風流端正外句更別有繫人心處叶一日不思量句也攢眉千度叶

九　柳腰輕　八十二字　中呂宮

宋　柳永　毛校本《樂章集》

英英妙舞腰肢輭均章臺柳句昭陽燕叶錦衣冠蓋句綺堂筵會句（毛刻「會」誤「宴」）是處千金爭選叶顧香砌豆絲管初調句倚輕風豆佩環微顫叶　乍入霓裳促徧叶逞盈盈豆漸催檀板叶慢垂霞袖句急趨蓮步句進退奇容千變叶算（毛刊本誤「笑」。）何止豆傾國傾城句暫回眸豆萬人腸斷叶

一〇　笛家弄　一百二十五字　仙呂宮　毛刻本作「笛家」

宋　柳永　毛校本《樂章集》

花發西園句草薰南陌句韶光明秀韻（本作「媚」。徐本立、曹君直云：宋朱雍《梅詞》用耆卿均此處作「天然疏秀」。「秀」是均據改。《歷代詩餘》同。）乍晴輕暖清明後叶水嬉舟動句禊飲筵開句銀塘似染句金隄如繡叶是處王孫句幾多遊妓句往往攜纖手叶遣離人句對佳景句觸目傷懷句（集本無此二字。）盡成感舊叶　別久叶（「別久」本屬上疊，依《詞律》說改，《歷代詩餘》同。「帝」《詩餘》作「汴」。）帝城當日句蘭堂夜燭句百萬呼盧句畫閣春風句十千沽酒叶未省宴處能忘管弦句醉里不尋花柳叶（萬議「未省」二句，當在「帝城當日」下，非是。朱雍《梅詞》用詞正與此同也。朱雍和詞兩結亦只六字句，疑宋時所傳柳詞即有二本，朱所據與焦本同也。）豈知秦樓玉簫聲斷句前事難重偶叶。　空遺恨句望仙鄉句一餉消凝句（焦本無此二字。）淚沾襟袖叶（《詞律》收入一百二十一字。）

一一　迎新春　一百五字　大石調

宋　柳永　毛校本《樂章集》

嶰管變青律句帝里陽和新布韻晴景回輕煦叶慶嘉節句當三五叶列華燈豆千門萬户叶徧九陌豆羅綺香風微度叶十里然絳樹叶鼇山聳豆喧天簫鼓叶　漸天如水句素月當午叶香徑裏豆絕纓擲果無數叶更闌燭影花陰下句少年人豆往往奇遇叶太平

時豆朝野多歡句民康阜豆隨(「隨」上焦有「堪」字。)分良聚叶堪對此景句(焦本無「堪景」兩字。)爭忍獨醒歸去叶(《詞律》作一百四字。)

一二　曲玉管　一百四字　大石調　　宋　柳永　毛校本《樂章集》

隴首雲飛句江邊日晚句煙波滿目句憑欄久立句(焦本作「一」,非)望關河蕭索句千里清秋韻忍凝眸叶杳杳神京句盈盈仙子句別來錦字終難偶句斷雁無憑句冉冉飛下汀洲叶　思悠悠叶(本屬上疊,依萬説改此以領起,「暗想當初笑與忍,凝眸阻追遊」同也)暗想當初句有多少豆幽歡佳會句豈知聚散難期句翻成雨恨雲愁叶阻追游叶悔登山臨水句惹起平生心事句一場消黯句永日無言句卻下層樓叶(此詞用韻絶少,萬氏以「久」、「偶」爲均,謂「平仄通叶」,其説可疑。《詞譜》則以「忍凝眸」及「思悠悠」以上爲雙拽頭,殆非也。向讀「久」字截句,今改「立」字,截句似順。)

一三　滿朝歡　一百一字　大石調　　宋　柳永　毛校本《樂章集》

花隔銅壺句露晞金掌句都門十二清曉均帝里風光爛漫句偏愛春杪叶煙輕晝永句引鶯囀上林句魚游靈沼叶巷陌乍晴句香塵染惹句垂楊芳草叶因念秦樓彩鳳句楚觀朝雲句往昔曾迷歌笑叶別來歲久句偶憶盟重到叶人面桃花句未知何處句但掩朱扉悄悄叶盡日竚立無言句贏得淒涼懷抱叶

一四　夢還京　七十九字　大石調　　宋　柳永　毛校本《樂章集》

夜來匆匆飲散句欹枕背燈睡均酒力全輕句醉魂易醒句風揭簾櫳夢斷句披衣重起叶悄無寐叶　追悔當初繡閣句話別太容易叶日許時豆猶阻歸計叶甚況味叶旅館虛度殘歲叶想嬌媚叶那裏獨守鴛幃靜句永漏迢迢句也應暗同此意叶(《花草粹編》於「披衣」句上爲第一疊;「猶阻歸計」上爲第二疊)

一五　受恩深　八十六字　大石調　「受」毛刻本誤「愛」　宋　柳永　毛校《樂章集》

雅致裝庭宇韻黄花開淡濘叶細香明艷盡天與叶助秀色堪餐句向曉自有真珠露叶剛被金錢妒叶擬買斷秋天句容易獨步叶粉蝶無情蜂已去叶要（一作「飛」）上金尊句惟有詩人曾許叶待宴賞重陽句恁時盡把芳心吐叶陶令經（本作「輕」，依《全芳備祖》引改）回顧叶免憔悴東籬句冷煙寒（《全芳備祖》作「疎」）雨叶（一作「霧」）（《詞律》失守此調，《拾遺》已補）

一六　柳初新　八十一字　大石調　宋　柳永　毛校本《樂章集》

東郊向曉星杓亞均報帝里春來也叶柳擡煙眼句花勻露臉句漸覺緑嬌紅姹叶妝點層臺芳榭叶運神功豆丹青無價叶別有堯階試罷叶新郎君成行如畫叶杏園風細句桃花浪暖句競喜羽遷鱗化叶徧九陌相將游冶叶驟香塵寶鞍驕馬叶（萬云：「妝點」上疑脱一字）

一七　兩同心　六十八字　大石調　宋　柳永　毛校《樂章集》

嫩臉修蛾句淡勻輕掃均最愛學豆宫體梳妝叶偏能做豆文人談笑叶綺筵前句舞燕歌雲句別有輕妙叶　飲散玉罏煙裊叶洞房悄悄叶錦帳裏豆低語偏濃句銀燭下豆細看俱好叶那人人句昨夜分明句許伊偕老叶

一八　金蕉葉　四十六字　大石調　宋　柳永　毛校本《樂章集》

厭厭夜飲平陽第韻添銀燭豆旋呼佳麗叶巧笑難禁句艷歌無間聲難繼叶準擬幕天席地叶　金蕉葉泛金波齊叶未更闌已盡狂醉叶就中有箇風流句暗向燈光底叶惱徧兩行珠翠叶

一九 惜春郎 四十九字 大石調

宋 柳永 毛校本《樂章集》

玉肌瓊艷新妝飾韻好壯觀歌席叶潘妃寶釧句阿嬌金屋句應也消得叶 屬和新詞多俊格叶敢共我勍敵叶恨少年枉費疏狂句不早與伊相識叶（《詞律》失收此調，《拾遺》補之）

二〇 傳花枝 一百一字 大石調

宋 柳永 毛校《樂章集》

平生自負句風流才調韻口兒里豆道知張陳趙叶（「知張陳趙」蓋雙聲之轉也）唱新詞句改難令句揔知顛倒叶解刷扮句能唓嗽句表裏都峭叶每遇着豆飲席歌筵句人人盡道豆可惜許老了叶 閻羅大伯句曾教來道叶人生但不須煩惱叶遇良辰句當美景句追歡買笑叶賸活取句百十年句只恁廝好叶若限滿豆鬼使來追句待倩箇豆掩（焦作「淹」）通著到叶（《詞律》失收此調，今補。上下疊同，唯上疊有襯字耳）

二一 雨霖鈴 一百三字 雙調

宋 柳永 毛校本《樂章集》

寒蟬淒切均對長亭晚句殘雨初歇叶都門帳飲無緒句留戀處豆蘭舟催發叶執手相看淚眼句竟無語凝噎叶念去去豆千里煙波句暮靄沉沉楚天闊叶 多情自古傷離別叶更那堪冷落清秋節叶今宵酒醒何處句楊柳岸豆曉風殘月叶此去經年句應是良辰好景虛設叶便縱有千種風情句更與何人說叶

二二 尉遲盃 一百五字 雙調

宋 柳永 毛校本《樂章集》

寵佳麗均算九衢豆紅粉皆難比叶天然嫩臉修蛾句不假施朱描翠叶盈盈秋水叶恣雅態豆欲語先嬌媚叶（本於媚字分段，今依焦本)每相逢豆月夕花朝句自有憐才深意叶　綢繆鳳枕鴛被叶深深處豆瓊枝玉樹相倚叶困極歡餘句芙蓉帳暖句別是惱人情味叶風流事豆難逢雙美叶況已斷豆香雲爲盟誓叶且相將豆共樂平生句未肯輕分連理叶

二三　慢卷紬　一百十一字　雙調

宋　柳永　毛校本《樂章集》

閒窗燭暗句孤幃夜永句欹枕難成寐均細屈指尋思句舊事前歡句都來未盡句平生深意叶到得如今句萬般追悔句空只添憔悴叶對好景良辰句皺着眉兒句成甚滋味叶　紅茵翠被叶當時事豆一一堪垂淚叶怎生得依前句似恁偎香倚暖句抱着日高猶睡叶算得伊家句也應隨分句煩惱心兒裏叶又爭似從前句淡淡相看句免恁牽繫叶（萬氏脱一字，誤入一百十字調，今正。「都來未盡」乃宋人語，萬欲以「都來」强屬上句，遂嫌二字平聲，不知下半疊「倚暖抱着」四字，俱仄聲者，以六字句也，此段則四字句且爲一整句，安能無平聲字？李甲作一首作「悄悄畫屏」，「屏」亦是平聲，特與此平仄顛倒，則宋詞常例，無足奇耳）

二四　征部樂　一百五字　雙調

宋　柳永　毛校《樂章集》

雅歡幽會句良辰可惜虚抛擲均每追念豆狂蹤舊蹟叶長祗恁豆愁悶朝夕叶憑誰去花衢覓叶細説此中端的叶道向我豆轉覺厭厭句役夢勞魂苦相憶叶　須知最有句風前月下句心事始終難得叶但願我豆重重（毛刊本作「蟲蟲」）心下句把人看待句長似初相識叶況漸逢春色叶便是有豆舉場消息叶待這會好好憐伊句更不輕離拆叶（《詞律》脱二字，誤列一百三字調，今正）

二五　佳人醉　七十一字　雙調

宋　柳永　毛校《樂章集》

暮景蕭蕭雨霽均雲淡天高風細叶正月華如水叶金波銀漢句瀲灩無際叶冷浸書幃夢斷句卻披衣重起叶臨軒砌叶（本屬上疊，依萬説及《詞譜》改）素光遥指叶因念翠蛾杳隔句音塵何處句相望同千里叶儘凝睇叶厭厭無寐叶漸曉雕闌獨倚叶（《詞律》脱二字，收入六十九字調，今正）

二六　迷仙引　八十三字　雙調　梅本「迷」作「迎」

宋　柳永　毛校《樂章集》

纔過笄年句初綰雲鬟句便學歌舞韻席上尊前句王孫隨分相許叶算等閒豆酬一笑豆便千金慵覷叶常只恐容易句蕣華偷換句光陰虛度叶　已受君恩顧叶好與花爲主叶萬里丹霄句何妨（本作「勞」，依焦本）攜手同歸去叶（「歸去」，毛刻本作「去」）永棄卻豆煙花伴侶叶免教人得見句（本作「見妾」，依杜、繆所引宋本改）朝雲暮雨叶

二七　采蓮令　九十一字　雙調

宋　柳永　毛校《樂章集》

月華收句雲淡霜天曙均西征客豆此時情苦叶翠娥執手句送臨歧豆軋軋開朱户叶千嬌面豆盈盈佇立句無言有淚句斷腸爭忍回顧叶　一葉蘭舟句便恁急槳凌波去叶貪行色豆豈知離緒叶萬般方寸句但飲恨豆脈脈同誰語叶更回首豆重城不見句寒江天外句隱隱兩三煙樹叶

二八　婆羅門令　八十六字　雙調

宋　柳永　毛校《樂章集》

昨宵裏豆恁和衣睡均今宵裏豆又恁和衣睡叶小飲歸來句初更過豆醺醺醉叶中夜後句何事還驚起叶（毛刊本於此分段）霜天冷句風細細叶（本脱一「細」字，從焦本補）觸疏窗豆閃閃燈搖曳叶　空牀展轉重追想句雲雨夢豆任（本作「如」，依焦本改）欹枕難繼叶寸心萬緒句咫尺千里叶好景良天句彼此空有相憐意叶未有相憐計叶

二九　法曲獻仙音　九十一字　小石調

宋　柳永　毛校《樂章集》

追想秦樓心事句當年便約句于飛比翼韻每恨臨歧處句正攜手句翻成雲雨離拆叶（一作「析」）念倚玉偎香句前事頓輕擲叶

慣憐惜叶（毛刊本於此分段，非）饒心性豆鎮厭厭多病句柳腰花態嬌無力叶早是乍清減句別後忍教愁寂叶記取盟言句少孜煎豆賸好將息叶遇佳景豆臨風對月句事須時恁相憶叶（萬云：柳詞多譌此調，與諸家大異，必有錯誤。杜小舫云：「此詞句法音節均與本調不合，疑是另調。」今按：二說並非，此爲小石調，片玉、白石、夢窗所填爲大石調，句法音節當然迥異也）

三〇　西平樂 一百一字　小石調

宋　柳永　毛校《樂章集》

盡日憑高（焦本「高」下有「寓」字，待查朱雍《楳詞》）目句脈脈春情緒韻嘉景清明漸近句時節輕寒乍暖句天氣纔晴又雨叶煙光淡蕩句裝點平蕪遠樹叶黯凝竚叶（毛刊本在此分段）臺榭好句鶯燕語叶　正是和風麗日句幾許繁華嫩綠句雅稱嬉遊去叶（萬依晁無咎詞謂「去」上缺一字，今依朱雍《梅詞》用柳均者作「好趁飛瓊去」，亦五字句也）　奈阻隔豆尋芳伴侶叶秦樓鳳吹句楚館雲約句空悵望句在何處叶宗寞韶華暗度叶可堪向晚句村落聲聲杜宇叶（《詞律》收入一百三字調，今正）

三一　法曲第二 八十七字　小石調

宋　柳永　毛校《樂章集》

青翼傳情句香徑偷期句自覺當初草草韻未省同衾枕句便輕許相將句平生歡笑叶怎生向豆人間好事到頭少叶漫悔懊叶細追思句恨從前容易句致得恩愛成煩惱叶心下事千種盡憑音耗叶以此縈牽句等伊來自家向道叶洎相見豆喜歡存問句又還忘了叶（《詞律》失收此調，《拾遺》補之，小有誤舛，今正）

三二　一寸金 一百八字　小石調

宋　柳永　毛校《樂章集》

井絡天開句劍嶺雲橫句控西夏均地勝異錦里風流句蠶市繁華句簇簇歌臺舞榭叶雅俗多遊賞句輕裘俊豆靚妝艷冶叶當春晝句摸石江邊句浣花溪畔句景如畫叶　夢應三刀句橋名萬里句中和政多暇叶仗漢節攬轡澄清句高掩武侯勳業句文翁風化叶台鼎須賢久句方鎮靜豆又思命駕叶空遺愛豆兩蜀三川句異日成嘉話叶

三三　永遇樂　一百四字　歇指調

宋　柳永　毛校《樂章集》

薰風解慍句晝景清和句新霽時候韻火德流光句蘿圖薦祉句累慶金枝秀叶璿樞繞電句華渚流虹句是日挺生元后叶纘唐虞垂拱句千載應期句萬靈敷佑叶　殊方異域句爭貢琛賨句架巘航波奔湊叶三殿稱觴句九儀就列句韶濩鏘金奏叶藩侯瞻望彤庭句親攜僚吏句競歌元首叶祝堯齡豆北極齊尊句南山共久叶

三四　浪淘沙　一百三十五字　歇指調　毛刊本作《浪淘沙慢》

宋　柳永　毛校《樂章集》

夢覺透窗風一綫句寒燈吹息均那堪酒醒又聞句空階夜雨頻滴叶嗟因循豆久作天涯客叶負佳人幾許盟言句便（一作「更」）忍把從前歡會句陡頓翻成憂戚叶　愁極叶再三追思句洞房深處句幾度飲散歌闋叶（本作「闌」，依焦本改）香暖鴛鴦被句豈暫時疏散句費伊心力叶殢雲尤雨句有萬般千種句相憐相惜叶　恰到如今句天長漏永句無端自家疏隔叶知何時豆卻擁秦雲態句（「秦」字疑誤）願低幃昵枕豆輕輕細與說叶（「說」字與「隔」、「憶」均不同部，蓋是借叶。本作「細說與」。按：「說」字是均，美成二首一作「恨春去，不與人期夜色」，一作「嘆往事、一一堪傷，曠望極」。則此詞「與」字當在「說」上可知，若屬下句，如萬氏以「與江鄉」爲句、「夜夜數」爲句，則不通美，今改正）江鄉夜夜句數寒更思憶（《詞律》收爲一百三十三字，句讀多誤，今正）

三五　夏雲峰　九十一字　歇指調

宋　柳永　毛校《樂章集》

宴堂深韻軒楹（《草堂》作「檻」）雨豆輕壓暑氣低沉叶（一作「沉沉」）花洞彩舟泛斝句坐繞清潯叶楚臺風快句湘簟冷句永日披襟叶坐久覺豆疏絃脆管句時換新音叶（本脫「時」字，依焦本補）　越娥蘭態蕙心叶逞嬌豔豆暱歡邀寵難禁叶筵上笑歌間發句舄履交侵叶醉鄉深處句須盡興豆滿酌高吟叶向此免豆名韁利鎖句虛費光陰叶

三六　荔枝香　七十六　歇指調　宋　柳永　毛校《樂章集》

甚處尋芳賞翠句歸去晚均緩步羅襪生塵句來繞瓊筵看叶（本脱「來」，時「瓊」作「瑶」，依焦本。）金縷霞衣輕褪句似覺春遊倦叶遥認豆衆裏盈盈好身段叶　擬回首句又竚立句簾幃畔叶素臉紅眉句（未聞「紅眉」之説，「紅」疑當作「蛾」。）時揭蓋頭微見叶笑整金翹句一點芳心在嬌眼叶王孫空恁腸斷叶

三七　雙聲子　一百三字　林鐘商　宋　柳永　毛校《樂章集》

晚天蕭索句斷蓬踪跡句乘興蘭棹東遊均三吴風景句姑蘇臺榭句牢落暮靄初收叶夫差舊國句香徑没豆徒有荒丘叶繁華處句悄無覩句惟聞麋鹿呦呦叶　想當年豆空運籌決戰句圖王取霸無休叶江山如畫句雲濤煙浪句翻輸范蠡扁舟叶驗前經舊史句嗟漫載當日風流叶斜陽暮艸茫茫句盡成萬古遺愁叶（萬云「驗前徑」句此前多一「驗」字，或「夫差」上缺一字，杜《校記》云應照別刻補「嘆」字。不知何據）

三八　陽臺路　九十七字　林鐘商　宋　柳永　毛校本《樂章集》

楚天晚均墜冷楓敗葉句疎紅零亂叶冒征塵豆匹馬驅驅句愁見水遥山遠叶追念少年時句正恁鳳幃豆倚香偎暖叶嬉遊慣叶又豈知豆前歡雲雨分散叶此際空勞回首句望帝里豆難收淚眼叶暮煙衰草句算暗鎖豆路歧無限叶今宵又依前句寄宿甚處豆葦村山館叶寒燈畔叶夜厭厭豆憑何消遣叶（《詞律》收入九十六字，今正）

三九　内家嬌　一百六字　林鐘商　宋　柳永　毛校《樂章集》

煦光朝升句煙光晝斂句疏雨夜來新霽均垂楊艷杏句絲輭霞輕句繡出芳郊明媚叶處處踏青鬥草句人人睠紅偎翠叶奈少年豆

自有新愁舊恨句消遣無計叶　帝里風光當此際叶正好恁攜佳麗叶阻歸程迢遞叶奈向（本脱，繆所據本有，各本同，今補。曹君直疑「何」字之誤。今按：或「奈」上脱「怎」字）景難留句舊歡頓棄叶早是傷春情緒句那堪困人天氣叶但贏得豆獨立高原句斷魂一餉凝睇叶（《詞律》失收此調，《拾遺》補之，與《風流子》一名《内家嬌》者不同）

四〇　二郎神　一百五字　林鍾商

宋　柳永　毛校《樂章集》

炎光□（本不空格，《草堂》同，梅本亦同。今按：此調起句當四字，楊補之一首起曰「炎光欲謝」，正用柳語，尤可證今補。沈天羽曰「光」下缺「初」字。毛刊本有「初」字，「初」乃平聲字，非是）謝韻過暮雨豆芳塵輕灑叶乍露冷風清豆庭户爽句天如水豆玉鉤遥掛叶應是星娥嗟久阻句敘舊約豆飈輪欲駕叶極目處豆微雲暗度句耿耿銀河高瀉叶　閒雅叶須知此景古今無價叶運巧思穿鍼豆樓上女句擡粉面豆雲鬟相亞叶鈿合金釵私語處句算誰在豆囬廊影下叶願天上人間句占得歡娱句年年今夜叶（《詞律》入一百四字調，今正）

四一　宣清　一百十五字　林鍾商

宋　柳永　毛校《樂章集》

殘月朦朧句小宴闌珊句歸來輕寒凛凛韻背銀釭孤館乍眠句擁重衾醉魂（「魂」本作「魄」，依杜、繆引宋本正）猶噤叶永漏頻傳句前歡已去句離愁一枕叶暗尋思句舊追游句神京風物如錦叶　念擲果朋儕句絶纓宴會句當時曾痛飲叶命舞燕翩翻句（本作「翩翩」，依梅本改。一作「翩翻」）歌珠貫串句向玳筵前句盡是（二字梅本作「箇箇」，焦本作「茵茵盡是」，多二字，非）神仙流品叶至更闌疏狂轉甚叶更相將鳳幃鴛寢叶玉釵亂橫句（繆引宋本作「橫處」，杜引宋本作「亂橫處」，多一字，毛刊本「橫」下多一「信」字）任散盡高陽句這歡娱豆甚時重恁叶（《詞律》據毛刊本少二十四字，衍一「信」字，爲九十二字調，《拾遺》已補正。按：毛刊底本蓋二十四字一行，自「殘月」至「翩翻」計三行，所少者乃三行脱去一行耳。繆云「宋本一百二十一字，天籟本同」，殆誤。繆所補仍只二十四字也）

四二　留客住　九十八字　林鐘商

宋　柳永　毛校《樂章集》

偶登眺句憑小闌豆艷陽時節句乍晴天氣句是處閒花芳草韻遥山萬疊雲散句漲海千里潮平句（萬云：「此與後段『惆悵』至『又老』不同，應云『雲山遥山萬疊漲，海千重潮平波浩渺』。」杜、繆引宋本，並與萬説同。今按：原本語意比萬所改遠勝。疑宋時自有二本也，此爲二六字句，對「又」下三字一句與後一六、一四、一五者不同，則平仄互異，亦無足怪，「山」「疊」二字因與後異，然即易「萬疊遥山雲散」，「萬」「遥」二字不仍與後異乎？「里」字與後異者，此是六字句，若作平聲則音律不諧矣。萬氏誤讀「潮平」屬下句，故必改之耳，不必從）波浩渺叶煙村院落句是誰家豆緑樹數聲啼鳥叶旅情悄叶念（本缺此字，據繆引宋本加）遠信沉沉句離魂杳杳叶對景傷懷句度日無言誰表叶惆悵舊歡何處句後約難憑句看看春又老叶盈盈淚眼句望仙鄉豆隱隱斷霞殘照叶（《詞律》入九十七字調，今正）

四三　隔簾聽　七十五字　林鐘商

宋　柳永　毛校《樂章集》

咫尺鳳衾鴛帳句欲去無因到均鰕鬚窣地重門悄叶認繡履頻移句洞房杳杳叶強語笑叶逞如簧豆再三輕巧叶　梳妝早叶（此句本屬上疊，依萬説改，徐引《花草粹編》、杜引宋本同）琵琶閒抱叶愛品相思調叶聲聲似把芳心告叶隔簾聽得句（本作「隔簾聽贏得」，依杜引宋本改，毛刊本作「但隔簾贏得」，繆引宋本「簾」下有「聽」字，《花草粹編》同毛刊本）斷腸多少叶恁煩惱叶除非是豆（本無「是」字，依杜引宋本增，《花草粹編》同）共伊知道叶（《詞律》誤入七十三字調，今正）

四四　合歡帶　一百五字　林鐘商

宋　柳永　毛校《樂章集》

身材兒豆早是妖嬈均算風（一作「舉」）措句實難描叶一箇肌膚渾似玉句更都來占了千嬌叶妍歌艷舞句鶯慚巧舌句柳妒纖腰叶自相逢豆便覺韓娥價減句（本作減價，從焦本）飛燕聲消叶　桃花零落句溪水潺湲句重尋仙徑非遥叶莫道千金酬一笑句便明珠豆萬斛須邀叶檀郎幸有句凌雲詞賦句擲果風標叶況當年便好相攜句鳳樓深處吹簫叶

四五　駐馬聽　九十三字　林鍾商

宋　柳永　毛校《樂章集》

鳳枕鸞（一作「鴛」。）帷均兩三載豆如魚似水相知叶良天好景句深憐多愛句無非盡意依隨叶奈何伊叶恣性靈豆忒煞些兒叶無事孜煎句萬回千度句怎忍（一作「免」）分離叶　而今漸行漸遠句漸覺雖悔難追叶漫寄消寄息句（繆引宋本「寄息」作「傳息」，杜引宋本同，又「謾」下有「怎」字。毛刊本作「謾怎等消息」）終久奚爲叶也擬重論繾綣句，爭奈翻復思惟叶縱再會句祗恐恩情不似當時叶（《詞律》誤入九十字調，今正）

四六　戚氏　二百　中呂調

宋　柳永　毛校《樂章集》

晚秋天均一霎微雨灑庭軒叶檻菊蕭疏句井梧零亂句惹殘煙叶淒然叶望江（一作「鄉」）關叶飛雲黯淡夕陽間叶當時宋玉悲感句向此臨水與登山叶遠道迢遞句行人淒楚句倦聽隴水潺湲叶正蟬吟敗葉句蛩響衰草句相應喧喧叶（一作「聲喧」）孤館度日如年叶風露漸變句悄悄至更闌叶長天淨句絳河清淺句皓月嬋娟叶思綿綿叶夜永對景那堪叶屈指暗想從前叶未名未祿句綺陌紅樓句往往經歲遷延叶　帝里風光好句當年少日句暮宴朝歡叶況有狂朋怪侶句遇當歌對酒競留連叶別來迅景如梭句舊遊似夢句煙水程何限中均念利名豆憔悴長縈絆叶追往事豆空慘愁顏叶平漏箭移豆稍覺輕寒叶漸嗚咽豆畫角數聲殘叶對閒窗畔句停燈向曉句抱影無眠叶

四七　輪臺子　一百十四字　中呂調

宋　柳永　毛校《樂章集》

一枕清宵好夢句可惜被鄰雞喚覺韻匆匆策馬登途句滿目淡煙衰草叶前驅風觸鳴珂句過霜林豆漸覺驚棲鳥叶冒征塵遠句況自古豆淒涼長安道叶　行行又歷孤村句楚天闊豆望中未曉叶（本此二句屬上疊，今依焦本）念勞生句惜芳年句壯歲離多歡少叶嘆斷梗難停句暮雲漸杳叶但黯黯魂消句寸腸憑誰表叶恁驅驅豆何時是了叶又爭似豆卻返瑤京句重買千金笑叶

四八　引駕行　一百字　中呂調

宋　柳永　毛校《樂章集》

虹收殘雨句蟬嘶敗柳句長堤暮均背都門句動消黯句西風片帆輕舉叶愁覩叶泛畫鷁翩翩句靈鼉隱隱下前浦叶忍囬首豆（本以「忍回首」以下爲下疊，今依焦本）佳人漸遠句想高城豆隔煙樹叶　幾許叶秦樓永晝句謝閣連宵奇遇叶算贈笑千金句酬歌百琲句盡成輕負叶南顧叶念吴邦越國句風煙蕭索在何處叶獨自箇千山萬水句指天涯去叶（萬列晁補之五十二字一體，而以此爲又一體，誤也。蓋《琴趣外篇》、毛刊本脱去半闋，晁氏原詞亦是百字也，萬又據之移「幾許」二字屬上半闋，亦非，今正）

四九　彩雲歸　一百字　中呂調

宋　柳永　毛校《樂章集》

蘅皐向晚艤輕航均卸雲帆豆水驛魚鄉叶當暮天霽色如晴晝句江練浄豆（本作「静」，今以意改）皎月飛光叶那堪聽豆遠村羌管句引離人斷腸叶此際（《花草粹編》「際」下有「恨」字）浪萍風梗句度歲茫茫叶　堪傷叶朝歡暮宴句被多情豆賦與淒涼叶別來最苦襟袖依約尚有餘香叶算得伊豆鴛衾鳳枕句夜永爭不思量叶牽情處句惟有臨歧豆一句難忘叶

五〇　擊梧桐　一百十字　中呂調

宋　柳永　毛校《樂章集》

香靨深深句姿姿媚媚句雅格奇容天與韻自識伊來句（本作「來來」，依杜引宋本、徐引《花草粹編》改。繆引作「伊伊」）便好看承句（「承」本作「伊」，依杜、繆引宋本改。《花草粹編》同）會得妖嬈心素叶臨歧再約同歡句定是都把豆平生相許叶又恐恩情豆易破難成句未免千般思慮叶　近日書來句寒暄而已句苦没忉忉言語叶便湏（本無「湏」字，依杜引宋本補。《花草粹編》同）認得句聽人教當句擬把前言輕負叶見説蘭臺宋玉句多才多藝句最是（本無二字，依杜引宋本增，《花草粹編》同）善詞賦叶試與問豆朝朝暮暮句行雲何處叶（「處」下本衍「去」字，依杜引宋本删。《花草粹編》同。《詞律》列一百八字調，今正）

五一　夜半樂　一百四十四字　中呂調　宋　柳永　毛校《樂章集》

凍雲黯淡天氣句扁舟一葉句乘興離江渚均渡萬壑千巖句越溪深處叶怒濤漸息句樵風乍起句更聞商旅相呼句片帆高舉叶泛畫鷁豆翩翩過南浦叶　望中酒旆閃閃句一簇煙村句數行霜樹叶殘日下豆漁人鳴榔歸去叶（本於此分段作兩疊。今依焦本作三疊）敗荷零落句衰楊掩映句岸邊兩兩三三句浣紗遊女叶避行客豆含羞笑相語叶　到此因念繡閣輕抛句浪萍難駐叶歎後約丁寧竟何據叶慘離懷豆空恨歲晚歸期阻叶凝淚眼豆杳杳神京路叶斷鴻聲遠長天暮叶

五二　祭天神　八十四字　中呂調　宋　柳永　毛校《樂章集》

歎笑歌筵席輕抛嚲韻背孤城豆幾舍煙村停畫舸叶更深釣叟歸來句數點殘灯火叶被連綿宿酒醺醺愁無那叶（本於「無那」分段，今按：歇指調體，似依宋本爲長）（編者按：本句原稿稍有勾畫）宋寞擁豆重衾臥叶　又聞得行客扁舟過叶蓬窗近句蘭棹急句好夢還驚破叶念平生豆單棲踪迹句多感情懷句到此厭厭向曉披衣坐叶（《詞律》誤入八十二字調，今正）

五三　過澗歇近　八十字　宋　柳永　毛校《樂章集》

淮楚均曠望極句千里火雲燒空句盡日西郊無雨叶厭行旅叶數幅輕帆旋落句艤棹蒹葭浦叶避畏景句兩兩舟人夜深語叶　此際爭可便恁句奔名競利去叶（《草堂》此句作「奔利名」三字，誤）九衢塵裏句衣冠冒炎暑叶囬首江鄉句月觀風亭句水邊石上句幸有散髮披襟處叶

五四　安公子　八十字　中呂調　宋　柳永　《樂章集》毛校本

長川波瀲灩韻楚鄉淮岸迢遞句一霎煙汀雨過句芳草青如染叶驅驅（本作「區區」，依焦本）攜書劍叶當此好天好景句自覺多

愁多病句行役心情厭叶望處曠野沈沈句暮雲黯黯叶行侵夜色句又是急槳投村店叶認去程將近句舟子相呼句遥指漁燈一點叶（萬説「芳草青如染」宜分段，此爲雙拽頭，《天籟軒詞譜》從之）

五五　歸去來　四十九字　平調　宋　柳永　毛校《樂章集》

初過元宵三五均慵困春情緒叶燈月闌珊嬉遊處叶遊人盡豆厭歡聚叶　憑仗如花女叶持杯謝酒朋詩侶叶餘酲更不禁香醑叶歌筵罷豆且歸去叶

五六　長壽樂　一百十三字　平調　宋　柳永　毛校《樂章集》

尤紅殢翠均近日來豆陡（本作「徒」，從焦本）把狂心牽繫叶羅綺叢中句笙歌筵上句有箇人人可意叶解嚴妝巧笑句言談取次，（本作「取次言談」，從杜、繆引宋本改。《詞律拾遺》同）成嬌媚叶知幾度豆密約秦樓盡醉叶仍攜手句眷戀香衾繡被叶　情漸美叶算好把豆夕雨朝雲相繼叶便是仙禁春深句御爐香裊句臨軒親試叶（「御爐」至此原脱，依焦本補）對天顔咫尺句定然魁甲登高第叶待恁時豆等着囬來賀喜叶好生地句賸與我兒利市叶（《詞律》脱三十字，列爲八十三字調，今正）

五七　望海潮　一百七字　仙呂調　宋　柳永　毛校《樂章集》

東南形勝句江（焦本作「三」）吴都會句錢塘自古繁華均煙柳畫橋句風簾翠幕句參差十萬（本作「里」，依焦本改）人家叶雲樹繞隄沙叶怒濤卷霜雪句天塹無涯叶市溢珠璣句户盈羅綺句競豪奢叶　重湖疊巘清嘉叶有三秋桂子句十里荷花叶羌管弄晴句菱歌泛夜句嬉嬉釣叟蓮娃叶千騎擁高牙叶乘醉聽簫鼓句吟賞煙霞叶異日圖將好景句歸去鳳池誇叶

五八　如魚水　九十四字　仙吕調　宋　柳永　毛校《樂章集》

輕靄浮空句亂峯倒影句瀲灧十里銀塘均繞岸垂楊叶紅樓朱閣相望叶芰荷香叶雙雙戲豆鸂鶒鴛鴦叶乍雨過豆蘭芷汀洲句望中依約似瀟湘叶　風淡淡句水茫茫叶摇（本無，依《閩詩抄》補）動一片晴光叶畫舫相將叶盈盈紅粉清商叶紫薇郎叶修禊飲句且樂仙鄉叶更歸去豆偏歷鑾坡鳳沼句此景也難忘叶（《詞律》少一字，今補）

五九　竹馬子　一百三字　仙吕調　宋　柳永　毛校《樂章集》

登孤壘荒涼豆危亭曠望句靜臨煙渚韻對雌霓掛雨句雄風拂檻句微收煩暑叶漸覺（「漸覺」，焦本作「井梧」）一葉驚秋句殘蟬噪晚句素商時序叶覽景想前歡句指神京豆非霧非煙深處叶　向此成追感句新愁易積句故人難聚叶憑高盡日凝佇叶贏得銷魂無語叶極目霽靄霏微句暝（毛刊本作「斷」，焦本作「歸」）鴉零亂句蕭索江城暮叶南樓畫角句又送（焦本作「逐」，非）斜陽去叶

六〇　小鎮西　七十九字　仙吕調　宋　柳永　毛校《樂章集》

意中有箇人句芳顔二八韻天然俏豆自來奸黠叶最奇絶叶是笑時媚靨深深句百態千嬌句再三偎着叶再三香滑叶　久離缺叶夜來魂夢裏句尤花殢雪叶分明似豆舊家時節叶正歡悦叶被鄰雞喚起句一場寥寂借叶（本誤「宗寥」，今以意正）無眠向曉句空有半窗殘月叶

六一　小鎮西犯　七十一字　仙吕調　宋　柳永　毛校《樂章集》

水鄉初禁火句青春未老均芳菲滿豆柳汀煙島叶波際紅幃縹緲叶儘盃盤小叶歌祓禊叶聲聲諧楚調叶　路繚繞叶野橋新市裏句花穠妓好叶引遊人豆競來喧笑叶酩酊誰家年少叶信（繆引宋本作「任」）玉（作「平」）山倒叶（《花草粹編》「倒」上有「傾」字，非）

家何處句落日眠芳艸叶（此與本調第四句以下俱不同，然只上下疊各減去四字耳）

六二　迷神引　九十七字　仙吕調　宋　柳永　毛校《樂章集》

一葉扁舟輕帆卷均暫泊楚江南岸叶孤城暮角句引胡笳怨叶水茫茫句平沙雁句旋驚散叶煙斂寒林簇句畫屏展叶天際遥山小句黛眉淺叶　舊賞輕抛句到此成遊宦叶覺客程勞句年光晚叶異鄉風物句忍蕭索句當愁眼叶帝城賒句秦樓阻句旅魂亂叶芳草連空濶句殘照滿叶佳人無消息句斷雲遠叶

六三　六幺令　九十四字　仙吕調　宋　柳永　毛校《樂章集》

淡煙殘照句摇曳溪光碧韻溪邊淺桃深杏句迤邐染春色叶昨夜扁舟泊處句枕底當灘磧叶波聲漁笛叶驚回好夢句夢裏欲歸歸不得叶　展轉翻成無寐句因此傷行役叶思念多媚多嬌句咫尺千山隔叶都爲深情密愛句不忍輕離拆叶好天良夕叶鴛幃宋寞句（焦本作「静」）算得也應暗相憶叶

六四　玉山枕　一百十三字　仙吕調　宋　柳永　毛校《樂章集》

驟雨新霽均蕩原野句清如洗叶斷霞散彩句殘陽倒影句天外雲峯句數朵相倚叶露荷煙芰滿池塘句見次第豆幾番紅翠叶當是時豆河朔飛觴句避炎蒸句想風流堪繼叶　晚來高樹清風起叶動簾幕句生秋氣叶畫樓晝寂句蘭堂夜静句舞艷歌姝句漸任羅綺叶訟閒時泰足風情句便爭奈豆雅歡（本作「歌」，從梅本改）都廢叶省教成豆幾闋清（各本俱作「新」，杜云疑當作「清」。此毛校本作「清」，疑後人所改）歌句盡新聲句好尊前重理叶

六五　西施　七十二字　仙呂調　宋　柳永　毛校《樂章集》

苧蘿嬌艷世難偕韻善媚悦君懷叶後庭恃寵句（毛本「寵」上有「愛」字）盡使絶嫌猜叶正恁朝歡暮宴豆情未足句早江上兵來叶捧心調態軍前死句羅綺旋豆變塵埃叶至今想豆怨魂無主尚徘徊叶夜夜姑蘇城外豆當時月句但空照荒臺叶

六六　郭郎兒近　七十二字　仙呂調　宋　柳永　毛校《樂章集》

帝里（杜校《詞律》云「里」字起韻。疑非）閒居句小曲深坊句庭院沉沉朱户閉均新霽叶畏景天氣叶薰風簾幙無人句永晝厭厭如度歲叶　愁瘁叶（「愁瘁」本屬上疊，依繆引宋本正）枕簟微涼句睡久輾（本作「轉」，依繆引宋本改）轉慵起叶硯席塵生句新詩小闋句等閒都盡廢叶這些兒豆寂寞情懷句何事新來常恁地叶

六七　透碧宵　一百十二字　南呂調　宋　柳永　毛校《樂章集》

月華邊韻萬年芳樹起祥煙叶帝居壯麗句皇家熙盛句寶運當千叶端門清晝句觚棱照日句雙闕中天叶太平時豆朝野多歡叶徧錦街香陌句鈞天歌吹句閬苑神仙叶　昔觀光得意句狂遊風景句再覩更精妍叶傍柳陰句尋花徑句空恁嚲轡垂鞭叶樂遊雅戲句平康艷質句應也依然叶仗何人句多謝嬋娟叶道宦途蹤迹句歌酒情懷句不似當年叶

六八　憶帝京　七十二字　南呂調　宋　柳永　毛校《樂章集》

薄衾小枕涼天氣均乍覺別離滋味叶展轉數寒更句起了還重睡叶畢竟不成眠句一夜長如歲叶　也擬待豆卻回征轡叶又爭奈豆已成行計叶萬種思量句多方開解句只恁寂寞厭厭地叶繫我一生心句負你千行淚叶

六九　塞孤　九十五字　般涉調

宋　柳永　毛校《樂章集》

一聲雞又報殘更歇韻秣馬巾車催發叶草草主人燈下別叶山路響句新霜滑叶瑶珂響豆起棲烏句金鐙冷豆敲殘月叶漸西風緊豆襟袖淒冽（焦本作「裂」，朱雍和詞同）　遥指白玉京句望斷黄金闕叶遠道何時行徹叶算得佳人凝恨切叶應念念句歸時節叶相見了豆執柔荑句幽會處句偎香雪叶免鴛衾豆兩恁虚設叶

七〇　爪茉莉　八十二字

宋　柳永　顧氏《類編草堂詩餘》

每到秋來句轉添甚況味均金風動豆冷清清地叶殘蟬噪晚句甚聒得豆人心欲碎叶更休道豆宋玉多悲句石人也句須下淚叶衾寒枕冷句夜迢迢豆更無寐叶深院静豆月明風細叶巴巴望曉句怎生捱豆更迢遞叶料我（《詞譜》作「可」）兒豆只在枕頭根底叶等人睡句來夢裏叶

七一　望梅　一百六字

宋　柳永　顧氏《類編草堂詩餘》

小寒時節句正同雲暮慘句勁風朝冽均信早梅豆偏占陽和句向日處豆凌晨數枝先（「先」，《詞譜》作「爭」）發叶時有香來句望明艷豆遥知非雪叶展礲金（《詞譜》作「想玲瓏」）嫩蕊句弄粉素英句旖旎清徹叶（《詞譜》作「絶」）仙姿更誰並列叶有幽光照（《詞譜》作「映」）水句疏影籠月叶且大家豆留倚闌干句鬥緑醑飛看句（《詞譜》作「觥」）錦牋吟閲叶桃李春花句（《詞譜》作「繁華」）料比（《詞譜》作「奈彼」）此豆芬芳俱別叶見（《詞譜》作「等」）和羹大用句莫（《詞譜》作「休」）把翠條謾折叶

七二　白苧　一百二十五字

宋　柳永　顧氏《類編》及陳鐘秀本《草堂詩餘》

繡簾垂句畫堂悄句寒風淅瀝均遥天萬里句黯淡同雲羃羃叶漸紛紛豆六花零亂散空碧叶姑射叶宴瑶池豆把碎玉零珠拋擲叶

林巒望中句高下瓊瑶一色叶嚴子陵豆釣台歸路迷蹤迹叶　追惜叶燕然畫角句寶籥珊瑚句是時丞相句虛作銀城換得叶當此際偏宜訪袁安宅叶醺醺醉了句任金（一作「他」，非）釵舞困句玉壺頻（一作「傾」）側又是東君句暗遣花神句先報南國叶昨夜江梅句漏洩春消息叶

七三　十二時　一百三十字　　宋　柳永　顧氏《類編草堂詩餘》

晚晴初豆淡煙籠月句風透蟾光如洗均覺翠帳豆涼生秋思叶漸入微寒天氣叶（葉本以「翠帳涼生」爲句，「秋思漸入」爲句）敗葉敲窗句西風滿院句睡不成還起叶更漏咽豆滴破憂心句萬感並生句都在離人愁耳叶　天怎知豆當時一句句做得十分縈繫叶夜永有時句分明枕上句覷着孜孜地叶燭暗時酒醒句元來又是夢裏叶睡覺來豆披衣獨坐句萬種無憀情意叶怎得伊來重諧雲雨句（杜校引宋本作「連理」，天籟本同）再整餘香被叶祝告天發願句從今永無抛棄叶

七四　鳳凰閣　六十八字　　宋　柳永　《花草粹編》

《粹編》本注「天機」二字，疑出《天機餘錦》也。

忽忽相見句懊惱恩情太薄均霎時雲雨人（天籟本作「又」）抛卻叶教我行思坐想句肌膚如削叶恨只恨相違舊約叶　相思成病句那更瀟瀟雨落叶斷腸人在闌干角叶山遠水遠人遠句音信難託叶這滋味豆黄昏又（天籟本作「更」）惡叶（《詞律》失收此調，《拾遺》已補）

七五　水調歌頭　九十五字　滄浪亭　　宋　蘇舜欽　《花庵絶妙詞選》

瀟洒太湖岸句淡佇洞庭山韻魚龍隱處句煙霧深鎖渺瀰間叶方念陶朱張翰句忽有扁舟急槳句撇浪載鱸還叶落日暴風雨句歸路遶汀灣叶　丈夫志句當景盛句恥疎閑叶壯年何事句憔悴華髮改朱顔叶擬借寒潭垂釣句又恐相猜鷗鳥句（本作「鷗鳥相

猜」，今改）不肯傍青綸叶刺棹穿蘆荻句無語看波瀾叶

（《樂府詩集》云：「《水調》，商調曲也。唐曲凡十一疊，前五疊爲歌，後六疊爲入破。又有《新水調》亦商調曲。」《水調歌頭》第一至第四皆七言四句，第五五言四句入破。第一至第五七言四句，第二徹五言四句，又吴融《水調》七言四句）

七六　又　和蘇子美滄浪亭詞　此詞載《蘭畹集》第五卷

宋　歐陽修《近體樂府》

萬頃太湖上，朝暮浸寒光。吴王去後，臺榭千古鎖悲涼。誰信蓬山才子，天與經綸才器，等閑厭名韁。斂翼下霄漢，雅意在滄浪。　晚秋裏，煙宗靜，雨微涼。危亭好景，佳樹修竹繞回塘。不用移舟酌酒，自有青山緑水，掩映似瀟湘。莫問平生意，别有好思量。

七七　桂枝香　一百一字

宋　王安石　紹興本《臨川集》

登臨送目均正故國晚秋句天氣初肅叶千里（《草堂詩餘》《翰墨大全》並作「瀟灑」，非）澄江似練句翠峰如簇叶歸（《雅詞》《花庵》《草堂》《大全》並作「征」）帆去棹殘陽裏句背西風豆酒旗斜矗叶綵舟雲淡句星河鷺起句畫圖難足叶　念往（《花庵》《草堂》《大全》作「自」）昔繁（《花庵》《草堂》《大全》作「豪」）華競逐叶歎門外樓頭句悲恨相續叶千古憑高對此句謾嗟榮辱叶六朝舊事隨流水句但寒煙豆芳（《花庵》《草堂》《大全》作「衰」）草凝緑叶至今商女句時時猶歌句（《大全》作「尚歌」，《雅詞》《草堂》作「猶唱」）後庭遺曲叶

七八　瀟湘憶故人慢　「憶」一作「逢」。

宋　王安禮《樂府雅詞補遺》上

薰風微動句方櫻桃弄色句萱草成窠均（一作「窩」）翠帷敞輕羅叶試氷簟初展句幾尺湘波叶疎簾廣厦句寄瀟灑豆一枕南柯叶引多少夢中歸緒句洞庭雨棹煙簑叶　驚迴處句閒晝永句但時時燕雛鶯友相過叶正緑影婆娑叶況庭有幽花句池有新荷叶青

梅煮酒句幸隨分贏得高歌叶功名事豆到頭終在句歲華忍負清和叶

七九　芳草　一百字　　宋　韓縝《石林詩話》《樂府紀聞》

鎖離愁豆連綿無際句來時陌上初熏韻繡幃人念遠句暗垂珠露泣句送征輪叶長行長在眼句更重重豆遠水孤村叶但望極豆樓高盡日句目斷王孫叶　消魂叶池塘從別後句曾行處豆緑妬輕裙叶恁時攜素手句亂花飛絮裏句緩步香茵叶朱顏空自改句向年年豆芳意長新叶偏緑野豆嬉遊醉眼句莫負青春叶

八〇　祝英臺近　七十七字　　宋　蘇軾　汲古本《東坡詞》

挂輕帆句飛急槳句還過釣臺路韻酒病無聊句欹枕聽鳴艣叶斷腸簇簇雲山句重重煙樹叶回首望豆孤城何處叶　閒離阻叶誰念縈損襄王句何曾夢雲雨叶舊恨前歡句心事兩無據叶要知欲見無由句痴心猶自句倩人道豆一聲傳語叶

八一　昭君怨　四十字　金山送柳子玉　　宋　蘇軾　元本及汲古本《東坡詞》

誰作桓伊三弄均驚破緑窗幽夢叶新月與愁煙換平滿江天叶　欲去又（元本作「人欲去」，從毛本）還不去換仄明日落花飛絮叶飛絮送行舟換平水東流叶

八二　哨徧　二百三字　金山送柳子玉　　宋　蘇軾　元本及汲古本《東坡詞》

陶淵明賦《歸去來》，有其詞而無其聲。余既治東坡，作雪堂於上。人俱笑其陋，獨鄱陽董毅夫過而悅之，有卜鄰之意。乃取《歸去來》詞，稍加檃括，使就聲律，以遺毅夫。使家僮歌之，時相從於東坡，釋耒而和之，扣牛角而爲之節，不亦樂乎？

爲米折腰句因酒棄家句口體(《漁隱叢話》作「身口」)交相累韻歸去來句誰不遣君歸換平覺從前皆(《叢話》作「俱」)非今是叶仄露未晞叶平征夫指予歸路句門前笑語喧童穉叶仄嗟舊菊都荒句新松暗老句吾年今已如此叶仄但小窗容膝閉柴扉叶平策杖看孤雲暮鴻飛叶平雲出無心句鳥倦知還句本非有意叶仄　噫叶平歸去來兮叶平我今忘我兼忘世叶仄親戚無浪語句琴書中有真味叶仄步翠麓崎嶇句泛溪(《叢話》「溪」上有「清」字，似可從)窈窕句涓涓暗谷流春水叶仄觀草木欣榮句幽人自感句吾生行且休矣叶仄念寓形宇内復幾時叶平不自覺皇皇欲何之叶平委吾心去留誰計叶仄神仙知在何處句富貴非我志叶仄(毛譌「願」)但知臨水登山嘯詠句自引壺觴自醉叶仄此生天命更何(《叢話》作「奚」)疑叶平且乘流遇坎還止叶仄

八三　念奴嬌　一百字　赤壁懷古

宋　蘇軾　元本及汲古本《東坡詞》

大江東去句浪淘盡豆千古風流人物均故壘西邊句人道是豆三國周郎赤壁叶亂石崩雲句(毛作「穿空」)驚濤裂(毛作「拍」)岸句捲起千堆雪叶江山如畫句一時多少豪傑叶　遥想公瑾當年句小喬初嫁了句雄姿英發叶羽扇綸巾句談笑間豆強虜灰飛煙滅叶故國神遊句多情應笑句我早生華髮叶人間如夢句一尊還酹江月叶

八四　醉翁操　九十一字

宋　蘇軾　《後集》

琅邪幽谷，山川奇麗，泉鳴空澗，若中音會。醉翁喜之，把酒臨聽，輒欣然忘歸。既去十餘年，而好奇之士沈遵聞之往游，以琴寫其聲，曰《醉翁操》。節奏疏宕，而音指華暢，知琴者以爲絶倫，然有其聲而無其辭，翁雖爲作歌而與琴聲不合，又依楚辭作醉翁，引好事者亦倚其辭以製曲，雖粗合韻度，而琴聲爲詞所繩約，非天成也。後三十餘年，翁既捐館舍，遵亦没久矣，有廬山玉澗道人崔閒，特妙於琴，恨此曲之無詞，乃譜其聲，而請東坡居士補之云。

琅然韻清圓誰彈叶響空山叶無言叶惟翁醉中知其天叶月明風露娟娟叶人未眠叶荷蕢過山前叶曰有心也哉此賢叶(《詞律》徑曰泛聲，同此)　醉翁嘯詠句聲和流泉叶醉翁去後句空有朝吟夜怨(平聲)叶山有時而童巔叶水有時而回川叶思翁無歲年叶翁今爲飛仙叶此意在人間叶試聽徽外兩三弦叶

八五　漁父破子　二十五字

《詩集》但題《漁父》，今依《法帖》。

宋　蘇軾　《詩集》《三希堂法帖》

漁父飲句誰家去均魚蠏一時分付叶酒無多少醉爲期句彼此不論錢數叶（《詞律》失收此體，今補）

八六　三部樂　九十八字

宋　蘇軾　元本及汲古本《東坡詞》

美人如月均乍見掩暮雲句更增妍絶叶算應無恨句安用陰晴圓缺叶嬌甚（《詞譜》「嬌」下有「羞」字，未知何據，未敢補）空只成愁句待下牀又嬾句未語先咽叶數日不來句落盡一庭紅葉叶　今朝置酒強起句問爲誰減動句一分香雪叶何事散花卻病句維摩無疾叶卻低眉豆慘然不答叶唱金縷豆一聲怨切叶堪折便折叶且惜取豆少年花發叶

八七　無愁可解　一百八字

宋　蘇軾　元本及汲古本《東坡詞》

國工花日新作越調解愁。洛陽劉几伯壽聞而悦之。戲作俚語之詞。天下傳詠。以爲幾於達者。龍丘子猶笑之。此雖免乎愁。猶有所解也。若夫遊於自然而託於不得已。人樂亦樂。人愁亦愁。彼且惡乎解哉。乃反其詞。作無愁可解云。

光景百年句看便一世均生來不識愁味叶問愁何處來句更開解箇甚底叶萬事從來風過耳句何用不着（《詞譜》及戈校《詞律》「何用不着」作「又何用着在」）心裏叶你喚做豆展卻眉頭句（毛本脱）便是達者豆也則恐未叶　此理（一云此亦叶均）本不通言句何曾道歡游句勝如名利叶道即（毛誤「則」）渾是錯句不道如何即是叶這裏元無我與你叶甚喚做豆物情之外叶若須待豆醉了方開解時句問無酒豆怎生醉叶

八八　賀新郎　一百五字

宋　蘇軾　元本及汲古本《東坡詞》

乳燕飛華屋韻悄無人豆桐陰轉午句晚涼新浴叶手弄生綃白團扇句扇手一時似玉叶漸困倚豆孤眠清熟叶簾外誰來推繡户句

枉教人豆夢斷瑤台曲叶又卻是句風敲竹叶　石榴半吐紅巾蹙叶待浮花浪蕊都盡句伴君幽獨叶穠艷一枝細看取句芳心千重似束叶又恐被豆秋風驚綠叶若待得豆君來向此句花前對酒不忍觸叶共粉淚句兩簌簌叶

八九　華清引　四十五字　元本作「華胥引」，誤　宋　蘇軾　元本及汲古本《東坡詞》

平時十月幸蘭湯均玉甃瓊梁叶五家車馬如水句珠璣滿路旁叶　翠華一去掩方牀叶獨留煙樹蒼蒼叶至今清夜月句依舊過繚牆叶

九〇　皁羅特髻　八十一字　宋　蘇軾　元本及汲古本《東坡詞》

采菱拾翠句算似此佳名句阿誰消得均采菱拾翠句稱使君知客叶千金買豆采菱拾翠句更羅裙豆滿把珍珠結叶采菱拾翠句正髻鬟初合叶　真箇采菱拾翠句但深憐輕拍叶一雙子豆（毛本作「手」）采菱拾翠句繡衾下豆抱着俱香滑叶采菱拾翠句待到京尋覓叶

九一　翻香令　五十六字　元本注云：「此詞蘇次言傳於伯固家，云老人自製腔名。」　宋　蘇軾　元本及汲古本《東坡詞》

金爐猶暖麝煤殘均惜香更把寶釵翻叶重聞處豆餘薰在句這一番豆氣味勝从前叶　背人偷蓋小蓬山叶更將沉水暗同然叶且圖得豆氤氳久句爲情深豆嫌怕斷頭煙叶

九二　荷花媚　六十字　宋　蘇軾　毛本及汲古本《東坡詞》

霞苞電（毛作「霓」，王氏校《詞律》作「露」，似可從）荷碧均天然地豆別是風流標格叶重重青蓋下句千嬌照水好句紅紅白白叶

每悵望豆明月清風夜句甚低迷不語句夭邪無力叶終須放船兒去句清香深處住句看伊顏色叶

九三　占春芳　四十六字　　宋　蘇軾　汲古本《東坡詞》

紅杏了句夭桃盡句獨自占春芳均不比人間蘭麝句自然透骨生香叶　對酒莫相忘叶似佳人豆兼合明光叶只憂長笛吹花落句除是寗王叶

九四　意難忘　九十二字　　宋　蘇軾　汲古本《東坡詞》

花擁鴛房均記駞肩髻小句約鬢眉長叶輕身翻燕舞句低語囀鶯簧叶相見處句便難忘叶肯親度瑤觴叶向夜闌豆歌翻郢曲句帶換韓香叶　別來音信難將叶似雲收楚峽句雨散巫陽叶相逢情有在句不語意難量叶些箇事句斷人腸叶怎禁得恓惶叶待與伊豆移根換葉句試又何妨叶

九五　慶清朝慢　九十七字　　宋　王觀　《花庵詞選》

調雨爲酥句催氷做水句東君分付春還均何人便將輕暖句點破殘寒叶結伴踏青去好句平頭鞋子小雙鸞叶煙郊外句望中秀色句如有無間叶　晴則箇句陰則箇句餖飣得天氣句有許多般叶須教撩花撥柳句爭要先看叶不道吴綾繡襪句香泥斜沁幾行斑叶東風巧句盡收翠緑句吹上眉山叶

九六　江城梅花引　八十七字　《梅苑》作「江梅引」　　宋　王觀　《花庵詞選》《梅苑》以爲柳永作

年年江上見（《全芳備祖》作「探」）寒梅均爲誰開叶暗香來叶（本作「暗香來，爲誰開」，案《全芳備祖》改。洪皓《次韻》作「幾枝開，使南來」，與《全芳》同，梅苑第二句作「幾支開」，與洪詞同，似非）疑是月宮仙子下瑶臺叶冷艷一枝春（《梅苑》作「雖」）在手句故人（《梅苑》作「斷魂」）遠句相思切句寄與誰叶（本無「切」字，爲五字句，依《全芳》及《梅苑》補）　怨極入叶平恨極入叶平（《全芳》作「恨極怨極」）嗅香（《梅苑》作「玉」）蘂換仄念此情句家萬里叶仄暮霞碎倚叶仄楚天碧片片輕飛叶平（《全芳》作「數片斜飛」，《梅苑》作「楚天外幾片斜飛」）爲我多情句特地點征衣叶花易飄零人易老句（《梅苑》作「我已飄零君又老」）正心碎句那堪聞句（「聞」宋本無，據《梅苑》補）塞管吹叶

九七　天香　九十六字

宋　王觀《樂府雅詞》《詞律》據《草堂》誤作王充

霜瓦鴛鴦句風（《古今詞話》作「珠」）簾翡翠句今年早是寒少韻（一作「較是寒少」）矮釘（去聲）明窗句側（《古今詞話》作「窄」）開朱户句斷莫亂教人到叶重陰未解句（「未」，《詞話》作「不」）雲共雪豆商量不了叶（一作「不少」）青帳垂氊要密句紅爐收圍（一作「圍炭」。《詞話》作「錦縫放幃」，一誤作「縫放圍」三字。）宜小叶　呵梅弄妝試巧叶繡羅衣豆（《詞話》作「襦」）瑞雲芝草叶伴我語時同語句笑時同笑叶已被金樽勸倒叶又唱箇豆新詞故相惱叶盡道（《詞話》作「儘道」）窮冬句原來恁好叶（《詞律》少二字，多誤，今正）

九八　散天花　六十字　次詩能韻

宋　舒亶《樂府雅詞》卷中

雲斷長空葉落秋均寒江煙浪浄句月隨舟叶西風偏解送離愁叶聲聲南去雁句下汀洲叶　無奈多情去復留叶驪歌齊唱罷句淚爭流叶悠悠別恨幾時休叶不堪殘酒醒句凭危樓叶

九九　燭影摇紅　九十六字

宋　王詵《花庵詞選》

（賀方四詞一首無後疊。此決周美成作，當依《漫録》説改）

香臉輕勻句黛眉巧畫宫妝淺均風流天付與精神句全在嬌波轉叶早是縈心可慣叶更那堪豆頻頻顧盼叶幾回得見句見了還休句爭如不見叶　燭影搖紅句夜闌飲散春宵短叶當時誰解唱陽關句離恨天涯遠叶無奈雲收雨散叶凭闌干豆東風淚眼叶海棠開後句燕子來時句黄昏庭院叶(《能改齋漫録》)

一〇〇　花發沁園春　一百五字

宋　王詵《花庵詞選》

帝里春歸句早先裝點句皇家池館園林韻雛鶯未遷句燕子乍歸時節句戲弄晴陰句瓊樓珠閣句恰正在豆柳曲花心叶翠袖艷豆依(「依」一作「衣」)凭欄干句慣聞弦管新音叶　此際相攜宴賞句縱行樂豆隨處芳樹遥岑叶桃腮杏臉句嫩英萬葉千枝句緑淺紅深叶輕風煦(「煦」一作「終」)日句泛暗香豆長滿衣襟叶洞户醉豆歸訪笙歌句晚來雲海沉沉叶(《詞律》失收此平均一體。《拾遺》已補)

一〇一　踏青遊　八十四字

宋　王詵《樂府雅詞拾遺》上　《花庵詞選》《詞律》誤爲周美成

金勒狨鞍句西城嫩寒春曉均路漸入垂楊芳草叶過平隄句穿緑徑句幾聲啼鳥叶是處裏句誰家杏花臨水句依約艷妝斜(「斜」,《雅詞》作「窺」)照叶　極目高原句東風露桃煙島叶望十里豆紅圍緑繞叶更相將句乘酒興句幽情多少叶待向晚句從頭記將歸去句説與鳳樓人道叶(吴虎臣曰:《贈妓崔念四》一首,政和間士人作,都下盛傳。按:據此則《詞統》載爲東坡詞,非也。坡集亦無之,去不收。)

一〇二　人月圓　四十八字

宋　王詵《花庵詞選》

小桃枝上春來早句初試薄羅衣均年年此夜句華燈盛照句(《漫録》作「競處」)人月圓時叶　禁街簫鼓句寒輕夜永句纖手同攜叶更闌人静句千門笑語句聲在簾幃叶(《能改齋漫録》十六云「李持正作《人月圓》,今尤膾炙人口,云『小桃枝上』」云云。近時以爲小王都尉作，非也。）

一〇三　泛清波摘徧　一百五字

宋　晏幾道　星鳳閣藏明抄本《小山詞》

催花雨小句着柳風柔句都似去年時候好均露紅煙緑句儘有狂情鬥春早叶長安道叶秋千影裏句絲管聲中句誰放艷陽輕過了叶倦客登臨句暗惜光陰恨多少叶　楚天渺叶歸思正如亂雲句短夢未成芳草叶空把吴霜（《詞譜》此下有「點」字，乃誤衍）鬢華句自悲清曉叶帝城杳叶雙鳳舊約漸虚句孤鴻後期難到叶且趁朝花夜月句翠樽頻倒叶

一〇四　歸田樂　七十二字

宋　晏幾道　明抄本《小山詞》

試把花期數均（本誤「教」，依《詞譜》改）便早有感春情緒叶看即梅花吐叶願花更不謝句春且長住句只恐花飛又春去叶（本脱「花飛又」三字，有「去」字，「春去」二字屬下半闋，並依《詞譜》正）　花開還不語叶問（本無，依《詞譜》補）此意年年句春還（本無，依《詞譜》補）會否叶絳唇青鬢句漸少花前語叶對花又記得句舊曾游處叶門外垂楊未飄絮叶（《詞律》誤收爲六十八字體，今正）

一〇五　留春令　五十字

宋　晏幾道　明抄本《小山詞》

畫屏天畔句夢回依約句十洲雲水均手撚紅牋寄人書句寫無限豆傷春事叶　別浦高樓曾漫倚叶對江南千里叶樓下分流水聲中句有當日豆凭高淚叶

一〇六　風入松　七十三字

宋　晏幾道　明抄本《小山詞》

柳陰庭院杏梢牆均依舊巫陽叶鳳簫已遠青樓在句水沉誰暖前香叶（「水沉」下本空一字，今刪。毛本作「水沉難復暖前香」，

亦非。此句本是六字，《詞律》收趙彥端七十二字一首，上下疊皆六字也，此詞及康與之一首。則前疊爲六字句，後疊爲七字句，又《小山》一首，及《詞律》周紫芝一首，則前後皆七字句，然此乃六字句，上多一襯字耳，故此詞後文之「到如今」又一首，是「擘釵」及「到醒來」，康與之詞之「歎樓前」，周詞之「共殘紅」及「山無數」。吳文英七十六字體之「怕煖消」及「愁溪橋」皆爲上一下二，則此詞此句斷不能作「水沉□可知矣」）臨鏡舞鸞離照句倚箏飛雁辭行叶　墜鞭人意自淒涼叶淚眼回腸叶斷雲殘雨當年事句到如今幾處難忘叶兩袖曉風花陌句一簾夜月蘭堂叶

一〇七　思遠人　五十二字

宋　晏幾道　明抄本《小山詞》

紅葉黃花秋意晚句千里念行客均看（本無，《花草粹編》補）飛雲過盡句歸鴻無信句何處寄書得叶　淚彈不盡臨窗滴叶就硯旋研墨叶漸寫到別來句此情深處句紅牋爲無色叶（《詞律》少一字，爲五十一字體，今補）

一〇八　解佩令　六十六字

宋　晏幾道　明抄本《小山詞》

玉階秋感句年華暗去韻掩深宮豆團扇（《花草粹編》引作「扇鸞」）無（毛本無下衍「情」字）緒叶記得當時句自剪下豆機中輕素叶點丹青豆畫成秦女叶　涼襟猶在中韻朱絃（疑「顏」，誤）未改中叶忍霜紈豆飄零何處叶前仄自古悲涼句是情事豆輕如雲雨叶倚么絃豆恨長難訴叶（《詞律》多一字，以爲六十七字，又誤謂後起二句不用韻，今正）

一〇九　慶春時　四十八字

宋　晏幾道　明抄本《小山詞》

倚天樓殿句昇平風月句彩仗春移均鸞絲鳳竹句長生調裏句迎得翠輿歸叶　雕鞍游罷句何處還有心期叶濃熏翠被句深停畫燭句人約月西時叶

一一〇　喜團圓　四十八字　　宋　晏幾道　明抄本《小山詞》

危樓静鎖句窗中遠岫句門外垂楊均珠簾不禁春風度句解偷送餘香叶　眠思夢想句不如雙燕句得到蘭房叶別來只是句憑高淚眼句感舊離腸叶

一一一　憶悶令　四十七字　　宋　晏幾道　明抄本《小山詞》

取次臨鸞勻畫淺均酒醒遲來晚叶多情愛惹閒愁句長黛眉低斂叶　月底相逢花不見叶（毛本脱「花」下二字）有深深良願叶願期信似月如花句須更教長遠叶（《詞律》少二字，今補）

整理說明：

一、《宋詞選讀》爲一九四二年唐蘭先生在西南聯大中文系替休假的浦江清教授代課的講義。毛筆書於整葉紅欄箋紙上，共一百一十葉，版心單魚尾，欄外有「昔夢室叢　第　種」字樣。共收録宋詞一百一十一首，每葉一首（七十五葉兩首）。其中柳永詞七十四首、蘇軾十五首、晏幾道九首、王詵四首、王觀三首，歐陽修、蘇舜欽、王安石、王安禮、韓縝、舒亶各一首。

二、手稿原詞爲大字單行，每句標均、豆、叶等，注文爲小字雙行無標點。整理本在詞牌名上新增序號，注文用楷體小字置於括號內。

三、一九三五年民國政府推行《第一批簡體字表》手稿中如「圖」「図」、「場」「坊」、「亂」「乱」、「應」「应」、「會」「会」等，一律改爲現行繁體字。異體字如「臆」「肊」、「須」「湏」、「個」「箇」等，不做改變。

（楊　安）

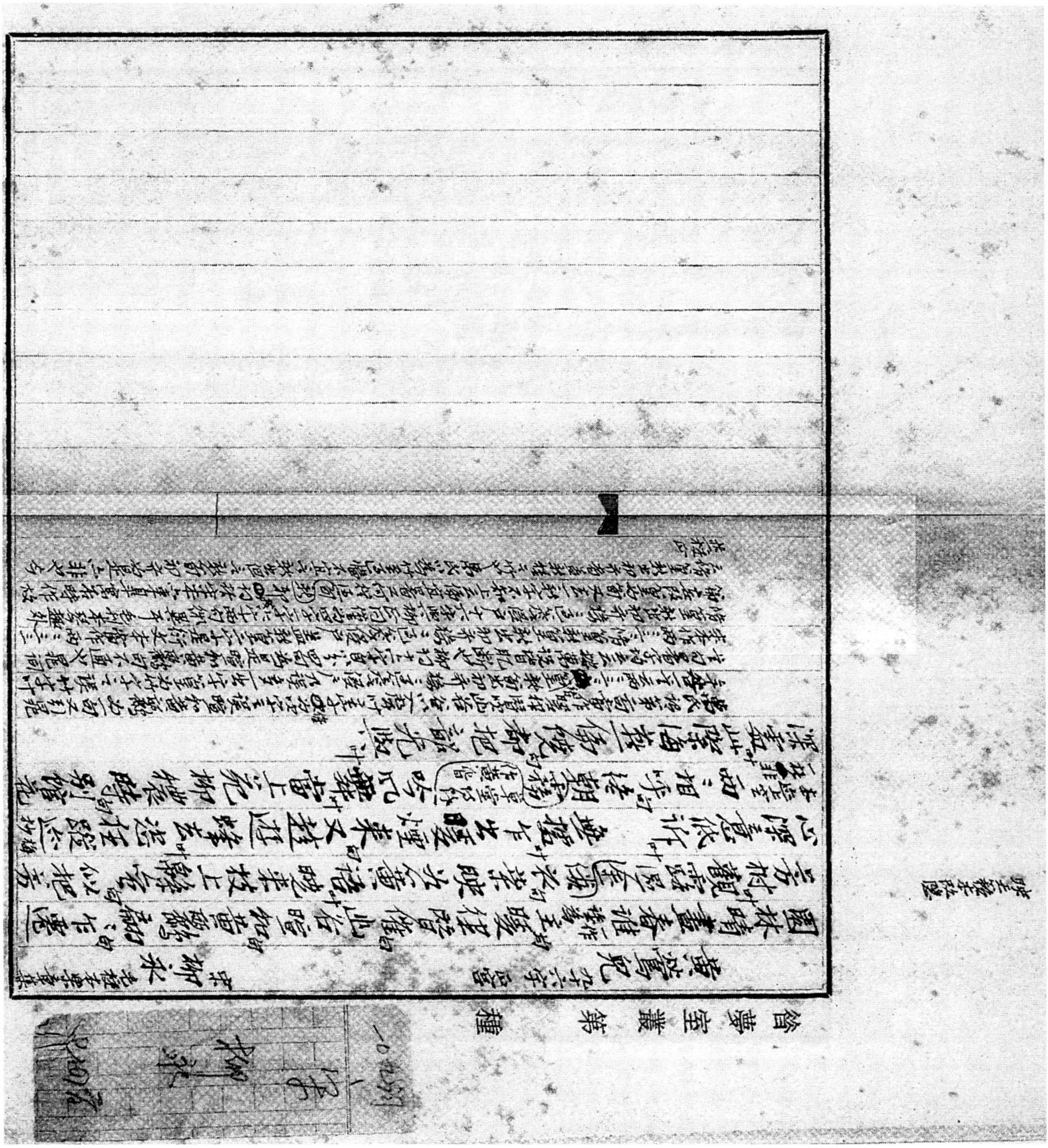

原稿樣張一

原稿樣張二

論盤中詩的作者

《盤中詩》見《玉臺新詠》卷九，目録上題爲晉傅玄。我從前在談到《盤中詩》的復原詩時，因爲另外有蘇伯玉妻所作的一説，没有詳細查考這本書的編者能否看到傅玄的文集，就推斷爲「《玉臺新詠》的編輯時間較晚，也有可能本來不是傅玄所作而被誤編進去的」（見四月五日《光明日報》東風版），在治學態度上是不夠嚴肅的。讀了郭沫若同志《再談盤中詩》一文（見四月七日《光明日報》東風版），知道清代學者馮舒、紀容舒、紀昀等對《盤中詩》的作者與時代早就有過爭論，使我獲得很多知識。簡括起來説，這首詩在唐朝虞世南的《北堂書鈔》裏只説是「古詩」，吴兢的《樂府古題要解》裏引傅休奕云「山樹高，鳥（鳴）悲」，末云「當從中央周四角」（《津逮秘書》本卷下十二葉）。宋人嚴羽作《滄浪詩話》，在《詩體》一篇裏才説「《盤中》，《玉臺集》有此詩，蘇伯玉妻作」。明人馮惟訥作《古詩紀》又把它列入漢詩。清人馮舒作《詩紀匡謬》，根據《樂府解題》和《玉臺新詠》糾正爲傅玄作。紀容舒的《玉臺新詠考異》説：「此詩出處以《玉臺新詠》爲最古。古時舊本必明署蘇伯玉妻之名，故《滄浪》云爾。宋刻於題上誤佚其名。」紀昀在《四庫提要》裏繼承這個説法，因而説「宋本《玉臺新詠》列於傅休奕詩後，不題蘇伯玉妻，乃嘉定間陳玉文刻本偶佚其名」，舉《滄浪詩話》和桑世昌的《回文類聚》都題蘇伯玉妻爲證。總之，紀氏父子也都認爲是蘇伯玉妻作，但由於《玉臺新詠》列在傅玄後、張載前，所以定爲晉人。這樣，就從作者問題牽涉到時代問題了。從馮惟訥説是漢人，從紀氏父子説是晉人。

既有爭論，就要有是非，在這些爭論裏，我是左袒馮舒一説的。儘管馮舒動輒「匡謬」喊「冤」，態度確實不夠好，但理由似乎還充足，所以近人王闓運的《八代詩抄》也把這首詩定爲傅玄作。《玉臺新詠》這首詩在傅玄的《擬北樂府三首》與《擬四愁詩四首》後，而在張載的《擬四愁詩四首》之前，目録上則只説《傅玄雜詩五首》與《張載擬四愁詩四首》，似乎有些難解，因爲「擬北樂府三首」和「擬四愁詩四首」加起來又已經是七首了，再加《盤中詩》，則是八首，如何説「五首」呢？魏晉間詩每一首中常分若干解，或稱爲章。吴兢《樂府古題要解》説「晉傅休奕著《歷九秋篇》十二章」，《玉臺新詠》擬北樂府三首裏的第一首就是《歷九秋篇董逃行》，在每章之下注「其一」、「其二」，一直到「其十二」，不能説是十二首。那末，傅玄的《擬四愁詩四首》每段下面注「其一」至「其四」，實際上也應該作一首，分四章或四解。《北樂府》三首，《四愁詩》一首加上《盤中詩》一首，就正是五首了。要是説《盤中詩》不是傅玄作，而《四愁詩》還是算四首的話，加上北樂府三首成爲七首，跟目録五首也還是不合，還是講不通，可見《玉臺新詠》在傅玄的《擬四愁詩》方面本只算作一首，今本在《擬四愁詩》的下題了四首，是按照張衡張載等詩的體例改的。

當然，如果只是《玉臺新詠》的目録上題了傅玄作，還是單文孤證。可以假定這篇詩被徐陵誤列爲傅玄，也可以假定《玉臺新詠》本來没有這一首詩，而爲後人補入。更重要的證據是吴兢的《樂府古題要解》在每章下面注「其一」到「其十二」。這樣的十二章不能稱爲十二首，那末，他的《擬四愁詩》，每段下面註明「其一」到「其四」，也可以算作一首四章，而不是四首。就是説《擬北樂府三首》加上《擬四愁詩》和《盤中詩》各一首，正是五首。可見《玉臺新詠》原本在《擬四愁詩》題下本應寫作「一首」，今本《擬四愁詩》算作四首，是校者按照張衡張載等詩題的體例來改的。趙均《玉臺新詠集跋》説：「徐幹《室思》一首分六章，今誤作《雜詩》五首，以末章爲《室思》一首之類，顔延之《秋胡詩》一首作九首，亦沿其誤。」可見把章誤作首是常有的事。

吴兢的《樂府古題要解》裏所引的傅休奕云「山樹高，鳥（鳴）悲」，和末云「當從中央周四角」，與《玉臺新詠》正相符合（吴書在《津逮叢書》十四集）。吴兢在武則天時代就直史館，曾編過《則天實録》，死於天寶八年（公元七四九），活了八十多歲。他家藏書極多，有《吴氏西齋書目》。他在《樂府古題要解》的《序》裏説：「余頃因涉閲傳記，用諸家文集，每有所得，輒疏記之。」因此書中經常提到「諸集」或「諸家樂府」。在《博陵王官俠曲》條説「右見陳琳集」。在《董逃行》、《豫章行》、《西長安行》和《怨歌行》等條下都引用了傅玄詩。尤其是在「樂府雜題」部分，采用了曹植四十個題，傅休奕四題（《有女》、《秋蘭》、《車遥遥》、《燕美人》），和謝靈運幾個題，下面説「諸家集後有《城上麻》……」，足見他采用了《曹植集》、《傅玄集》、《謝靈運集》和其它諸家文集。據《舊唐書・經籍志》和《新唐書・藝文志》都有《傅玄集》五十卷，那末，陳朝的徐陵和唐朝初年的吴兢所引《盤中詩》，都是直接采自《傅玄集》的。

至於作《滄浪詩話》的嚴羽和作《回文類聚》的桑世昌，都是南宋時人，比初唐時的吴兢，已晚了五百來年了。南宋時古書大半闕亡，就是宋初《太平御覽》、《太平廣記》中所引到的書，也大都散失。《傅玄集》早已失傳，據陳玉父跋，《玉臺新詠》的舊京本多錯謬，當時通行的豫章刻本則只有上半部的五卷，而《盤中詩》卻是下半部第九卷。嘉定乙亥（公元一二一五）陳氏求得全部後重刻，即今所傳許多明刻本的祖本。那末，嚴羽與桑世昌又從那裏去看到題作蘇伯玉妻的「古時舊本」呢？《玉臺新詠》有范靖婦、徐悱妻、王叔英妻等作品，嚴羽等顯然只是由《盤中詩》説到「姓爲蘇，字伯玉」等句，而没有看一下《玉臺新詠》的目録就定爲蘇伯玉妻了。

其實就從詩的内容來看，這也不可能是蘇伯玉妻所作的。因爲如果真是蘇妻自創新體，就不應該突然罵起「今時人，智不足，與其書，不能讀」來，因爲寫這首詩是給當時人或後世人看的，未必是想給古時人看的，那末，怎麽能在未寫之前就判斷「今時人，智不足」呢？正由於這首詩是傅玄的擬古作品之一，他就不妨厚古薄今了一番，説這種古體「今時人」，「不能讀」，而要指出「當從中央周四角」了。傅玄的詩大都是擬古之作，有些篇章很接近漢樂府，這是時代的關係。當時的作品風格，大都如此。

根據前面分析，我認爲馮舒之説是，而紀氏父子之説非，作者爲傅玄既明確，詩的時代爲晉初也就不言而喻。但這只是説「山樹高，鳥鳴悲」這首詩是傅玄所作，並不是説《盤中詩》這種體裁一定要晉時才有，也不是説蘇伯玉妻一定没有寫過詩。至於蘇伯玉這個人倒很可能是漢朝人，因爲樂府詩裏常用古人名，如：莫愁、秋胡、羅敷之類。在傅氏的詩内，也可能包含着古詩原有的意義，甚至某些詞句。但要考查蘇伯玉妻的故事與考查「山樹高，鳥鳴悲」這首詩的作者爲誰，既是兩回事，就不能混爲一談了。

（劉　雲）

整理説明：

此手稿用鋼筆寫於四百字稿紙，共六頁，篇題自定。文中所説郭沫若《再談盤中詩》，發表在一九六二年四月七日，此稿應寫於此後不久。

拾　文字改革類

中國文字改革的理論和方案

（一）中國文字是必須改革的

中國文字是必須改革的。毛澤東先生說：「新民主主義的文化是大衆的，它應爲全民族百分之九十以上的工農勞苦民衆服務，並逐漸成爲他們的文化。」這是目前人民教育裏的第一件要事，這種文化的發展，首先要教育能够普及，並且要能够逐漸提高。但是中國文字是極其繁難的，一個人要學習幾千個漢字，需要經過很長的時間，花费很多的精力。有些工人指知識分子說「他們是有錢有學問的人」，把錢跟學問聯結起來，而把工農大衆跟稍稍讀過一些書的人隔離開，這是很可痛心的一件事。中國文字本質上是形聲字，「評」字讀「平」，「理」字讀「里」，原來是容易認識的。可是由於長時期的演化，許多文字已不是原來的讀法，如：「國」字不讀「或」，「改」字不讀「己」，又加以由古文字而篆書、隸書、楷書，好些字已經變質，如「春」，「秦」，「奉」，「泰」，「奏」等字，來源雖各各不同，都變得很相像了。因之，現代中國文字，必須死記它的形體。記多了，要用十年八年的時間，工農勞苦大衆是沒有這個力量的，記少了，有一兩千字也還不够讀書閱報。所以，文字必須改革，廣大的無産階級必須要有他們自己的文字，這種喪失了聲符作用的舊形聲文字，等於一大堆記號，等於一堆僵硬的屍體，對於新文化的發展，是絕對負不起這個使命來的。

（二）改革中國文字的條件

毛澤東先生說要達到文化接近大衆的目的，「文字必須在一定條件下，加以改革」，這一定的條件是什麼呢？

文字必須和語言配合。改造文字是可能的，但改造一個歷史很悠久、地域很廣大的國家，像中國的語言，幾乎是不可能的。那末，改造文字，也得要顧慮到這個國家的語言。毛先生說：「中國文化應有自己的形式，這就是民族形式。」又說：「中國現時的新政治、新經濟，都是從古代的舊政治、舊經濟發展而來的，中國現時的新文化，也是從古代的舊文化發展而來，因此，我們必須尊重自己的歷史，決不能割斷歷史。」這些話雖然不是指文字改革而説的，但是我們覺得用在文字改革上，也一樣恰當，這樣寶貴的意見，是值得我們去思考，去學習的。

過去對於中國文字的改良或改革的方案是很多的，我們相信一切運動，都是爲人民、爲後世中國，對於舊文字的必須改革，大家都是站在同一戰線上的。但是我們對於中國的語言文字必須先有深切的認識和瞭解，然後可以説改革。新的文字必須配合這個民族的通用語言，必須有它的自己形式，必須能接受舊文化，使這個民族的歷史和文化，不致因改革文字而中斷。另一方面，必須使這種新文字能符合於人民大衆的需要，方法簡單，學習容易，並且在改革時要没有很大的阻力。這都是實際要考慮的問題。文字改革，必須「實事求是」，不是「標新領異」，所以必須從客觀的事實來討論，找出一條必須要走的路。

(三) 中國語言和中國文字

中國文字必須有它自己的形式，因爲它的語言，也是有自己的形式的。中國語言，以單音節語作基礎，由於没有複輔音，一個字構成的音素，最多的也只包含了輔音、介音、主要元音和韻尾輔音四個音素，語音的單位不多，所以有很多同音字。在日常語言裏，除專門名詞外，普通語言因爲有一定的時間性和一定的環境，彼此互相瞭解，所以不容易感覺到淆混。等到寫了出來，給完全不同時期不同環境的人去閲讀，只看見一些音符是不會懂得的。所以中國的古代文字不得不從任意的引申假借，走上了形聲文字的道路，就是對於同音字，從字的形式去分開。正如在現代語言裏，兩個人是「倆」，三個人是「仨」，古代人也曾造「什伍仟佰」等字來代表十個人、五個人、一千個人、一百個人，又曾造「輛緉」等字來代表兩輪車、兩隻鞋。分別同音字的形，是有一部分的作用的(最初也許都有意義)，所以看見「梧桐」，「松栢」，就可以知道是木類；「璆琳琅玕」，就可以知道是玉類。許多中國字，只要看見字形而又能讀出字音來，就可以知道它的用處。

另外一方面，中國語言的單語並不太多，但是把它們組織起來，成爲複合詞或成語，錯綜變化，就可以無窮。中國語言没有形式上的變化，但是到了一個句子裏，由於位置的變化，意義就完全不同。所以中國語言是最適宜於用方塊字的，拆開來每個字幾乎都可以獨立(只有少數的聯綿字，如蟋蟀之類，本是複音節語，用兩個方塊字作一個單位，是不可分析的），應用時，到處可以配合，一個人只要完全認識了六七千個字，就很夠用了。

中國文字由圖畫文字變成形聲文字，實際上已踏上了聲符文字的新路。在形聲文字初期，一個人只要認識一千多個聲符，就可以完全認識那些形聲字。而這些聲符，大都是原始文字被保留下來的，所以只要認識了一千多字，就可以完全認識當時通行的文字。中國的形聲文字和西方的拼音文字，由於適應他們的語言，各自走上一條路，但都是聲符文字的路，誰好誰壞，本來是很難作比較的。

但是從形聲文字的本身我們可以發見它的缺點，那就是聲符所代表的語音漸漸由演化而分歧、混亂，以致不能從聲符去認識文字。並且由於字體的變化，由於幾千年沒有清理過，僵死的屍體太多了，妨礙了新的生長和活動，所以我們必須要去改革它。

（四）文字革命必須打倒反動的封建意識

即使在現代，文字革命者，還需要拼命去打倒它們的敵人。中國文字，從可以知道的形聲文字時期，到現在已經有了三千五百年左右，經過許多的變化，有些文字連專家學者也搞不清楚。每一個時代，都産生一些新字，也都淘汰一些舊字，在歷史的過程裏，是有精華也有渣滓的。舊的庸俗的學者們，不能把精華跟渣滓分開，他們只知道一味推崇古的，古的就是好的。他們不知道，也許是不敢説，所奉爲經典的《説文解字》是千瘡百孔的，五百四十個部首中間，有些根本就不是文字。給封建意識的鎖鏈牢牢束縛了的反動派，還在把六書奉爲造字的金科玉律，把文字蒙求之類認爲識字的門徑，甲骨鐘鼎文字是不能依據的，商代的圖畫文字是文字未發生以前的文字畫之類。他們沒有夢想到這幾十年來一日千里的新的文字學，他們還在排斥它，阻礙它，因爲這是他們心目中的叛逆。這班人絶對看不見現代中國文字的缺點在什麽地方。

由於中國文字的繁難，只有少數人能夠讀書識字，而廣大的羣衆都是文盲，在過去的封建社會裏是看作毫不驚奇的事情的。在運用愚民政策的政府裏，不識字的工農是最容易統治的，所以他們從沒有想過改革文字這種念頭。一直到西洋文化侵襲了中國，由於傳教師的活動，由於有些人震驚於西洋的富强，才有了改革文字的運動，但是這種運動的阻力很多，許多人安常守故，保守傳統，不願意改革，不願意接受新的東西、光明的合理的東西，所以清末的文字改革，到結果只落得一套注音符號。但是這三十年來，一般普通知識分子，依然没有覺悟，他們自己是有知識，有學問了，可是廣大的民衆還没有知識，没有學問，他們把這種情形大都忽略了，没有替廣大的民衆多想一想。

當然也有些人是想去改良這些現狀的，簡字，俗字，手頭字的運動，基本字，常用字的運動，注音漢字的運動，以及陳獨秀先生所編識字教科書，從篆書，從字源來認識文字那種復古的運動，雖然五花八門，事實上都没有觸及這個問題的核心。因爲他們依然在留戀這些已經朽腐了的舊漢字，他們違背了聲符文字的原則，認錯了革命的對象，他們雖然也是爲人民爲後世的利益着想，但是在無形中受了反動的封建意識的影響，所以没有能進行徹底的文字革命。

一切的反動封建意識，或遲或早，總有一天會完全廓清的。新的文字革命者道路只有一條，就是中國文字必須要用聲符的，舊的等於記號式的文字是必須廢止的。

（五）文字革命必須用民族的形式

過去有許多知識分子的改革漢字運動，看着是前進的，但是是外國式的。由於中國近代先被西洋傳教師的文化侵略，後受帝國主義的武力壓迫，所造成的半殖民地文化和買辦文化，使學者們有了錯誤的觀點，以爲只有拼音文字才是聲符文字，只有拉丁字母才是全世界唯一可用的字母。正如美國傳教師 Hubber 所説：「既然羅馬字母在西方完成了一個空前的工作，它必須在東方完成同樣的工作。」中國學者也跟着他們套上了着色的眼鏡，認爲要改革文字，就必須把方塊字形式打倒，必須完全西化，必須拼音，必須用拉丁字母，必須詞兒連寫。前些時有些西方人説中國語言是孤立語，是劣等的語言，西方的屈折語，才是進步的語言，有些中國人也就這麽想，只可惜語言是不容易改造過來的。近年來有些西方學者已明白中國語言是有它特殊形式的，而且從某一點來看，它比英語還要進步。文字是反映語言的。過去有些學者硬説中國人的祖先，不用拼音而造方塊字，是走上了一條歧途，而不去想一想爲什麽要用方塊字。有些學者們羨慕蘇聯土耳其拉丁化運動的成功，而没有想一想，它們本就用拼音文字，用新式拼音來代替舊式拼音，在形式上没有特殊的改變。中國的文字和它的語言是一樣的，有它自己的特殊的形式，方塊字，形聲字，跟詞兒連寫的拼音字是完全不同的兩種形式。要完全西化，推翻民族形式，改用新的形式，至少須等待中國語言發展到一種可以改變的程度。而在目前，這是不可能的，因爲它是不能使廣大的民衆去接受的。

天下一家的崇高理想是值得稱許的，全世界只用一種語言文字，也是最理想的，但這決不是十年，二十年，甚至於五十年，一百年，所做得到的。如其只是二十幾個字母的形式相同，是毫無意義的。我們要改革文字，只有一個目的，就是要容易認識和學習，我們只需要這一點，何必定要拉丁字母，何必定要拼音方式，這種外來的拉丁字母萬能主義，不顧中國語言是否適合的形式主義，是不應該接受的。

在拼音字運動裏面，主要的是國語羅馬字跟拉丁化新文字。國語羅馬字是關在書房裏想出來的，是有四聲的，由於它的拼法麻煩，一向只有少數知識分子能懂得，所以是没有出路的。拉丁化新文字在早期很簡單，不管四聲，只有少數變體字（像買賣），所以容易學習，在掃除文盲時狠能夠發揮它的功用。但是由於它脱離了中國的民族形式，不能符合中國語言，經過多年的實踐後，就發生了破綻，新文字家終究給同音字太多的問題所苦惱了。「又有油，又有肉」，假如照山東人把肉也讀成油的方音，寫做 iu iu iu iu iu iu，究竟不像文字，而且也没有人懂得，所以他們要説：

「既然稱爲文字，還得注重文字的面目和身份。那就是説，一個詞兒除了字音以外，還應當有明確的字形和字義，決不能見了一個單字，還要端詳上下文去猜度到底是什麽詞兒。」——謝景永《新文字速成課本》

他們明白了「中國語文中同音字的麻煩，和拼音文字在中國所碰到的難關」（同上）。也明白了「只有學會一套字母和拼音的方法，就可以閲讀書報和寫作是幼稚天真的思想，天下哪兒有這種廉價的文字」（林濤《新文字自修課本》）。這樣，他們苦心孤詣地費了很大的功力，矯揉造作地製成了許多變體定型字，把同音字分化開來，不根據拼音而根據形式，所以成爲拼音式的形聲文字。拼音文字的長處，本在簡單，現在卻依然要死記，這是違背了這種文字的本意的。例如同是一個聲音的「幽」是 yiu，「憂」是 jou，「油」是 yow，「有」是 you，「又」是 iou，這樣把要死記的舊漢字丢開後，依然要死記拉丁化了的變體字，真是前門趕去了狼，後門請來了虎，是何苦來呢？

當然，他們可以説這是「外國亦有之」的，例如英語裏的 Write，rite，Wright，right 四個字是同音的，就是最精密的法文也有這種現象，但這究竟是文字流傳太久了所生出來的病態，要建立一種新文字，就不應該去學習這種病態。

再進一步説，即使用拼音式的形聲文字，也没有解決困難。因爲要用拼音文字，必須詞兒連寫,加上了變體定型字,又得要有詞兒定型化,那末,不單要一個字一個字去死記,還得要一個詞一個詞去死記。所以曾經有十二個拉丁化同志整整費了七年工夫,編了一本包含三萬五千多條詞兒的國語拼音詞彙,這真是一件可以欽佩的艱鉅的工作。但是所得的結果,是否定的。因爲中國語言是以單語爲基礎,單語好像機器的零件,由着工程師去配合,所以在應用時是極端的靈活的,例如「拉丁化」的「化」字吧,我們可以説「西化」、「歐化」、「中國化」;可以説「科學化」、「通俗化」、「大衆化」;也可以説「美化」、「浄化」、「惡化」;又可以説「氧化」、「硫化」,再如「改革」的「改」字,我們可以説「改更」,「改變」,「改換」,「改易」,「改編」,「改組」,『改建」,「改造」,「改製」,「改裝」,「改良」,「改進」,「改善」等等,會説話會寫文章的人是可以隨時製造一個新詞的。並且,同一意義的一個詞,變化也是很大,如「糊塗」,可以説作「糊糊塗塗」,「糊裏糊塗」,「糊裏八塗」,「稀裏糊塗」,又可以説「糊塗虫」,「糊塗桶」,「糊塗蛋」,要是這樣一條一條搜集起來,十萬二十萬條也是不完備的。由於詞兒定型化的關係,使用時必須記住了每個詞兒的特殊的寫法,一個人要記上十萬二十萬條,這個負擔比之舊漢字只需要記住五六千個字是太沉重了。而且在寫的時候,遇見不常用的新詞,在詞彙裏還没有定出型來的,又將怎麽辦呢?是不是只許用已定型的詞呢?我們知道限定語詞使用的數量是不可能的事情。

至少在目前,拉丁化新文字還不能完全脱離漢字。只有在内容較爲明顯的對話上,是不用漢字就可以讀得下去的,但是一遇到内容較複雜的(例如把《聖經》轉譯過來),超乎想像之外的,没有注漢字就讀不下去了。況且「紅煤」是可以想作「紅梅」的,「大媒」是可以想作「大妹」的,「謎子」,「眉子」,是可以想作「糜子」,「梅子」,或「妹子」的。在這種容易發見或不容易發見的困難下,唯一的辦法,是儘量的再去分化同音字,但是拉丁字母是有限的,分化形式也是有限的,而這種困難,隨時都可發生,文字固然可以有一些精密的規定,但是太多了就是繁瑣了,就是這種文字本身的大毛病了。

我們對於拉丁化工作者是有無限的敬意的,因爲他們在勤勤懇懇地工作着,爲人民爲後世的利益而工作着。由於他們的努力工作,更顯出拉丁化是怎樣的不適用於中國語言,更顯出「拼音文字在中國所碰到的難關」,是永遠走不通的。單是這一點,他們的勞績已是不可抹殺的。他們至少發見了一條真理,就是適應中國語言,必須用形聲字的方式,這是不可否認的。不過他們用的是拉丁化的拼音形式、詞兒連寫形式,而不是中國的方塊字形式,因之,終於不能適應。

我們不得不指明文字可以有兩種形式:一種是拼音文字的;一種是形聲文字的和方塊字的。後者是反映中國民族的語言的。所以只有用形聲文字跟方塊的形式,才是中國民族自己的形式。中國文字是必須改革的,新的文字必須是聲符的，可是必須是中國民族自己的形式。

（六）只用一種文字

有些拉丁化運動者已經懷疑到拉丁化新文字不能替代舊漢字了，所以他們承認：「漢字本身自有它存在的歷史價值，既用不到廢除，也決不會廢除。」（倪海曙《中國拼音字概論》）這樣就得讓舊漢字跟新文字並存了。我們認爲這種觀點是錯誤的。文字革命必須是徹底的。我們認清了舊漢字的缺點，就得把它整個兒推翻，送進圖書館和歷史博物院去，供給專家們去研究，永遠不再起用。只是這樣，新的文字才能有效地推行。如果新的文字不能適合於中國語言，那末，推翻了舊漢字將引起極大的混亂，這是有害的。所以改革以前必須經過縝密的考慮。但如果要想改革文字而容許新舊並存，那就是永遠改革不了的。中國的歷史如此的久遠，人們的保守性如此的强固，要人們同時學新舊兩種文字，是可笑的、幼稚的想法。已經認識舊漢字的人懶得再學習，使用舊漢字的刊物懶得重印，學習新文字的人，依然不能讀書看報，依然跟一般知識分子隔離，這種新文字能廣泛地推行麼？從文字革命看來，這種説法，無異於向舊漢字妥協，也無異於向它投降，因爲無論何種新文字，如其跟舊漢字並行，結果必然是失敗的。

我們承認中國古代封建社會遺留下來的文化，是一份很可寶貴的民族遺產，雖則有很多的糟粕，但也有很多的精華，我們可以用批判的方法去接受這些遺產的。歷史既不能割斷，舊文化就還需要研究，還需要清理，所以舊漢字確是不能讓它毁滅的。但如果真正徹底推行拉丁化的拼音文字使新文字跟舊文字劃分做截然不相聯繫的兩種文字，要使得新文字能夠成功，舊漢字就必須要完全毁滅。這種過於「左傾」的冒險辦法，是萬萬不能用的。所以只有保留了中國形式的新文字，才能夠完全代替舊漢字，像篆書代替古文字，隸書代替篆書一樣，把舊文化遺產全盤接受過來讓專家們慢慢去清理。只有推行這一種文字，才能嚴格的只許用一種文字，才能把舊漢字廢止而不是毁滅。

（七）文字應該讓它自己發展嗎？

有些學者是主張讓文字自己發展的。近年來的發展，在形體方面有簡體字、手頭字、俗字，在聲音方面有通借字、新形聲字，這都可以是「約定俗成」的，在某種條件下，是人民大衆可以接受的，並且是中國自己的形式。但是這些都不能改善中國文字，中國文字的缺點，幾乎原封不動的保存了下來。在形體方面，儘管你怎樣去簡化，依然要有成千成萬不同形體的方塊字，依然需要一個一個去死記。在聲音方面，隨便的通借，將使意義更不容易明瞭。這樣的發展，既没有一定的規律，統一的形式，人自爲戰，由於嗜好的不同，一個字常常有許多寫法，有時簡直無法認識。但是在另一方面，舊漢字依然作爲正規的文字而廣泛的使用着。這種新文字其實是多餘的知識，對於讀者，增加了不必要的負擔，假使讓它發展下去，中國文字將更加混亂，對於文化的發展上，是有百害而無一利的。所以，這種發展的情形，只是象徵了中國文字必須要改革，它們只在推翻固有的形式一點是有功的，但是在本質上是屬於無政府狀態，不是正規的有組織的文字革命。

（八）注音漢字不是文字

當然對於過去有一套注音字母以及注音漢字的事實，是應當討論到的。這套字母，本是封建社會殘餘勢力裏的産物，創造字母的人承襲晚清的小學而造出一套依據古篆偏旁而一般人不瞭解的怪形式（如ㄛㄜ等字），曾經舉棋不定的改了好幾次，字母的改更，標準的改更，連名稱也由字母而變爲符號，臨了又推行所謂注音漢字。雖則頒佈了三十多年，雖則國民黨曾經盡全力去推行過，但是效果如何是看得見的。注音字母或注音符號，本就不是文字，只是幫助人認識舊漢字的讀法，已經識字的人是用不着，不肯學的，小學生們常常學會了又忘記了，因爲既然文字的形式依然要死記的，這種符號的用處是很少的。

至於注音漢字把符號死釘住在漢字旁邊是從日本學來的，它是注上音符的漢字，對於舊漢字的本身，絲毫没有改變。所以這種新制度，只是换了一套佔很大篇幅的鉛字，别的没有多少用處，只能印些小學教科書和辦個把國語報罷了。

其實注音漢字本身，是一個可笑的矛盾。形聲字原來就有聲符，例如「凄」、「悽」、「棲」、「萋」等字，都從妻聲，在這些字旁邊再注上ㄑㄧ，就有了雙重聲符，又是「妻」，又是「ㄑㄧ」，這是疊床架屋的辦法。照理論説，一個字只需要一個聲符，假如「ㄑㄧ」可以代表「妻」的聲音，何不直截痛快就把它代了「妻」，由注上音符的漢字，變成用注音方法的新漢字呢？遠在十五六年前，我就提出過這個説法，也還有不少人提出類似的方案，主持注音漢字的學者，像黎錦熙先生也承認這個説法。但在官僚集團的政府裏，一切因循苟且，從來不肯面對現實，虚心檢討。大多數人總是唱高調，要改革就得用拼音文字，要不然，索性原封不動。事實上他們並没有考察過中國語言的性質，能不能用拼音文字只是説説而已，在他們潛意識裏根本没有想去改革文字，也没有感覺到中國文字的必須改革，他們對於新文字的態度永遠是漠然，從來没有想去實現它，也從來没有去計劃過。所以就永遠留滯在所謂注音漢字的一個階段了。

（九）統一語言運動的失敗道路和文字統一的需要

前清末年的文字革命，到最後組成了讀音統一會，制定了一套注音字母，來幫助認識漢字，雖然像是成功，實際上那次革命是失敗的。由於這一套字母本身不是文字，而只是識字的工具，所以並没有改革了舊漢字。但因爲讀音是要標準的，標準不能杜撰，就選擇了一種方言定爲國語，也就從統一讀音變成了統一國語，從文字改革的運動滑走了，變成爲統一語言的運動了。

在舊的官僚作風裏，對於一個運動，没有經過縝密的考慮，以爲只要做成命令和議案，就可以推行，而没有先訓練出足夠的師資，一步一步的擴充出去。又由於訓練標準國語，並不是一件太容易的事情，所以後來也曾自己讓步了，把統一運動又轉回到識字運動，但是在實際上，統一國語和推行國語，也照常在進行。當然，有些特殊區域和華僑是需要學習國語的。

但是要任何區域的任何人都會説地道的標準的國語是不必要的，也是不可能的。語言統一，當然很合理想，但是由無數的分歧的方言，混合成爲一個主流，是需要很長的時間的，是要由一切環境自然而然地發展出來的。假使這個客觀的環境没有造成而專門訓練出某些人説國語，要非凡地漂亮而流利，這只是官僚和資産階級的空想，不是人民大衆所需要的。

所以國民黨的統一國語運動，一開始就注定了要失敗的。從文字改革轉變到統一國語，它們走上了一條遥遠的歧路，就没法再挽回了。中國文字必須改革，由於這文字的不容易認識和學習，注音字母只是輔助了認識，一離開字母，漢字依然是不能認識的，所以單靠注音是不夠的，必須從文字本身的改革着想，但是他們没有注意這一點，而轉變到國語的身上，這大錯就鑄成了。

拉丁化運動者是承認有方言區别的，他們曾經計劃過許多方言土語的拉丁化方案，在拼音文字的形式裏，這種趨勢是必然的。但是中國語言的地方性是很複雜的，有時只隔離幾十里的村鎮就用兩種語言，要用純粹方音的拼音文字，中國方言文字一定分歧得太多了。所以有些人就拿這一點來指摘拉丁化，他們説中國是用文字來統一的，不論任何地域的人，只要識了字，即使方言不一樣，在文字上就可以互相溝通。假如照方言拉丁化的辦法，推翻了這個本已統一的文字，而變成許多分歧的文字是可惜的。

不管拉丁化運動者過去是怎樣答覆的，自從他們用了變體定型字以後，由拼音而進爲文字，就無形中有一個答案了。那就是説拼音文字不能直截拼出一切方言，而仍舊要用一定型式的文字，那末，方言拉丁化只能是局部的分歧，拼音的新文字也還是需要統一的。

統一語言和文字統一完全是兩回事。統一語言必須要有標準語，從發音到聲調語氣，一點一點嚴格的考究起來，是很困難的，但是是不必需的，一個人的説話，只要別人聽得懂就完了，何必一定要合標準呢？但是語言的分歧，不礙於文字的統一，即使在拼音文字裏，也是如此，同是一個字的讀法，在英國或美國是可以不同的。中國的舊漢字，在這一點上，更給與我們很好的證據。强迫地統一語言是不可能的，因爲語言習慣是從小養成的。但是文字是由學習來的，所以文字的讀音可以有一致的趨勢。雖然最初的小區别是有的，像北京人讀英文和廣東人讀英文就不一樣，但是可以慢慢地交流而融合的。况且即使有一些區别，也没有什麼關係。吴語粤語跟北方語言是有很多差别的，但在文字的讀音上，差别是比較少的，可見只要文字統一，就可逐漸的把分歧的語言接近起來。

中國文字本來就是統一的，但是在許多特别區域裏，還各有它的地方性文字，這是中國文化裏面值得重視的一點。文字革命只要把不容易認識學習的舊漢字推翻，换一種容易認識學習的新文字，文字統一的原則是不需要破壞，也是不應該破壞的。

（十）從歷史觀點來改革中國文字

舊的文字學者從没有想過改革文字，而文字革命者不注意文字學，不明瞭中國文字歷史的發展，這是自有文字革命以來没有成功的主要原因。中國文字由圖畫的變爲聲符的，至少已有了三千五百年。這種方塊字，包括了極少數的原始文字和百分之九十以上的形聲字，用注音而不用拼音，是跟它的語言配合的。在綿長的歷史過程裏，字形的變化是很多的，尤其是幾次的劇變，使古文變成篆書、隸書、楷書、簡俗字，以及非正式的行草，可見字體的變革，在方塊字的形式裏不會感覺到太突兀的。曾經有兩次統一文字，第一次是秦始皇時代由李斯等的創導，用小篆來統一了六國文字，但不久就給隸書推翻了。第二次是唐明皇時代承繼了顏師古等的字樣學，釐正隸書，實際就是楷書，由於刻書術的興起，這一次的統一，居然成功了。雖然簡俗字還是在民衆間流行，可是一直到現在的銅模鉛字，楷書還在領導的地位。固然，科舉時代限定寫正體是有關係的，但是決定的作用，還是由於刻書，這對於我們的改革，是可以作參考的。

由字音來説初期形聲字，聲符和字音是幾乎完全一致的，所以古代的文字比較要容易學習。後來漸漸地分化，一個字可以變成幾個音，一羣同聲符的字當然也可以變成幾個音。再加以有些字不一定是聲符的，也有後起的聲符文字跟讀音不很一致（例如「做」從「故」，「訳」從「只」），所以讀法就很紊亂。同一個聲符，可能有幾十個不同的讀法，絲毫没有條理，所以只有死記的辦法。這種形聲文字，現在大部分已變成了記號，這是中國聲符文字的退化。

在長期的演化裏，許多文字也曾經單獨的或部分的改革過，例如「華」的變成「花」，「韡」的變成「靴」，「糧」的變成「粮」，「擔」的變成「担」，一直到近代的「擁」變爲「拥」，「優」變爲「优」之類，都可以表示，每個形聲文字所用的聲符是不固定的，是隨時都可以修正的。但是這種改革是没有條例的，不統一的，應用得愈廣泛，就愈增加文字的複雜與紊亂。這樣的歷史告訴我們，改革必須是有條例的、全體的、統一的，而不應該自由去發展。另外一方面，在科學發展的新時代裏，我們的科學家曾經創造過一些新文字，像「鋅」、「鋁」、「氫」、「氮」之類，是利用方塊字和形聲字形式中國化了的科學名詞。主張全盤西化的紳士們、買辦們是不喜歡這種新文字的，他們認爲要記得「鋁」就是 Alumin ium，太麻煩，但人民大衆接受這種簡單明瞭的新名詞，正如他們的祖先把「窣堵婆」叫做「塔」，同樣是中國化了的。我們要建設科學化的新中國，必須要使科學真正地普及到大衆，這種中國化了的新名詞和新文字，還應該充分去利用，充分去發展。

方塊字裏面保存了少數的原始的獨體文字，這種文字只有幾百個，除非太古奥、太冷僻的字，要記住他們並不太费事。這種原始文字大都是日常生活所必需的，認識了它們，在日常應用的文字裏，至少已認識了百分之五十以上，但是在字彙裏，和複體字的數目比較起來，最多不過百分之二。這可以説是方塊字的核心或基礎，假使我們還要利用方塊字的形式，就必得保留這一個部分，但是必須加以修正，删改或補充，使它能適應新的發展。

除去了獨體文字，文字革命者最重要的工作，是清理這一大批的複體文字，要使不容易認識的字，換上一個聲符，變成容易認識的新聲符文字；要使没有規律，要人死記的文字，變成有一定規律，一見就可以確定，不會引起誤讀的字。必須把握住這個原則，才能造出爲大衆所接受的文字。我們不主張自由的放任的改革，那是只對於改革者或其少數同好者有興趣的。文字革命必須是有原則、有計劃、有規律、徹頭徹尾的改革。

（十一）最簡單最自然的文字改革

文字改革是必須爲人民，爲百分之九十以上的工農勞苦民衆的。但是也必須符合中國語言，保持我們的民族形式，不破壞文字的統一。我們的歷史文化，也不許因改革文字而割斷。

由於這一個原則，我們保留方塊字的形式，因之要保留極少數的原始獨體文字，由於應用的便利，還可以補充一些簡單的簡化過的文字。

我們也要保留形聲字的形式，因之要把一切複體文字，完全改爲形聲文字，换上了新的確切的而且是劃一的聲符。我們的改革，只有這一點。這是最簡單最自然不過的改革，也是在中國文字歷史上常常遇到的改革。但是我們的改革是徹底的，是幾乎把所有的文字全翻了一個身的，紛亂的複雜的腐朽了的舊漢字必需要停止它們的活動，在這一點上是絶不容情的。

（十二）一個新的形式——切音文字

但是要規定確切的劃一的聲符是很困難的。如其仍舊用舊的形式（像「擔」改爲「担」），雖則也可以規定一些固定的聲符，每一個聲音單位，必須用什麽聲符，但由於有些字音，不容易找到恰合的聲符，規定時就有困難。而且規定的聲符數目太多了，不容易記憶，就不容易劃一。還有一個最大的困難，規定聲符只能依據一種標準，由於方言的不同，由於長時期語言的演化，無論在主諧聲或被諧聲的一方面，語音上起了變動，就失去了規定時原來所代表的聲音標準，聲符跟字音，依舊要不一致，依然跟没有改革的情形一樣，文字的紛亂和複雜，又將没有法子清理了。

所以目前的改革，尤其要注意的，是用怎樣的聲符。文字改革的目的，既然爲的是容易認識和學習，那末必須有一定的規律，也必須簡單而容易記憶，必須確切固定而少變化。

根據這一個原則，我們不主張用舊的聲符形式，而規定一種新的形式，我們將由注音文字飛躍到切音文字。

在前面，我們説注音漢字，如果把漢字的舊聲符抽出只剩下了注音符號，是可以當作新聲符的，這個意見，在從前我們也曾提出來過。但是我們的文字，必須用方塊字的形式，新的聲符又必須和這種形式協調，所以太古奧，太隱僻而不自然的字母，是應該避免的。並且三合音的形式，不是中國式的。中國幾千年來所用的聲符形式，只是合音，只是反切，這是任何人所熟習的，漢朝人説不可爲叵，現在人説不用爲甭，勿要爲嫑；古人説，「跡」字是足亦自反，現在人説「⿰飠衣」字，也是食衣自反；這種反切方法是我們民族的形式。現在有些地方還流行反切語，七八歲的兒童已經能夠運用得很純熟。我們現在采用這種形式，作爲方塊字的一部分，形聲字的新聲符，這將是最簡單的，不需要十分練習的，只要把兩個字母合在一起快讀就行。「切」字本來有兩種意義，一是確切，一是拼切，這種新聲符是兼備這兩重意義的。

這樣的新文字，將是最容易學習的，只要認識了常用的原文字，大約六百個，只要把切音字母的音值記住，只要會切音，就可以認識一切新形聲文字。如其一天能認二十個原文字，一個月就可以學會，一天只認五個字，四個月也可以學會。工農勞苦羣衆將可以抽出很短的時間來學習。只要寫文章的人搞藝術的人，所用的都是大衆的語言，認識了字就懂得所説的話，那就可以使大衆都得到普遍的知識了。

改革文字是一件驚天動地的事情，值得「天雨粟，鬼夜哭」的，現在要改革文字，要建設被壓迫了幾千年的工農勞苦民衆的新文化，更應該是一件驚天動地的事情。但是這樣的改革，一點也不突兀。「擁護」既然可以寫作「拥护」，當然也可以寫成「⿰扌⿱于ㄥ护」，所不同者只是把于跟ㄥ兩個字母切出「雍」或「用」的聲符，只不過把反切的方法直接寫在方塊字裏面去罷了。這樣改革的重大意義，只是有規律的，劃一的，而不是自由的、放任的。

這樣的新文字，將可使知識普及到大衆的內層，然後才可以把它們提高，可以期望文化的新生。並且跟着文化的發展，將有無數的新語言新名詞産生出來，這樣的新文字，將更能充分發揮它的優點。

（十三）怎樣進行徹底的改革

改革文字是只許成功不許失敗的，所以第一得估計改革時有什麽阻力，其次必須有精密的計劃，使進行時不發生任何的錯誤。

改革文字最大的阻力，是已經認識文字的人。知識分子對於文字革命的態度，大都是保守的頑固的，懶得再學習一套新的，他們可以用種種託詞，説新的就是不好的而不值得去學的。所以要改革文字必須徹底，必須帶一些强迫性。在開始以前的準備工作，必須是很嚴密的，必須經過多數專家詳細討論。關於節目方面，像常用原文字的選擇和規定，簡化的形式，形符跟聲符的決定，切音方法跟讀音的標準，以及新文字分類法，字典編法等等，都是要預好計劃的。向來的改革，大都由於自然的演進，錯誤是免不了的，注音字母，舉棋不定，朝令夕改，也是失敗原因之一。所以現在要改革文字，必須用科學的方法，切合於實際需要，像車輪一樣，拿出來就要上軌道。所以在事先必須一切都預備好，像字典，像一切民衆的讀物，像小學教科書和各種銅模鉛字。並且還得訓練一批幹部，把他們分發到各地區去訓練教員和工作人員，再滲入工農勞苦民衆。然後在相當限期内，規定所有法定的文件，新聞紙、雜誌、教科書、文學作品，只許用新文字，只有這樣辦，才能使無論何人都認識新文字。

在這樣情形下，新文字的性質，必須要能讓已識字的人容易接受。上面所説的切音文字，保留方塊字的形式，在字體上不會得到過份的嫌惡的。它依然保留原文字，在字彙裏，新形聲文字固然佔到百分之九十八以上，但在普通讀物裏用原文字的次數比較多，新形聲文字，不會超過百分之五十的。例如説：

國立北京大學中國語文學系

一共十二個字，國字和學字都有簡體字，只把「語」改爲「訏」從「于」聲就行了。又如：

中國共産黨主席毛澤東先生萬歲

一共十四個字，「國黨萬歲」四字都有簡體字，只把「産」改爲「⿰生⿱尺マ」，「澤」改爲「⿰氵厄」，因爲尺マ連讀就是産的聲音，ㄗ厄連讀，就是澤的聲音了。又如《論語》上：

子曰：學而時習之，不亦説乎。

只要把「時」字改爲「旷」，「説」改爲「訰」就行了。一般人讀古書，常感到不知道讀什麼音好的困難，像「説」字就有幾個讀法，這樣改了，對於讀者是有狠大幫助的。

像這樣的新文字，即使有些已識字的人懶得再學，或不願意學，但一朝到了被迫而必須閲讀的時候，他們也可以狠快就學會，只要一兩天，甚或幾小時就可以學會，所以這將是阻力最輕微的一種新文字。

切音文字，也可以稱爲切音新形聲文字，對於舊文字，幾乎完全可以替代。它依然没有聲調的區别，但因有形符的關係，同音字並不太多，而且在必需時也可以註上聲調的。用舊文字寫的作品，將可以完全改成新文字，一部分有用的古書，也會有人用新文字排印出來。在用新文字的社會裏，依然可存在一部分專門學者研究舊文字，一般人也可以依賴字典去讀用舊文字的古書，舊文字將被廢止，但並不是毁滅。中國文字經過自然的和人爲的幾次改革，由古文字而小篆隸書、楷書，這種新文字將是第四次的改革，第五種的文字。將來人對楷書的看法，也正如我們現在對篆隸的看法。這種新文字是由我們的歷史文化産生的，是我們自己的形式，所以我們的歷史文化，決不會因此而斷流。但是由於這徹底的改革，許多舊的東西，新時代的殘滓，將自然而然地被淘汰了，而另一方面，新的文化一定可以急激的生長出來。總之，這樣改革，一定可以得到一切宏大的利益，而不會有絲毫輕微的損失。

當然，對於知識分子，寫新文字比認識還要困難些，這也是不要緊的。只要印刷所的鉛字架上用舊文字來領着新文字，那末儘管寫的原稿還用舊文字，一通過排字工人之手，就完全變爲新文字，我們所看見的一切刊物，總只有新文字了。即使有些人還只會寫舊文字，也就和現在有些人樂意寫篆字或草書一樣，是無關得失的了。

切音文字的第一個優點是容易學習，在徹底改革時，這是最重要的，只有一學就會，才能限定時期强迫地改爲新文字。第二個優點是仍舊用中國自己的形式，所以没有同音字太多的困難，也没有要大批創造定型詞兒的困難。第三個優點，是和舊漢字幾乎可以一個對一個，這樣，才可以放手去改革，徹底去改革，而新舊之間不會割斷。由於這三個優點，我們相信這樣改革，是一定可以徹底，一定可以成功的。

（十四）實行改革後的展望

大多數主張文字改革的人總是過激的，一聽見保存方塊字形式，就會覺得這是土式的，是不過癮的。這不是實事求是的想法。我們對於文字革命的主張是十分徹底的，只心醉於拼音形式而不切實際，是無用的。我們必須考慮在什麽形式下，才可以有徹頭徹尾的改革。

其實無論採取何種形式，用拼音式的形聲文字也好，用切音式的形聲文字也好，主要的是在推翻不容易認識學習的舊漢字，而改爲容易認識學習的新文字。拼音文字雖只有二十幾個字母，但是條例很多，愈精密就愈繁瑣，而且還需要去死記許多變體字，定型詞兒等等，愈研究將愈困難。這個切音文字方案，雖則一開始要記住一部分原文字，但是到後來，學習的方法就簡單極了。那是事實，只要一實行，就立刻會得到證明的。

假如用切音文字來實行改革，全國文盲將在狠短期間裏完全袪除，由於讀者的增加，一切新刊物將大量生產，人民的文化將普遍的提高，這都是必然的。而在舊文化裏，許多不必要的書籍，則將由重印的麻煩而自然地被淘汰了。

這種新文字可以更加簡化。由於文化的發展，也可以增加無數的新字。許多聲符將要調整。許多舊的形符是無意義的將被修正，許多特殊的形符，也將被應用（如用「申」字來代替「電」字）。方言的新字，也隨時都可産生。有些字是不需要形符的，例如說「鞭子𠯤一聲」的「𠯤」字，這種純聲符的字也一定會發展起來。

這種改革只要一實行，中國的文化將立刻换一個樣子。不出一二十年，中國文字，也必然是另外一個樣子，這個新樣子，將是我們目前做夢也想不到的。

（十五）結論

這種文字改革，是最容易，也是最可能做到的，雖然它的工作狠艱鉅，而且總有一部分人要感受到暫時的微細的不方便與不習慣，但這都是不難克服的。我們的眼光要放遠大些，新文化不是少數人所能壟斷的，它應該是大衆的。至少在周朝早年，工農大衆的知識水準還狠高，因爲那時的中國文字總還是容易認識的。到秦漢以後，篆書廢了，隸書、草書正和現代的簡體字一樣，形聲文字逐漸變爲跟記號一樣，所以文字漸漸不容易認識，知識也漸漸爲士大夫階級所獨佔，工農勞苦羣衆，就更被壓迫，連識字和説話都没有他們的份了。在這個緜長的黑暗時代裏，即使還有文化，也只是封建社會和統治階級的文化而不是大衆的。這種文化大都是貧乏的，虛僞的。有資格讀書的人太少了，讀了書，就想做官，幾乎除此以外無學問，這種病根，到目前還存在着。

現在，新的時代到來了，整個社會將扭轉過來，中國共産黨、中國人民解放軍，打垮了封建主義、帝國主義、官僚資本主義而建立起新民主主義，新民主主義是大衆的，是應該由工農來領導的，但這種不容易認識學習的繁難的中國文字是不能配合的。我們應該爲廣大人民着想，爲後世中國人民着想。我們必須要可以配合新文化的新文字、工農大衆們自己的文字。沿襲了幾千年，堆滿了腐朽骸骨，封建社會遺留下來的需要死記的文字是必須清理的。官僚集團曾經盡力推行而没有成效，駢拇枝指不適於用的注音漢字是必須撤消的。用中國自己的形式我們可以産生史無前例的、最容易認識學習、最適合實際需要、也最科學的新文字。必須要改革的文字，總歸是要改革的，我們期望能在適宜時期裏實施改革。中華人民民主共和國眼看着一定要强大起來，中國人民的新文化，一定會建設起來，在人民政府領導下，作爲新文化基石的文字改革，一定會被首先考慮的。由於一個文字學者的立場，作者願意把這些初步的意見，供給倡導新文化的領袖們和主張文字革命的同志們參考，並希望予以指正。一個嚴密的方案，還需要多數學者長時期反覆的討論，並且也必須人民大衆自己去實踐。我們希望這個歷史上的重大職務，將由集體去完成，新生的文化，偉大的中國民族自己的文化，將會光明燦爛，照耀到全世界。

切音文字草案

一　特　點

切音文字，即切音新形聲文字，特點是：

（一）保留方塊字形式。

（二）保留原文字約八百個。其中常用字約六百字是必須認識的。

（三）除原文字外，完全是新形聲字。

（四）聲符字母六十七個，除直接注音外，可以用兩個字母切出字音。

（五）必要時再加聲調符號。

二　原文字

原文字是中國文字裏原有的形式，從圖畫文字變成形聲文字時，就保留了一部分原始文字，如：日、月、艸、木、上、下之類，大部分到現在還依舊應用。它們大部分是中國文字的核心，到那裏都短不了，要完全改爲形聲字是困難的，所以我們依舊保留。但是有些過於冷僻的，不寫在這裏，因爲只有較完備的字典，才可以搜集這些廢字的。

原文字雖然大部分是常用字，記熟了以後，讀普通刊物至少可以認識到百分之五十以上（附録新民主主義論譯文，原文字佔百分之六十）。但是並不等於基本漢字或標準字。基本漢字是想在漢字中選出多少常用字，只需要認識這些字，但這種限制，在寫文章的人是不肯遵守的，所以結果没有什麼用處。這裏的常用原文字約六百個，我們並不是説一個人只需要認識六百字，只是認識了以後，此外任何形聲字可以用切音方法去認識了。切音方法是十分簡單的，有這六百字作核心，學習會了，再用切音方法讀出其餘的字音，假使所讀的刊物，用的是大衆語言，只要一讀出來，就會明瞭它的意義，那末就可以讀一切的刊物了。所以切音文字的字彙，可以多到無窮。

當然，這一張表是不能作爲定論的。我們想把這個方案寫得具體一些，就不能不把它寫定了，但是原文字的選擇是困難的。有些原始字可以不收，有些常用的後起字可以用簡化的形式而收入，但在數量上總不宜太多。因爲一個人開始認字時，速度狠快，以後就逐漸懈怠了，看見生字也懶得學了，所以我們只規定了六百個常用原文字。當然，在實行時，必須再詳細討論，每一個字的取舍，必須有客觀的標準。

原文字的用途是廣泛的，如「面」字可用作「麪」，「旦」字可用作「蛋」，這樣可以使一個才學習幾個月的人就能寫一些簡短的文件，再略略加一些聲符文字就足夠了。

（甲）常用字五百九十二個

一二三四五六七八九十廿卅百千万半么單双再

干支甲乙丙丁戊己庚辛壬癸子丑寅卯辰巳午未申酉戌亥（歹）
天日月星彗風雨云（雲）气山川阜（阝）丘谷泉孔穴水火金石土氷（仌冫）晶玉古今世步（歲）年冬夏旬早旦夕夜
□（國）京省市州県（縣）里井邑（阝）屯田
東南西北中央上下左右内外卡旁
工農兵學商医（醫）民主人士党（黨）团（團）軍衆（众）司系庶員帝王君臣巫尼奴囚乞丐才聖凡庸呆
父母夫兄弟哥男女朋友先生兒童
我吾余予自尔（爾）它（他）玆此（此）或某
首面眉目耳鼻口舌牙齒身心手足（𧾷）乳皮革骨肉毛血爪羽角尾卵孕老壽衰弱死喪夭亡卆（卒）尸
馬牛羊犬豕虎（虍）象鹿兔鼠飛禽鳥烏燕虫（蟲）魚龟（龜）龍貝壳（殼）
艸（廾）竹木森林禾麥豆麻米瓜果枣（棗）韭
瓦舍門户亭台（臺）倉寺局処（處）
弓矢刀刃戈矛盾
器皿用具鼎壺爵羹几席帚傘耒臼叉冈（網四）索絲布帛衣巾帶兜皂舟車
采色青黄赤丹朱白素黑玄
度量丈尺寸斗升合斤兩钅（錢）分厘（釐）
包匹品个只条（條）串束卷册頁丸元点（點）些畨回
巨長（镸）大小尖方囗（圓）高（髙）垂平勻凹凸曲直正歪
多少有無（无）丰（豐）欠乏同異公厶（私）是非本末前后（後）反复（復）乍旧（舊）畢竟永久尊卑吉凶香臭甘旨
光明爽亮幽冥奇奥华（華）美昌興亨康
善良威武姦刁歹毒鹵莽乖舛差另安全危害
文史書祘（算）啚（圖）画（畫）音乐（樂）習字命令函（函マ）柬表式章句声（聲）义（義）占卜貞兆

实（實）事求是能力競爭奮鬥希望尋取享受举（舉）办（辦）企業奠成發展秉奉告示召集參丂（考攷）彙齐（齊）承允交易

售兑典存負丢失甩弃免奪斥責

看見言曰坐立行走步奔止臥食出入來去至在向离（離）率由从（從）登乘曳引奏弄勾巴充介夾轟擊（擊）

憂喜幸疑畏羞哭（吅）

比並幷兼共皆咸僉相互每各及与（與）又

可否必不弗勿毌莫

甚更尤太亞

因以为（爲）尚当（當）亦已于乃奈且豈其所（所）而之乎者（𠂹這）也勺（的）了么（麼）着矣焉兮

名号（號）氏唐周晉宋冀魯吴粵甬羌戎夷吕

（乙）罕用字一百二十四個

壹萬幾畺吏丞昆叟嚚兕㚇龙豸黽夔隹巢屮卉芻黍朮殳弋宁冓壺彝鬲卣缶戹七㽞圭廾囊橐舄龠黹隻

亙（亘）噩丕孚甫冗沓肅昇戍舀畀亟亢戔酉叜孛耑甶叚乜釁乂几匆臾夙仄帀厄嗇

皋氏覃佘俞袁黎尹卞冉韋宄孟

孑孓彳亍乒乓

几九攴厂卩冖广疒厶爿旡丵壬皃廴

炎赫兢蚰棘聶猋驫驫鱻焱淼鑫磊晶矗

三　聲符字母

聲母五十四個

北攵冖弗、不卜母夫、比匹米。

刀太乃力、𠂹土𠬛六、勺弟尼里、女吕。

个丂厂、古叩户、几乞兮、車去穴。

之尺尸日、朱出朿日。

卩此厶、豆卆夙。

五于乙。

韻母十三個

丫夭厄也。

ㄞ为、ㄠㄡ、マ因、ㄤㄥ。

儿。

聲符字母六十七個，是根據北平方言的。字母的來源，一小部分承用注音字母，此外，儘量用常用的原文字，雖然筆畫多一些，目的在讓人一見就認識。

「北ㄆ冖 弗、刀太乃力、个ㄎ厂」十一字是純粹輔音，只用作聲母。此外五十六字，都可以單獨注音，例如：

抔、扑、拇、扶、‖捕、扑、(撲)拇、扶、(拂、拊)。

「之尺尸日卩此厶」七字是元音化了的輔音，「五于乙」三字是元音，此外從「不卜母夫」到「足卆夙」，一共三十三字，是由純粹輔音跟「五于乙」三種元音結合的，所以都可以作聲母，也都可以單獨注音。

「丫夭厄也」四字是純粹元音「ㄞ为ㄠㄡマ 因九ㄥ」八字是帶尾元音，都可以作韻母，也都可以單獨注音。只有「儿」字，是單用在注音的。

注音字母用在北平方言的，只有三十七個，因爲它用三合拼音，所以字母可以少些。但是這種三合拼法，在一般民衆看來，是比較難學的。如其完全從音韻學的眼光看，這種辦法也並不徹底「ㄓㄔㄕㄖㄗㄘㄙ」不是純粹輔音，「ㄐㄑㄒ」三字明明有「乙」元音的成份，而在韻母方面，「ㄞㄟㄠㄡㄢㄣㄤㄥㄦ」等，又都是帶尾的韻母，不是純粹元音，那末，僅僅分出「五于乙」三個元音作爲介母有什麼意義呢？

中國文字，最多可以分析出四個音素，輔音、介元音、主要元音、韻尾(包括輔音或元音)。在注音字母的拼法裏，可以分爲：

(1) 元音化的輔音，如：「之」（ㄓ）；

(2) 純粹元音，如：「阿」（ㄚ）、「衣」（ㄧ）；

(3) 帶尾元音：如：「安」（ㄢ）、「恩」（ㄣ）；

(4) 輔音＋元音，如：「巴」（ㄅㄚ）、「比」（ㄅㄧ）；

(5) 輔音＋帶尾元音，如：「白」（ㄅㄞ）；

(6) 元音＋元音，如：「呀」（ㄧㄚ）；

(7) 元音＋帶尾元音，如：「煙」（ㄧㄢ）；

(8) 輔音＋介元音＋主要元音，如：「別」（ㄅㄧㄝ）；

(9) 輔音＋介元音＋帶尾的主要元音，如：「扁」（ㄅㄧㄢ）；

等九類。(1)(2)(3)都可以單獨注音，(4)(5)(6)(7)都可以用兩合音只有(8)(9)必須三合。但是「五于乙」三個字，無論在韻母聲母，或介母的地位上，總還是元音的性質，既然像「呀」「煙」等字可以用「乙」元音作聲母，爲什麽到了「別」「扁」等字裏，介元音的「乙」就不能合併在聲母裏呢？

我們把結合了「五于乙」三種元音的輔音聲母，都定做字母，因之就取消了比較麻煩的三合音。雖則在字母的數目上幾乎多出一倍來，但如果一練習了讀法，就很容易記得。這樣的形式，遠在清末，王照的官話合聲字母和勞乃宣的簡字全譜就都用過。由於拼法的簡便，當時是盛行過的。不過他們只保留了方塊字形式而没有引用到形聲字裏來，拼法是左右兩合，而且每個字要注聲調，也比較麻煩。切音文字用方塊字形式又用形聲字形式，字母是爲聲符用的，既可注音，又可切音，切音方式是上下兩合的。由於有形符，不必再每字分聲調，只在必需時，特別加個記號。

四　聲符讀法

（甲）聲母表

（乙）韻母表

（丙）切音表

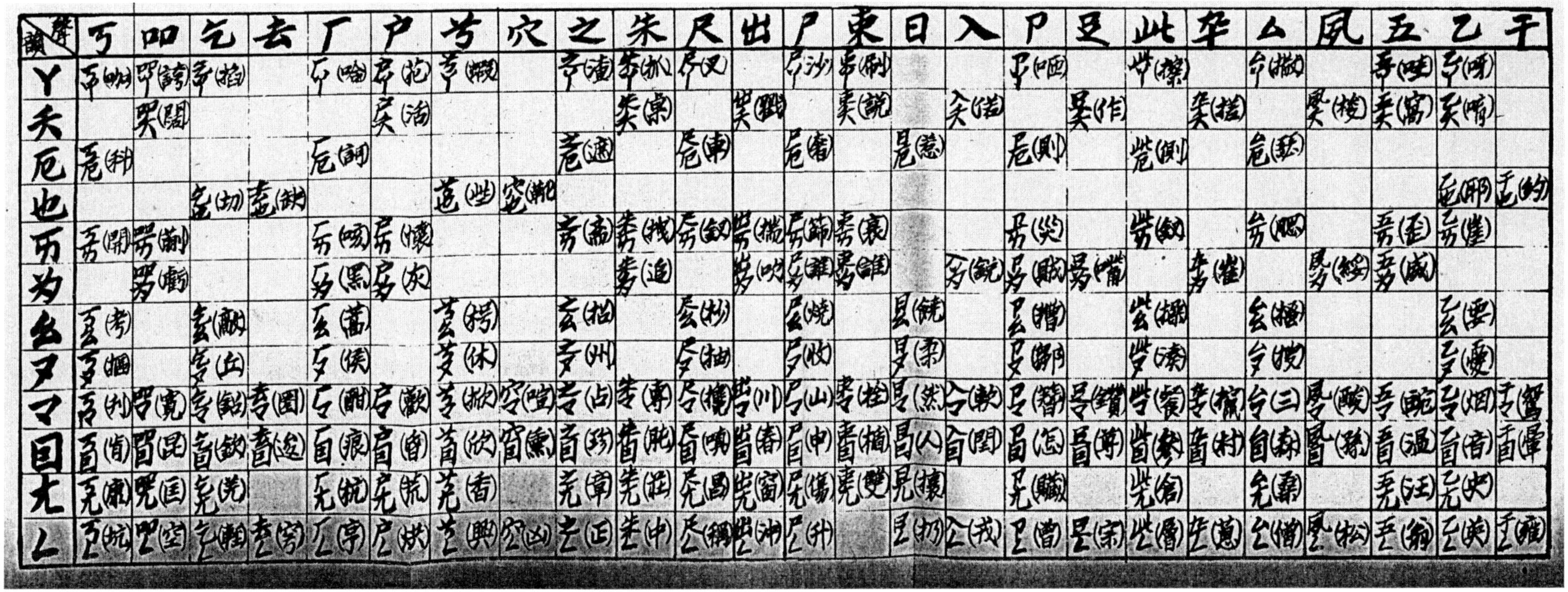

韻＼聲	北	比	攵	匹	冂	米	弗	刀	尹	勺	太	去	弟	乃	收	尼	女	力	六	里	吕	个	古	几	車
丫	(巴)		(扒)		(媽)		(發)	(答)			(他)			(那)				(拉)		(倆)		(嘎)	(瓜)	(加)	
夭	(帛)		(坡)		(模)		(佛)		(多)			(陀)			挪			(咯)	(囉)				(鍋)		
厄								(得)			(特)							(肋)				(歌)			
也		(别)		(撇)		(滅)				(爹)			(貼)			(捏)	(虐)			(咧)	(略)			(皆)	(決)
历	(栢)		(拍)		(埋)			(歹)			(台)			(乃)				(來)				(該)	(乖)		
为	(卑)		(坯)		(枚)		(非)	(得)	(堆)			(推)		(餒)				(雷)				(給)	(圭)		
幺	(包)	(表)	(拋)	(漂)	(毛)	(苗)		(刀)		(刁)	(滔)		(條)	(撓)		(鳥)		(撈)		(撩)		(羔)		(交)	
又			(剖)		(牟)	(謬)	(否)	(斗)		(丟)	(偷)			(耨)		(牛)		(摟)		(溜)		(鉤)		(糾)	
マ	(班)	(扁)	(潘)	(偏)	(瞞)	(綿)	(番)	(丹)	(端)	顛	(攤)	(團)	天	(南)	(暖)	(年)		(闌)	(鸞)	(連)	(孌)	(干)	(官)	(肩)	(捐)
回	(本)	(賓)	(噴)	(拼)	(門)	(民)	(分)		(敦)			(吞)		(嫩)		(您)			(倫)	(林)		(根)	(袞)	(今)	(均)
九	(邦)		(旁)		(忙)		(方)	(當)			(湯)			(囊)		(娘)		(狼)		(涼)		(缸)	(光)	(江)	
乚	(崩)	(冰)	(烹)	(平)	(萌)	(明)	(丰)	(登)	(冬)	(丁)	(疼)	(通)	(聽)	(能)	(農)	(寧)		(棱)	(隆)	(伶)		(耕)	(工)	(京)	(扃)

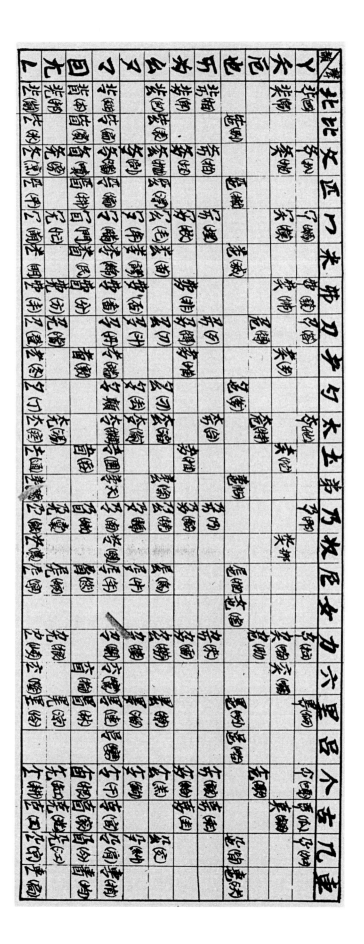

輔音＼元音			五(烏) ㄨ u			乙(衣) 一 i			于(迂) ㄩ y		
北	ㄅ	b	不(哺)	ㄅㄨ	bu	比(逼)	ㄅ一	bi			
攵	ㄆ	p	卜(鋪)	ㄆㄨ	pu	匹(批)	ㄆ一	pi			
冖	ㄇ	m	母(模)	ㄇㄨ	mu	米(密)	ㄇ一	mi			
弗	ㄈ	f	夫(拂)	ㄈㄨ	fu						
刀	ㄉ	d	㐰(都)	ㄉㄨ	du	夕(低)	ㄉ一	di			
太	ㄊ	t	土(突)	ㄊㄨ	tu	弟(剔)	ㄊ一	ti			
乃	ㄋ	n	奴(奴)	ㄋㄨ	nu	尼(你)	ㄋ一	ni	女(女)	ㄋㄩ	ny
力	ㄌ	l	六(盧)	ㄌㄨ	lu	里(離)	ㄌ一	li	吕(閭)	ㄌㄩ	ly
个	ㄍ	g	古(姑)	ㄍㄨ	gu	几(基)	ㄐ一	cji	車(居)	ㄐㄩ	cjy
丂	ㄎ	k	叩(枯)	ㄎㄨ	ku	乞(欺)	ㄑ一	cçi	去(區)	ㄑㄩ	cçy
厂	ㄏ	x	户(胡)	ㄏㄨ	xu	兮(奚)	ㄒ一	çi	穴(虛)	ㄒㄩ	çy
之(知)	ㄓ	tʒ	朱(諸)	ㄓㄨ	tʒu						
尺(蚩)	ㄔ	tʃ	出(初)	ㄔㄨ	tʃu						
尸(詩)	ㄕ	ʃ	束(梳)	ㄕㄨ	ʃu						
日(日)	ㄖ	ʒ	入(如)	ㄖㄨ	ʒu						
卩(茲)	ㄗ	tz	足(租)	ㄗㄨ	tzu						
此(雌)	ㄘ	ts	卒(粗)	ㄘㄨ	tsu						
厶(私)	ㄙ	s	夙(蘇)	ㄙㄨ	su						

聲母表

韻尾＼元音			Y(阿) Y a	(a)	夭(喔) ㄛ o	厄(俄) ㄜ ə	也(誒) ㄝ e
乙	一	i		丏(哀) ㄞ ai			为(欸) ㄟ ei
五	ㄨ	u	幺(凹) ㄠ au		又(歐) ㄡ ou		
回	ㄣ	n		马(安) ㄢ an		㔾(恩) ㄣ ən	
乚	ㄥ	ŋ	九(昂) ㄤ aŋ			ㄥ(鞥) ㄥ əŋ	
儿	儿	ɾ				儿(兒) 儿 əɾ	

韻母表

以上三個表，字母可以單獨注音的，共五十六個聲符，字母兩合切音的，五十類，共三百四十九個聲符，一共有四百〇五個聲符，這是代表北平方言裏可以寫出文字來的全部聲符。切音方法是極簡單的，張口便得，不煩思索，本無例外，也不用條例，所以這方法的文字，可以是人民大衆的。一切拼音文字，如其要記住變體字，就必須記住無數麻煩的條例，如其要詞兒連寫，詞兒定型，就更得記住幾萬條甚至幾十萬條的詞兒，這種新文字，也許可以研究得極精密，但決沒有成爲人民大衆文字的可能。

切音文字的聲符讀法是根據北平方言的。因爲要把舊漢字改成新聲符文字必需有一個讀音的標準，這是不能杜撰，也不能折衷的，必需有一個活的語言來作基礎。近代語言，既以北平話爲最普遍，過去又曾盡力推行過，並且也最簡單（勞乃宣的簡字，京音五十母，十二韻；甯音五十六母，十五韻，吴音六十三母，十八韻，閩廣韻八十母，二十韻；可證），是比較最合於我們標準的。但我們並不想用北平話來統一語言。因爲文字是經過學習的，可以有比較確定的讀法，是可以統一的。在别的區域裏，讀起來也許有些差别，也不用苛求。而且在特殊區域的大衆讀物裏，如需要方言的描寫，也可以另外再製訂一些方言字母，隨時加入（例如有尖音的方言裏，就可以加上「齊七西」三個聲母）。文字的統一，對於方言的個别發展，將絲毫没有阻礙。

五　切音文字的寫法

切音文字包括下面四種：

⑴原文字　保留少數舊漢字，和通過簡化形式的漢字。

⑵新形聲文字　有些字可用聲符字母單獨注音，如「抔、扑、拇、扶」等字，形式和舊漢字相同，只改了一個劃一的聲符。有些字碰巧和舊漢字一樣，如「拇」、「理」等字。

⑶切音新形聲文字　這是切音文字的主要形式，聲符用兩個字母合聲，如：「壩」字寫作「[illegible]」。

⑷純聲符文字　有些語言，不需要形符，如語詞的「几」。這種字不論單純字母或切音，都可以充分發展。尤其是工農大衆，如没有學習很多文字，可以用這種字來代替。

切音文字在形式上是劃一的，除原文字外，有一定的聲符字母，一定的切音方法。形符是要經過整理的。在初改革時，可承認大部分的舊形符。但將來可以逐漸修正。形聲字方式，將只保留左形右聲和右形左聲，並且儘可能的寫成左形右聲。凡是兩邊都有讀聲符的可能時，必須左形右聲。凡上形下聲，下形上聲，外形內聲，內形外聲等一律改成左形右聲。

漢字本不注聲調，「買」「賣」不同，「賣」寫作從出買聲。「糴」「糶」不同，一個從入，一個從出。「授」和「受」不同，「捧」和「奉」不同，得有一個字上加手旁。切音文字完全採取這種形式，所以也不注聲調。當然少數同音字還是有的，由附表所舉土部各字來説，有些原來是一個字，例如：「垻」即是「壩」，「坏」即是「坯」，「坟」即是「墳」，「地」即是「墜」，「坤」即是「堃」，「埙」即是「壎」之類是很多的，經過聲符的畫一，把它們統一了；使讀者減輕了許多的負担，是十分有益的，也正是切音文字的一個優點。也有些字假如分出聲調就比較明晰，例如：「坍」字陰平，「壇」「壜」兩字陽平，「坦」是上聲，在必要時，可以在字旁加點號、圈號、三角號來作區別。更有些連聲調也完全相同的，像「塘」和「堂」，用在詞句裏既有上下文的線索，到了字彙裏又有新舊文字的對照，也不會有多大的困難，並且這種例子，數量很少，將來也可以加以分化。

切音文字最大的缺點，在筆畫還嫌太繁，因爲聲符用兩個文字切成，多的可以有十幾筆，有些舊漢字本很簡單，改革後反倒繁複了。這是在初改革時，我們想儘量利用原文字作聲符字母，讓人一見就可認識，所以不免有些毛病。將來如把字母簡化了，这種缺點，就可以避免。文字改革的目的，在統一，在容易認識學習，即使稍繁，也是應該接受的。況且有些文字經過改革後，筆畫將大爲減少，平均起來，也還是減少的。附表土部的北ㄆㄇ弗四類，新文字十八個字的聲符，共一百〇七畫，每字平均不到六畫，舊漢字二十五字的聲符，共二百〇九畫，平均每字要八畫多，是一個顯明的證據。

六　新分類法

舊漢字是不合理的，所以它的分類法，向來是一個不能解決的問題。《康熙字典》式的分類法，許多字不知道應該到那一部去找。完全用聲母來編的字典是很合理的，但是許多人的查字典正由於他不曉得這個字讀什麽。所以將仍舊無從查起，用筆畫多少來分，查的時候太費事，而且計算筆畫的方法也不一致。用起筆來分類，又由於大批形聲字把一兩個原始文字淹没了而不好檢查。如其説要看每個方塊結構形式來分類的話，又太專門了，太不普遍。各式各樣的檢字法，如其需要在字典原有分類外再查一次，總是耗時間的，是不徹底的。

切音文字徹底清理了舊漢字，所以新分類法很簡單。一切不合理的分部是必須改正的，例如舊字典裏一部有「一、丁、七、丈、三、上、下、不、与、丏、丑、且、丕、世、丘、丙、丞、丢、兩、並、所」等字，大都不知道爲什麼放在一部，所以不容易查出來。現在這些字都保留做原文字了，就不需要列這一個一部。我們保存了六百個至八百個原文字，用筆畫多少來排列，在同樣筆畫中，又以起筆的横直點拂等排次，這些原文字就是將來新字彙的綱領，也可能就是部首。許多舊的部取消了，但許多新的部必須分出來，或將要分出來。

每個原文字不一定全是形符，但一切形符必須是原文字，所以一切新形聲文字都可以隨着形符的原文字來分類了。由於聲符是用字母的，在每一部裏就可以完全按聲母韻母的次序來編列。

這樣的新分類法，除了原文字以外，一律都用字母排列，所以以後没有找不着字在那一部的毛病，也不會有數不清筆畫的毛病，而且同一個字，因爲寫法的小小不同，而重複地出現的毛病，也完全免除了。以後的字彙，只要附一個不論形符，只按字母排列的索引就夠了，所以，字彙的形式也由文字的改革而合理的統一了。

七　印刷和打字電報

這種新文字和新分類法，對於排字的工作，也簡化了。更因爲它依然是方塊字，在字體面積方面，和原來一樣，可以縮小到五號新五號字，跟注音漢字在一大張報紙上只有幾百字，是不能比例的。即使和拉丁化新文字來比，方塊字排出來的一篇文章，也可以減省了四分之一以上的篇幅。

在打字方面可以用兩個偏旁合成一個字。有原文字，有形旁，有四百〇五個聲符，只要一千幾百個鉛字，就可以打出任何文字，比之現在華文打字機的字盤上有兩千幾百字，還不夠用，已經方便多了。

如其僅僅從用在電報來説，切音文字還是不適宜的。但總不至於比舊漢字更壞。並且，在有些情形下，也可以只用純聲符文字，字母固然比較多，可是每個字音只需要一個字母或兩個字母就可以代表，在拼音文字裏，就要算最節省的一種文字了。不過對於專門名詞，和距離大衆語言太遠時，就絲毫没有辦法。一種新文字總不能面面皆全，電信的用途，只是狠小的一部分，將來總可以另外設法補救的。

整理説明：

該稿封頁已經過設計，篇内文字也已排定版面，因故未能正式出版發行。文稿三十八頁，所附草案十九頁（即「切音文字艸案」），另有附表三頁，合計六十頁。

唐先生在一九四九年十月九日《人民日報》上發表了《中國文字改革的基本問題和推進文盲教育兒童教育兩問題的聯繫》一文，文中有括注説：這種文字的詳細計劃，見我所著的《中國文字改革的理論和方案》，開明書店代售。説明該文曾印製過一部分，推測寫成稿的時間大概在一九四九年十月之前不久的一段時間内。

（劉　雲）

附録

（甲）切音文字字彙土部

土

〇 坼 堎塤 壛 壀 堙 坏 埠 坒 壁 〇 埃 坡 塲 培 坏坯 墥 培 墻 室 圤 埔 墣 堰 圯 埤 〇 埃 墨 塄 埋 圬

塿 坶 婁 〇 墈 墙 墵 坎墳 墝 坊 坱 坩

〇 堨 埭 塬 墕 墭 墘 堵 壊 塚墮 壕 堆 墻 墩 均 地墬 堤 垤堞 埼 坫墊 〇 埯 塔塌 埼 坍坦 壇壘 墝 堂墉 垯 城墜

埃 墻 埽 堤 墸 墺 〇 坭 坬 墟 埝 〇 埻 垃 墢 壘 埈 塿 埯 墚 坑 壚 坟 壑 塢 埒

〇 埼 垓 坟 垢 坨 垤埲 墣 塥 圾 壁坂 基壂 塭 墙 堀 垙 坮 堅 墹 堙 坧 境 埤 埧 墻 均 埂 埛

墕 坷 墕 墱 垆 坎坩 坻 墙 墼 垣 坑 塄 塊 墁 垶墍 堄 墳 坨 圻 垸 坡 墝 墙 〇 墟 壕 垢 墺 埃

瑿 堧 壤 墩 墮 坊 坂 坾 型 坎 墢 墒 墳壞

〇 地 址埴 墫 墜 墣 埻 埐 塚 〇 圾 坻埤 埒 垸垦 坵 坼 墖 壓 墘 塌塙 墾 城埋壁 〇 圬 塒 坧 墂墣 埭

圞 〇 堄 壞 坽 墻

〇 埧 墪 埕 增 〇 墱 墊 〇 埦 塞 埯 塞 坛 坤 墈 墾

〇 坵 墧圩 〇 圩 圩城 墭 垢 垤 塴墾 〇 圮 圮塲 圬 壓 墭 埜壁 墭 坳 垍 堤堰 堛 垠埋 坛 塋

〇 垝 墍 〇 坜 埃

附注　在圭坐垂四字是原文字，兆執埶三字當改入他部。

蔪民主主义諭

一　中口向佨処去

梲戠以来，全口人民有一稚歡々向松勺气象，大岤以为有了出趹，悸眉鏤盻勺妒悕，为之一拡，伩是谄来勺嫔熸炡气，反共声浇，忙又甚顛墙上，又拵全口人民捊入愊护炏裡了，犠蝍是文俘人与青年学生，怜覫鎊數，首当其従，犴是愊梲办，中口向佨処去，又成为嗜瀨了。回此趙着「中口文俘」勺出㦙諌明一下中口敨泣与中口文俘勺勑向嗜瀨，或者也是有吡勺。對犴文俘嗜瀨，我是門外沥，悦硶熮一下，也方在隰妒，嫆在殆安詃多同忲邦有詵嚁勺文章，我勺粹杸大曂勺東西，穀当侯一番隰台鎊跍嫆了。對犴全口先谄勺文俘工侯者，我個勺東西，只当侯引五之磚，千悒之一縨，希望共同詃諭，縨出正確縋諭，2P合我個民族勺酣嫆。穉学勺悕度是「实事求是」，遽不是「自以为是」与「嫆为人師」邵梲猥嬈勺，悕度所能遽嗜瀨勺。我個民族勺熓雅湆重机了，嗙有穉学勺悕度与負責勺糌禍，能勾引尉我個烈艬敫之趹。真理只有一个，而熮竟誘是真理，不亿舞主覫勺評猊而亿舞熍覫勺实踐，只有千百万人民勺革命实踐，才是梲駱真理勺尺度。我悦这可以祢侯「中口文俘」出㦙勺悕度。

中口文字改革

勺理論和方案

附 切音文字艸案

唐蘭著

中口文字敘革勺理諵合方杒

陕 㓃音文字艸杒 唐坳㑑

拾壹　其他類

中國藝術的發展

諸位夫人們先生們：

承芬蘭藝術協會的邀請，我來做有關中國藝術的發展的報告，是十分榮幸的。我研究中國青銅器，對於中國藝術史知道得不多，可能我所講的大家都已經知道。但是我還是選擇這一個題目，那是因爲這裏正舉行中國藝術展覽，諸位女士和先生們對於中國藝術大概都是有興趣的。所以我只作爲一個普通中國人把自己所知道的一點兒説一説罷了。

在古代東方文化裏，中國跟埃及、印度等國家一樣，有他自己的悠久的歷史和獨立發展的文化藝術。在中國首都附近的周口店，發現了五十萬年以前的人類頭骨，那就是北京人，人們在那時候就已知道用火了。經過舊石器時代到新石器時代的後期，大約離現在約四五千年以前，在石頭工具中就有了用砂來磨製得十分精緻，並且穿了孔的很美麗的玉器。用骨頭來製的工具或兵器，像針、錐、魚鉤、箭頭等，磨得十分光滑，跟現代的金屬製的差不多。在日常生活中主要用陶器，在中國的西北部用彩陶，那些陶器上大都有褐色的象徵性的圖案。東部用黑陶。各地發現的還有印紋陶器，篦齒文陶器，並且很多是用輪製的。有些地方喜歡用貝殼做裝飾，綴成一串掛在身上，也用蚌殼雕成裝飾品。所以後來曾把貝做交換品，類似貨幣。中國文字裏的「寶」字，就包括玉器、陶器和貝。

約在公元前一六〇〇—一五〇〇年間，開始了商殷文化，那已經是青銅器文化時期了。這是中國古代藝術裏的黄金時代。在河南省的鄭州、洛陽、安陽等地以及其他地區，曾經發現過很多的商殷時代遺址。商代的玉器，雕成人形或鳥獸蟲魚的形狀，往往是很生動的。骨頭的器具、白石的器具和用高嶺土燒成的白陶器上面都刻有十分精美的圖案。殷代的陶器中，已經有上了釉的。有些物品上（例如蚌殼上）曾用硃砂畫了簡單的圖畫。但殷代最輝煌燦爛的藝術品，還應該算到銅器。殷代銅器種類很多，在形製方面就有很突出的，例如做成一隻牛或一頭象的形象用來放酒的尊，安陽曾經出土的兩個盆，盆裏有一個柱子，旁邊有四個龍頭，可以旋轉的。現在南京博物院藏有一個大方鼎，重七百公斤。在裝飾方面，盛酒的卣上面的提梁，刀柄上的馬頭或羊頭，都是很難製造的。銅器的圖案大都是動物或獸面，往往在素地上先有一層細花紋，上面一個浮雕（獸面等），而在浮雕上還刻了花紋，普通稱爲三層花紋。在細花紋裏有時填黑漆，在兵器上花紋裏往往嵌有美麗的緑松石，故宫博物院藏一件兵器，在上面嵌了紅銅的圖案，還有些玉兵器往往配了一個銅柄，這樣使得色彩的配合是很豐富的。

商殷時代的銅器都是日常生活裏需要的器皿，例如煮魚煮肉的鼎，煮飯的甗，盛飯的簋，盛酒的尊，飲酒的觚爵等。尤其是整部木車子外面都用銅來裝飾，做成各種形象，稱爲金車。由於那時人相信鬼，以爲死後也需要這些東西，所以大量地把活人的東西埋在地下。這樣做使得那時的銅，一天一天地缺少，價值很貴。但對於我們現在卻是很好的，這樣地下的寶庫，幾乎每個墳墓裏都有很多的銅器，可以使我們瞭解那個時代的文化藝術更加清楚。

公元前一千一百年以後的周代初期，銅器還跟殷代差不多，但往往有長篇的銘文，記載着有關戰爭、土地和奴隸等事情。上海博物院所藏的盂鼎的銘文，跟古代經典《尚書》完全一樣，故宫博物院所藏二百多公斤重的虢季子白盤，是公元前八一六年的作品，上面刻着一首詩，跟《詩經》一樣。公元前五百多年的秦公簋，它的銘文是用排版的方式印到陶製的模上去的，可以説是中國活字印刷的開始，現在也在故宫博物院。故宫博物院還藏有歷史上最有名的石鼓十個，也是詩篇。這一類古器物，不但是頭等的藝術品，並且還是重要的歷史紀念物，在文學史上也有很高的價值，因此在中國認爲是最重要的寶物，不是用價值可以估計的。

公元前六世紀以後，鐵器開始使用了，青銅器文化起了很多的變化，一方面，銅器裏有嵌金、嵌紅銅、嵌緑松石、嵌骨、嵌銀，或塗金、塗銀的裝飾，還有很多的新的極其複雜的圖案，或者就是把現實生活中如打獵、奏樂、跳舞、採桑、作戰等圖畫作爲圖案。另一方面，許多舊式的銅器没有了，而像鏡子、帶鉤等都是從來没有的東西，現在大批地使用了。

周代把玉器作爲典禮上的用途，因此有很多很大的很美的玉器，但是製作是很素樸的。到了公元前六世紀以後，就流行了十分精工的玉佩飾，有的製成龍形或鳥形等，也有是銅劍上的裝飾，都雕有很細的花紋。故宫博物院藏有一件白玉做的燈，高約二十公分，是十分少見的。在這時期，已經有玻璃出現，很多玻璃器跟玉器一樣。還有一些玻璃的珠子，也有用泥做胎子的。

漆的應用雖然在商代已經開始，但在公元前三世紀左右的漆器有很大的發展，湖南長沙發見很多漆器，最近在山西長治也有發現，都有很美麗的圖案。長沙發現的木雕人物，河南省輝縣發現的陶製家畜，都是很生動的。文化部藏有一張人物的絹畫，也是長沙出土的。那時已經有磚瓦，河北省易縣出土的瓦當（屋簷上的裝飾），是半圓形的，後來發展爲圓形，有很好的裝飾圖案，很多是用文字作爲圖案的。

公元前二〇〇年以後的漢代，石雕刻是很重要的。陝西西安霍去病墓前的馬踏匈奴像等是十分偉大的作品。公元一世紀到二世紀，畫在墻上的壁畫，刻在磚石上的畫像石和畫像磚，遍佈於北方各省，各地有各地的風格，是那時代的藝術中最主要的部分。漢代的陶器有新的發展，在造型方面，陶製的殉葬物，從建築到日用家具、人物、家畜無一不備。在製作方面，黄釉和緑釉的陶器，以及在陶瓶或博山爐上的圖案或裝飾，都有很高的成就。到公元二〇〇年左右，在現在浙江省紹興一帶産生了青瓷，一般稱爲越窯，這是中國瓷器的開始，這種瓷器雖然胎質還比較鬆，但已經很堅硬，而且釉色光華瑩潔，觸手温潤，比漢代釉陶迥然不同了。故宫博物院太和殿現在陳列有公元三世紀初刻有年款的最早的青瓷樓閣瓶。這種青瓷後來在北方也有製造。河北省景縣出土的青瓷蓮花尊，約在五世紀，也在太和殿陳列。

在中國藝術史上有一個特點，就是由於使用毛筆的關係，書法和繪畫是並重的，並且幾乎是分不開的。從漢朝時書畫都已開始發展，公元二百年後已經是極盛時期。書家王羲之和他的兒子王獻之稱爲法書的聖人，顧愷之的繪畫也是最出名的。現在故宫博物院正在展覽着的，有三世紀初晉朝有名詩人陸機的「平復帖」，王獻之跟王珣的真蹟兩種，七世紀初臨摹王羲之的「蘭亭序」，和九世紀時唐朝有名詩人杜牧所寫，他自己做的「張好好詩」等六十多件。故宫博物院的繪畫館，正在陳列的有六世紀末的隋朝展子虔所畫山水畫「遊春圖」，八世紀時唐朝韓滉所畫的一羣詩人——「文苑圖」，十世紀時南唐顧閎中所畫的「韓熙載夜宴圖」，韓熙載是南唐的退職的宰相。十——十一世紀時，畫家摹仿晉朝顧愷之的列女傳、洛神賦、斲琴圖等。十一世紀末年宋朝張擇端的「清明上河圖」，那是當時都城開封的社會生活的描寫，以及十二世紀初的十八歲青年畫家王希孟所畫彩色非凡鮮明的「千里江山圖」，以及宋徽宗皇帝（一〇八二——一一三五）描寫自己生活的「聽琴圖」等二百多種。這些十四世紀以前的法書名畫是歷代保存下來的最珍貴的遺物，一部分是由宋徽宗皇帝鑑定並題簽的。除了故宫博物院以外，東北博物院和上海博物院也藏有一部分這類珍貴的書畫。從這些繪畫裏可以看出唐代還是以人物爲主，山水畫尚在發展，五代（十世紀）以後山水花鳥才盛行。宋徽宗以後，畫院的畫更出了一些新的派別，這種小型的宋人畫，故宫博物院已經選了一百種，印爲宋人畫册。

公元四世紀以後，佛教藝術盛極一時，像甘肅敦煌的千佛洞裏的壁畫和泥塑，像近代發現的麥積山和炳靈寺，像大家所知道的山西省大同雲岡石窟和河南省洛陽龍門的石刻造像等，雖然開始時受了一些西方來的影響，但經過藝術家的創作，完全用中國現實的人像做標本，因此有了自己的特殊的風格。其他跟佛教藝術無關的有名雕刻，像五—六世紀帝王陵墓前十分巨大的辟邪（異獸名）和七世紀唐太宗陵墓前的六駿馬等，都是中國石雕刻的典型作品。

七世紀以後的唐代工業藝術有很大的發展，除了青瓷更加精緻外，有了白釉的瓷器和三彩的陶器，故宫博物院藏有高三十多公分的雞頭壺，是唐代的新的形式。在河南洛陽和陝西西安的古墓裏常常發現人物俑和馬或駱駝俑，都是絶精美的。唐代的銅器和金銀器都有特殊的風格，新的圖案都用花草禽獸作題材。唐代的鏡子，尤其特出，上海市文物保管委員會藏有約四十公分直徑的金銀平托鏡。

十世紀末以後的宋朝和元朝，除了法書繪畫是極盛時期外，瓷器有了高度的發展，汝、哥、官、定等窯，胎骨的堅硬緻密，釉色的美麗，是過去所没有的，所以有人認爲宋以前的瓷器，還不能完全超越陶器的範圍，宋瓷才是真正的瓷器了。磁州窯雖然瓷質較差，但有各種各樣美麗的圖案。宋末發展了釉裏紅，故宫博物院藏有最初的製品，到明初（十五世紀）就盛行了青花了。

宋元的絲織品，東北博物院收藏很豐富，故宫博物院藏有十三世紀時沈子蕃的緙絲梅花圖。元代的雕漆名手張成和楊茂的作品，故宫博物院原藏一件，最近又發現了三件。朱碧山製的銀槎是三四百年來赫赫有名的作品。元代的碧玉大甕，現在在北海公園的團城。

十五世紀以後明清兩朝的繪畫，保留比較多，可以看出當時的派系，也可以看出一個畫家前後的發展。有些比較突出的畫家，例如徐渭（十六世紀），故宫博物院的收藏中有一張，隨便幾筆，描寫出一個人騎在驢子上，很草率，但又能寫出很好的神態，和現代畫家齊白石的作品是很接近的。

繼承元代以後，明代的雕漆填漆等十分發展，宣德（一四三五—一四四八）時製造的銅爐，由於採用特殊冶煉的方法，色澤特别美麗，景泰（一四五六—一四六三）以後的嵌珐瑯，明末的畫珐瑯，都是新的工藝品。上海顧氏的刺繡稱爲顧繡，開始把圖畫方法融入刺繡裏面。

明代的瓷器從青花發展到彩色，清代康熙（一六六二—一七二二）時的寶石紅釉（一般稱爲郎窯），雍正（一七二三—

一七三五)以後的琺瑯彩瓷器都是很突出的。乾隆時的瓷器種類最爲繁多，是瓷器發展的一個高峯。江蘇宜興的陶壺，也爲人們所喜愛。乾隆(一七三六—一七九五)時新疆交通恢復，像故宫博物院所藏大禹治水玉山子，高約兩公尺，是從來所未見的。明清兩朝的竹雕木雕和象牙雕刻都有很好的作品。故宫博物院所藏乾隆時的象牙雕一年十二個月中婦女們的生活的畫册叫做「月曼清遊」是最有名的，明清兩朝的傢具和屋内外的陳設，現在保留的還很多。

中國從七世紀以來就有印刷品，明代的書籍插圖特别發展，到明末時期(十七世紀)有些畫家像陳洪綬、蕭雲從等就專門作版畫。後來民間發展了年畫，一直到現在。

中國的建築，有悠久的歷史，遠的不説，就是故宫博物院的建築已經有五百四十年了。關於這一部分，我們很容易從風景畫片上看到，並且我十分外行，所以不多説了。

中國藝術，幾千年中不斷地在發展，我們中國人民爲祖先們能創造這些藝術品而自豪。過去有一個時期，我們的藝術傳統遭到了破壞，今後我們一定要很好地保持並發揚這種優秀的傳統。中國文化藝術不是保守的，它常常在吸收外來的文化藝術，經過融合而成爲我們自己的民族藝術。我們相信在今天全世界各方面文化交流的影響下，將能夠使我們的藝術更加豐富。

我不是藝術史的研究者，只是從一個愛好者的立場把自己所見到的談了出來，由於時間的限制，不能説漏掉多少，而只能説没有談到多少，但已經耽誤了諸位很多寶貴時間了。我的目的只是想引起大家對中國藝術有一些興趣，但是中國有一句俗語，「耳聞不如目睹」，那末，最好的辦法還是請大家到中國去目覩一趟吧。謝謝諸位，最好的辦法是「北京再見」。

(劉　雲)

整理説明：

該手稿用鋼筆書於横格信箋紙上，共九頁。作者於一九五六年出訪芬蘭、瑞典，此爲其出訪前夕所寫演講稿。

中國古代文化藝術陳列

中國古代文化藝術陳列以歷代藝術館的綜合陳列爲中心，並有繪畫、雕塑、青銅器、陶瓷、織繡和明清工藝美術等專館比較詳細的和系統的陳列。從這些陳列裏可以看到我國古代各個時期内各個方面文化藝術發展的歷史情况。

歷代藝術館，分三個部分：第一室在保和殿，第二室在保和殿東廡，第三室在西廡。

第一室

原始社會末期與奴隸社會的藝術。

藝術是在人類勞動中産生和發展的。人類在製作工具的過程中，從打擊成的石刀石斧，發展爲磨製的平整光滑適用美觀的新石器。隨着農業的發展，人們有了定居後，需要製造生活用具，用黏土燒成陶器是人類最早的發明創造之一。五六千年前，我國黄河上中游各地（甘肅、陝西、山西、河南等省）的彩陶，製作技術已經很高；比較晚一些的龍山文化，分佈在黄河下游沿海一帶（山東、河北、江蘇、浙江等省），更進一步利用輪製方法製成薄胎的黑陶。

人類在尋求可以作爲工具的石材時，發現了堅硬美麗的玉與各種金屬，在燒造陶器的經驗中，逐漸獲得了冶鍊金屬的技術，由製成純銅工具，進一步又發明了用銅錫合成青銅的技術而製成青銅工具與武器，使生産力得到很大發展。這時，原始社會已由私有制的發展和階級的出現而逐漸解體，進入了奴隸制社會，這是以奴隸主和奴隸成爲兩大對立的階級的社會。奴隸主佔有一切生産資料與生活資料，佔有奴隸，而由一無所有、牛馬不如的奴隸進行生産。奴隸制社會的開始與青銅器的發明，幾乎是同時的。我國商代已經是高度發展的奴隸制國家。商王朝統治者與大小奴隸主殘酷地壓迫奴隸，强制勞動，使他們積累大量財富，過着豪華奢侈生活。他們役使奴隸製作許多華貴日用品，在陶器方面，開始出現了釉陶，並有雕刻精美的白陶器，玉石器的雕琢，牙骨角器的製作，都有所發展。爲了誇耀他們的尊嚴與豪富，本來應該用以發展生產的青銅，卻被大量地鑄造用於宴會祭祀的各種禮樂器（禮器實際都是日用器，原來是用陶器或竹木器），以及車馬裝飾等奢侈品，死後還把它們放到墳墓裏。製作華美的青銅器，需要綜合造型、裝飾與繪畫、書法、雕刻、塑造等各方面的藝術，從而使這種藝術成爲奴隸制時代的高峯。周王朝繼承商代，同樣是奴隸制國家，商周兩代的藝術以青銅器爲主。由於奴隸們的辛勤勞動與智慧創造，中國青銅器的燦爛成就，在藝術史上有重要地位。但它們是爲奴隸主服務的，受到奴隸主階級思想的束縛，無論在造型與裝飾上，都缺少生動活潑的氣息。

第二室

一、封建社會初期藝術

由於奴隸的不斷鬥爭與暴動，奴隸制社會崩潰了。戰國時代在諸侯割據稱雄的封建國家中，手工業奴隸與農業奴隸已大部分解放，鐵製工具迅速發展，以小農經濟爲主的生産力大爲高漲，都市工商業也隨之而繁榮，用銅作爲交易用的貨幣，與作爲發佈命令、交通往來等的憑證，如：符節、璽印等普遍發展了。在封建社會初期的藝術中，青銅器仍佔重要的地位，由於一般貴族領主與都市中的富人都使用銅器，銅器開始商品化了，許多日用銅器如鼎、壺等，形式大都是一律的，圖案往往用模子印成；日常生活中所用的小型銅器，如：鏡子、帶鉤等，更大量生産。封建統治者以黄金與玉器爲貴重，裝飾精美的青銅器，大都有金銀及其它鑲嵌，玉器雕刻達到很高水平，並盛行彩繪漆器。戰國時各國文字不一樣，有極爲簡單的文字，也有裝飾性很強的鳥篆。在器物上常刻有工匠們的名字。從有些銅器圖案中還反映出當時壁畫中用貴族們日常生活爲題材的宴會、歌舞、狩獵、戰爭等圖畫。這都反映出封建社會初期藝術第一個階段的新面貌。

秦漢兩代，統一中國，建立了專制主義的中央集權的封建國家，這是以皇帝、貴族、豪門與地主階級爲一方而農民與手工業工人爲一方的兩大對立的階級的社會。統治階級殘酷地剥削與壓迫農民與工匠，而農民與工匠是創造財富和創造文化的基本的階級。漢代，銅已由國家控制，銅器大都官造，貴族生活中使用的，只有酒尊、熏爐、燈錠等是新出現的，有些銅器還塗了金。但當時貴重的是玉器與漆器，新出現的黄緑釉陶器也便於日用，所以使用銅器的人越來越少，最後，只有鏡子、印章等還繼續用銅來製造。在封建社會初期藝術的後一階段，陶製的俑與明器磚瓦、石刻是比較發展的。俑是代替用活人殉葬那種罪惡制度的，明器用以代替放到墳墓中的實物，如：車馬、牲畜、房屋、井竈等，這説明封建社會比起奴隸制社會來是有一些改進的，統治者不敢隨便殺奴隸來殉葬了。但他們還繼續用迷信活動來欺騙人民，在墳墓裏埋葬陶俑與明器，表示他們是妄想在死後還騎在人民頭上的。爲了這種迷信活動，在當時消耗了大量人力與物力，但經過工匠們之手，也給我們留下了可供利用的一些歷史資料。秦朝統一天下後，也用秦國的篆書來統一文字，但不久就被徒隸（罪犯）們所寫的字體——隸書所代替了。秦朝的許多刻石還用篆書，但到東漢時期，篆書主要只用以刻印章，一般使用的只是隸書與草書，寫在木簡上（木簡是狹長而薄的木片）。道路工程或建築等的石刻記事，大都是工匠們寫刻的。清末在河南省靈寶縣（漢代的弘農郡）曾發現一批漢磚，刻有當時因被作苦役而死的刑徒們的姓名，書法強健有力。貴族、官僚、豪強地主們墳墓前的石碑，爲死者歌功頌德，有一些是統治階級自己的書法家寫的。他們的墳墓或祠堂裏，還常用高價請有名工匠在牆壁上畫壁畫，或者刻在上面，就是「畫像磚」與「畫像石」，這種繪畫主要描寫官僚地主們生活享受，死者生平事績以及宴會漁獵等場面，並有一些歷史故事，宣揚封建道德。書法與繪畫的發展，説明封建統治階級的文化藝術正在逐漸成熟了。

二、封建社會中期藝術

從漢末三國到南宋末年是封建時代藝術最輝煌燦爛的時期，三國南北朝是封建時代中期藝術的第一階段。宗教藝術的發展，法書與繪畫藝術的成熟與青瓷的成長，是這一階段的特徵。東漢時階級鬥爭十分尖鋭，佛教的傳入，道教的興起，被統治階級利用來麻痹人民，逃避鬥爭。封建統治者大力提倡宗教，南北朝時建築了很多寺院與洞窟，因而有大批的工匠從事於壁畫、雕塑、鑄造與建築。寺院爲統治者服務，宣揚迷信，幫助統治者欺騙人民，成爲鞏固封建統治的工具。寺院本身也是大地主，殘酷地剥削與壓迫勞動人民。佛教藝術本是從外國傳入的，我國工匠吸取民族傳統，創造出一套中國風格的佛教藝術，從藝術上來説是有很高成就的。但正因此更容易迷惑羣衆，藝術性越高，對人民的毒害越大。當然，從這些遺物，可以使我們瞭解當時藝術發展的情況，在藝術技巧方面，也還有可以供我們借鑑的。漢朝末年，有了介於隸書草書之間的行書，後來，隸書又發展爲正書，也稱爲楷書；由於紙的發明與推廣，使書法藝術更快地發展了。從晉代到南北朝，除了有些石刻，還是工匠們寫刻外，還有一種專門代人抄書的書手。東晉王羲之、王獻之父子是繼承鍾繇、張芝而有新發展的大書家。他們在統治階級的書法藝術中被認爲高不可攀，王羲之還被稱爲「書聖」。這種錯誤觀點，是封建時代的崇古思想所造成的。繪畫在漢末以前，幾乎全是工匠們的作品，但是封建士大夫需要有本階級的畫家，東晉的顧愷之就是在這種歷史條件下出現的大畫家，他繼承了歷代畫工們的豐富經驗，用他自己的士大夫階級的思想感情來描寫當時貴族官僚們的形象與他們的文學作品，使繪畫也成爲統治階級的一門藝術了。漢末三國時期，吴越（江蘇南部及浙江）一帶的手工業很有發展，銅鏡上出現許多人物車馬的圖案，製作比前精緻了。尤其突出的是青瓷的發展，我國是最先製造瓷器的國家，從釉陶到青瓷，是瓷器工業的起點。在南北朝時，北方也已能燒製極精美的青瓷了。

隋唐時代的文化藝術，是封建社會中期藝術的第二階段，被稱爲封建時代的高峯。繼三國、兩晉、南北朝的長期混亂分裂的局面後，中國又重新統一了。唐朝統治者接受了歷史的教訓，採取一些對人民讓步的政策以緩和階級矛盾，鞏固其統治。在一個時期内，經濟繁榮，國力强大，文化藝術，也相應地發展起來了。這個時期有成千上萬的抄書能手，他們的書體，被稱爲經生書；在統治階級的大書家中有歐陽詢、虞世南、褚遂良、李邕、顔真卿、柳公權等與工草書的張旭、懷素。繪畫方面，出現了很多以壁畫著名的工匠畫家，而統治階級的上層人物中也有了很多的大畫家。人物畫之外，隋代展子虔的「游春圖」，開闢了唐代青緑山水的新派，唐代中期，韓滉還以畫牛著名。雕塑藝術的發展，使得宗教迷信對人民更加强了毒害的作用，現存許多洞窟中的唐代石雕佛像，大都宏大健壯，像貌端正，正是統治階級利用這些藝術上的成就，使人民羣衆容易受其欺騙。貴族官僚墓葬中的明器，如：體格强健的力士俑，容貌豐盛的婦女俑，以及大型的陶馬與駱駝等，也大都很生動而有氣魄。工藝美術是在手工業生産繁盛的基礎上大爲發展的，如：金銀器、玉器與銅鏡，以及捶打得極薄的銅器等，都有新的成就。由於與亞非各國的文化交流，在器物的造型與圖案上也受到一定的影響。白瓷的流行，是瓷器工業的新發展。越窯青瓷比前更爲進步，花瓷與釉下彩瓷，以及三彩陶器的創造，使陶瓷的技術與品種更加豐富了。

封建社會中期藝術的第三階段，五代與兩宋，我國的封建政權又成爲分裂對峙的局面。五代十國只有五十多年，宋代在北方有遼和西夏，後來又有金人的入侵，國家力量顯然下降了，但在個別地方與一些統治比較鞏固的時期内，經濟與文化還繼續有所發展。刻板書籍盛行後，抄書的職業逐漸衰落了。但由於把古代書家的墨蹟刻成法帖後，便於拓印流傳，學法書的人比前增多了。統治階級的有名書家如：五代的楊凝式，宋代的蘇軾、黄庭堅、米芾等，主要是以寫行書著名的。從五代時起，封建統治者就建立畫院，集中有名的畫工爲他們服務，滿足他們在政治目的上和個人愛好等需要。從北宋後期起，畫院特別發展，還在這個機構裏，作爲按照他們意圖，培養青年畫工的場所。畫院是封建統治機構之一，但在優秀畫工們的智慧與辛勤探索中，對封建時代的繪畫藝術，起一部分的推進作用。五代以後，花鳥畫有很大發展，山水畫描寫自然風景，逐漸改變了唐代以亭臺樓閣爲中心的金碧輝煌的風格。北宋末年，張擇端的「清明上河圖」是以描寫都市風光爲題材的，此外也有一些有關生産、交通、與民間生活等的題材。封建士大夫常常看不起畫工，説他們卑賤。北宋後期，地主階級文人、畫家李公麟以畫馬與人物著名，創造了白描畫法，被認爲是宋代的大畫家，但也還有人對他繼承工匠畫傳統而很不滿意。士大夫們開始在繪畫藝術中找尋不同於工匠繪畫的途徑，梅竹樹石等畫與用墨點來畫出雲山等新流派逐漸流行了。在手工業生産的繼續發展下，宋代瓷器工業的成就是很突出的，有定窯、汝窯、官窯、鈞窯等，但大都是專爲宫廷需要而燒造的，以白地黑花爲主的磁州窯瓷，則是比較接近民間的東西。在南宋偏安的局面中，農村貧困，而都市經濟卻因對外貿易的刺激，有畸形的發展。封建統治者、貴族、官僚、地主與富商們，不顧國家安危，人民疾苦，沉溺於奢侈靡費的生活，因而專爲觀賞與陳設的美術工藝品大爲發展。龍泉窯、哥窯、建窯等高級瓷器，仿古的玉器與銅器，以及漆器、緙絲之類精巧工麗的作品，都需要專業工匠用嫻熟的技巧，窮年累月精心製作；而一些著名的工匠，如：章生二（燒龍泉窯）等，實際上是作坊主人，則和地主富商一樣，是以剥削窮苦工匠的勞動起家的。

第三室

封建時代後期藝術

十三世紀末，蒙古統治者建立元朝，統治了全中國，執行民族歧視政策，奴役工匠，文化藝術的發展，受到一定阻礙。但他們對漢族地主階級上層分子是盡力拉攏的，因而對地主階級的文化藝術反而是有利的。在這封建社會後期藝術的第一階段的特點是「學古」，書法重新學晉唐，並寫篆書和章草，繪畫也學唐人和五代。地主階級文人有的投降元朝，做了大官；有的自命清高，過着悠閒自在的大地主生活；但他們的繪畫卻都是遠離當時社會的現實生活的。在元初還間有畫人物與馬，到後來就只有山水與竹石之類的繪畫了。文人畫與行家畫（就是畫工的畫）的嚴格區别，也正是這時提出來的。由於對外貿易的繼續發展，景德鎮瓷業生産擴大，並成爲此後六百年中我國瓷器的主要産地。青花與釉裏紅瓷器是這個時期的新成就。

在元末農民起義，推翻了蒙古統治者的政權以後，由起義首領變質而建立起來的明代封建王朝，繼承了元代的殘酷統治，在政治上是最專制最黑暗的。 表現在書法藝術上，除了初期還有一些文人寫比較奔放的草書外，一般都是臨古摹古，局限於唐碑宋帖，或者是摹仿一些大官僚的字體，所謂「館閣體」。 刻印章本來是工匠的事，明代開始用石章，因而封建文人的藝術也發展到刻印的一個方面了。 繪畫藝術在明初既有繼承南宋畫院傳統的工匠畫，也有繼承元代士大夫傳統的文人畫。 但明代雖恢復畫院，但實際上畫工的地位很卑賤，處在太監們的監督下面的。 畫工還往往因違逆統治者意志而被殺。 工匠畫家中起了分化，有些繼續爲宫廷服務，畫一些富貴堂皇的或者庸俗猥瑣的東西； 而有些被畫院排擠出去的，或不甘心受箝制的工匠畫家則轉而爲官僚地主服務，與文人們接近，因而形成一種地方流派，如浙派、江夏派等。這些新出現的畫派，由於脱離了宫廷束縛，在一定程度上有一些自由奔放的氣息。 繼之而起的是以地主階級文人畫家爲主的吴門派，這些畫家大都生活優裕，可以不做官或只做幾天小官，在政治黑暗，階級鬥爭十分尖鋭的時刻裏，只用詩文書畫作爲應酬親友或者在遊山玩水，欣賞某些園林時，信筆揮寫，主要只是追求一些藝術效果的東西。 繪畫藝術的出現地方流派是封建社會後期藝術第二階段的特點，實際上是工匠畫與文人畫的一場鬥爭，而以吴門派文人畫的勝利結束的。 從明代中葉以後，以文人畫爲主流，除了個别失意文人，從個人利益出發，對當時社會傾吐一些不滿的情緒，在筆墨上比較放縱外，大都是細緻平穩的作品。 階級矛盾到了頂點，農民大起義即將爆發，在統治集團内部，明末以宦官爲首的執政與封建士大夫之間的鬥爭也十分殘酷的時候，官僚地主階級的山水畫家，卻提出了繪畫正統，用以抨擊工匠畫。 他們提倡筆墨趣味，散佈唯心主義觀點的所謂「頓悟」（突然的領會），專重神韻，不講内容，追求技巧，脱離生活。 這種藝術流派如果單從筆墨技巧來看，是有相當成就的，但這在封建時代藝術中是極其反動的藝術思潮，與封建政治的日趨没落是相適應的。 在工藝美術方面，明代封建統治者的控制也是很嚴的，在景德鎮設官窯燒青花與各種新創造的彩繪瓷器，在江南設織染局織錦緞，在宫廷直接監督下的作坊也有。 果園廠的漆器，宣德銅爐與掐絲琺瑯（景泰藍）等，主要是供應統治者生活中的奢侈享受與充賞賜等用，也有一部分是輸出國外，用以交換遠方奢侈品的。 官僚、地主與富商們的愛好是以統治者的風尚爲轉移的，觀賞與陳設用的東西日益增多了。 一部分地主文人在工藝美術方面，也正在擴展勢力，徽州等地刻書工匠發展了版畫，在明末有了五色套印，也有一些文人畫家爲他們畫底稿了。 如：嘉定的竹雕，宜興的陶壺以及上海的顧繡等，都表現出文人們的趣味。

滿族統治者鎮壓了明朝末年的農民起義和漢族人民的反抗，並建立了封建時代最後的一個王朝——清王朝，這個王朝的開始，在漢族文人即「遺民」中，也反映出若干反抗情緒，給我們留下了一些比較好的作品，但由於他們的階級局限性，思想意識，不是很健康的，因之没有很大的發展。清朝統治者是極力提倡能幫助他們鞏固統治的「正統派」山水畫，在花卉畫方面也出現符合統治者要求的正統派。被稱爲「四王、吴、惲」等正統派畫家，在筆墨技巧方面，也確有一些新的成就。但從十七世紀後期到十八世紀，封建制度臨近没落的時期，資本主義經濟正在萌芽，而西方的殖民主義帝國也正積極地向中國窺伺，這都不能不在文化藝術方面有所反映。首先是文人畫家的分裂，在揚州這個商業都市裏賣畫的那些文人畫家，無論在山水、人物、花鳥、蘭竹等畫科中都採取了和正統派不同的途徑，儘管他們還是封建文人的思想感情，但個別人的一些作品，對當時政治有所不滿表示，關心民間疾苦，有一定的進步意義。另一方面在爲宫廷服務的畫家中有一部分人卻根據統治者的愛好，吸收了一些西洋的畫法，開闢了在繪畫藝術中中西結合的途徑。清代的篆刻藝術，有浙派與皖派；在書法藝術方面，十八世紀後期出現了臨寫北朝碑刻的新風氣。清代的工藝美術，主要仍是應封建統治者的需要而製造的，也有一部分供官僚地主們使用：景德鎮的官窯瓷器繼續有所發展，創造了粉彩與琺瑯彩。南京、蘇州、杭州等地織造了很多綢緞，蘇州、湖南等地發展蘇繡與湘繡，隨着新疆的玉坑的大批開採，蘇州、揚州等地的工匠製作了數以千萬計的玉器陳設。廣州工匠發展了畫琺瑯器。此外如各種漆器、料器、玻璃畫、竹木牙骨雕刻以及傢具、地毯等。從其内容來看，大都是過分的奢侈品，甚至是毫無用處的，在造型與圖案上充滿了封建統治階級的腐朽思想意識。但是單從技術的發展來看，品種的豐富，做工的精細，十八世紀後期的乾隆年代，確是一個高峯，超越過去。勞動人民的智慧與精力還是應該給以適當的估價的。

鴉片戰爭前後，清王朝的統治機構更加黑暗與腐敗，國内階級鬥爭日益尖鋭，爆發了林清、太平天國與捻軍等起義；國外，帝國主義者進行了多次侵畧戰爭，我國逐漸淪爲半封建半殖民地國家。上海是在這種新的情況下而成爲全國最大的商業都市的，許多文人畫家到這裏來賣畫以維持他們的生活，有些畫家是兼書家與篆刻家的。這時的藝術作品雖然有一部分還是官僚地主們所需要，但更多的欣賞者已是小資產階級的市民了。盛行於民間的楊柳青或桃花塢彩色年畫，正在發展爲畫報，畫年畫的工匠也成爲畫時裝人物的畫家。一些捏塑泥人的藝術家，也是市民所歡迎的。但是由於封建政權的没落與帝國主義的侵畧，洋貨的傾銷與排擠，這個時期的工藝美術就幾乎没有什麽發展了。一直到清王朝被推翻以後，又經過約五十年，中華人民共和國成立，我國的工藝美術才獲得了新生。

中國古代藝術主要是封建時代的藝術，對於這些燦爛的文化遺産，我們必須用馬克思主義思想方法加以分析批判，做到毛主席所教導的「剔除其封建性的糟粕，吸收其民主性的精華」，「而不是頌古非今，不是讚揚任何封建的毒素」。必須從今天人民的利益出發，使古代文物真正地爲今所用，才能真正做到爲工農兵服務，爲社會主義服務。

整理説明：

該手稿用鋼筆寫於四百字稿紙上，共十七頁，篇題爲作者自定，故宫博物院於一九五九年在保和殿設歷代藝術館，此稿大概寫於一九五九年前。

（劉　雲）

對馬叙倫先生《讀書續記》的意見

一、這部稿子原是馬先生的讀書札記，在讀《攈古録》等書時，隨手記下自己的意見的，不是一本有體系的著作。

二、馬先生寫這些札記時，當在一九三八年左右，有許多新資料和新學説都没有接觸到。例如卜辭的「」是「妫」字，也就是「嘉」字，而馬先生還當「奴」字用；「㞢」是「有」字，而馬先生還當作「云」字之類很多。因此，作爲這方面的資料來看時，覺得陳舊了一些。

三、札記寫時較匆促，馬先生手頭參考書不多，所有意見不過一時隨筆，没有經過核對資料，反覆研究，所以很難找到他的發明與創見。

四、馬先生對《説文》曾做過很多研究，爲了寫《説文疏證》而讀了一些金文甲骨書，因而寫了這些札記。他的重點在《説文疏證》，不在這些札記。

五、從研究甲骨金文方面來看，馬先生的功力似乎不太深，他經常用聲音通假，而且喜歡用同是摩擦清音之類（實際是同聲位的）的通轉，例如把「史」與「聿」認爲是一字，從文字學的角度看，是無法理解的。

六、由于這是用札記剪貼的，覺得很亂。整理相當吃力，又不能就這樣付印。

七、這一類稿子對語言文字有修養的學者來看，可以有參考作用，可以啓發學者一些新的想法。對青年讀者，作用既不大，一般來説，也無法理解。

八、由于這些情況，這部稿子，如果爲尊重老先生，是可以小規模出版的，如印幾百部，以紀念馬先生治學經過，是可以的，但不適宜於大量發行。

唐蘭

八月七日

整理説明：

該手稿用鋼筆書於三張紅格信箋紙上，篇題自定，是作者對馬叙倫一九三八年前後所作《讀書續記》的評審意見。

（劉　雲）

怎樣可以團結

自從中央社披露了外國報紙批評延安方面是妨礙工作者的態度以後，我們相信國共的談判大概又破裂了。本來，我早就以爲這種談判徒勞無益，在雙方都没有誠意，没有徹底的覺悟，只爲着第三者的斡旋，大家勉強繃着臉來開一回子談判，是不會有什麼結果的。假使有一方面真能顧全大局，想到目前是在國家存亡，民族生死的關頭，而肯做真正的讓步，這種談判本不消三言兩語就可以成功。現在大家都只希望别人讓步，而堅決地保持着自己方面的權益，可又没有方法使對方服從自己，既不能令，又不受命，所以就只有僵持下去，以致於破裂了。

在民衆方面，關於團結的問題，實在太關心了。雖然談判的經過没有隨時公佈，可是像三人會議之類，我們都早有所聞，一説到談判有眉目，就大家都面有喜色。現在讀到重慶報紙上發表的王世傑、周恩來兩位的談話或聲明，卻給予了我們無限的失望。古人説「兄弟鬩于牆，外禦其侮」。現在我們國家的領土只剩了西陲一角。我們在淪陷區的人民飽受着敵人壓迫和殘害，在自由區的，除了少數人外，也飽受了流離顛沛的痛苦。我們的軍隊以營養不足的身體和劣勢的裝備正和敵人拼命。我們的生活必需品已飛漲至戰前數千倍。只要有心肝的人，見了這些一年比一年壞、一月比一月壞、一天比一天壞的現象，就應該放棄一切成見，化私爲公，大家齊力把國家從危亡線上拉回來。用一個狠淺的比喻，同舟共濟，在船漏的時候，就是不共戴天的冤家，也得聯結起來把船補好再説。可是我們的領袖們卻似乎鬩牆之興方濃，即使載胥及溺也顧不得了。

現在我們唯一的希望，是兩方面的領袖，把他們的天良激發出來。要知道現在不是他們鬧意氣的時候，現在這個船快要沉了——雖然敵人快要失敗，同盟國的勝利快要到來，但這並不就是我們的勝利啊！我們不爭氣，勝利與否與我們無涉——現在不是從容談判，停頓重開重開，再停頓的時候。我以爲兩方領袖應該立刻設法見面，不用什麼代表，也不要什麼條件，只消抱頭痛哭一場，把舊時的恩怨一筆勾消，大家推誠相與，或者至少有一方能多容忍些退讓些，一個合作的辦法一定立刻就可以擬出來。

我們不願意過份地責備領袖們，我們也不相信領袖們是没有人性的。我們相信每一個領袖都是想拯救這個國家民族的。假使因爲重重的誤會與隔閡，各人堅持成見，以致寧願犧牲了國家民族，也不願退步，這一定不是領袖們的本心。無論做什麽事業的人，決不會處處直情逕行，總有些迂迴委曲的地方。所以我相信假如兩方領袖能把良知發現，不願意做國家民族萬劫不復的罪人，至少在目前可以先妥洽起來，就是犧牲了主義，犧牲了地位權力或尊嚴，都算得什麽，是非曲直，儘可留到將來再算。

我何以要提出兩方領袖晤面的辦法來呢？我以爲國共間的糾紛，千頭萬緒，要談判起來，經年累月，舊帳未清，又來新案，治絲愈亂，越談判意見越深。就是有赫爾利將軍，清官難斷家務事，也是枉然。只有兩位領袖見面是快刀斬亂麻的辦法。當然要兩方領袖激發良心，消除成見，誠意團結，相忍爲國。也許只是一個夢想，不過要挽救目前的危機卻只有這一個辦法。假使這一個願望是全體民衆的願望，我們爲什麽不去督促他實現呢？我們看以前英國和蘇聯的糾紛，也是數不清的，但是邱吉爾和史塔林何嘗不可以妥協？何況我們本來是兄弟不是敵國呢。

（劉　雲）

整理説明：

此稿以毛筆書於兩大張毛紙上，篇題作者自定。有目録稱該文擬發表於《公論周報》一九四五年四月三日第二版，從文章内容看，此文應該寫於此時，但在原報紙中始終未見此文，故作暫列於此處理。